PETITE

HISTOIRE DE PICARDIE

PETITE
HISTOIRE DE PICARDIE

SIMPLES RÉCITS

Par A. JANVIER

Membre de la Société des Antiquaires de Picardie et de l'Académie d'Amiens, correspondant de la Société des Antiquaires de France, etc., etc.

AMIENS,
HECQUET, LIBRAIRE-ÉDITEUR, RUE DELAMBRE A AMIENS
Imprimerie, Lithographie A. DOUILLET et Cⁱᵉ.

M DCCC LXXX.

ERRATA ET ADDITIONS.

Page	ligne			
3	2	Ving. mètres	*lisez*	vingt mètres.
3	27	premier historiens	—	premier historien.
4	26	Edeuns	—	Eduens.
11	20	Spataræ	—	Spataria.
16	27	c'était	—	c'étaient.
19	2	Attigny	*Supprimez*	Attigny.
25	17	donné	*lisez*	donnés.
26	24	Manèges	—	Mariages.
26	27	Russic	—	Russie.
28	28	Rudulfus	—	Radulfus.
44	12	laquelle	—	lequel.
51	15	cette expédition guidée d'abord par un motif pieux—		guidée d'abord par un motif pieux elle finit.
58	23	et couronné	—	couronné.
66	21	nous et renseignent	—	nous renseignent.
84	30	obligent les Anglais de partir	—	les Anglais à partir.
94	6	Saint Gille	—	Saint Gilles.
94	27	Langaneur	—	Pierre de Langaneur ancien mayeur d'Abbeville.
97	14	Isabelle	—	Isabeau.
109	15	Entre le Havre et Honfleur *ajoutez* à l'embouchure de la petite rivière de la Lézarde et se logea au prieuré de Graville.		
108	22 et suiv.	le bâtard de Thiais	*lisez*	le bâtard de Thian.
135	22	*ajoutez* l'on composa pour légende à ses armoiries de gueules au pal d'argent les vers suivants :		

Palus ût hic fixus constans et firma manebo ;
Gens Burgunda ferox Anglaque testis erit.

| 146 | — | Thérouanne. Les historiens écrivent indistinctement Therouanne ou Terouanne, Therouenne ou Terouenne, Guinegatte ou Enguinegatte. |

— VI —

Page 166	ligne 15	larmés	*lisez*		l'armée.
— 185	— 21	la solde		—	le solde.
— 186	—	XI.		—	XII.
— 187	— 33	Montdidiens		—	Montdidériens.
— 188	— 9	Dandelot		—	D'Andelot.
— 192	— 33	livrés au pillage		—	livré au pillage.
— 203	— 7	Morio		—	Moreo.
— 205	— 12	Abbevllle		—	Abbeville.
— 212	— 31	où le roi		—	d'où le roi.
— 256	— 6	3 janvier 1689. La plupart des historiens donnent, nous ne savons pourquoi, à cet événement, la date erronée du 22 décembre 1688 ; nous croyons être dans le vrai en adoptant celle que M. Morand dans son *Année historique de Boulogne* indique d'après des documents irrécusables : le journal de bord de la frégate de l'Etat *la Sorcière*.			

TABLE DES MATIÈRES.

I. Etymologie du nom de Picardie. — Ses divisions territoriales. — Sa topographie. — La Picardie jointe jadis à la Grande-Bretagne par un isthme. — Expédition de Jules César. — Claude élève à Boulogne la Tour d'Ordre — Gratien proclamé empereur à Amiens. — Invasions des Barbares. — Voies romaines et camps dits de César. — Monuments romains des principales villes de Picardie . Page 1

II. Introduction du christianisme en Picardie. — SS. Crépin, Crépinien, Quentin, Fuscien, Victoric, Firmin. — Trait de charité de S. Martin 12

III. Clovis et S. Remy. — Le vase de Soissons.—Premiers monastères de Picardie.—S. Eloy.—Lihons-en-Santerre. — Villas des rois francs. — Internement en Picardie de Didier, dernier roi des Lombards. — Dénombrement de l'abbaye de Saint-Riquier. — Invasions des Normands. — Les rois carlovingiens 14

IV. Les bénéfices rendus héréditaires. — Fiefs de Picardie. — Comtés de Soissons, de Vermandois, d'Amiens, de Ponthieu. 25

V. Les rois de la troisième dynastie. — L'an Mille.— La paix et les trèves de Dieu.— La reine Berthe. — Le droit de lagan. — Le saxon Harold et le duc Guillaume le Batard. — Conquête de l'Angleterre. — Pierre l'Ermite. — La première croisade. — Thomas de Marle. — Communes de Noyon, de Laon, d'Amiens. — Hugues de Camp d'Avesne. — La Bête Canteraine. — Deuxième croisade. — Le nom de Picquigny. — La commune de Laon et l'évêque Roger de Rosoy 28

VI. Philippe-Auguste. — Troisième croisade. — Le châtelain de Coucy. — Adèle de Ponthieu. — La reine Ingeburge. — Quatrième croisade. — L'évêque Philippe de Dreux. — Bataille de Bouvines. — Guillaume III, comte de Ponthieu. — Les cathédrales — Enguerrand III, sire de Coucy. — La commune de Beauvais et Miles de Nanteuil. — Croisade de S. Louis. — Les Pastoureaux. — Enguerran IV de Coucy et les trois clercs. — Le bailli d'Amiens et l'évêque Arnoul. — Septième croisade. — Commune de Laon. — Jean de Bailleul, roi d'Ecosse. — Abolition de l'ordre du Temple. — Commune de Soissons. 47

VII. Guerre de Cent ans. — Bataille de Crécy. — Siège de Calais. — Eustache de Saint-Pierre. — La Jacquerie. — Charles-le-Mauvais. — Etienne Marcel. — Robert Le Coq. — Le grand Ferré. Ringois. — Charles V. — Les archers et les arbalétriers. — Commune de Roye. — Insurrection des Maillotins. — Orléans et Bourgogne. — Sièges de Compiègne et de Soissons. — Bataille d'Azincourt. — Traité de Troyes. — Thomas Connecte. — Jeanne d'Arc. — Combat de Mont Epiloy. — Siège de Compiègne. — Jean de Lignières et Jacques de Guehengnies. — Paix d'Arras. — Guillaume de Flavy 74

VIII. Ligue du Bien public. — Louis XI à Péronne. — Massacre de Nesles. — Siège de Beauvais. — Jeanne Hachette. — Le connétable de Saint Pol. — L'invasion anglaise — Entrevue de Picquigny. — Mort de Charles-le-Téméraire. — Institution des postes. — La Vierge comtesse de Boulogne. . . 123

IX. Henri VII et Maximilien. — Mariage de Louis XII 147
X. Commerce. — Instruction publique. — Littérature. — Arts. — Hôtels-Dieux et Hospices.— Coutumes locales 149
XI. Camp du Drap d'Or. — La Trémouille Vendôme. — Créqui. Légion de Picardie. — Siège de Péronne. — Marie Fourré. — Becquetoile et les femmes de Saint-Riquier. — Sièges de Boulogne et Montreuil. — Le maréchal du Biez et Coucy-Vervins. — Siège et bataille de Saint-Quentin. — Reprise de Calais 158
XII. La Réforme en Picardie. — Lefebvre d'Etaples. — Louis de Berquin. — Supplice de Michel de la Grange. — L'évêque Odet de Châtillon. — Troubles de religion.— Meurtre de Saint-Delys-d'Haucourt. — Ravages de Cocqueville. — Pillage de Soissons. — La Possédée de Vervins. — Pillage de Boulogne. — La Saint-Barthélemy. — Ramus et Denis Lambin. — La Ligue. — Etats de Blois. — Jean Bodin. — Siège de Velours. — Processions blanches. — Tentatives du duc d'Aumale en Picardie. — Disette de 1586. — Tentative sur Boulogne. — Dubernet.— Les Guises à Soissons.— Siège de Boulogne.—Seconds Etats de Blois. — Assassinat des Guises. — Les villes de Picardie acceptent la Ligue. — Combat de Senlis. — Assassinat de Henri III 186
XIII. Henri IV se retire en Picardie. — Sièges et combats. — Madame d'Estouteville. — Le roi Charles X. — Clermont, Corbie, Etaples. — Etats de la Ligue. — Abjuration de Henri IV. — Siège et prise de Laon.
Amiens, Beauvais reconnaissent Henri IV. — Henri IV à Abbeville. — Mort du duc de Longueville, prise de Ham. — Le duc d'Aumale condamné. — Combat et prise de Doullens. — Siège de La Fère. — Soumission de Mayenne. — Prise de Calais et d'Ardres. — Surprise et reprise d'Amiens. — Paix de Vervins. — Notre-Dame de Boulogne. 210
XIV. Troubles de la Régence. — Le maréchal d'Ancre. — Siège de Soissons. — Les trois reines à Amiens.— Les Guérinets.— Emeute de Montreuil.— L'année de Corbie. Peste de 1636.— Saint-Preuil. — La Fronde. — Saint Vincent de Paul. — Destruction de Coucy. — Bataille des Dunes. — Attaque de Calais. — Ministère de Colbert. — Peste de 1668. — Port d'Ambleteuse. — Révocation de l'Edit de Nantes. — Bombardements de Calais. — Camps de Compiègne. — Mémoire de Jérôme Bignon sur l'état de la Picardie. — Hiver de 1709. — Revers de Louis XIV. — Les demoiselles de Nesles. — Procès du chevalier de la Barre. — Explosion du moulin à poudre d'Abbeville. — Canal de Picardie. — Traité de commerce avec l'Angleterre. — Assemblées provinciales. — Convocation des Etats Généraux . . 235
XV. Intendants. - Industrie et Commerce. — Beaux-Arts. — Hommes célèbres. 269

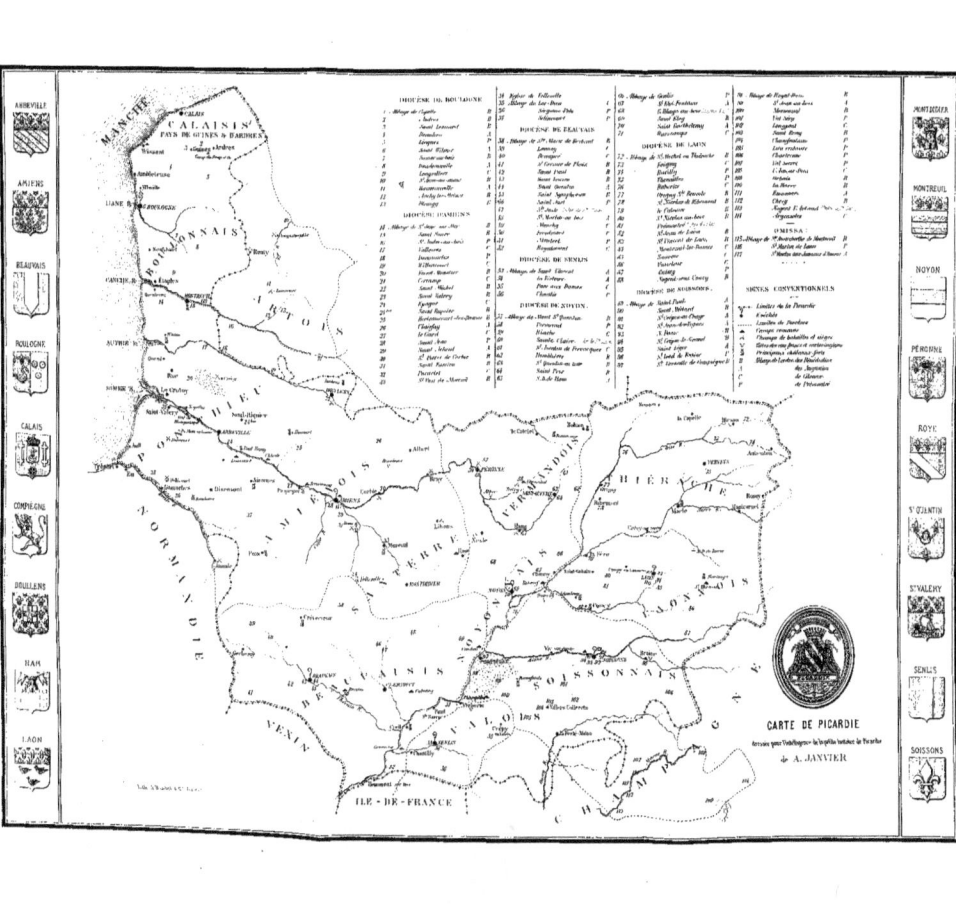

Scribitur ad narrandum non ad probandum.
QUINTILIEN.

En 1877, l'Académie des Inscriptions et Belles-Lettres, en proposant au concours, le prix dû à la généreuse libéralité du baron Gobert, donnait à entendre qu'elle serait disposée à couronner l'histoire d'une province où l'on s'attacherait à prendre pour modèle, la méthode et l'érudition de dom Vaissette. « L'Ile-de-France, la Picardie, « disait-elle, attendent encore un travail savant et profond. » En effet, moins privilégiée que d'autres régions, la Picardie, ce petit coin de terre, où suivant l'expression de Michelet, l'histoire de l'antique France semble entassée, n'a point encore trouvé la plume qui doit retracer ses glorieuses annales.

Deux érudits ont eu la pensée d'édifier cette œuvre immense, d'élever ce monument à leur patrie. Le Journal des Savants de 1774, et le tome II des Mémoires de la Société des Antiquaires de Picardie ont publié le plan de l'ouvrage que l'auteur des Glossaires avait entrepris d'écrire, et qui ne devait pas comprendre moins de vingt-un et quelques livres, suivis de preuves et de pièces justificatives. Des manuscrits relatifs à cette histoire que possède la Bibliothèque Nationale, deux seuls ont été imprimés : le Traité historique de la translation du Chef de saint Jean-Baptiste, 1665, in-4°, et l'histoire de l'état de la ville d'Amiens et de ses comtes, publiée en 1840 par M. H. Hardoin. Le reste attend encore un éditeur aussi consciencieux.

Plus tard, un autre Picard, dom Grenier, natif de Corbie, moine de l'abbaye de Saint-Germain-des-Prés voulut, à son tour réaliser le dessein qu'avait conçu Ducange.

Les Bénédictins de la Congrégation de saint Maur, désireux d'étendre à toutes les provinces du royaume, les études que dom Lobineau, et dom Vaissette, avaient si heureusement consacrées à la Bretagne et au Languedoc, avaient confié dans chacune d'elles, à l'un de ses religieux les plus instruits, le soin d'explorer leurs archives et de recueillir leurs documents les plus intéressants. En Picardie, dom Mongé chargé le premier de cette tâche en 1738, mourut en 1749 ; dom Caffiaux et dom Pardessus lui succédèrent. Ce dernier fut remplacé dans ses fonctions d'historiographe par dom Grenier. Demeuré bientôt sans collaborateur par la mort de dom Caffiaux, il donnait au public, en 1786, le prospectus de la Notice de Picardie, sorte de préface de son ouvrage annoncé en six volumes in-8°, mais le nombre des souscripteurs fut très-restreint, et les vagues appréhensions de l'histoire qui allait bientôt se dérouler au milieu des agitations tumultueuses de la rue, ne permettaient déjà plus de prêter attention à celle du passé. Cet ouvrage, du reste, malgré cette annonce, était loin d'être avancé comme rédaction, comme le prouve la volumineuse collection de pièces et de documents de toute nature, fruit des nombreux voyages d'investigation au sein des riches archives de la province ou des relations de dom Grenier avec tous les hommes de savoir avec qui il correspondait. L'histoire de Corbie était à peu près seule terminée ainsi que l'Introduction à l'histoire générale de Picardie publiée en 1856 par les soins de la Société des Antiquaires dans sa collection in-4° de documents inédits ; l'immense compilation de documents et de notes recueillis par l'infatigable travailleur reste encore la mine fertile où viennent journellement fouiller tous ceux qui s'occupent de recherches sur nos villes, nos villages, nos anciennes familles et nos antiques abbayes.

Qui donc oserait tenter ce que n'ont pu achever ces deux érudits ? Voilà pourquoi la Picardie n'a eu et n'aura sans doute de bien longtemps que des essais d'histoires abrégées. Jusqu'à présent il n'en existe que deux : l'Essai sur l'histoire générale de Picardie, les mœurs, les usages, le commerce et l'esprit de ses habitants jusqu'au règne de Louis XIV. Abbeville, 1770, 2 volumes in-12 suivis d'un supplément, Londres et Abbeville, 1774 et le Résumé de l'histoire de Picardie (Somme, Oise, Aisne et partie du Pas-de-Calais), par Pierre Lami. Paris, 1825, un volume in-18 (1).

L'auteur du premier de ces ouvrages, Louis-Alexandre Devérité, d'Abbeville, alors avocat en Parlement, depuis membre de nos assemblées politiques et magistrat, avait déjà publié cinq ans auparavant une histoire du comté de Ponthieu ; quelques passages du discours préliminaire placé en tête de son œuvre, en indiquent suffisamment le but et les tendances.

(1) L'auteur de l'histoire d'Amiens et d'un grand nombre de publications historiques sur la province, notre savant collègue M. H. Dusevel a, il paraît, entrepris aussi d'écrire l'histoire de Picardie. Mais nous ignorons à quel degré d'achèvement est parvenu son œuvre si toutefois la rédaction en a même été commencée.

« Je souhaitai d'être lu plustot que consulté, dit-il, je me proposai pour but de ne
« consigner à la postérité que ce qui était à peu près digne d'elle. Je pensai, avec un
« grand roi philosophe, que ce qui ne mérite guères d'être retenu ne mérite guères
« d'être écrit. Je résolus donc de négliger les recherches puériles et vaines, toutes les
« discussions minutieuses dont on n'a que trop coutume de grossir les histoires de nos
« provinces. » Pour Devérité, imbu des idées philosophiques de son époque, ces recherches puériles et vaines, ce sont, cela va sans dire, tout ce qui a trait à l'histoire religieuse et nobiliaire. « Ce qui est intéressant pour l'histoire, continue-t-il, n'est pas de
« rechercher dans vingt chroniques en quelle année un seigneur très-pieux ou très-
« riche donna une redevance sur ses terres à un chapitre, augmenta les revenus de
« quelques prébendes ou en fonda de nouvelles. Ces recherches peuvent tout au plus
« occuper des plaideurs ou amuser l'oisiveté d'un chanoine. » Aussi l'Essai de Devérité
n'est-il le plus souvent qu'une dissertation toute pleine de réflexions philosophiques, de
maximes sociales, de digressions sentimentales trop souvent étrangères à son sujet et
qui amenèrent entre lui et les Pères Daire et Lequien, historiens d'Amiens et de Calais,
visiblement atteints par ses critiques sur les recherches puériles et vaines, une de ces
polémiques acerbes dont la confraternité des gens de lettres nous offrent de si touchants exemples.

Le petit résumé de Pierre-Remi Crusolles Lami, déjà récompensé à dix-sept ans par
une mention honorable de l'Académie française pour son Eloge de Montesquieu, appartient à cette collection de résumés d'histoires à laquelle collaborèrent A. Thierry,
Alphonse Rabbe, Scheffer, Thiessé, Charles Coquerel, Philarète Charles, Armand
Carrel, Léon Halévy, Etienne fils sous la direction de Félix Bodin (1). Ecrit avec l'esprit libéral de la Restauration qui caractérise ces petits volumes, bien rempli de faits
substantiels, il peut être compté parmi les meilleurs de la collection.

Je ne m'étendrai pas sur les mérites ou les défauts de mes devanciers, puisque les
pages qui suivent sont celles d'un troisième essai sur l'histoire de cette province. Quelle
démangeaison m'a-t-il pris de les écrire et pourquoi n'ai-je pas su, suivant l'avis d'Alceste, tenir la bride à ce grand empressement? Deux raisons m'ont poussé : depuis
l'époque de mes prédécesseurs la science historique a fait de nouveaux progrès, des
horizons nouveaux se sont ouverts devant elle ; et Devérité et Lami sont aujourd'hui
presque impossibles à se procurer. Voilà toute mon excuse.

Etre concis sans devenir obscur, écrire pour raconter et non pour prouver, telles sont
les règles que je me suis imposées. Placé quelquefois en présence de récits contradic-

---

(1) A propos de ce nom qu'on nous permette ce souvenir que rappelait encore récemment, lors de sa réception à l'Académie française, notre éminent historien Henri Martin. C'est Félix Bodin qui, pour l'histoire de la Révolution française, eut la bonne fortune de découvrir M. Thiers, alors tellement inconnu, que l'éditeur Lecointe soucieux du succès mercantile de l'œuvre qu'il entreprenait, exigea le nom de Bodin à côté de celui de l'auteur sur les premiers volumes.

toires, j'ai dû choisir hardiment celui qui réunissait le plus d'autorité et de vraisemblance. Bien que pour ne pas grossir outre mesure un travail qui, je le répète, n'est qu'un essai, je me sois abstenu de notes et de citations, je me suis scrupuleusement attaché à ne puiser qu'à des sources authentiqnes. Au lecteur d'apprécier si j'ai trop méconnu le sage conseil du poète :

> *Sumite materiam vestris, qui scribitis, æquam*
> *Viribus, et versate diù, quid ferre recusent,*
> *Quid valeant humeri.*

I

Le nom de Picardie est prononcé pour la première fois dans l'histoire vers l'an 1200, dans une lettre du célèbre théologien Pierre de Blois, archidiacre de Bath en Angleterre. L'étymologie de ce nom a donné lieu à de nombreuses dissertations, qui malgré l'habileté des philologues qui ont traité cette question, n'ont point encore éclairé son origine. Les uns l'ont fait dériver du caractère même des indigènes et ont prétendu que dans la vieille langue, picard signifiait querelleur et pétulant ; d'autres l'ont tiré des Bégards, secte d'hérétiques sortis de l'Allemagne au XIII° siècle, qui auraient envahi les provinces septentrionales de la France et dont les doctrines furent solennellement condamnées par le concile de Ravenne en 1312. D'autres enfin l'ont fait venir de Picardus, soldat armé de la pique, parce que cette arme était spécialement en usage dans le pays et que ses habitants s'en servaient avec une adresse toute particulière. Le même désaccord règne également entre les auteurs sur l'étendue primitive et les limites de la Picardie. En effet, divisée en plusieurs fiefs importants, mais changeant souvent de mouvance, premier berceau du domaine royal, elle n'eut jamais l'existence autonome des autres provinces, comme la Bourgogne, la Flandre, l'Artois ou la Champagne qui formaient des duchés et des comtés. En 1350 Barthélemy de Brême la désignait comme représentant l'ancienne Belgique, et Froissard lui-même comprenait dans ses enclaves Tournai, Lille et Arras. Ses limites du reste ont souvent varié par suite des événements politiques et ce n'est guères que vers les dernières années du XVI° siècle que sa circonscription géographique se trouve nettement déterminée. Elle comprenait alors, l'Amiénois, le Boulonnais, le Ponthieu, le Vimeu, le Calaisis, le gouvernement d'Ardres, le territoire désigné sous le nom de Pays reconquis, le Santerre, le Vermandois, la Thierache, le Soissonnais, le Valois, le Beauvaisis, le Noyonnais et le Laonnais, bornée ainsi au nord par la Flandre, l'Artois, et le détroit du Pas-de-Calais, à l'est par la Champagne, au sud par l'Ile-de-France, à l'ouest par la Normandie. En 1624, ces trois dernières subdivisions furent réunies à l'Ile-de-France afin d'agrandir le rayon militaire du gouvernement de la capitale.

La Picardie, contrée généralement plate, à l'exception des hauteurs du Boulonnais, appartient sous le point de vue hydrographique à deux bassins différents. Tandis que les cours d'eau du Boulonnais, du Marquenterre, de l'Amiénois et du Ponthieu viennent se décharger dans la Manche, les rivières qui arrosent le Soissonnais, le Beauvaisis, le Valois, le Noyonnais coulent au contraire du N.-O au midi et appartiennent au bassin de la Seine. Le littoral élevé et rocheux de Calais à la pointe d'Alpreck, sablonneux et couvert de dunes mobiles de ce point au bourg d'Ault où commence les falaises avec le littoral normand, présente une étendue d'environ trente lieues de développement, coupé par les rivières de Liane, de Canche, d'Authie, de Maye et de la Somme se déchargeant dans la baie de ce nom. Outre Calais et Boulogne, la situation jadis florissante de ses ports maintenant ensablés de Wissant, d'Ambleteuse, d'Etaples, de ceux du Crotoy et de Saint-Valery vraisemblablement appelés aussi à partager un jour ce triste sort, lui assuraient au moyen-âge des communications faciles et fréquentes avec la Grande-Bretagne ; des villes importantes soit par leur industrie, soit par leur situation stratégique se rencontraient dans chacune des subdivisions de cette province. L'un de nos plus éminents historiens a écrit avec raison : l'histoire de l'antique France semble entassée en Picardie. C'est sur son sol en effet que fleurissaient les siéges épiscopaux et les grandes communes démocratiques d'Amiens, de Beauvais, de Saint-Quentin, de Senlis, de Soissons, de Noyon, de Laon ; les châteaux-forts de Coucy, de Pierrefonds, de Péronne, de Picquigny, de Ham, de Bohain et de Beaurevoir et les cent quinze riches abbayes de ses sept diocèses. Les récits qui vont suivre justifieront cette assertion de Michelet.

C'est un fait désormais irrévocablement reconnu par la science qu'aux temps préhistoriques un isthme joignait la Gaule Belgique à la Grande Bretagne. L'élévation des deux rivages, la correspondance mutuelle de leurs coupes, leur coupure perpendiculaire, tous ces rapports frappants avaient déjà porté le géographe Buache à émettre en 1752 dans les Mémoires de l'Académie des Sciences, cette opinion que la montagne coupée à Wissant par le détroit et qui s'étend assez avant en Angleterre dans le comté de Kent, n'était que la continuation d'une branche de montagnes qui traversait le centre de la France. Les récents travaux entrepris pour l'exécution du tunnel sous-marin de la Manche, ont de nouveau révélé l'exactitude de cette opinion, du moins en ce qui regarde la parfaite similitude des couches, et c'est à la fin de la période tertiaire peut-être que l'isthme a disparu, détruit par l'intumescence et la détumescence des flots joints aux vents d'ouest qui règnent la plus grande partie de l'année dans la Manche, faisant ainsi place au détroit du Pas-de-Calais dont la moindre profondeur atteint à peine ving mètres. Par suite de l'existence de cet isthme les eaux qui occupent aujourd'hui sa place devaient naturellement se reporter ailleurs. Les indices du séjour ancien de la mer ne sont pas rares dans certaines parties de la Picardie et les noms de Saint-Josse-sur-Mer, de Montreuil-sur-Mer entr'autres localités aujourd'hui fort éloignées du littoral, suffiraient seuls à montrer quelles variations a subies la topographie des côtes de la Picardie depuis les temps les plus reculés jusqu'à nos jours. Rue était jadis un port de mer, et il n'y a pas bien longtemps encore avant l'établissement du canal de la Somme que le reflux se faisait sentir jusqu'à Picquigny dont la population était astreinte à fournir son contingent au recrutement de la marine militaire.

Les investigations de la géologie et de l'archéologie ont aujourd'hui déchiffré les pages rudimentaires et jusques alors demeurées mystérieuses des plus vieilles annales de l'humanité. Les carrières de Saint-Acheul, de Menchecourt, du Moulin Quignon dans la Somme, les Creuttes et les Boves du département de l'Aisne et les découvertes précieuses qu'elles ont fournies à la science moderne, ont irréfutablement démontré l'existence de populations sur le sol picard au temps des époques préhistoriques et fourni des témoins irrécusables qui ont permis de constater la trace de ces populations primitives et d'émettre des hypothèses plausibles sur leurs usages et leur degré relatif de civilisation. Le dolmen de Béalcourt près Doullens, la pierre dite de Gargantua à Doingt près Péronne, celle de Bavelincourt en Santerre, la Pierre-Laye de Vaureziz, les dolmens de Mauchamps, de Caranda, d'Ambleny, les allées couvertes d'Orgeval, de Pinon, de Hez, les menhirs et les hautes bornes de Bois-les-Pargny, la pierre qui pousse de la prairie de Ham, la pierre à Bénit de Tugny, les tombelles ou buttes funéraires si nombreuses, nous révèlent encore l'existence des populations celtes, mais ce n'est qu'un demi siècle avant l'ère chrétienne que paraissent sur le sujet qui nous occupe les premiers documents écrits.

Jules-César, le conquérant des Gaules, est le premier historiens de la Picardie. Lorsque le dictateur quitta l'Italie pour prendre possession du gouvernement que son ambition et ses projets politiques s'étaient fait attribuer pour dix ans, la Gaule, était divisée en trois parties habitées par les Belges, les Aquitains et les Celtes ou Gaulois. Les premiers, dont le territoire s'étendait de la Seine et de la Marne aux extrémités septentrionales de la Gaule, étaient les plus braves de ces peuples, parce qu'ils étaient restés tout-à-fait étrangers à la politesse et à la civilisation de la province romaine, et que les marchands allaient rarement chez eux, ne leur portant point ce qui contribue à énerver le courage. D'ailleurs voisins des Germains qui habitaient au-delà du Rhin et éprouvés par leurs luttes continuelles contre eux, originaires eux-mêmes de la Germanie, ils s'étaient fixés en Belgique à cause de la fertilité du sol, chassant devant eux les Gaulois qui l'occupaient primitivement. Seuls au temps de la grande invasion des Cimbres et des Teutons, ils les avaient empêché d'entrer sur leurs terres. Ce souvenir leur inspirait une haute opinion d'eux-mêmes et leur donnait de grandes prétentions militaires. Ils étaient partagés en plusieurs peuplades. C'étaient : les Bellovaci ou habitants du Beauvaisis qui tenaient le premier rang par leur courage, leur influence et leur nombre, puisqu'au rapport de Jules César, s'il faut accepter pour vraies les évaluations souvent suspectes de ses Commentaires, ils pouvaient mettre jusqu'à cent mille hommes sous les armes ; les Suessiones ou habitants du Soissonnais, jadis les compétiteurs des Bellovaques dans la prépondérance politique, qui, sous la conduite de leur chef Divitiac, avaient autrefois conquis et colonisé la Grande Bretagne, les Ambiani possesseurs du territoire d'Amiens, les Veromandui qui occupaient le Vermandois, les Morini maîtres des terres autour de Montreuil et de Boulogne qui tiraient leur nom du vieux mot celtique Mor qui signifie Mer et qui, avant que les Romains eussent traversé le détroit du Pas-de-Calais, étaient regardés par eux, ainsi que l'attestent les vers de Virgile, comme les plus éloignés des hommes connus.

Ce fut l'an 57 avant J.-C. que ces peuplades guerrières, alarmées des progrès de César en Gaule, craignant pour l'intégrité de leur territoire, et sollicitées par un grand nombre de Gaulois, se liguèrent contre le peuple romain et se donnèrent mutuellement des ôtages. Réunis sous le commandement de Galba roi des Suessiones, renommé pour son équité et sa sagesse, les contingents belges devaient fournir : les Bellovaques 60,000 hommes d'élite, les Suessiones 50,000, les Ambiani 10,000, les Veromandui 10,000 ; les Atrébates, les Nerviens, les Menapes, les Eburons peuplades du Hainaut, du midi de la Flandre, de l'Artois, de la Gueldre, du Brabant et du pays liégeois, les Calètes et les Velocasses du pays de Caux et du Vexin devaient par leur concours porter la grande armée belge au chiffre de 300,000 combattants. Averti du rassemblement des confédérés, César n'hésita point un instant et par une marche des plus rapides il parvint à peu près en quinze jours sur les frontières de la Belgique. Pour diviser les forces de l'ennemi, il avait fait entrer sur les terres des Bellovaques, ses alliés les Edeuns, Gaulois de la Bourgogne et du Nivernais. Il fit passer l'Aisne à son armée, remporta sur les Belges la sanglante victoire de Bibrax (Braine suivant les uns, Fismes ou Bièvre suivant d'autres), se dirigea chez les Suessions, assiègea Noviodunum (Soissons ou Noyon) dont la population frappée de stupeur, se rendit à la vue des travaux du siège, dont elle n'avait jamais vu d'équivalent et se vit épargnée à la prière des Rémois, alliés des Romains ; il marche ensuite sur Bratuspantium (Beauvais, selon les uns, Breteuil ou Grattepance selon d'autres) qui se soumit et fournit 600 ôtages. Il soumet aussi les Ambiens, puis bat et anéantit les Nerviens. Les seuls Morins, retranchés dans leurs bois et dans leurs marais impraticables étaient restés en armes et n'avaient jamais envoyé de députés pour solliciter la paix. César, en l'an 56, dirigea contre eux une expédition, mais après avoir, suivant sa coutume, ravagé le pays, brûlé les bourgs et les habitations, les pluies continuelles ne permettant plus de retenir les légions sous la tente, il dut établir ses troupes en quartier d'hiver. L'année suivante, son expédition contre la Grande Bretagne le ramena dans ces parages. Les députés Morins vinrent, cette fois, excuser leur conduite passée, se rejetant sur leur qualité d'étrangers et sur leur ignorance des coutumes romaines. Cette soumission arrivait fort à propos. César ne voulant pas laisser d'ennemis derrière lui, s'empressa d'exiger des ôtages et de recevoir leurs excuses. Il avait rassemblé 80 vaisseaux de charge pour transporter ses deux légions, 18 autres que le vent retenait à 8 milles de là, étaient destinés à sa cavalerie. César, dans son récit, n'a désigné ni le port d'où il partit, ni celui situé à 8 milles plus loin. Il est probable que le premier devait être Itius Portus, Wissant, et l'autre l'emplacement où fut bâtie Boulogne. Mais l'emplacement d'Itius Portus est loin d'avoir été reconnu par les savants et plus de trente villes prétendent avoir porté ce nom. Paisibles à son départ, les Morins ne tardèrent pas à se révolter à son retour, mais privés par la sécheresse des marais, des refuges qu'ils avaient rencontrés l'année précédente, ils ne purent résister aux légions de Labiénus. Pour maintenir ces contrées remuantes et reprendre au printemps ses projets sur la Grande Bretagne, César établit chez les Belges les quartiers d'hiver de toutes les légions.

L'an 55, César s'embarqua de nouveau, laissant Labiénus avec 3 légions et 2000 cavaliers, alliés gaulois, à la garde du Portus Itius. Au retour de cette expédition, il vint à Samarobrive (Amiens ; des auteurs ont essayé de rencontrer cette ville dans Saint-Quentin et Bray-sur-Somme) tenir l'assemblée des Etats de la Gaule, puis à cause de la mauvaise récolte, obligé de changer la distribution de ses quartiers habituels, il envoya une légion chez les Morins sous les ordres de C. Fabius, et trois dans le Belgium sous ceux de M. Crassus, son questeur, de Munatius Plancus et C. Trébonius, ses lieutenants. Cette dispersion de ses forces devait favoriser bientôt la révolte des Aduatiques, des Eburons et des Nérviens qui massacrèrent tout entière la légion campée au milieu d'eux et en assiégèrent une autre commandée par Q. Cicéron, le frère de l'illustre orateur. La résistance opiniâtre de Cicéron donna à César le temps de la délivrer, en se portant à son aide par une marche rapide et en ne laissant à Crassus qu'une seule légion à Samarobrive, pour y garder les bagages de l'armée, les ôtages des cités, les registres et tout le grain qu'on avait rassemblé dans cette ville pour le service de l'hiver. Les grands mouvements qui avaient eu lieu cette année dans la Gaule, déterminèrent César, malgré l'habitude qu'il avait chaque hiver de passer en Italie, de rester cette fois auprès de l'armée et de demeurer lui-même aux environs de Samarobrive avec trois légions dont il forma trois quartiers que plusieurs auteurs ont cru reconnaître, et notamment d'Allonville dans les trois camps romains qui bordent la Somme à la Chaussée Tirancourt, à l'Etoile et à Liercourt.

Toutes les villes de Picardie, sauf celles des Bellovaques qui voulaient faire la guerre en leur propre nom et n'obéir à personne, prirent part au dernier et au plus terrible effort tenté par les Gaulois pour recouvrer leur indépendance. Après la défaite d'Alésia et la chute de Vercingétorix, et lorsque la cause de la liberté semblait irrévocablement perdue, les Bellovaci la soutinrent encore avec un courage digne d'un meilleur sort, sous les ordres de l'Atrébate Comm et du Bellovaque Corrée, avec le concours des Ambiens, des Aulerkes, des Caletes, des Velocasses et des Atrebates. Leurs efforts ne finirent qu'avec la vie de Corrée, leur général, et la disparition de Comm.

La Gaule était désormais irrévocablement soumise. « Si la gloire de César, a dit « Napoléon Ier, n'était fondée que sur la guerre des Gaules, elle serait problématique. » En effet, le système d'isolement et de localité, l'absence de tout esprit national qui caractérisait les Gaulois, leurs divisions, leurs guerres de cité à cité, la rivalité de leurs chefs, l'ignorance de toute discipline, de toute science stratégique, l'infériorité de leurs moyens d'attaque et de défense devaient les livrer successivement à un ennemi brave, actif, habile et persévérant.

César s'occupa alors de fermer les plaies de la guerre ; il leva un impôt de 40,000,000 de sesterces, déguisé sous le nom moins humiliant de solde militaire, mais n'employa aucune mesure violente, ni le système des confiscations ni l'établissement des colonies militaires. Le dernier hiver qu'il passa au-delà des Alpes, il l'employa à visiter les cités de la Gaule. Les meilleurs guerriers de la nation ne tardèrent pas à entrer dans ses troupes, il ne leur laissa de leur armement national que le casque surmonté de l'alouette, symbole de la vigilance, et en forma la légion de l'Alauda, qui lui rendit plus tard tant de services dans ses guerres civiles, illustra son nom dans les campagnes de Grèce, d'Afrique, d'Espagne et à qui il accorda en récompense le droit de cité ; il enrôla des corps choisis dans les différentes armes où ces peuplades excellaient, notamment de l'infanterie pesante du Belgium.

Ce fut à peu près à cette époque que fut construite la ville de Boulogne. César désigna en face du Gessoriacum Navale, sur les rives de la Liane, port où nous l'avons vu embarquer sa cavalerie pour l'expédition de Bretagne, l'emplacement d'une ville nouvelle dont il confia la direction à son parent, Q. Pédius. Celui-ci, qui était de Bologne, donna le nom de sa patrie à la cité naissante. Bientôt, malgré la profondeur du bras de mer qui séparait Gessoriacum et Boulogne, les deux villes furent habilement jointes par un pont, construit, dit-on, par Drusus, fils adoptif d'Auguste ; elles se fondirent insensiblement ensemble et le dernier de ces deux noms prévalut dans l'histoire.

Jules César avait conquis la Gaule, son successeur, Auguste s'appliqua à la civiliser. Le général romain n'avait rien changé à la division territoriale qu'il y avait trouvé établie ; son successeur la divisa en trois. La partie située entre la Seine et l'Escaut retint le nom de Belgique, le reste jusqu'au Rhin fut partagé en Germanie supérieure et Germanie inférieure. Auguste se réserva la disposition de ces trois nouvelles provinces et y nomma pour son lieutenant, Hélius Gracilis. Par ces nouvelles délimitations, il détruisait les anciennes ligues, les différences de race, les souvenirs de l'indépendance elle-même. En même temps, il s'étudiait à ruiner l'importance des vieilles villes au profit de villes nouvelles, en créant des cités Juliennes et Augustales dont les noms nouveaux firent oublier les traditions nationales. C'est ainsi que Veromendua devint Augusta Veromanduorum, Bratuspantium Césaromagus, Noviodunum Augusta Suessionium, Samarobriva, Ambianum. Il fit faire le recensement général de la population et des terres pour y asseoir uniformément les impôts qui devinrent bientôt, grâce à l'avidité des collecteurs, d'année en année, plus exorbitants. Ces impôts étaient de deux sortes, l'un sur les terres, l'autre sur les personnes. Avec l'unité administrative, il fallait avoir encore celle de la religion. Rome qui dans son Capitole avait donné droit de cité à tous les dieux du monde sentait que le druidisme, religion des Gaulois, à cause de son mysticisme menaçant comme symbole de la nationalité gauloise, était incompatible avec son organisation politique. Auguste mina donc secrètement le druidisme, il fit de l'abandon de ce culte le prix de ses faveurs impériales ; enfin comme les dieux helléniques et les dieux gaulois avaient une grande ressemblance d'attributs, il transforma les uns dans les autres, et les deux religions furent bientôt parfaitement identiques. Des temples s'élevèrent aux dieux vainqueurs. et les Morins eux-mêmes allèrent sacrifier sur l'autel élevé à Lyon au confluent du Rhône et de la Saône sur l'autel voté par les Gaulois en l'honneur du divin Auguste. Ce fut enfin sous le règne de ce prince que furent ouvertes ces premières voies romaines dont le vaste réseau devait sillonner la Gaule dans toutes les directions.

Pour récompenser la fidélité de quelques cités gauloises, leurs habitants reçurent de Tibère et de Caligula le titre de citoyens romains. Cette haute faveur dont le Sénat se montra d'abord avare, s'étendit à des provinces entières, mais non encore à la seconde Belgique, quoiqu'elle payât d'énormes impôts pour subvenir aux extravagances de ce dernier empereur. Ce fut sur les rivages de la Morinie qu'il fit un jour ranger ses troupes en bataille, défiant à la fois tous les ennemis de Rome; aucun ne paraissant, il ordonna à ses soldats de remplir leurs casques des coquillages qui jonchaient la plage pour les déposer au Capitole en signe de sa prétendue victoire. Afin d'en immortaliser le souvenir, il fit élever près de Boulogne un phare immense qui prit, dans la suite le nom de Tour d'Ordre et qui subsista jusqu'au milieu du xviie siècle, où en 1645, faute d'entretien, elle s'écroula avec une partie de la falaise sur laquelle elle était assise. C'était une sorte de pyramide octogonale sur douze étages dont chacun était en retrait d'un pied et demi sur l'étage inférieur; ils avaient une ouverture sur le midi en forme de grande porte, chaque pan du premier étage avaient 24 pieds ou 192 pieds de circuit, et environ 64 de diamètre ; sa hauteur égalait à peu près la circonférence, soit en nombre rond 200 pieds de hauteur.

Claude l'Imbécile, successeur de Caligula traversa aussi le Belgium pour aller se montrer aux Bretons, déjà vaincus, et acheva la ruine de la religion druidique, mais grâce à lui, toutefois la condition des Gaulois devint à peu près la même que celle des conquérants, puisqu'ils purent aspirer comme eux aux dignités sénatoriales. L'administration des cités gauloises confiée à des officiers municipaux, se montra plus régulière et plus protectrice, aussi le Belgium ne fut-il pas troublé par la révolte de Vindex.

Le Belgium suit alors les destinées de Rome ; florissant et prospère sous les règnes heureux des Antonins et de Marc Aurèle, ensanglanté, opprimé et ruiné dans les luttes civiles des compétitions impériales. Envahi par les hordes germaines, malgré les victoires de Probus et de Maximin, il voit les efforts des barbares redoubler après le transfert de la capitale de l'Empire à Constantinople et la mort de Constantin. L'imminence de ces nouvelles agressions obligea souvent ses successeurs à résider dans le Belgium. Valentinien Ier se trouvait à Amiens, lorsqu'atteint d'une maladie grave, il voulut assurer la couronne impériale à son fils, Gratien ; il le présenta aux troupes rassemblées dans les plaines situées entre cette ville et Corbie, et le fit reconnaître comme son successeur. Depuis lors, Gratien prit à tâche de favoriser et d'orner la cité, berceau de son élévation, aussi l'appelle-t-on le second fondateur d'Amiens.

Cependant les désastres de l'Empire s'aggravaient chaque jour. Les Goths, les Vandales, les Gépides, les Alains cherchant des climats plus doux, dépassaient en flots impétueux les frontières romaines, favorisés par les Francs, déjà installés sur les bords de la Meuse et de la Moselle. Augusta Veromanduorum, Ambianum, Cesaromagus tombèrent aux mains des envahisseurs ; presque tous les habitants furent égorgés et le peuple des campagnes mené en esclavage. Un poète inconnu de la Gaule comparait ces invasions à l'irruption de l'Océan :

Si totus Gallos sese effudisset in agros
Oceanus vastis plus superesset aquis.

« Des nations féroces et innombrables, s'écrie saint Jérôme ont occupé toutes les « Gaules ; tout ce qui se trouve entre les Alpes et le Rhin est ravagé par le Quade, le « Vandale, le Sarmate, l'Alain, le Gépide, l'Hérule, le Saxon, le Bourguignon, l'Alle- « mand et le Pannonien. Mayence, ville autrefois si célèbre a été prise et détruite, et « des hommes réfugiés par milliers dans les églises ont été massacrés ; Worms est « ruiné par un long siège, Amiens, Thérouanne, située à l'extrémité des Gaules, Tour- « nai, Spire, Strasbourg ont vu leurs habitants emmenés en esclavage et vendus dans « la Germanie. Tout est saccagé dans les Aquitaines, la Novempopulanie, les Lyon- « naises et les Narbonnaises. »

Nouvelle invasion en 1429. Clodion qui la dirige, pénètre dans Amiens, en est chassé par Aétius, le dernier des Romains, y rentre vainqueur en 442. Son fils Mérovée, élevé sur le pavois, lui succède comme chef des Francs. L'invasion des Huns, conduite par le farouche Attila réunit pour un instant dans le danger commun, Mérovée et Aétius, les Francs, les Romains, les Bourguignons et les Visigoths. Mais après le sanglant carnage des Champs Catalauniques et la défaite du Fléau de Dieu, tous ces peuples redeviennent rivaux, tous veulent à l'envi étendre leurs limites. En 485, Clovis, chassant de Soissons, Syagrius et les Romains, fait de cette ville la capitale de son royaume, et par cette conquête, anéantit le dernier vestige de la puissance du peuple roi en Gaule.

Avant de continuer ces récits, il faut nous arrêter pour examiner un instant quelle était la physionomie du pays sous cette longue domination de cinq siècles.

Le premier soin des Romains après la défaite des dernières tribus gauloises, fut de chercher à assurer leur domination, en ouvrant à travers les forêts épaisses et les marécages des pays conquis, de larges voies stratégiques, qui reliant entr'eux leurs camps et leurs postes militaires leur permissent de se transporter avec rapidité d'un point à un autre pour étouffer les velléités d'indépendance qui pouvaient se manifester au sein des populations vaincues mais non domptées. Telles furent ces chaussées romaines encore désignées de nos jours sous la dénomination de Chaussées Brunehaut. Quatre voies principales (voies solennelles) parcourant la Gaule dans tous les sens, sont l'œuvre du premier gouverneur, Agrippa, gendre d'Auguste. De ces chemins primordiaux, partant de Lyon, le premier s'étendait vers la Gaule Narbonnaise et le littoral marseillais; le second se dirigeait, par les montagnes d'Auvergne vers l'Aquitaine et le pays de Saintes; le troisième descendait jusqu'au Rhin; le quatrième enfin s'étendait vers Boulogne et l'océan par les cités des Bellovaques et des Ambiens. Auguste avait tellement à cœur ces travaux, que pour les conduire à bonne fin il n'épargna même pas les statues d'or et d'argent qu'il avait reçues de plusieurs de ses amis et des cités de l'Empire pour honorer ses triomphes. Il en fit fondre un grand nombre pour payer les ouvriers. De ces quatre tiges principales partirent successivement une multitude de branches et de rameaux secondaires, reliant les différentes villes les unes avec les autres, les *mutationes* et les *mansiones*, gîtes d'étapes et de séjour des troupes romaines en marche, et les relais des postes impériales. Ces gigantesques travaux étaient exécutés par les légions ou par les habitants des provinces, ou bien encore par les criminels condamnés aux ouvrages publics. Tant que la prospérité de l'Empire dura, ces voies furent entretenues avec le plus grand soin. Les invasions des barbares les détruisirent. Lorsque plus tard on retrouva les restes de ces admirables communications, les efforts qu'elles avaient coûtées parurent tellement au-dessus de la puissance humaine, qu'on leur attribua une origine merveilleuse. On supposa qu'elles avaient été construites par un certain Brunehaut, successeur fabuleux d'un nom moins fabuleux Bavo, roi des Belges, qui les fit édifier en trois jours par des démons soumis à ses ordres. La similitude du nom en fit aussi attribuer l'honneur à la femme du roi d'Austrasie, Sigebert. Peut-être en fit-elle réparer quelques-unes. Suivant D. Grenier dans son Introduction à l'histoire de Picardie ce nom pourrait venir du vieux mot latin Brunda qui signifie solide. Enfin une quatrième conjecture est née de la manière de l'écrire dans un titre de 1205. Dans ce titre on lit Burnehaut et non Brunehaut; or, Burnehaut ne signifierait-il pas borne haute, c'est-à-dire une colonne milliaire ou borne indicatrice qui borde ces voies et que l'on trouve nommée souvent dans plusieurs titres, la haute borne.

Ces chaussées tracées autant que possible en ligne droite étaient généralement formées de quatre différentes couches plus ou moins épaisses suivant la localité et la nature du sol. Le *statumen*, composé de moellons plats maçonnés à bain de mortier ; le *rudus* ou *ruderatio*, second lit de têtes de pots, de tuiles, de petits cailloux, de briques cassées lié par un bain de ciment ou de mortier, le *nucleus*, lit de mortier, puis la *summa crusta* ou *summum dorsum*, couverture de cailloux, de pierres plates ou de pierrailles de différentes sortes selon le pays. Des bornes milliaires indiquaient les distances. Plusieurs de ces bornes ont échappé aux ravages du temps ; ce sont celles de St.-Médard de Soissons, de Vic-sur-Aisne et de Longueau, conservées aux musées de Soissons et d'Amiens. Dom Grenier avait compté en Picardie 34 branches de la grande voie militaire d'Agrippa. M. Piette qui a fait une étude spéciale de ces voies en indique 38 dans le seul département de l'Aisne. C'est sur ces grandes voies romaines que se sont formées dans la Picardie, comme dans toutes les autres régions des Gaules les plus anciens établissements. Les noms d'Estrées, de Vitry, de Vic, de La, de Lis, de Chaussée indiquent encore de nos jours dans les dénominations de plusieurs de nos communes, l'emplacement ou la très grande proximité des voies romaines.

Pour assurer la protection et la sécurité de ces voies, les Romains avaient établi souvent à leur point de jonction des camps destinés à tenir en respect les populations vaincues. La Picardie a conservé bon nombre de ces postes militaires. Dans l'Aisne, ce sont les camps de Commun, de Vié Laon, de Mauchamps, de Vermand ; dans l'Oise, ceux du mont de Froidmont, de Montreuil sur Thérain, du mont Ganelon, de Champlieu, de Gouvieux, de Catenoy, de Vendeuil ; dans la Somme, les camps de Camon, de la Chaussée-Tirancourt, de L'Etoile, de Liercourt, des monts de Caubert, du vieux Catil, de Wissant dans le Boulonnais. La plupart sont encore aujourd'hui désignés sous le nom générique de camps de César bien qu'appartenant à des époques différentes de la période impériale.

Mais outre ces grands travaux de voirie et de castramétation, la civilisation romaine avait doté la Gaule de monuments de toute sorte, ponts, temples, arcs triomphaux, palais et villas, thermes, amphithéâtres et cirques. Les débris, que même encore aujourd'hui après tant de siècles écoulés ramènent chaque jour à la surface du sol, les fouilles entreprises ou les hasards de la rencontre du soc de la charrue, attestent à nos yeux la grandeur et l'étendue de cette civilisation même dans le Belgium. La citation de quelques-uns des monuments de ses anciennes cités en donneront une idée sommaire.

Le territoire qui forma plus tard la Picardie, faisait sous l'organisation de l'Empire de Constantin, partie de la seconde Belgique et avait pour métropole Reims, l'ancienne cité des Rémois. Onze cités importantes en dépendaient dont Soissons, Vermand (plus tard remplacée par St.-Quentin), Beauvais, Senlis, Amiens et Boulogne. Soissons garde encore un très-vivant et très-intéressant spécimen des murs de ses fortifications élevées par les Romains. Cette ville fut de suite une de leurs capitales, un centre administratif et un point stratégique des plus importants. Sous Dioclétien, elle possédait déjà un des quatre arsenaux du Nord et de la Gaule Belgique et l'on y fabriquait des boucliers, des balistes et des clinabres ou cuirasses d'un genre particulier. Deux palais, les châteaux de Crise et d'Albâtre, ce dernier, mine aussi riche qu'inépuisable de colonnes, de marbres, de vases artistement sculptés, de belles statues, débris de cette époque dont l'un des plus anciens est l'admirable plateau ciselé trouvé avec de grandes mosaïques dans les travaux exécutés par le génie militaire et que conserve aujourd'hui le musée de Soissons, le theâtre dans l'enceinte du grand séminaire, attestent la grandeur passée d'Augusta Suessionum. D'innombrables médailles à dater de César et d'Auguste jusqu'aux derniers empereurs, des vases de toutes formes, des ustensiles de tout genre, des tombeaux, des urnes lacrymatoires sont les témoins parlants de l'ancienne prospérité d'Augusta Veromanduorum (Saint-Quentin). Beauvais prouve sa grandeur passée par les découvertes faites de ses rues anciennes retrouvées à dix pieds au-dessous du niveau du sol actuel, par son temple de Jupiter que remplaça plus tard l'église de la Basse-OEuvre, par son ancien beffroi, l'opus reticulatum de ses fortifications, son temple de Bacchus sur le mont Capron à cent toises de la porte d'Amiens, et Senlis, la cité des Sylvanectes par ses arènes romaines mises au jour, par la sagacité et la persévérance d'un savant et modeste antiquaire.

Comme Soissons, Amiens était une des grandes fabriques d'armes de l'empire et confectionnait les épées (spataraa) et les boucliers (scutaria) destinés à l'armement des troupes. Au IV° siècle, Ammien Marcellin désigne cette cité comme une ville éminente entre beaucoup d'autres (Urbs inter alias eminens). Ses édifices connus étaient le Castillon, ou château sur la place actuelle de la Mairie, les portes aux Jumeaux et Clypéenne, le prétoire, le théâtre ; les belles mosaïques que conserve son Musée révèlent notamment le luxe et l'art de la décoration de ses habitations privées. Enfin Boulogne, outre sa tour d'Ordre a retenu le souvenir d'un arc triomphal élevé à la mémoire de Claude et les fouilles de l'Abattoir du faubourg de Brecquerèque ont doté ses collections publiques des épaves d'une vaste nécropole romaine.

A côté de ces grandes cités, florissaient des municipes appelées plus tard à devenir des centres importants de population : tels étaient *Laudunum*, Laon, *Verbinum*, Vervins, *Fara*, la Fère, *Castelletum*, le Catelet, *Setuci*, Saint-Mard-les-Roye, *Duroicoregum*, Douriers, *Augusta*, Ault, *Rodium*, Roye, *Catusiacum*, Chaource, *Miniaticum*, Nizy-le-Comte, etc., etc. ; des ports et des stations navales s'ouvraient sur les rivages de la mer et facilitaient les relations devenues plus fréquentes avec les ports de la Grande Bretagne. Sur la rive gauche de la Somme à son embouchure se rencontrait Leucoanaus, aujourd'hui Saint-Valery, fondée suivant la tradition par une colonie phénicienne, puis plus haut Quentovicus sur la Canche, Gessoriacum navale, Boulogne, le Portus Itius, Wissant, flanqué à gauche d'Ambliotolium, Ambleteuse, le Portus Citerior à droite du Portus Ulterior, abrité entre les promontoires de Grinez et de Bla nez et que surveillait une flotte militaire que la notice de l'Empire désigne sous le nom de Classis Sambrica, flotte de la Sambre.

II

En même temps que l'Empire Romain s'écroulait sous les coups répétés des invasions barbares, le polythéisme avait cessé de régner dans la Gaule, et le paganisme ne conservait plus d'adhérents que dans les plus basses classes du peuple, et dans les localités perdues et isolées de toute communication. Une religion nouvelle s'était révélée. Elle apprenait aux hommes, l'amour et l'égalité de l'humanité. L'unité de Dieu devait plaire aux Gaulois auxquels elle rappelait les tendances spiritualistes du druidisme. Ce fut bientôt la religion des vaincus, et malgré de sanglantes et inutiles persécutions auxquelles mit fin la conversion au christianisme de l'empereur Constantin, la croix triomphante avait presque partout remplacé les idoles brisées des faux dieux, et la deuxième Belgique comptait déjà des évêchés florissants à la venue de Clovis.

Deux systèmes se sont produits sur l'époque à laquelle la Picardie reçut les premières lumières de la foi ! L'un veut que les saints qui les premiers vinrent apporter aux tribus payennes la Bonne Nouvelle, aient reçu immédiatement et directement leur mission de St Pierre et des apôtres. Quelque respectable que puisse être cette opinion au point de vue religieux, elle se trouve historiquement contredite par la réalité des faits, et ce n'est que dans la seconde moitié du IIIe siècle qu'apparaît en effet l'église gallicane.

Vers l'an 250, sous l'Empire de Dèce, plusieurs évêques partirent de Rome pour aller porter la foi dans les Gaules. L'un d'eux, St Denis, s'arrêta avec quelques-uns de ses compagnons, à Lutèce, capitale des Parisiens, et de là, comme centre de ses travaux apostoliques il envoya Quentin prêcher l'Evangile aux Amiénois, Lucien aux Bellovaques, Fuscien et Victoric aux Morins, Rufin et Valère aux Soissonnais. L'an 286 Rictius Varus, que nos historiens locaux appellent Rictiovare, préfet du prétoire, alarmé des progrès que faisaient ces missionnaires, s'avança vers Soissons. Instruit qu'à Bazoches, se tenaient Rufin et Valère, il les fit arrêter et ne pouvant par les menaces et les promesses, leur faire renier leur croyance, les fit déchirer à coups de fouet plombé sur un chevalet puis décapiter. Crépin et Crépinien tous deux frères et qui exerçaient la profession de cordonniers, continuèrent l'apostolat des deux martyrs. L'empereur Maximien Hercule n'ayant pu rien gagner sur eux, les livra entre les mains de Rictiovare. Ce tyran leur fit subir les maux les plus cruels ; il les fit battre, leur fit enfoncer des clous aux extrémités des doigts, jeter dans la rivière d'Aisne glacée, une meule au cou, inonder de plomb fondu, d'huile, de poix, de graisse bouillante. Rien n'y fit, ce qui jeta Rictiovare, disent les actes de ces saints, dans untel désespoir, qu'il se précipita lui-même dans le feu. Maximien Hercule leur fit trancher la tête le **25** d'octobre **288**.

Après le supplice de Rufin et de Valère, Rictiovare s'était précipitamment rendu à Amiens pour mettre fin aux succès des prédications de St Quentin ; il le fit arrêter et ne pouvant vaincre sa fermeté, le fit jeter dans un cachot obscur de la prison de la ville, située au lieu où est aujourd'hui la place Saint-Martin où plus tard exista une chapelle sous son vocable. Quentin en sortit par miracle et revint prêcher sur la place publique ; le préfet irrité, mit en usage ses tortures ordinaires, puis le fit conduire à Augusta Veromanduorum où les tourments recommencèrent. Il le fit percer depuis le cou jusqu'aux cuisses de longues broches de fer, puis de grands clous entre les ongles et les chairs. S^t. Quentin finit enfin par être décapité le 31 octobre 287 et sa tête et son corps furent jetés secrètement dans la Somme avec une masse de plomb pour empêcher le corps de remonter sur l'eau. Ce fut, dit-on, un forgeron de Marteville qui façonna les broches de fer du saint martyr, et Colliette, l'historien du Vermandois, rapporte gravement, qu'aucun maréchal n'a pu demeurer depuis dans ce hameau, sans y crever d'enflure.

S^t. Lucien, auquel on attribue plus de trente mille conversions dans les diverses parties de la Gaule eut la tête tranchée le 6 janvier 288. Vraisemblablement, son corps fut enterré au lieu même où fut construite plus tard l'abbaye de son nom à un quart de lieue de la ville de Beauvais. La légende rapporte que comme S^t. Denis, il porta sa tête dans ses mains jusques au lieu de sa sépulture.

S^t. Fuscien et S^t. Victoric, après avoir prêché chez les Morins, revinrent à Amiens pour y revoir S^t. Quentin qu'ils croyaient encore y rencontrer. Avertis de sa fin tragique, ils se hâtèrent de prendre la route de Paris et se réfugièrent au bourg de Sama, chez un cabaretier payen, du nom de Gratien, mais bien disposé en faveur des chrétiens. Rictiovare en ayant été averti, arriva à l'improviste, fit arrêter les deux saints et fit trancher la tête à leur hôte qui avait osé tirer l'épée pour les défendre. Fuscien et Victoric ayant été interrogés, le préfet ordonna qu'ils fussent conduits dans la prison d'Amiens, mais à un mille de là, il leur fit percer les narines et les oreilles, enfoncer dans la tête des clous rougis, arracher les yeux et décapiter le 11 novembre 287. Les chrétiens du canton donnèrent aux trois martyrs une sépulture commune ; le lieu de leur supplice et l'abbaye qui y fut élevée plus tard retinrent le nom de Saint-Fuscien, et le bourg de Sama, celui de Sains (de Sanctis). L'église de ce dernier village conserve encore aujourd'hui, classé au nombre des monuments historiques, un tombeau très-curieux du commencement du xiiie siècle élevé sur l'emplacement où ils furent déposés et dont le docteur Rigollot a donné la description dans son Essai historique sur le sArts du dessin en Picardie. Un miracle analogue à ceux de Denis et de Lucien se manifesta aussi pour Fuscien et son compagnon comme l'indique le bas-relief de ce monument.

S‡. Firmin après avoir accru à Beauvais le troupeau qu'y avait rassemblé Lucien, s'en vint à Amiens. Reçu par le sénateur Faustinien, il le baptisa avec sa famille entière, et un grand nombre d'autres personnes des environs, près de 3000 de l'un et de l'autre sexe en trois jours. Sur les plaintes des prêtres payens, le préfet Valère Sébastien lui fit couper la tête secrètement dans le cachot de sa prison au château d'Amiens, sur la place actuelle de la Mairie, le 25 septembre 290. Son corps fut inhumé par le sénateur Faustinien dans un canton du cimetière qui lui appartenait au lieu nommé Abladène, près des coutures de Saint-Acheul. S‡. Firmin le Confesseur, fils du sénateur Faustinien, troisième évêque d'Amiens, continua la tâche de S‡. Firmin le Martyr, acheva la conversion des Amiénois, travailla à celle des Morins et fit construire l'église de Saint-Acheul. Au vii⁵ siècle, S‡. Saulve, évêque d'Amiens, fit transférer, dans la nouvelle église qu'il avait fait bâtir dans l'enceinte de sa ville épiscopale, les corps de S‡. Firmin le Martyr, de S‡. Firmin le Confesseur et des martyrs S‡. Ache et S‡. Acheul, dont malgré la vénération dont ils jouissaient, l'histoire n'a pu nous dire quel fut le rôle dans l'œuvre de la propagation de la foi.

Des jours plus heureux allaient luire et les églises de la Belgique s'accrurent considérablement dans l'espace des soixante années qui s'écoulèrent depuis la conversion de Constantin jusqu'à l'Empire de Gratien. C'est vers la fin du règne du premier qu'il faut placer la conversion de S‡. Martin, l'un des plus glorieux et des plus vénérés apôtres de la Gaule. Martin, soldat romain, originaire de la Pannonie, n'était encore que cathécumène, c'est-à-dire auditeur ou écoutant de la loi nouvelle, lorsqu'au plus fort de l'hiver qui était si rude, que plusieurs mouraient de froid, il rencontra à une des portes d'Amiens, un pauvre tout nu. Il ne lui restait que ses armes et son habit militaire. Il coupa en deux sa casaque et en donna la moitié au malheureux. La nuit suivante, étant couché dans une auberge où fut élevée depuis l'église Saint-Martin-au-Bourg, il crut entendre de la bouche de J.-C. revêtu de la moitié de son propre manteau, ces paroles : *C'est Martin qui m'a revêtu de cet habit, quoiqu'il ne soit encore que cathécumène*. Cette vision le porta à ne plus différer son baptême. Cet acte de charité avait eu lieu suivant la tradition à la porte aux Jumeaux ainsi nommé des figures qui la décoraient de Romulus et de Rémus, allaités par la louve. Plus tard, furent bâties successivement sur cet emplacement l'abbaye de Saint-Martin-aux-Jumeaux, celle des Célestins, devenue Palais de Justice. Une plaque placée dans cette église et replacée aujourd'hui dans les bâtiments neufs du Palais portait cette inscription commémorative :

chy Saint Martin divisa sen mantel
En l'an trois cent adjoutez trente sept.

Parmi les autres apôtres de la Picardie, il faut encore citer les noms de Victrice, évêque de Rouen qui continua chez les Morins, les prédications de S^t. Fuscien et de S^t. Victoric, S^t. Just, martyrisé dans le lieu du Beauvaisis qui porte aujourd'hui son nom, Sainte-Maxence et Saint-Germain d'Auxerre. Le christianisme éprouva cependant un mouvement d'arrêt subit vers le ve siècle. Le culte des dieux de Rome ne s'était soutenu que par la force de l'autorité civile, tout semblait indiquer qu'il allait expirer sous les coups redoublés que le sacerdoce par sa propagande et l'Empire par ses édits ne cessaient de lui porter, lorsque les grandes invasions barbares remplirent de nouveau la Gaule de peuplades idolâtres. Deux hommes allaient redonner à l'Eglise un éclat triomphant : Clovis et S. Remy.

III

Suivant toutes les apparences, à la mort de Chilpéric Ier, successeur de Mérovée, les établissements des Francs dans la Gaule n'avaient guère été poussés plus loin que la Somme. Clovis, soit qu'il soit plus vaillant chef de guerre ou plus habile politique que ses prédécesseurs, parvint en peu d'années à étendre sa domination. Instruit des dispositions favorables des Gaulois à son égard, il se persuada que cette nation, alors presque toute chrétienne, ne pouvait se soumettre qu'à regret à un prince idolâtre, si les évêques ne commençaient à en donner l'exemple, car l'autorité des prélats était déjà arrivée à ce point, sur le déclin de la puissance romaine, qu'ils tenaient le premier rang dans le sénat des villes, et y présidaient, sinon en qualité de premiers citoyens, du moins comme chefs de la religion. En effet, dès la fin de l'Empire, le christianisme s'organisant territorialement avait adopté pour ses diocèses les divisions de l'ordre civil, et la *civitas* antique ou unité territoriale était devenue à la fois circonscription civile et circonscription ecclésiastique. Il crut donc important de mettre dans ses intérêts des hommes qui exerçaient une si haute influence, et commença par afficher du respect pour la religion chrétienne, et à témoigner aux évêques, et surtout à saint Remy, qui savait insensiblement captiver sa confiance, toutes sortes de déférences. Après la défaite de Syagrius et la conquête et le sac de Soissons, Clovis marchant sur Châlons et sur Troyes, par égard pour saint Remy, épargna Reims, en faisant défiler ses troupes au dehors de la ville par un chemin qu'on croit être la rue Barbastre (Via Barbarica), renfermée depuis dans son enceinte. Malgré cette précaution, des bandes indisciplinées pénétrèrent dans la cité à l'insu du roi, forcèrent les églises, et y enlevèrent des ornements et des vases sacrés parmi lesquels se trouvait une buire d'une grandeur et d'une beauté merveilleuses. Saint Remy, affligé de cette perte, fit prier Clovis de lui rendre le vase. « Suivez-moi jusqu'à Soissons, répondit ce dernier aux envoyés de l'évêque, » parce que là sera partagé tout ce qui a été acquis, et lorsque ce vase sera tombé dans » mon lot, je remplirai le désir du pape » (tous les évêques prenaient alors ce titre). Quand la masse du butin fut réunie, Clovis sollicita pour lui la buire et tous acquiesçaient à sa demande, quand un Franc la frappa de sa francisque à deux tranchants, en disant : « Tu n'auras rien, roi, que ce que t'accordera le sort. » Le roi supporta cette injure en silence, mais prenant cependant la buire de l'aveu tacite des assistants, il la rendit fracassée à l'envoyé de Remy. L'année suivante, à la réunion annuelle du Champ de Mars qui précédait l'entrée en campagne, Clovis parcourait les rangs et inspectait les armes de ses guerriers ; arrivé devant ce soldat Franc il lui reprocha la négligence de son équipement et saisissant sa hache qu'il disait être hors d'état de servir, il la jeta à terre. Comme cet homme se baissait pour la ramasser, Clovis leva sa propre hache et lui fendit la tête en disant : « Qu'il te soit fait, ainsi que tu as fait au vase, l'an passé à Soissons. »

Ce fut la veille de Noël de l'an 496, que Remy administra au conquérant, suivant le vœu qu'il avait prononcé sur le champ de bataille de Tolbiac de se faire chrétien, si le Dieu qu'adorait Clotilde, son épouse, lui donnait la victoire ainsi qu'à plus de 3000 guerriers de son armée, dit-on, le sacrement du baptême. L'Église recueillit bientôt les fruits les plus précieux du zèle de Clovis, car peu de temps après sa conversion, il publia un édit par lequel il invitait tous les idolâtres de sa nation et de son royaume à embrasser la religion chrétienne. Ses enfants, après sa mort, travaillèrent de concert à la ruine du paganisme ; de là tant de lois ecclésiastiques et civiles rendues dans le vi* siècle contre les restes de l'idolâtrie. Clotaire, roi de Soissons, c'est-à-dire de la plus grande partie de la seconde Belgique, suivant le partage qu'avaient fait entr'eux les fils de Clovis des États de leur père, protégea assiduement le christianisme qui faisait tous les jours de nouveaux progrès par le zèle des évêques d'Amiens, de Senlis, de Soissons et de Vermand. Mais aux évêques qui ne pouvaient quitter leur ville épiscopale pour aller établir aux extrémités de leurs diocèses dans des solitudes peu fréquentées, l'empire de Jésus-Christ, vinrent se joindre des auxiliaires non moins zélés formés tous dans les cloîtres. Les soins des petits-fils de Clovis et de leurs successeurs eurent pour but de multiplier les monastères pour servir d'asile à la piété et aux sciences. Saint Colomban, saint Riquier, saint Valery, saint Blimond, saint Josse, saint Aicar, saint Éloy, saint Momble, saint Fursy, saint Gobain, sont les principaux apôtres de cette dernière campagne de la foi. Déjà avant l'extinction de la première race, existaient des abbayes riches et florissantes. C'était, dans le diocèse de Soissons, St.-Médard, fondé en 561 par Clotaire, roi de Soissons, pour servir de sépulture au saint évêque de Noyon ; Notre-Dame fondée vers 660 par Ebroin, maire du palais, et Leutrude, sa femme ; dans le diocèse de Laon, l'abbaye de St.-Vincent, fondée par la reine Brunehaut, femme de Sigebert, roi d'Austrasie; Notre-Dame de Laon, fondée par sainte Salaberge, appelée plus tard, abbaye de St.-Jean, renfermant à son origine sept églises et trois cents religieuses qui divisées en plusieurs chœurs, chantaient nuit et jour les louanges du Seigneur ; dans le diocèse de Noyon, St.-Fursy, fondé par Erchinoald, maire du palais, Notre-Dame de Homblières, fondée au ix° siècle dans le voisinage de Saint-Quentin, Saint-Quentin en l'Isle ; dans le diocèse de Beauvais, Saint-Lucien et Saint-Germer de Flex fondés par saint Germer et saint Ouen ; dans le diocèse d'Amiens, Saint-Valery fondé par saint Blimond ; Saint-Riquier dans l'opulente ville de Centule et Saint-Josse, fondées par les saints de ce nom ; Corbie, fondée en 662 par Clotaire III, roi de Neustrie et de Bourgogne, et par sainte Bathilde, sa mère.

Clotaire Ier mourut en 561. De ses quatre fils, Chilpéric Ier eut le royaume de Soissons en partage ; son premier soin fut de piller les riches trésors de son père depuis 80 ans, fruits des expéditions de Clovis et de ses fils, conservés dans la villa royale de Braine. Sous ce prince, commença la longue lutte des deux royaumes francs d'Austrasie et de Neustrie, l'un plus romain et tendant à reconstituer l'administration impériale, l'autre, conservant plus longtemps sa sève barbare et ses tendances germaniques, et qui l'emportera sur la Neustrie comme les Francs l'avaient déjà emporté sur les races romanisées. Cette lutte des intérêts différents des deux pays, s'augmenta encore de la haine particulière de deux femmes, Frédégonde et Brunehaut. La première était, il paraît, née en Picardie d'un village auprès de Montdidier. Il ne peut entrer dans le cadre restreint de ce travail, de suivre pas à pas, les différentes phases de cette époque de troubles, de dissensions, de meurtres qui marquent cette période convulsive de formation de notre nationalité. A Chilpéric, assassiné par l'un des amants de sa femme Frédégonde, succéda son fils, Clotaire II, à celui-ci Dagobert, dont le nom se rattache intimement au nom populaire de saint Éloi, son conseiller et son ministre. Né près de Limoges, d'origine gallo-romaine, Éloi, placé chez Abbon qui dirigeait l'atelier monétaire de cette ville, y acquit une grande adresse dans les travaux manuels. Chargé par le roi Clotaire II de lui confectionner un siége d'or, enrichi de pierreries, l'artiste limousin non-seulement fit au roi un siége magnifique, mais lui en apporta encore un second aussi beau que le premier, et néanmoins fait avec la matière qu'on lui avait fournie pour un seul. Frappé de son talent et de sa probité, Clotaire attacha Éloi à sa personne, et le fit son monétaire, position qui lui fut continuée par Dagobert. Le 21 mai 640, Éloi, tout en conservant ses fonctions laïques, fut élu évêque de Noyon, de Vermand et de Tournai, et dès lors se livra avec le plus grand zèle à l'apostolat. Par ses soins s'élevèrent, dans sa patrie le monastère de Solignac et l'abbaye de Saint-Martin, à Paris, Saint-Paul, hors les murs et Saint-Martial, à Courtrai, l'église Saint-Martin, à Noyon celle qui porta son nom.

De ses œuvres comme artiste, il faut citer les châsses admirables de Saint-Denis,

Saint-Germain, Saint-Lucien, Saint-Piat, Saint-Maximin, Saint-Julien, Saint-Martin, Saint-Crépin, Saint-Crépinien, Sainte-Colombe, Sainte-Geneviève, patronne de Paris. Malheureusement aucun de ces chefs-d'œuvre que nous ne connaissons que par le récit de son historien, n'est parvenu jusqu'à nous, et la Révolution a achevé de détruire ce qui avait échappé aux coups de l'ignorance ou aux ravages du temps. Son nom comme monétaire se rencontre sur plusieurs monnaies d'or frappées à Paris sous les règnes de Dagobert, de Clovis II et de Clotaire III. Ce dernier prince lui fit faire de magnifiques obsèques. On trouve dans les sermons qui nous ont été conservés de ce ministre, une grande connaissance de l'Ecriture-Sainte, parfois de beaux mouvements d'éloquence et de curieux détails sur les mœurs de son époque.

Les chroniques de Saint-Denis racontent que sous Dagobert, les Huns ayant envahi la Picardie, les Francs sous la conduite de leur roi, en firent un si grand carnage que la terre fut inondée et pour ainsi dire, abreuvée de leur sang, d'où le lieu de cette épouvantable boucherie aurait pris le nom de Lihons-en-Santerre, c'est-à-dire *les Huns*, *ou locus Hunnorum in sanguine terso*. Il va sans dire que le nom de Santerre n'a rien à faire avec cette prétentieuse étymologie, et qu'il est de beaucoup préférable de le faire venir avec Guillaume le Breton, de *sana terra*, terre saine ou fertile, ou peut-être du celtique belge *san* et *ter*, haute terre.

A partir de la mort de Dagobert, les rois mérovingiens, que l'histoire a flétris du nom de rois fainéants, renfermés dans leurs villas royales vont laisser croître à côté de leur trône la puissance absorbante des maires du palais qui doit dans un siècle les dépouiller, et établir une nouvelle dynastie à leur place.

La bataille de Testry, près Péronne, en 687, consomma la chute du royaume de Neustrie. En 752, Pépin le Bref, fils de l'héroïque Charles Martel, le dernier maire du palais austrasien était, cérémonie toute nouvelle qu'aucun roi franc sans en excepter Clovis, n'avait vu s'accomplir, sacré par Boniface, archevêque de Mayence, dans l'abbaye de Saint-Médard de Soissons, et commençait cette nouvelle race de rois qui devait du nom de son plus illustre représentant porter le titre de dynastie karolingienne.

La Picardie se peuplait et se cultivait paisiblement, tandis que Charlemagne poursuivait au dehors ses conquêtes et ses conversions; toutefois au milieu des préoccupations de ses grands desseins, comme la royauté vivait alors du produit de ses domaines, on le voit en surveiller avec un soin tout particulier l'administration et l'on trouve dans le recueil de ses ordonnances ou capitulaires, de très-curieux détails sur l'ordre et l'économie qu'il voulait voir régner dans l'exploitation de ses villas dont il avait un très-grand nombre dans cette province et où comme ses premiers prédécesseurs il séjournait pour les plaisirs de la chasse.

Ces premiers palais des rois mérovingiens et carlovingiens étaient à peu près élevés sur le modèle des anciennes villas gallo-romaines, quelquefois même dans les restes de ces établissements. En Picardie, les palais de Verberie, de Compiègne, de Quierzy, de Braisne, d'Athies, d'Attigny, de Baisieu, de Cuise, de Corbeny, de Trosly, etc. n'étaient que de véritables villas. C'étaient de vastes bâtiments entourés de portiques d'architecture romaine, quelquefois construits en bois poli, et ornés de sculptures qui ne manquaient pas d'élégance, autour desquels se trouvaient disposés les logements des officiers du palais, ceux des chefs de la guerre et des leudes de la truste (fidélité ou engagement spécial du vasselage du roi) des bâtiments d'exploitation rurale, des granges, des étables et des habitations des serviteurs et métayers. Charlemagne avait fait rebâtir entièrement le palais de Verberie. Il avait son aspect au midi ; les édifices qui le composaient s'étendaient de l'occident à l'orient sur une longueur de 240 toises. Un corps de logis très-vaste où se tenaient les assemblées générales, les parlements, la Malbergium ou maison des plaids terminait à l'occident cette étendue de constructions, de même que la chapelle à l'orient, qui conservait encore au xive siècle, le nom de chapelle de Charlemagne. Ils formaient comme deux ailes qui accompagnaient une longue suite d'édifices de différentes formes et de différentes grandeurs ; au centre de toute cette étendue, paraissait un magnifique corps de logis composé de deux étages.

C'est en Picardie que Charlemagne, après son expédition d'Italie en 774 pour défendre le Saint-Siège contre les attaques des Lombards, et la prise de Pavie leur capitale, relégua leur dernier roi Didier et Ansa son épouse dans le monastère de Corbie. Didier ayant obtenu vraisemblablement de résider dans un domaine de cette abbaye, ce lieu aurait en se multipliant par l'agglomération successive des habitations, donné naissance à la ville qui de son séjour aurait retenu le nom de Montdidier. C'est, du moins, l'étymologie acceptée par tous les chroniqueurs montdidériens, et consacrée par la tradition et les souvenirs historiques.

Cependant les derniers jours du grand empereur étaient troublés par l'apparition sur les côtes des pays de sa vaste domination, de ces redoutables pirates norvégiens et danois, connus sous le nom de Normands. Charlemagne prévoyait les maux qu'ils devaient causer plus tard, et pour les prévenir autant qu'il était possible, visita les ports, fit garder toutes les embouchures des fleuves depuis le Tibre en Italie jusqu'à l'Elbe en Allemagne, en élevant des tours sur le rivage de la mer, et en réparant la Tour d'Ordre que Caligula avait fait bâtir jadis aux portes de Boulogne.

Les maires du palais avaient renversé la dynastie mérovingienne, la féodalité à son tour devait étouffer les faibles rejetons de Charlemagne. Louis-le-Débonnaire ou le Pieux qui commence cette race de successeurs dégénérés d'un grand homme, accrut les richesses des églises par de magniques offrandes. L'abbaye de St.-Médard de Soissons eut la plus grande part à ses faveurs ; entr'autres privilèges il lui accorda le droit de battre monnaie. Aussi trouve-t-on, durant la période carlovingienne, des deniers frappés aux noms de saint Médard et de saint Sébastien, patrons de cette abbaye. Ce fut dans ce monastère qu'il avait enrichi, que par un des effets des dissensions entre ses enfants en 833,

Louis comparut captif devant son fils Lothaire révolté contre lui, et que dépouillé des insignes de la royauté, il y demeura un an sous le froc monacal jusqu'à ce qu'un nouveau revirement le rétablit sur le trône impérial.

Un document contemporain montre à quel degré de richesses étaient alors arrivées certaines abbayes de la Picardie ; c'est le dénombrement, qu'en 831, Herick ou Henri huitième Abbé de Saint-Riquier présenta à Louis-le-Débonnaire, des biens de cette communauté.

L'Abbé de Saint-Riquier avait pour vassaux 117 nobles qui tenaient en fief des terres du monastère. Chaque jour il nourrissait 300 pauvres, 150 veuves et 161 religieux ; la ville de Saint-Riquier qui lui appartenait, comptait, au temps de Charlemagne, 2,500 maisons et chacune d'elles devait annuellement à l'Abbé 4 deniers, plus de 30 sols d'aujourd'hui, plus 4 poules, 4 chapons et 30 œufs en tout 10,000 poules, autant de chapons et 75,000 œufs ; enfin tout le peuple était divisé en quatre classes dont chacune devait 100 livres de cire et trois d'encens.

Le cloître de l'abbaye était disposé en triangle, symbole de la triade chrétienne ; à chaque angle s'élevait une église desservie chacune par 100 moines et 33 enfants de chœur. Le nombre trois inscrit sur les autels et les candélabres rappelait partout le mystère de la Trinité, et le *Laus perennis* résonnait sans jamais s'interrompre dans le sanctuaire de ces trois temples.

Chaque métier avait sa rue et fournissait à l'abbaye les objets de première nécessité. La rue des marchands devait chaque année une pièce de tapisserie de la valeur de cent sols d'or, la rue des fabricants de boucliers était chargée de donner les couvertures des livres, de les coudre, de les relier, ce qu'on estimait trente sols d'or. Dans la rue des Cent-dix Chevaliers, chaque chevalier entretenait pour le service de l'église, un cheval, un bouclier, une épée, tout l'attirail d'un homme de guerre. La rue des Foulons confectionnait les sommiers de laine des moines. Les offrandes en argent faites au tombeau de saint Riquier s'élevaient annuellement à 15,600 livres de poids, environ 2,000,000 d'aujourd'hui. Quatre moulins devaient six cents muids de grain mêlé, huit porcs et douze vaches. Le marché, chaque semaine, fournissait quarante sols d'or et le péage 20. Treize fours produisaient chacun par an 10 sols d'or, trois cents pains et trente gâteaux dans le temps des litanies. La cure de Saint-Michel donnait un revenu de 500 sols d'or distribué en aumônes par les frères de l'abbaye.

La rue des Selliers procurait des selles à l'Abbé et aux frères ; la rue des Boulangers délivrait cent pains hebdomadaires ; la rue des Écuyers était exempte de toute charge ; la rue des Cordonniers munissait de souliers les valets et les cuisiniers de l'abbaye ; la rue des Bouchers était taxée chaque année à quinze setiers de graisse ; la rue des Vignerons donnait chaque semaine seize setiers de vin et un d'huile ; la rue des Cabaretiers trente setiers de cervoise ou de bière par jour.

La chapelle des nobles octroyait chaque année douze livres d'encens et de parfums.

Suivait le bordereau des vases d'or et d'argent des trois églises de Saint-Riquier et le catalogue des livres de la bibliothèque. Dans ce catalogue on voit des exemplaires d'Homère, de Cicéron, de Virgile ; puis venait la liste des villages de Saint-Riquier au nombre de vingt : Buniac, Vallès, Drusiac, Neuville, Gaspanne, Guibrantium, Bagarde, Cruticelle, Croix, Civinocurtis, Haidulficurtis, Maris, Nialla, Langradus, Alteica, Rochonismons, Sidrunis Concilio, Buxurdis, Ingoaldicurtis. Dans ces villages se trouvaient quelques vassaux de Saint-Riquier qui possédaient des terres à titres de bénéfices militaires. On voit plus de treize autres villages sans mélange de fiefs, et ces villages, dit la notice, sont moins des villages que des villes et des cités.

Le dénombrement des églises, des villes, bourgs et cités de Saint-Riquier présentent les noms des cent chevaliers attachés au monastère, lesquels composaient à l'Abbé aux fêtes de Noël, de Pâques et de la Pentecôte une cour presque royale.

En résumé, d'après le dénombrement de l'abbé Herick, le monastère possédait la ville de Saint-Riquier, treize autres villes, trente villages, un nombre infini de métairies, ce qui produisait un revenu considérable.

Ce fut sous Charles-le-Chauve, successeur de Louis-le-Débonnaire, que les Normands commirent leurs premières déprédations sur les rivages de la Picardie.

A l'embouchure de la Canche, près du village de Saint-Josse, s'élevait le port de Quentovic éclairé par un phare d'une construction très antique. Les rois carlovingiens y avaient un duc gouverneur de la ville et un maître des monnaies : un navire à mâts figurait sur les pièces frappées dans cette ville. En 842, les Normands alléchés par l'état florissant de ce port, d'où l'on s'embarquait pour l'Angleterre, y abordèrent un matin, surprirent les habitants, en tuèrent une partie, enlevèrent des hommes et des femmes et n'épargnèrent les églises et les habitations que moyennant une forte somme d'argent ; ils se rembarquèrent ensuite avec leur butin. Dès lors Quentovic perdit tout son commerce qui passa à Etaples, sur l'autre rive de la Canche.

En 846, après avoir pillé Paris, aussi bons cavaliers que hardis navigateurs, ils se portèrent vers le Nord et envahirent Beauvais.

Le 28 avril 850 une nouvelle horde partie de la Seine, car déjà les Normands s'étaient établis sur ce fleuve, à poste fixe dans l'île d'Oissel, surprit la ville de Noyon, ravagea le monastère de Saint-Eloi, et enleva l'évêque ainsi que beaucoup de nobles, de clercs et de gens du peuple.

Une nouvelle expédition venant du Nord entra en Picardie et s'établit dans une île de la Somme, après avoir mis à contribution l'abbaye de Saint-Valery et la ville d'Amiens. Les moines de Saint-Riquier, effrayés, allèrent cacher leurs reliques et leurs vases sacrés dans l'église de la petite ville d'Ancre et se dispersèrent, dit un chroniqueur de leur abbaye, comme des brebis à l'approche d'un loup féroce.

En 860, les Normands de l'Escaut ravagent à leur aise les contrées traversées par l'Escaut et la Somme, ils marquent par leurs ravages habituels leur passage à Péronne.

Au commencement de février 881 ils longent la côte jusqu'à l'embouchure de la Somme, fouillent les abbayes de Saint-Valery et de Saint-Riquier, remontent le fleuve, dévastent Amiens et Corbie et rentrent dans leur camp retranché de Courtray, chargés de nouvelles dépouilles. On les soupçonna d'avoir été guidés dans cette excursion par Isambart, seigneur de la Ferté-en-Ponthieu, avoué de Saint-Riquier, animé de vengeance contre la cour à cause d'un exil qu'il subissait pour ses différends avec les fils de Louis-le-Bègue. Isambart et le chef normand Guaramont périrent, dit-on, tués de la propre main du roi Louis, que la chronique de Saint-Riquier appelle Louis à la longue barbe. Une autre tradition veut que la cause de la trahison d'Isambart vint de ce que les moines avaient profité de son absence pour s'emparer de ses domaines. Le lieutenant d'Isambart, irrité de sa perte, aurait rallié ses gens, repris le château de la Ferté-Saint-Riquier, assiégé l'abbaye, et pour perpétuer la conduite et le châtiment des moines, exigé que l'un d'eux vînt chaque année faire amende honorable au château et jurer de ne pas troubler les cendres d'Isambart, jeté après le combat dans un fumier au lieudit Boisfontaine ou Bourfontaine. Toujours est-il que dans un dénombrement de la seigneurie de la Ferté de 1724 on lit : le vicomte de Saint-Riquier élu par les religieux, le 7 octobre de chaque année est conduit par les moines sur le pont-levis du château de la Ferté, où il est tenu de jurer en présence du bailli de ce château ou de ses officiers de ne rien entreprendre sur les dépendances de ladite chatellenie, et particulièrement sur la tombe d'Isambart *tenu anciennement pour géant*. Le surlendemain de la fête du saint, le vicomte faisait la chevauchée dans tous les domaines du monastère, tandis que le bailli et les officiers de la Ferté, à cheval avec l'étendard de cette seigneurie, en faisaient autant dans toutes les rues de Saint-Riquier, le faubourg qui relevait de la Ferté et la tombe d'Isambart. Le bailli et sa suite recevaient pour cette chevauchée un setier d'avoine et 60 sols. Cette bizarre cérémonie subsista jusqu'en 1762.

Après un repos de quelques mois, les Normands recommencèrent leurs courses. Ils traversèrent de nouveau la Somme et pillèrent jusqu'aux environs de Beauvais. Cependant le roi Louis III assailli des plaintes de ses sujets, avait pris la résolution de les attaquer quand ils reviendraient avec leur butin ; il se porta vers Laviers où était le gué de la Somme qu'ils devaient traverser, les surprit et les battit au village de Saucourt-en-Vimeu entre Eu et Abbeville. Cette demi-victoire, si rare alors, fut regardée comme un grand succès malgré son peu de résultats, et des chants populaires, deux siècles après célébraient encore la victoire du seigneur *Louis qui sert Dieu volontiers et que Dieu récompense*. Une de ces chansons composée en langue teutonique est seule parvenue jusqu'à nous.

En 882, nouvelle invasion dans les Ardennes, le Laonnais, le Remois.

En 883, sous Carloman, survivant à son frère Louis, les Normands pénètrent dans Saint-Quentin et Arras. Tous les pays entre la Somme et l'Oise se trouvent livrés aux pirates profanant, brûlant les églises, jonchant les rues de cadavres, massacrant les enfants et les grandes personnes, les clercs et les laïques, les hommes et les femmes et forçant les populations à se cacher dans les bois ou dans des refuges souterrains. Après s'être établis dans Amiens ils ravagèrent moutiers, villes et bourgs. Le Vermandois et le Ponthieu furent pillés, notamment les villes de Soissons, de Boulogne, de Beauvais. Laon seule résista, grâce à sa situation topographique. L'on dut encore cette fois acheter leur retraite pour 12,000 pesants d'argent. Les Normands vinrent recevoir cette somme à Amiens, puis ayant brûlé leur camp, ils reprirent la route de Boulogne.

En 886 la bande de Sigefroy, l'un des chefs de l'invasion de 883, envahit Soissons, brûlant les églises de la ville, l'abbaye de Saint-Médard et les châteaux des environs. En 891, les Normands s'emparèrent d'Amiens, en 892 de Péronne et de Noyon. Un de leurs chefs s'établit à demeure sur la rive droite de la Somme, au village d'Argœuves, à 7 kilomètres d'Amiens.

En 912 enfin, le traité de Saint-Clair sur Epte et la cession de la Neustrie à leur chef Rollon, vint mettre un terme aux longs maux de ces jours de deuil. Ce fut dans ces temps désastreux, où le prêtre célébrant les saints offices, ajoutait au pater ce cri suprême de la désolation des fidèles : *a furore Northmanorum libera nos Domine*, où les chartes et les diplômes portent cette sanglante satire de l'incapacité des successeurs de Charlemagne : *Christo rege, nullo regnante,* que commencèrent à s'élever sur le sol de la France, qu'ils allaient couvrir plus tard sous le pouvoir toujours croissant de la féodalité, ces châteaux fortifiés où venaient se réfugier les reliques des saints martyrs, les trésors des églises et des abbayes voisines, les vassaux du chef, les troupeaux des métairies, alors que le son rauque du cor des rois de la mer ou les flammes de l'incendie empourprant au loin l'horizon, annonçaient l'approche redoutée des hommes du Nord.

Les peuples lassés enfin de la puissance impériale par la lâcheté et l'imbécillité de l'empereur Charles le Gros, la rejetèrent pour jamais, et la diète de Tribur en 887, amena sa déposition et le nouveau partage de l'édifice si laborieusement élevé par Charlemagne. Les exploits du comte de Paris Eudes, fils de Robert le Fort, qui par ses succès contre les Normands avait mérité le surnom de Machabée, portèrent les évêques et les seigneurs de la France romane à le déclarer roi ; mais à Eudes un parti puissant opposa bientôt Charles le Simple, fils de Louis le Bègue qui fut sacré dans la cathédrale de Reims en 892, par Foulques, archevêque de cette ville. Une nouvelle guerre éclata entre les deux prétendants. Laon, Péronne, Saint-Quentin en subirent tour à tour les maux.

La mort d'Eudes en 899, à la Fère, non sans soupçon de poison, après l'arrangement fait avec son compétiteur auquel il avait, l'associant à sa royauté, cédé la portion de ses états au nord de la Seine, laissa sans conteste le trône à Charles le Simple.

Le règne de Charles le Simple est une nouvelle époque de calamités. Les grands irrités du pouvoir de son favori Haganon complotèrent à Soissons de le déposer, mais si cette résolution ne fut pas suivie, les seigneurs ne s'en conduisirent pas moins avec lui comme s'il eût réellement perdu tout droit à leur soumission et il se vit réduit à la seule propriété du comté de Laon. Bientôt ils proclamèrent à sa place Robert, frère du roi Eudes. Charles revendiqua ses droits à la tête d'une armée de Lorrains et reconquit son trône par la bataille de Soissons (923) où Robert périt dans la mêlée. Jouet des intrigues et de l'ambition d'Herbert, comte de Vermandois, tour à tour son allié ou celui de Raoul, gendre du roi Robert, Charles le Simple mourut enfin son captif dans une des tours du château de Péronne.

Raoul, Louis d'Outremer, fils de Charles le Simple, Lothaire, Louis V le fainéant, ne font qu'ajouter à l'antipathie nationale que la France du Nord éprouve contre les indignes successeurs de Charlemagne. Le dernier d'entr'eux, Louis V, décéda à l'âge de 20 ans, non aussi sans soupçon de poison et fut inhumé dans l'église de Sainte-Corneille de Compiègne (987). Hugues le Grand, duc de France, le plus puissant des feudataires par ses alliances et sa famille, fils du roi Robert, avait comme Charles Martel, aimé mieux faire des rois que de l'être lui-même, assurant ainsi par sa prudence cette royauté à ses enfants. Elle devait échoir en effet à son fils Hugues Capet.

Au moment où Louis mourut, un certain nombre de grands étaient réunis autour de lui à Senlis pour juger l'archevêque de Reims, Adalbéron, accusé de trahison. Personne ne soutenant plus alors l'accusation, Hugues Capet, au nom de tous, le déclara justifié et lui donna la présidence de l'assemblée. Adalbéron parla le premier de la question de chercher un roi et proposa, vu l'absence d'un grand nombre de feudataires, d'ajourner toute discussion à cet égard et de jurer entre les mains du grand duc (Hugues) de ne rien machiner en particulier pour ce sujet jusques à la nouvelle assemblée. Dans l'intervalle, le duc Charles de Lorraine, frère de Lothaire, vint trouver Adalbéron pour le prier de l'aider à faire valoir ses droit héréditaires. Le prélat l'éconduisit durement, le renvoyant aux grands du royaume. Dans une assemblée tenue à Senlis, après un remarquable discours de l'archevêque de Reims, les grands élevèrent à la royauté le duc Hugues Capet, et le 1ᵉʳ juillet 987, Adalberon posait sur son front, dans la cathédrale de Noyon, cette couronne de France que deux princes de sa famille avaient déjà portée et que ses descendants devaient se transmettre durant tant de siècles.

Mais le titre royal décerné à Hugues n'ajoutait rien à sa puissance et l'obligea bientôt à défendre son trône contre le duc de Lorraine.

Le comte de Flandre, l'archevêque de Sens, les comtes de Vermandois, de Troyes, le duc d'Aquitaine se déclarèrent pour Charles. Celui-ci s'était emparé de Laon en 988. Hugues fut forcé de lever le siège qu'il avait mis devant cette ville. L'archevêque de Reims, Arnolphe, successeur d'Adalberon, neveu de Charles de Lorraine, malgré ses promesses de fidélité, ne tarda pas à livrer sa ville à son oncle qui se vit maître des diocèses de Reims, de Laon et de Soissons ; ce fut là le terme de ses prospérités. Hugues gagna à sa cause un autre Adalberon, évêque de Laon. Par son ordre, pendant la nuit du jeudi saint, 2 avril 991, Charles surpris dans son lit fut, lui, sa femme et un neveu livrés à Hugues et mourut peu après à Orléans où il avait été relégué sans que son obscure postérité qui s'éteignit en Allemagne vers le milieu du xiii° siècle ait jamais songé à troubler les Capétiens dans la possession de la couronne de France. L'archevêque de Reims, déposé canoniquement, fut remplacé par Gerbert qui devait plus tard porter glorieusement la tiare et se montrer l'un des plus savants papes de ce temps sous le nom de Sylvestre II.

IV

Avant d'aborder le récit des grands événements qui vont suivre, il est nécessaire d'indiquer sommairement comment s'était formée la féodalité et quel était l'état des grands fiefs en Picardie à l'époque de l'intronisation d'Hugues Capet et de ses premiers successeurs.

Dès les premiers temps de la conquête des Gaules par les Francs, les rois et les principaux chefs de la race conquérante s'emparèrent de terres considérables. Les expéditions, les nouvelles conquêtes, la confiscation des biens des coupables, les cas de déshérence, les usurpations iniques et violentes augmentèrent encore le domaine privé des rois et des grands chefs ; ces domaines devinrent les présents avec lesquels ils s'attachèrent à retenir leurs compagnons ou à en acquérir de nouveaux. Ces présents avaient reçu le nom de bénéfices. En général, dès l'origine ils n'étaient donné que temporairement et à vie, sous la condition de certaines obligations, et principalement sous celle du service militaire. Plus tard ces bénéfices ne tardèrent pas à devenir héréditaires ; mais déjà sous Louis le Débonnaire, les liens de fidélité qui unissaient le possesseur de bénéfices au donateur commencèrent à se relâcher, et les fidèles à se rendre peu à peu indépendants. Le capitulaire de Kiersy-sur-Oise par lequel Charles le Chauve, en 877, rendit les bénéfices héréditaires ne fut en définitive que la sanction d'un fait accompli depuis longtemps. Dès lors les ducs, les comtes ne craignant plus d'être privés de leurs offices, les exercèrent avec la même indépendance que s'ils eussent été souverains, s'emparant des produits des domaines fiscaux, des péages et des autres revenus publics, s'appropriant sur les habitants de leurs terres le pouvoir judiciaire qu'ils n'avaient reçu que par délégation, et exigeant en leur nom le service militaire pour leurs intérêts privés et presque toujours contre le monarque, pour résister à ses ordres et soutenir leurs rébellions.

A la fin du x° siècle les grands fiefs de Picardie étaient les comtés de Soissons, de Valois, de Vermandois, d'Amiens, de Ponthieu, de Boulogne, etc.

Le Soissonnais fut administré sous les Mérovingiens par des ducs amovibles, puis par des comtes qui finirent là comme ailleurs par se rendre héréditaires ; c'est comme tels qu'on les trouve vers l'an 960. Le premier d'entr'eux fut Gui, fils d'Herbert III, comte de Vermandois auquel le Soissonnais fut apporté en dot par Adélaïde, fille de Giselebert.

Le Vermandois avait été donné par Louis le Débonnaire, à Pépin, fils de Bernard, roi d'Italie, en dédommagement de la couronne dont il l'avait dépouillé.

Herbert I*r, fils de Pépin, embrassa le parti du roi Eudes contre Charles le Chauve. Raoul de Cambrai, frère de Beaudoin II, comte de Flandre, du parti de Charles, vint ravager ses terres, s'empara même de Péronne et de Saint-Quentin. Herbert le tua dans une rencontre et périt lui-même assassiné par un satellite du comte de Flandre, jaloux de venger son frère. Son fils Herbert II ravagea par représailles les possessions du Flamand. Ligué avec les grands du royaume contre Charles le Simple, il enferma le malheureux prince dans la tour de Péronne, se brouilla ensuite avec le roi Raoul, son compétiteur, sembla vouloir aider à une restauration de Charles ; mais par la médiation d'Hugues, le grand duc de France, il fit sa paix avec Raoul, et replongea Charles dans sa prison de Péronne où nous l'avons vu plus haut mourir. Une nouvelle brouille éclata en 931 et Raoul se serait rendu maître de tout le Vermandois, si Herbert ne se fût hâté de se soumettre. A Herbert succédèrent Albert I, le pieux, 943, Herbert III, son fils, 988, Albert II, 1,000, Othon, 1021, frère d'Albert ; en 1045, Herbert IV, qui par héritage de son beau-frère Simon, réunit au comté de Vermandois celui de Valois.

Le comté de Valois dont la capitale était Crespy eut pour premier comte Pépin, fils de Pépin, comte de Vermandois ; il eut pour successeurs Bernard, Waleran, Gauthier, Gauthier II, Raoul. Un autre Raoul, son fils, usurpa le comté de Montdidier et s'empara de Péronne. Par conquête, manèges ou usurpation, il devint le plus puissant des seigneurs de son temps et fut ainsi comte ou seigneur d'Amiens, de Pontoise, de Mantes, de Valois, de Crespy, de Péronne, de Montdidier, de Chaumont, de Vitry, du Vexin, etc. En 1062 il répudia sa seconde femme pour épouser Anne de Russie, veuve du roi de France Henri I*r, union qui le brouilla avec le roi Philippe I*r, son fils, et attira sur sa tête les foudres de l'excommunication, sous les coups de laquelle il était encore au moment de sa mort arrivée le 8 septembre 1074. Il fut inhumé dans l'église Saint-Pierre de Montdidier où sa tombe, classée au nombre des monuments historiques se voit encore aujourd'hui dans le bas-côté gauche où elle fut replacée en 1832. Il y est représenté en demi-relief, couché, les mains jointes, vêtu d'une robe garnie de fourrures et fendue sur le côté, l'épée au côté droit. « Les personnes qui ont vu ce comte, rapporte
» Guibert, abbé de Nogent-sous-Coucy, peuvent dire à quel degré il avait élevé sa
» puissance, quelle autorité il s'était acquise et de quel despotisme il usait. Trouvait-il
» un château à sa bienséance il l'assiégeait. Place attaquée, place prise tant était grande
» son habileté dans l'art des sièges. De toutes les places qu'il prenait il n'en rendait
» aucune. »

Simon, son fils, que l'Église a placé au rang des saints et dont elle célèbre la fête à la date du 29 septembre, lui succéda et eut à soutenir la guerre contre Philippe Iᵉʳ. Mais trois ans après en 1077, ayant fait ouvrir la tombe de son père pour transférer ses dépouilles mortelles à Crespy, la vue d'un cadavre en décomposition, seul reste de celui qui avait été si grand et si fort dans sa vie, lui suggéra d'amères réflexions sur le néant des vanités humaines. La légende veut de plus qu'il aperçut un serpent qui rongeait la langue du feu comte en punition de ses parjures ou de son excommunication et que ce spectacle lui fit prendre la résolution d'expier ses fautes, en embrassant la vie religieuse. Toujours est-il qu'effectivement Simon se retira au couvent de Saint-Claude, et mourut à Rome en 1082, où il était allé à la demande du pape Grégoire VII. Par cette renonciation à la vie du siècle, ses domaines, nous l'avons dit, passèrent à son beau-frère Herbert IV, de Vermandois.

Toute l'érudition du savant Du Cange, n'a pu cependant éclairer entièrement l'origine et la suite régulière des comtes d'Amiens. Le nécrologe de l'Eglise d'Amiens inscrit l'obit d'un comte Angilvin qui lui fit don vers 830 de la terre et de la seigneurie de Fontaines et d'autres biens dans l'Amiénois. Herbert II, comte de Vermandois et Eudes son fils figurent ensuite comme comtes d'Amiens, puis Herluin comte de Montreuil. Le comté d'Amiens passa après eux des mains des comtes de Montreuil à celles d'Arnould et de Beaudoin, comtes de Flandre, puis dans celles de Gautier, comte de Pontoise, de ses fils Gautier II le blanc, Dreux, Gautier III et par héritage de ce dernier à Raoul de Crespy, comte de Vermandois et de Valois, son cousin germain.

Sous Clotaire Iᵉʳ l'on trouve déjà dans le Ponthieu, un Alquaire chargé du gouvernement des côtes maritimes depuis l'Escaut jusqu'à la Seine dont le siège du gouvernement était à Centule (Saint-Riquier) et qui s'intitulait duc de la France maritime ou du Ponthieu, mais l'hérédité n'y commença qu'en 696 ; c'est le plus ancien des fiefs de la Picardie. Angilbert que l'Eglise a rangé au nombre de ses saints, comte, abbé de Saint-Riquier, gendre de Charlemagne fut, par ce prince, investi du duché de la France maritime; son fils Nithard qui a laissé quatre livres de l'histoire de son temps, d'après la tradition, périt en 853 en repoussant une invasion des Normands. Rodolphe, Helgaut, Herluin lui succédèrent. Herluin II, fils de ce dernier fit entourer de murailles le bourg de Montreuil. Il périt en 925 dans une attaque des Normands. Herluin III, son successeur, celui qui fut aussi comte d'Amiens, soutint une longue et sanglante guerre contre le comte de Flandre Arnould et ne récupéra Montreuil, que celui-ci avait surpris par trahison, qu'à l'aide de son beau-frère Guillaume Longue-Epée, duc de Normandie. Le 17 décembre 942, dans une entrevue entre Guillaume et Arnould pour traiter de la paix, malgré les avis qu'il avait reçus de se tenir sur ses gardes, le duc normand fut assassiné par les gens de la suite de son adversaire ; ce crime eut lieu dans une île de la Somme, près de Picquigny. La guerre recommença plus terrible entre le comte de Flandre et Herluin qui, loin de protéger son neveu Richard, fils du duc Guillaume, unit ses armes à celles du roi Louis d'Outremer qui voulait réunir la Normandie à ses domaines et dépouilla le jeune prince de ses Etats. Comme son beau-frère, Herluin périt de mort violente sur les bords de la Dive, dans une conférence entre Louis d'Outremer et le roi de Danemarck allié du jeune Richard, à la suite d'une querelle qui engendra un combat dont le roi de France s'échappa avec peine; pour lui, il fut massacré avec son frère et dix-huit autres comtes français. Le théâtre de cette catastrophe s'appelle encore le Gué d'Herluin. Roger ou Rotgaire son fils, Guillaume Ier, Hilduin ou Haudoin lui succédèrent successivement, puis Hugues Ier, l'ami d'Hugues Capet qui lui donna pour récompense de l'appui qu'il avait prêté à sa royauté sa troisième fille Giselle et lui confia la garde d'Abbeville qu'il fit enclore de murs. Hugues cependant ne prit jamais que le titre d'avoué de Saint-Riquier.

V

Robert, fils d'Hugues Capet lui succéda sans opposition sur le trône de France, mais son règne ne fut pas exempt d'orages. Marié à Berthe, fille du roi de Bourgogne, sa cousine au quatrième degré, il vit cette union réputée illégitime par les lois de l'Eglise, et frappée par le pape Grégoire V de l'excommunication et de l'interdit. Une seconde union avec Constance, fille du duc d'Aquitaine ne fut pas plus heureuse. Jalouse de l'empire qu'avait sur ce prince son favori Hugues de Beauvais, elle le fit assassiner. Le roi Robert avait associé à la couronne et fait couronner à Compiègne son fils Hugues, et les dernières années du vieux roi furent troublées par les révoltes de ses enfants excités par la tyrannie de Constance.

C'était une croyance générale dans la chrétienté, en l'an 1000, d'après les prophéties de saint Jean que le jour suprême de l'humanité approchait. Dans la dernière année du Xe siècle tout fut interrompu : plaisirs, affaires, intérêts; on se contentait de pourvoir aux besoins les plus immédiats ; on léguait ses terres et ses châteaux aux églises pour s'acquérir des protections dans le royaume des cieux. L'effroi populaire s'effaça enfin après l'expiration de la menaçante date; mais avec lui ne furent point anéantis les dons immenses que la crainte avait faits à l'Eglise et aux communautés religieuses. « Vers la troisième année après l'an mil, dit le chroniqueur contemporain Rudulfus » Glaber, les basiliques sacrées furent réédifiées de fond en comble, surtout dans » l'Italie et les Gaules et l'on eût dit que le monde entier, d'un commun accord, avait » dépouillé ses vieux haillons pour se couvrir d'églises neuves comme d'une robe » 'blanche. »

Henri Ier, successeur de Robert eut à lutter aussi contre sa belle-mère Constance qui voulait mettre son plus jeune fils sur le trône ; Laon, Noyon, Péronne furent prises dans cette guerre. Ce fut sous le règne de ce prince, en 1041 qu'eut lieu un événement de la plus haute importance pour les populations appelées à en bénéficier : l'institution de la Trêve de Dieu. La Paix de Dieu, déjà proclamée par les évêques des diverses régions de la Gaule, de 1031 à 1035, avait dépassé le but qu'elle se proposait, ce généreux mouvement rentra alors dans les limites du possible. Reconnaissant leur impuissance de supprimer les guerres privées, les conciles se bornèrent à en adoucir les maux. On décréta que du mercredi soir au lundi matin, aucun chrétien ne ravirait quoique ce fût à son prochain par violence et ne tirerait vengeance de ses ennemis ; les jours de grandes fêtes, l'Avent et le Carême tout entier furent compris dans la pacification, et les églises et cimetières non fortifiés, la personne des clercs et des moines placés sous la sauvegarde perpétuelle de cette loi. Des alliances de ce genre furent conclues entre les évêques de Soissons et de Beauvais, et les habitants d'Amiens et de Corbie à la suite d'une peste qui avait, en 1025, désolé ces régions et à la cessation de laquelle les processions solennelles des deux villes vinrent vis-à-vis l'une de l'autre au lieu désigné sous le nom de Croix de l'Indict, à mi-chemin de Corbie. Là elles se jurèrent une paix perpétuelle, statuant qu'en cas de querelle, aucun de leurs habitants ne se ferait justice par le pillage et l'incendie, mais que le débat serait plaidé en présence de l'évêque et du comte devant le porche de l'église. Si la Trêve de Dieu ne put jamais être complètement observée, elle n'en fut pas moins un immense bienfait pour les malheureuses populations, en attendant l'époque où un véritable pouvoir public, et l'institution des franchises communales furent enfin constitués en France d'une manière stable.

Philippe Ier succéda à son père Henri. Il avait épousé Berthe de Hollande, mais épris de Bertrade de Montfort qu'il enleva à son mari le comte d'Anjou, il répudia sa première femme et brava les foudres de l'excommunication lancée contre lui. Reléguée en 1091 dans le château de Montreuil-sur-Mer, où l'on montre encore enclavée dans la citadelle, la Tour de la Reine et la chambre où elle fut renfermée, la reine Berthe y passa les deux dernières années de sa triste vie dans un dénûment tel qu'elle en était réduite à accepter les secours que lui offrait la pitié des dames de Montreuil. Telle fut l'origine d'une quête dont chaque année les jours de Pâques amenaient le retour. Vers ce temps des jeunes filles parcouraient autrefois la ville, en sollicitant la charité publique, et en chantant sur un air monotone : *Donnez, donnez à la Reine*. Suivant une tradition locale, la malheureuse princesse aurait été enterrée dans l'église de Saint-Sauve dans un tombeau qui existe encore, derrière le maître-autel, sous le lambris.

A Boulogne, à Etaples, sur toutes les côtes de la Picardie, c'était alors la coutume de ces pays maritimes comme celles de beaucoup d'autres régions au moyen-âge, que les seigneurs exerçassent un droit appelé droit de lagan, qui peint bien la barbarie de cette époque. Tout étranger jeté sur la côte par la tempête, au lieu d'être humainement secouru, se voyait au contraire emprisonné et mis à rançon. Le comte Harold, l'un des plus populaires représentants du parti national en Angleterre, qui s'était embarqué pour la Normandie avec une suite nombreuse, afin de retirer des mains du duc Guillaume le Bâtard, son frère et son neveu que le roi Edouard-le-Confesseur avait autrefois exigés comme otages lors de sa réconciliation avec ses sujets soulevés contre ses favoris normands, objets de l'antipathie populaire, et que dans ses méfiances il avait confié à la garde de ce duc, subit cette loi rigoureuse. Dépouillé de ses bagages, il fut, avec les seigneurs de sa suite, enfermé par le seigneur du lieu dans sa forteresse de Belram, aujourd'hui Beaurain-sur-Canche. On assure qu'avant d'être conduit dans cette forteresse il avait été d'abord retenu à Saint-Valery dans une tour dont les ruines subsistent encore, désignées sous le nom de Tour d'Harold, mais rien ne prouve que cette tradition ait la moindre apparence de vérité.

Pour échapper à cette captivité, Harold se déclara porteur d'un message du roi d'Angleterre pour le duc de Normandie Guillaume le Bâtard à qui il demanda de le faire sortir de prison. Guillaume réclama d'abord avec menaces de son voisin, Gui, comte de Ponthieu, la liberté du captif, mais ce comte ne céda qu'à l'appât d'une grosse somme d'argent et d'une belle terre sur la rivière d'Eaune. Harold, ainsi délivré, reçu par le duc, promené de ville en ville, de château en château, avec ses jeunes compagnons, revêtu de l'ordre de la chevalerie, fiancé à la fille du duc, devait payer cher cette bienveillance apparente. A Bayeux ou à Avranches, les récits varient sur ce point, Guillaume avait convoqué les haut barons de Normandie ; à la veille de l'assemblée il avait fait apporter de tous les lieux d'alentour les ossements et les reliques des saints dont on remplit une grande cuve recouverte d'un drap d'or ; un missel ouvert à l'évangile était placé dessus. « Harold, lui dit Guillaume, je te requiers devant cette noble
» compagnie, de confirmer par serment les promesses que tu m'as faites, savoir de
» m'aider à obtenir le royaume d'Angleterre après la mort du roi Edouard, d'épouser
» ma fille Adèle et de m'envoyer ta sœur pour que je la marie à l'un des miens. » Pris au dépourvu, et n'osant renier des promesses imprudentes, il s'approcha troublé et « jura d'exécuter ses conventions avec le duc, pourvu qu'il vécut et que Dieu l'y aidât. » Sur un signe de Guillaume, la cuve fut découverte et lui montra les reliques sacrées sur lesquelles il avait juré à son insu. Peu après cette scène, Harold repartit pour l'Angleterre, reconduit et comblé de présents par le duc, joyeux d'avoir ainsi arraché à l'homme le plus capable de nuire à ses ambitieux projets, le serment public et solennel de le servir et de l'aider.

Le vieux roi Edouard mourut le 5 janvier 1066 et le même jour, le comte Harold était, au mépris de son serment, grâce à ses liaisons avec les principaux nobles, à la faveur du clergé, à l'amour des citoyens de Londres et de la nation anglo-saxonne, couronné roi d'Angleterre par l'archevêque d'York. Aussi loin que la publicité pouvait aller dans le XIe siècle, le duc Guillaume publia ce qu'il appelait l'insigne mauvaise foi du Saxon ; il intenta contre son adversaire devant la cour de Rome une accusation de sacrilège, demandant que l'Angleterre fut mise au ban de l'Eglise et déclarée, sauf approbation du pape, propriété du premier occupant. Le pape Alexandre II, poussé par l'archidiacre Hildebrand dont les vues ambitieuses tendaient à transformer la suprématie religieuse du Saint-Siège en souveraineté universelle sur tous les Etats chrétiens, prononça lui-même la sentence favorable à Guillaume, en lui permettant d'entrer en Angleterre pour ramener ce royaume à l'obéissance de Rome et y rétablir à perpétuité le denier de saint Pierre qui ne s'y payait plus que fort irrégulièrement, en lui envoyant une bannière bénie, un anneau contenant un cheveu de saint Pierre, double signe de l'investiture militaire et ecclésiastique, et lançant les bulles d'excommunication contre Harold et ses adhérents.

Bientôt, grâce à son activité, à sa persévérance et à son habileté, par ses promesses et par l'espoir du pillage de l'Angleterre, le duc Guillaume put réunir autour de lui une nombreuse armée, formée de tous les aventuriers de l'Europe occidentale, avides de se partager les dépouilles promises à leur convoitise. Durant un mois, les vents contraires retinrent la flotte normande à l'embouchure de la Dive. Une brise du sud la poussa enfin à l'embouchure de la Somme, au mouillage de Saint-Valery. Là, les mauvais temps recommencèrent et l'armée dut forcément camper durant de longues journées qui commencèrent à faire naître des doutes sur la possibilité de l'entreprise. Le découragement régnait parmi les soldats inoccupés et frappés par le naufrage de plusieurs des navires de l'expédition. Craignant leur désertion, malgré l'augmentation des rations de vivres et des liqueurs fortes qu'il leur faisait distribuer, le duc en proie à de vives inquiétudes sur la réussite de ses projets, soit acte de foi sincère, soit pour fournir quelque distraction aux esprits abattus, fit prendre la châsse qui renfermait les reliques de saint Valery et la fit processionnellement transporter en grande pompe dans tout le camp au milieu de l'armée prosternée en oraison. La nuit qui suivit cette cérémonie, comme si l'intervention du saint eût été efficace, les vents changèrent, le temps redevint calme. Au point du jour, 27 septembre 1066, le soleil jusque-là obscurci par les nuages, brilla de tout son éclat et quelques heures avant le coucher de cet astre, la flotte composée de 400 navires à grande voilure et de plus d'un millier de bateaux de transport gagnait enfin le large, au bruit des trompettes et d'un immense cri de joie poussé par 60,000 voix. Le 14 octobre 1066 la bataille d'Hastings livrait au duc Guillaume la couronne d'Angleterre et soumettait la race anglo-saxonne à la domination de la race normande.

Vingt-neuf ans après que s'accomplissait cette transformation qui changeait si profondément la face de l'Angleterre, l'appel enthousiaste d'un moine obscur allait précipiter sur l'Orient les forces vives de l'Europe tout entière. Le xie siècle est une des époques les plus fécondes de l'histoire religieuse ; nous avons vu comment les terreurs de l'an mil avaient contribué à la richesse de l'Eglise. L'établissement de la Trêve de Dieu en flétrissant les guerres et les brigandages avait réchauffé la foi et la ferveur des populations. Alors se relevèrent de nouveau les monastères ravagés durant les deux derniers siècles par les hommes du Nord ; déjà innombrables, les reliques s'accrurent dans les villes, dans les abbayes, dans les chapelles; les dons et les donations reparaissent nombreux : chacun veut racheter son âme ou celle d'un parent. Parmi les fondations pieuses de cette époque, le roi Robert éleva à Senlis l'église de saint Frambourg, Henri Ier l'abbaye de sainte Austreberthe de Montreuil, autrefois fondée à Marconne par le père et la mère de cette bienheureuse.

Puis à côté de ces fondations royales se rencontrent celles dues aux libéralités des puissants de la terre, comtes ou évêques : Saint-Nicolas de Ribemont, Saint-Nicolas-au-Bois, dans le diocèse de Laon; Sainte-Marie-de-Breteuil, Saint-Simphorien, Saint-Quentin-lez-Beauvais, Saint-Martin-au-Bois (Beauvais), Notre-Dame de Vermand, Saint-Barthélemy de Noyon, Saint-Vincent de Senlis, fondé en 1060 par Anne de Russie, veuve d'Henri Ier, Saint-Remy aux Nonnains, Andernes ou Saint-André, Doudeauville.

Mais outre ces donations, la foi se manifeste encore plus vivement par les pèlerinages aux saintes reliques et par les grands pèlerinages de Rome et de Jérusalem. Voir la ville sainte, s'agenouiller et prier au tombeau du Christ étaient le rêve et l'envie de tout chrétien. Mais au prix de quels sacrifices et de quels dangers pouvait-il réaliser son pieux désir ? Lorsque les pèlerins de l'Eglise latine, après avoir traversé des contrées ennemies et couru mille périls, arrivaient en Palestine, les portes de la ville ne s'ouvraient que pour ceux qui pouvaient payer une pièce d'or, et comme la plupart étaient pauvres, et qu'on les avait dépouillés en route, ils erraient misérablement autour de cette Jérusalem pour laquelle ils avaient quitté leurs parents et leur patrie. Pour ceux qui plus heureux arrivaient à leur but, les menaces et les plus sanglants outrages des Musulmans les poursuivaient dans tous les lieux sacrés qu'ils visitaient. Ceux assez favorisés pour revenir en Europe, racontaient ce qu'ils avaient vu, ce qu'ils avaient souffert et les récits de leurs aventures et des maux de leurs frères d'Orient arrachaient des larmes à tous les fidèles. Malgré les difficultés de ces voyages aventureux, le nombre des pèlerins augmentait sans cesse et dès l'an 1064, deux ans avant la conquête de l'Angleterre, l'on voit un pèlerinage de 7,000 personnes qui peut être considéré comme une première tentative de croisade.

La gloire de délivrer Jérusalem devait appartenir à un simple pèlerin, Pierre l'Ermite, né en Picardie, à Amiens. D'un esprit actif et inquiet et d'un extérieur grossier, tour à tour, au dire de ses biographes, l'étude des lettres (quelques-uns veulent qu'il ait été précepteur de Godefroy de Bouillon et de ses frères), le métier des armes, le célibat, le mariage, l'état ecclésiastique n'avaient pu satisfaire son exaltation fébrile. Dégoûté du monde et des hommes, il se retira parmi les cénobites les plus austères. Cédant enfin à ce besoin irrésistible qui poussait vers les pèlerinages en Orient, il partit à son tour. Ses entretiens avec Siméon, patriarche de Jérusalem, ne firent qu'accroître l'enthousiasme religieux de Pierre ; il se crut appelé par des visions à venger la cause du ciel. Chargé des lettres de Siméon, il quitte la Palestine, aborde en Italie, se jette aux pieds du pape Urbain II qui le reçoit comme un prophète, et le charge d'annoncer la prochaine délivrance de Jérusalem. L'ermite monté sur une mule, parcourt l'Italie et la France prêchant tantôt dans les églises, tantôt sur les chemins ou sur les places publiques, excitant de son éloquence vive et emportée, remplie d'apostrophes véhémentes la multitude à venger la profanation des lieux saints et le sang des chrétiens répandu dans les rues de la ville. En même temps que cette prédication, l'empereur grec de Constantinople, Alexis Comnène, appelait à la défense de son empire menacé par les turcs, le secours du pape et des princes de l'Europe faisant miroiter à leurs yeux toutes les convoitises que ce secours leur promettait. Dans un premier concile tenu à Plaisance, Urbain II exposa les périls et les souffrances de l'Eglise grecque et de l'Eglise latine en Orient, mais sans qu'aucune résolution y fût prise pour la guerre contre les infidèles. Mais un nouveau concile fut tenu à Clermont, en Auvergne. Là, après le renouvellement de la Trêve de Dieu, Pierre l'Ermite et le pape haranguèrent l'assistance, excitant les nobles hommes qui les entouraient à aller *armés du glaive des Machabées défendre la maison d'Israël, vigne du Seigneur des armées*. La foule tout entière répondit à cet appel chaleureux par les cris mille fois répétés de *Dieu le veut, Dieu le veut*. Tous à l'envi se décorèrent de croix rouges et firent serment, oubliant leurs querelles particulières, de se consacrer désormais à la cause de Jésus-Christ.

Dès le printemps de l'an 1096 rien ne put retenir l'impatience des croisés. Tandis que les chevaliers s'armaient encore, le peuple moins lent, se précipita sans rien attendre vers la Terre-Sainte, plein de confiance dans la protection divine. Des familles, des villages entiers partaient pour la Palestine emportant leurs ustensiles, leurs provisions, leurs meubles, leurs troupeaux, et ne pouvant croire que Celui qui nourrit les petits oiseaux put laisser mourir de misère des pèlerins revêtus de sa croix. Dans leur grossière ignorance, ils croyaient sans cesse toucher au terme de leur voyage et les petits enfants, lorsqu'une ville ou un château se présentaient à leurs yeux, demandaient naïvement si c'était là Jérusalem. Une troupe nombreuse conduite par un pauvre chevalier nommé Gautier-sans-Avoir, né en Picardie et ancien compagnon d'armes de Pierre l'Ermite, dit-on, traversa d'abord l'Allemagne, mais fut presque entièrement détruite en Bulgarie. Pierre qui voulut lui-même diriger les foules que ses prédications avaient réunies, ne fut guère plus heureux. Arrivé en Hongrie, la vue des armes et des dépouilles de seize des compagnons massacrés de Gautier-sans-Avoir, suspendues comme trophées aux murailles de la ville de Semlim excita la fureur de cette multitude désordonnée et sans frein, qui avait déjà marqué son passage par d'horribles désordres. La ville fut prise et saccagée, mais bientôt l'ignorance des chemins, le manque de vivres et l'indiscipline les livrèrent sans défense aux coups des populations qu'ils avaient si vivement offensées par leurs désordres et leurs cruautés, et ce ne fut qu'avec peine que Pierre l'Ermite put amener à Constantinople les rares débris de ses bandes épuisées.

Mais trois grandes armées plus solidement constituées réunissant 100,000 chevaliers s'organisaient; l'une de croisés des provinces méridionales de la France, la seconde de ceux de la France centrale, la troisième de ceux de la Flandre, de l'Artois, du Boulonnais. Celle-ci forte de 80,000 fantassins et de 10,000 cavaliers fut la première en route. Le territoire d'Abbeville devint en 1096 le rendez-vous des troupes que le duc de Normandie, le comte de Flandre, le comte de Boulogne, devaient fournir pour la conquête de la Terre-Sainte. Godefroy de Bouillon, duc de Brabant et de Lorraine lui-même à la tête d'une foule d'habitants de l'Artois et de 1,200 Boulonnais se rendit à Abbeville où le comte Gui de Ponthieu le reçut avec magnificence. Le 15 août, sous les murs de cette ville, Godefroy passa la revue des croisés dont il allait devenir le plus habile chef. Gui, qui ne pouvait suivre la croisade à cause de ses infirmités voulut du moins consacrer par un religieux souvenir la présence des soldats de la croix dans ses murs et fit édifier l'église du Saint-Sépulcre sur le lieu même où leur généralissime et les principaux chefs qui l'avaient accompagné avaient planté leurs tentes.

L'histoire nous a conservé les noms d'un bon nombre de seigneurs de Picardie qui prirent part à la première croisade. C'étaient Godefroy de Bouillon, ses frères Beaudoin et Eustache comte de Boulogne, Renaud de Beauvais, Payen de Beauvais, Gautier de Breteuil, Guillaume, comte de Clermont, Thomas de Marle, seigneur de la Fère, Gérard et Beaudoin de Créqui, Raimbault, sire d'Estourmel, Adélard d'Estrées, Manassès, comte de Guines, Drogon de Néelle, Anselme de Ribemont, Enguerran et Robert de Picquigny, Raynaud de Soissons, Simon d'Amiens, Hugues et son fils Enguerran, comtes de Saint-Pol, Gauthier et Bernard de Saint-Valery, Hugues de France, comte de Vermandois, Clerambaut de Vendeuil, Gérard de Quierzy, châtelain de l'abbaye de Notre-Dame de Laon. Elle a également conservé le souvenir de leurs plus glorieux faits d'armes. Elle raconte que dans un combat contre les Turcs, surpris par l'ennemi, Thomas de Marle coupa son manteau d'écarlate doublé de menu vair pour faire un étendard à ses gens dispersés, enseigne qui devint l'origine des armoiries fascées de vair et de gueules de six pièces que porta ensuite la maison de Coucy, et que Rembault d'Estourmel fut, dit-on, le premier qui escalada la crête des murailles de Jérusalem d'où lui vint le surnom de Creton et ses armoiries *de gueules à la croix crételée d'argent*, avec la devise *Vaillant sur la crête*. L'on sait enfin que le duc Godefroy de Bouillon, picard par son père Eustache II, comte de Boulogne, fut élu roi de Jérusalem. Quant à l'ermite Pierre dont le nom s'éclipse vite dans les chroniques de cette expédition et qui lui-même rebuté des longueurs du siège de la ville sainte, avait senti sa foi faiblir, et n'était resté que lié par le serment solennel qu'on lui avait fait prêter de partager les périls des chrétiens jusqu'à la délivrance du saint sépulcre, choisi pour suffragant par Arnoul, patriarche de Jérusalem, il revint mourir en Europe en 1115 dans l'abbaye de Neufmoutier qu'il avait fondée, près d'Huy en Belgique, où il fut inhumé.

Lorsque Louis VI dit le Gros, succéda à son père Philippe I*er*, le domaine royal ne comprenait qu'une partie de l'Ile de France, de la Champagne et de l'Orléanais, encore était-il obligé d'y lutter sans cesse contre ses propres vassaux qui s'attribuaient le droit de piller les clercs et le pauvre peuple. Aussi ce prince, armé chevalier à Abbeville en 1098 par le vieux comte Gui de Ponthieu, eut-il à soutenir des luttes nombreuses contre les feudataires pour réprimer leurs excès, et pour exercer son influence médiatrice au milieu du grand mouvement communal qui de toutes parts agitait les populations. Au nombre des seigneurs qui le forcèrent le plus souvent à tirer l'épée en Picardie, il faut citer Thomas de Marle, fils d'Enguerran de Boves, seigneur de Coucy et du comté d'Amiens qu'il avait usurpés sur leurs légitimes propriétaires. Thomas de Marle, revenu de la croisade, veuf d'Ida de Hainaut sa première femme, suivant l'exemple de son père qui venait d'épouser publiquement la comtesse de Namur, du vivant même de son mari, formait un lien incestueux en épousant une cousine germaine dont le nom est supprimé dans l'histoire, mais qui probablement était fille de Roger, seigneur de Montaigu-en-Laonnais. Cette alliance lui apporta le château de Montaigu, l'un des plus forts qui fût dans le pays, repaire inaccessible d'où le terrible baron s'élançait pour commettre ces exploits de grands chemins qui allaient, sous la plume souvent partiale des chroniqueurs contemporains, vouer sa mémoire à l'exécration des générations futures. En 1099 il est en guerre avec Roger de Pierrepont ; le Laonnais souffre beaucoup de cette lutte. En 1104 il ravage les terres des moines de l'abbaye de Saint-Marcoul de Corbeny dans le diocèse de Laon, et après une foule de meurtres et de rapines, brûle la majeure partie de la ville de Corbeny. Ses courses réitérées le rendirent tellement redoutable à ses voisins qu'ils commencèrent à le craindre et à l'avoir en horreur. Une coalition formidable se forma contre lui à la tête de laquelle se trouvaient Enguerran de Boves, son père, Ebbles II, comte de Roucy, André de Roucy, comte de Rameru, son frère Hugues le Blanc, comte de la Ferté, Robert de Péronne, seigneur de Crespy et d'autres seigneurs. Ils résolurent d'assiéger son château de Montaigu, de le forcer à capituler à la suite d'un étroit blocus, d'en miner les fortifications et de le condamner à l'inaction en le retenant dans une captivité perpétuelle. Thomas de Marle, averti des desseins des confédérés sortit de nuit, en passant par les vides qui existaient encore dans la ligne de circonvallation dont on l'entourait, et vint trouver Louis, fils du roi de France Philippe Ier qui déjà avait une grande part dans le gouvernement du royaume. Il corrompit par des présents tous ceux qui l'entouraient, dit Suger, et obtint promptement de ce prince qu'il vînt le secourir. Louis s'achemina en hâte vers le Laonnais à la tête de 700 cavaliers. A l'annonce de l'arrivée du prince, les confédérés dépêchèrent vers lui des députés, en le suppliant de ne pas faire retomber sur eux le blâme de cette affaire en les forçant à lever le siège du château et à ne pas s'exposer à perdre les services de tant de braves gens pour un homme profondément scélérat, lui remontrant que ce serait un malheur bien plus funeste pour lui-même que pour eux, si la tranquillité était assurée à ce pervers. Louis, jeune et ardent, refusa d'entendre leurs prières. Les confédérés, ne voulant pas en venir jusqu'aux hostilités contre leur seigneur futur, levèrent le camp, fermement résolus à reprendre la lutte quand Louis quitterait le château assiégé. Celui-ci faisant raser tous les travaux d'approche dirigés contre la place, la fournit abondamment de vivres et d'armes. Peu après Thomas perdit Montaigu par un divorce et privé de cette redoutable place forte, disparut pour quelques instants de l'histoire, soit par faiblesse d'entreprendre, soit peut-être par reconnaissance pour le roi Louis le Gros.

Enguerran de Boves, tandis que son fils Thomas faisait une si rude guerre aux moines, se montrait, au contraire, libéral envers les églises, ce qui explique, malgré les désordres de sa vie privée, les louanges que lui décernèrent et les vertus que lui confèrent les récits des chroniqueurs contemporains, tous ecclésiastiques. En 1095 il avait fait nommer à l'abbaye de Nogent-sous-Coucy, Geoffroy, que l'Eglise vénère comme un saint, et qui, appelé en 1104 au siège épiscopal d'Amiens, allait quelques années après être contraint de le fuir par suite des attaques de son puissant protecteur. Vers 1105, Enguerran de Boves fonda aux portes d'Amiens, l'abbaye de Saint-Fuscien-au-Bois. La charte de fondation en fut signée l'an 1105 ; le pape Paschal II occupant le Saint-Siège, Manassès étant archevêque de Reims et Geoffroy, évêque d'Amiens sous Philippe, roi des Français, Louis, son fils, étant chef de l'armée et Enguerran, consul d'Amiens.

Plus industrieuses, moins pauvres, voyant d'ailleurs leurs seigneurs distraits par les croisades qui les éloignaient du pays ou diminuaient leur puissance, les classes que nous appellerions aujourd'hui classes bourgeoises, éprouvaient le besoin de recouvrer quelque liberté. Ce grand mouvement démocratique, qui dès le commencement du XIIe siècle agite toutes les cités picardes était un brusque retour aux institutions municipales instituées par les Romains et ruinées dans le nord de la France par les invasions barbares. Si quelques communes s'établirent par concessions gracieuses, par compensations financières, d'autres ne durent qu'à la révolte à main armée le triomphe de leurs établissements. En l'an 1098, Baudri de Sarchainville, promu par le choix du clergé à l'évêché de Noyon, concéda de son propre mouvement une charte qui constituait le corps des bourgeois en association perpétuelle et garantissait aux membres de la commune l'entière propriété de leurs biens, avec le droit de ne pouvoir être jugés que par leurs propres magistrats. L'évêque jura cette charte lui-même et prononça l'anathème contre quiconque la transgresserait ou la violerait ; enfin il invita le roi de France à la corroborer par son approbation et à la sanctionner de son sceau royal. A Beauvais, c'est en 1099 que commence l'association des bourgeois, principalement dirigée contre les châtelains qui, comme capitaines de la cité, occupaient une des principales places de la ville où se trouvait une forteresse désignée sous le nom de Chastel. A l'origine, l'évêque Ansel avait donné aide et protection aux bourgeois, mais après sa mort en 1101, par suite des dissensions qui éclatèrent entre les nouveaux bourgeois et le Chapitre, le roi Louis le Gros fut forcé d'intervenir en 1113, et quelques années plus tard il confirma la commune par une charte qui n'est pas parvenue jusqu'à nous et dont on

ARMOIRIES DES CROISÉS DE PICARDIE.

Eustache
Comte de Boulogne.
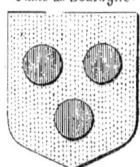

Hugues de France
Comte de Vermandois.
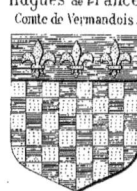

Thomas
de Coucy.
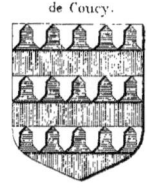

Drogon
S.r de Nesle et de Falvy.
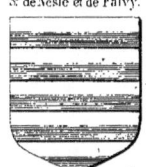

Gauthier et Bernard
Comtes de S.t Valery.

Anselme
de Ribeaumont.
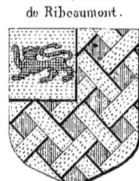

Gérard
de Cherisy.

Raimbaud Creton
S.r d'Estourmel.

Manassès
Comte de Guines.
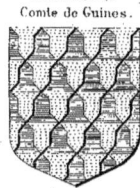

Gérard
de Bournonville.
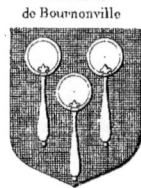

Renaud
de Beauvais.

Dreux
de Mouchy.

Clairambault
de Vandeuil.

Guy II
Comte de Ponthieu.

Guy de Senlis
S.r de Chantilly.
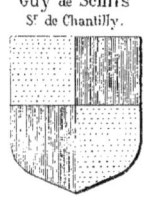

Hugues Tyrrel
Sire de Poix.

ignore la date précise. Mais de toutes les communes de la Picardie, celles dont l'établissement entraîna le plus de troubles et de sanglantes réactions, furent sans contredit Laon et Amiens.

En 1106, la présence et les intrigues d'Enguerran de Boves à Laon, contribuèrent pour beaucoup à l'élection de Gaudri, en remplacement de l'évêque Enguerran de Coucy qui venait de mourir.

Gaudri, prélat dissolu et mondain allait marquer son épiscopat de la plus cruelle des castastrophes. Parmi les principaux de la cité de Laon se trouvait un chevalier courageux, Gérard de Quierzy, dit le Bigle, châtelain de l'abbaye Notre-Dame. « Langue
» acerbe, il déchirait ses voisins par d'âcres propos, sans toutefois s'en permettre
» jamais contre quelqu'un d'honnête. Avant de se marier, Gérard de Quierzy avait vécu
» dans une indigne familiarité avec Sybille de Namur, la maîtresse d'Enguerran : mais
» après avoir été longtemps son galant, il rompit avec elle tout commerce, sans respect
» pour leur ancienne liaison et pour les biens qu'il tenait d'Enguerran. » Gérard ne se faisait aucun scrupule de la dénigrer en secret. « Sa femme et la comtesse, dit Guibert
» de Nogent, commencèrent à s'attaquer de paroles infâmes, toutes deux, en effet,
» étaient bien instruites de leurs anciens et mutuels déportements, et mieux elles se
» connaissaient réciproquement, plus elles parlaient l'une de l'autre d'une manière hon-
» teuse. La comtesse donc, qui savait que le mari de l'autre femme lançait fréquem-
» ment contre elle de rudes sarcasmes, était furieuse contre lui, comme si c'eût été un
» mari qui l'eût répudiée ignominieusement. Aussi, plus méchante que le serpent le
» plus venimeux, conjurait-elle de jour en jour avec plus d'emportement la ruine de cet
» homme. »

Aux rancunes particulières que l'amertume de ces paroles soulevaient, se mêlaient encore les haines engendrées par les divergences politiques locales, qui séparaient les populations de Laon, alors divisées en Abbatiens et Épiscopaux.

A la suite d'un conciliabule nocturne de ce dernier parti, Gérard de Quierzy fut assassiné dans l'église même où il était allé faire ses dévotions. Malgré l'absence de l'évêque Gaudry, l'on ne douta pas que ce crime sacrilège n'eût été commis par ses ordres. Le prévôt royal rassemblant en hâte les vassaux du roi et de l'abbaye, assiégea, dévasta et brûla les maisons des conjurés et les chassa même de la ville. Les assassins furent solennellement excommuniés dans une cérémonie expiatoire, et bien que l'évêque de Laon se fût efforcé de se mettre à l'abri de tout soupçon par son absence, le roi fit saisir le mobilier de son évêché. Gaudry avait appris à Rome les soupçons et les poursuites dont il était l'objet ; il y persuada à force de largesses qu'il était calomnié et obtint du pape des lettres de recommandation, par lesquelles il crut pouvoir reparaître dans son diocèse. Il vint d'abord loger au château de Coucy « auprès d'Enguerran et de cette
» comtesse qui, la veille même du jour où Gérard fut massacré avait aiguisé par ses
» méchants propos les glaives des deux principaux assassins et s'était complue de rece-

» voir des preuves de leur affection. » Il tenta un instant de rentrer à force ouverte dans sa ville épiscopale, puis fléchit enfin le roi et ses conseillers à prix d'argent, excommunia les partisans de Gérard et pour pallier cette excommunication qui n'attestait que trop sa participation au meurtre, anathématisa à son tour les assassins, et repartit ensuite pour l'Angleterre, espérant des libéralités du roi Henri son protecteur, réparer les vides que les sommes nombreuses qu'il avait dépensées à Rome et à la cour de France avaient faites à sa fortune.

L'excès de l'oppression dont gémissait la ville de Laon, tourna l'esprit de la bourgeoisie vers les moyens d'y porter remède. La renommée de la commune de Noyon, nouvellement instituée, s'était répandue au loin, on ne parlait que de la bonne justice qui se faisait dans cette ville, de la paix qui y régnait. Une commune s'érigea à Laon. Gaudry à son retour d'Angleterre, irrité d'abord, passa à des sentiments plus conciliants et vaincu par l'appât d'une grosse somme d'argent, il approuva la nouvelle institution. Mais cette bonne volonté dura juste autant que le prix dont on l'avait payée et pendant la Semaine-Sainte de 1112, Gaudry fit abolir la commune par le roi de France lui-même, qui non sans crainte sur les suites de l'acte qu'il venait d'accomplir, crut prudent de passer la nuit à l'abri des fortes murailles du palais épiscopal et quitta précipitamment la ville le lendemain au point du jour. Deux jours après le départ du roi, Laon était en pleine insurrection, l'évêque Gaudry assassiné par les insurgés, le palais épiscopal pris d'assaut, les partisans de l'évêque massacrés et leurs hôtels pillés et incendiés.

Lorsque la bourgeoisie de Laon, victorieuse, fut revenue à des idées plus calmes et plus réfléchies, elle redouta de voir bientôt l'armée du roi camper au pied de ses murailles. Dans les conseils tumultueux qui furent tenus pour délibérer sur le parti qu'exigeait cette éventualité, un avis prévalut sur tous les autres; celui de faire alliance avec Thomas de Marle qui, moyennant une somme d'argent, prêterait à la ville bon nombre d'archers et de soldats expérimentés. Redouté de tous dans la contrée, devenu ennemi personnel du roi Louis le Gros, dont en 1108 il avait tenté d'empêcher le sacre à Reims, ennemi d'Enguerran de Boves son père protecteur du défunt évêque, il était le seul seigneur sur l'appui duquel ils pouvaient compter. Sur leur invitation, Thomas de Marle fit son entrée à Laon, à cheval, en armure complète, au milieu de ses chevaliers et de ses sergents d'armes.

Mais le seigneur de Marle dès qu'il eut connaissance des propositions des chefs de la commune comprit bientôt qu'il lui était impossible de garder la place contre les troupes du roi. Craignant que les bourgeois ne voulussent lui faire partager de gré ou de force les chances de leur rébellion, il sortit de la ville et convoqua les principaux habitants dans une réunion à quelque distance de Laon. Là, il prit la parole en ces termes : « Laon est la tête du royaume, c'est une ville que je ne puis tenir contre le roi. Si vous » redoutez la puissance royale, suivez-moi dans ma seigneurie, je vous y défendrai

» selon mon pouvoir comme un patron et un ami. Voyez donc si vous voulez me
» suivre. » Désespérant de leurs seules forces et ne voyant nul autre moyen de salut, les Laonnais désertèrent en foule leur cité et se réfugièrent soit au château de Crécy, soit au bourg de Nogent-sous-Coucy. Laon, désert, fut pillé par les serfs des campagnes ; durant plusieurs jours, les gens de Montaigu, de Pierrepont et de la Fère vinrent par bandes, enlever tout ce qu'ils trouvaient. Enguerran de Boves conduisit lui-même à ce pillage ses paysans et ses vassaux. Bien qu'arrivés des derniers, ceux-ci trouvèrent encore presque autant de choses à prendre que si personne ne fût venu avant eux et la réaction exerça dans la ville de cruelles et sanglantes représailles.

Pour avoir recueilli sur ses terres les meurtriers de l'évêque de Laon et les avoir couvert de sa protection, Thomas de Marle fut mis au ban du royaume ; plusieurs seigneurs des environs de Laon s'armèrent contre lui au nom de l'autorité de l'église et du roi. Sa marâtre, cette comtesse, femme illégitime d'Enguerrand parvint à déterminer celui-ci à l'exhéréder et ne tarda pas à remettre le père et le fils les armes à la main l'un contre l'autre. Tous les environs de Laon furent dévastés par cette guerre, et Thomas de Marle, irrité surtout contre le clergé qui l'avait excommunié, n'épargna ni les couvents ni les lieux saints.

Les événements qui se passaient alors à Amiens amenèrent une réconciliation momentanée entre le père et le fils. Cette ville appartenait à quatre seigneurs différents : le comte Enguerrand de Boves, le châtelain d'Amiens, l'évêque et son vidame. Elle avait obtenu de Louis le Gros l'autorisation de s'ériger en commune, et l'évêque Geoffroy, l'un de ses quatre seigneurs, avait approuvé le nouvel établissement. Enguerrand de Boves voyant ses droits diminués par suite de cette émancipation politique et les habitants entièrement affranchis de leur obéissance envers lui, prit les armes contre eux ; les bourgeois, de leur côté, se préparèrent à défendre les libertés conquises par une vigoureuse résistance. Le châtelain Adam, préposé à la garde de la forteresse d'Amiens dite le Castillon, embrassa le parti d'Enguerrand ; mais les bourgeois ayant réussi à chasser le comte de la ville, le forcèrent à se réfugier dans la forteresse, où ils ne cessèrent de l'attaquer et de lui livrer de continuels assauts. Profitant de la mésintelligence qu'ils savaient régner entre le père et le fils, ils appelèrent Thomas au secours de leur commune, comme s'il eût été leur seigneur et plein de la plus vive affection pour eux. Mais Enguerrand, réfléchissant qu'il n'était plus propre aux grandes fatigues de la guerre, et que les bouchers et les aubergistes révoltés, se raillaient de la pesanteur que lui donnait son grand âge, para le coup qui semblait le menacer. Il manda promptement son fils, s'unit à lui par un traité d'alliance et le réconcilia même sous la foi de serments sans nombre avec Sybille de Namur qui, pourtant, ne s'oublia pas dans cette circonstance et exigea de riches présents pour ce renouvellement de paix. Thomas qui avait épuisé les immenses trésors qu'il possédait, promit à son père de le secourir contre les bourgeois, l'évêque et le vidame de Picquigny, leurs alliés. Pour premières hostilités il ravagea les biens de l'Eglise d'Amiens, avec une cruauté inouïe, tuant jusqu'à 30 hommes de son épée, dans la même journée.

Mais Sybille n'avait fait avec son ennemi qu'un feint accommodement. Voyant la témérité et l'audace avec laquelle il s'exposait journellement, elle saisit cette occasion et avertit sous main le vidame d'une expédition que faisait Thomas ; celui-ci surprit une nuit, à pied, le seigneur de Marle. Entr'autres blessures, Thomas reçut un si rude coup de lance dans le jarret qu'il fut contraint de se retirer dans son château de Marle pour s'y faire guérir, laissant dans la forteresse d'Amiens les plus courageux de ses gens et sa fille Melisende, fiancée à Adelelme, fils du châtelain Adam. La présence de la fille de son ennemi, dans les murs du Castillon en était assez pour que Sybille se préparat à tourner ses armes contre Adam. Thomas, blessé et pouvant à peine se remuer, dans l'impossibilité de venir au secours du Castillon attaqué par le vidame, résolut du moins de chercher une autre vengeance. Sur l'avis qu'il eut que Gauthier, archidiacre de Laon, frère utérin de Sybille de Namur, qui avait procuré le mariage adultère d'Enguerrand avec sa sœur, était allé à Amiens vers la mi-carême pour la visiter, fit guetter son retour et le fit assassiner aux portes mêmes de Laon par un de ses sicaires, nommé Robert, le plus scélérat des hommes.

Le meurtre de l'archidiacre comblait la coupe d'iniquités. La garnison du Castillon faisait de jour et de nuit dans la ville des sorties meurtrières, massacrant femmes et enfants, brûlant et pillant à loisir. L'évêque Geoffroi, désespérant de la cause qu'il avait embrassée, et cédant aux clameurs des gens de son ordre qui l'accusaient d'avoir excité des troubles qu'il était incapable d'apaiser, se suspendit lui-même de ses fonctions épiscopales, renvoya à l'archevêque de Reims, son métropolitain, le bâton et l'anneau pastoral et se retira d'abord au monastère de Cluny, puis à la Grande Chartreuse, près de Grenoble. Au milieu de tant de troubles et de désastres causés par Thomas de Marle, les archevêques et les évêques, réunis en concile à Beauvais, le déclarèrent, par l'organe de Conon, évêque de Preneste et légat de l'Eglise romaine, excommunié et dégradé de l'ordre de la chevalerie, indigne de tenir aucune dignité comme infâme, méchant et ennemi du nom chrétien. Cette sentence prononcée avec toute la solennité possible, au son des cloches et à la lueur des cierges, était lue chaque dimanche à l'issue de la messe dans toutes les églises épiscopales et paroissiales. Cédant enfin aux plaintes réitérées du clergé, Louis-le-Gros se décida à marcher contre Thomas de Marle, mis au ban du royaume, et vint l'attaquer dans les forteresses qu'il avait construites au milieu même des domaines de l'abbaye de Saint-Jean de Laon. Les hommes d'armes étaient en petit nombre dans l'armée royale et peu disposés d'ailleurs à seconder ce prince contre un homme de leur caste ; mais l'infanterie, armée à la légère, formait un corps considérable. C'étaient des paysans. Thomas de Marle, quoiqu'encore impotent et étendu sur son lit de douleur, apprenant quelle sorte de gens s'avançaient contre lui, sommé par le roi de détruire les châteaux qu'il avait bâtis, refusa dans les termes les plus outrageants. Les communes, excitées par les discours de leurs évêques qui leur donnaient l'absolution de leurs péchés et leur promettaient le salut de leurs âmes en échange de leurs vies, se ruèrent avec furie sur les formidables remparts du château de Crécy qu'elles enlevèrent. On attacha au gibet quelques-uns des captifs faits dans ce lieu, pour effrayer ceux qui, à l'avenir, tenteraient de résister. Le château de Nogent remit ses clefs au roi. Thomas de Marle, retiré dans son château de Marle, offrit alors au roi une grosse somme d'argent pour son rachat, indemnisa les églises des dommages qu'il leur avait fait subir, et par ce moyen obtint la paix et rentra dans la communion des fidèles.

Après avoir réduit Thomas de Marle, Louis VI dirigea ses forces contre Enguerrand de Boves, comme allié et complice de son fils. L'évêque Geoffroy, rappelé de la Grande Chartreuse par le concile de Beauvais, avait repris possession de son siège. Le dimanche des Rameaux de l'année 1115, il prêcha devant le roi et tout le peuple assemblé, un sermon sur les événements du temps, promettant de la part de Dieu, le royaume du ciel à quiconque périrait dans l'attaque du Castillon, sermon que Guibert de Nogent, dans sa haine monacale contre l'institution des communes, appelle *une harangue digne non d'un ministre de Dieu, mais de Catilina*. Les soldats royaux et les bourgeois conduits par le roi lui-même se portèrent à l'assaut du Castillon, tandis que l'évêque se rendait pieds nus à Saint-Acheul et priait avec ferveur pour le succès de l'entreprise. La lutte fut terrible ; les femmes d'Amiens elles-mêmes y prirent part en lançant avec acharnement sur la garnison du château une grêle de pierres du haut des tours roulantes que l'ingénieur Aleran avait fait avancer contre le château. Malgré la discipline des troupes royales et le dévouement de la bourgeoisie, le Castillon garda sa réputation d'imprenable. Les assaillants furent repoussés et leurs machines brisées par les pierriers qui tiraient dessus. Beaucoup périrent soit aux pieds des murailles, soit sur les tours roulantes, et le roi lui-même fut blessé, à la poitrine, d'une flèche qui traversa son haubert.

Louis ne jugea pas à propos de renouveler une tentative aussi difficile, et partit laissant quelques troupes qui convertirent le siège en blocus. Ce fut seulement au bout de deux ans que les assiégés rendirent le Castillon qui fut démoli et rasé. « Sa destruc-
» tion rétablit une douce paix, dans le pays, dit Suger, et dépouilla pour toujours,
» tant le méchant Thomas que ses héritiers de toute autorité sur cette ville d'Amiens. »

En effet, à la suite de ces luttes, le comté d'Amiens sortit des mains de la maison de Boves et fut restitué par le roi de France à l'héritière légitime, Adèle, comtesse de Vermandois. Enguerrand de Boves, trop vieux ou trop impuissant pour défendre par la force des armes, les droits qu'il prétendait sur Amiens, survécut peu à ces événements. C'est à cet Enguerrand de Boves, sire de Coucy, que selon les historiens de cette seigneurie, il faut attribuer la destruction du lion, ou de la terrible bête qui ravageait les forêts de Coucy et de Prémontré. Enguerrand l'avait percé de son épée, en faisant, ce qui prouve son sang-froid, ce calembourg : *Ha saint Jean, tu me l'as de près montré !* Le souvenir de cette antique légende nous a été conservé en sculpture sur le tympan de la porte d'entrée du donjon de Coucy, et peut-être aussi sur l'un des chapiteaux de l'église du village de Laffaux. Son héritier, Thomas de Marle, dépouillé du comté d'Amiens, n'abandonna point toutefois les prétentions qu'il y avait, et ne cessa d'inquiéter et de vexer ceux qui le possédèrent après lui et de guerroyer contre eux sans cesse.

Un jour, des marchands, passant dans sa baronnie de Coucy, refusèrent, s'autorisant d'un sauf-conduit du roi, de lui payer les droits de travers qu'il exerçait sur ses terres. Ne croyant pas qu'une patente royale, fût un titre d'exemption, il fit saisir les marchandises et arrêter les marchands. Louis VI, excité par les conseils des évêques, et surtout par ceux du comte de Vermandois, Raoul, qui brûlait d'exercer contre Thomas une éclatante vengeance du meurtre de son frère Henri, que celui-ci venait de faire récemment assassiner, marcha contre le château de Coucy à la tête d'une puissante armée. A l'abri des inexpugnables murailles de Coucy, Thomas eut sans doute pu braver les menaces du roi, mais il sortit en rase campagne pour dresser une embuscade contre les assaillants. Il tomba lui-même dans le piège qu'il avait voulu leur tendre. Il était déjà blessé et renversé à terre, quand Raoul de Vermandois accourant au galop de son coursier, se précipita avec fureur sur lui, et le frappa d'une blessure mortelle. On l'empêcha de l'achever. Louis victorieux, presque sans combat, rentra triomphant à Laon, traînant à sa suite son captif enchaîné. Ni ses blessures, ni ses fers, ni les menaces, ni les prières ne purent le déterminer à remettre en liberté les marchands qu'il avait arrêtés, lorsque même avec la permission du roi, il eut fait venir sa femme auprès de lui. La perte de ces marchands qu'on exigeait qu'il laissât libres, parut l'affliger bien plus que celle de sa propre vie. « Il succomba bientôt, réduit enfin à la dernière
» extrémité par l'insupportable douleur de ses blessures, dit Suger. En vain pressé par
» les sollicitations d'une foule de gens de se confesser, et de recevoir le Viatique, il n'y
» consentit qu'à grand'peine ; aussi « quand le prêtre eut apporté le corps du Seigneur
» dans la chambre qu'habitait cet homme, Jésus-Christ lui-même ne put pour ainsi
» dire se résoudre à entrer dans le misérable corps de ce pécheur non repentant. Au
» moment donc où pour recevoir la communion, ce malheureux relevait la tête, son
» col se tordit et se brisa, et privé de la sainte Eucharistie, il exhala son âme noire et
» atroce. » Une fois qu'il fut mort, le roi dédaignant de poursuivre davantage lui ou sa terre, se contenta d'exiger la mise en liberté des marchands, d'enlever à la veuve et aux enfants la plus grande partie des trésors du défunt et revint triomphant à Paris, après avoir rendu la paix à l'Eglise par la mort du tyran. Thomas de Marle, fut inhumé dans l'abbaye de Nogent qu'il avait fondée ou du moins réédifiée, comme il avait déjà, en 1119, fondé à la prière de saint Norbert la célèbre abbaye de Prémontré, la dotant de tout ce qu'il possédait en ce lieu, par droit ou coutume, des vallons qui y aboutis-

saient avec les pentes des éminences qui les couronnaient, de l'usage du bois mort dans sa forêt de Voiz, du droit de pâturage pour les troupeaux, de la terre de Rosières, et d'une carruée de sa propre terre.

Il nous reste à indiquer maintenant l'origine des autres communes de Picardie. Ce fut de sa propre volonté, comme l'évêque de Noyon, que le comte Raoul de Vermandois en 1102 octroya une charte de commune aux habitants de Saint-Quentin, afin de prévenir les troubles que pouvaient faire naître les exemples contagieux des cités voisines. Vers 1116, à Soissons, la commune s'établit aussi d'une manière pacifique par le consentement du comte Renaud III, de l'évêque et du roi Louis-le-Gros qui en garantit l'exécution. Dans le Ponthieu, en 1130, le comte Guillaume Talvas rendit aux bourgeois d'Abbeville, leur liberté, à cause des injures et des vexations exercées contre eux par les puissants de la terre, franchise ratifiée en 1184 par le comte Jean son petit-fils. En 1188, le roi de France donna la commune de Montreuil-sur-Mer suivant les anciennes coutumes et accorda aux bourgeois pleine et entière rémission du passé. En 1192, Guillaume III, comte de Ponthieu, concède aux habitants d'Hiermont, une charte calquée sur celle d'Abbeville, ainsi qu'à Noyelles-sur-Mer et à Crécy en 1194. En 1199 Waben et les habitants du Marquenterre obtiennent la même loi ; en 1202 Doullens, en 1203 Saint-Josse-sur-Mer, en 1205 Wavans, en 1209 le Crotoy, Mayoc et Merck ; en 1211 Guillaume ratifie aussi la charte de Rue. L'on trouve dans une bulle du pape Grégoire IX qu'en 1232, cette institution était déjà établie à Saint-Valery. Parmi les autres villes de Picardie qui jouirent encore du droit de communes, se trouvent Athies en 1212 ; Bray-sur-Somme en 1210, lors de sa cession à Philippe-Auguste ; Corbie sous Louis VI ; Crespy en 1184 ; Crepy-en-Valois en 1215 ; Chauny en 1167 par Philippe de Flandre ; Compiègne en 1116, par Louis-le-Gros ; Calais au XIIe siècle par Gérard, comte de Boulogne ; Roye par Philippe-Auguste ; Saint-Riquier, confirmé en 1189 par le même prince, etc., etc.

Mieux qu'une longue dissertation, les extraits suivants des articles des différentes chartes de communes, montreront quels étaient les avantages réels et les garanties de sûreté et d'indépendance que l'affranchissement accordait aux bourgeois ou jurés nommés ainsi, parce qu'ils s'engageaient sous serment à se porter aide et assistance mutuelle. *Si la commune est violée, tous ceux qui l'auront jurée devront marcher pour sa défense, et nul ne pourra rester en sa maison qu'il ne soit infirme, malade ou tellement pauvre qu'il ait besoin de garder lui-même sa femme et ses enfants malades.* — Charte de Noyon. — *Dans toute l'étendue de la ville, chacun prêtera secours aux autres loyalement et selon son pouvoir.* — Charte de Beauvais. — *Chacun gardera fidélité à son juré et lui prêtera aide et conseil en tout ce qui sera juste.* — Charte d'Amiens. — *Si quelqu'un viole sciemment la constitution de la commune et qu'il en soit convaincu, la commune, si elle le peut, démolira sa maison. Ibidem.* Cette sévère sanction se retrouve dans la charte de Saint-Quentin et dans beaucoup d'autres. C'est une répression analogue à ce terrible droit d'arsin, dont l'histoire communale de la Flandre fournit de si nombreux exemples. Les droits que l'affranchissement des communes donnent aux populations sont civils et politiques ; les droits civils établissent la liberté du mariage et de succession ; les droits politiques consistent dans l'abolition de la servitude et des redevances féodales remplacées par un tribut fixe, dans l'égalité devant les tribunaux, dans l'élection des chefs de corporation et des magistrats de la commune sous les noms de mayeurs, échevins, jurés ou pairs ; dans le privilège d'être armé pour défendre les libertés municipales contre les entreprises des nobles ; la commune a ses tribunaux, son budget, l'administration de ses finances ; l'impôt appliqué aux nécessités publiques, à l'entretien des remparts et des routes, aux travaux d'utilité commune remplace l'exaction arbitraire au profit d'un seul. Elle a son sceau, duquel elle authentique ses actes, son beffroi dans laquelle la cloche communale sonne pour convoquer les plaids, pour réunir le peuple aux assemblées électorales, pour donner le signal de l'incendie ou de l'attaque, sa bannière aux armes de la ville, sa milice qui doit au roi le service au dehors. Le mouvement démocratique du XIIe siècle qui amena l'affranchissement des villes, fut un des plus puissants appuis que la royauté allait rencontrer pour asseoir son autorité définitive sur les grands feudataires d'abord et sur la nation entière ensuite.

Si le châtiment de Thomas de Marle avait été prompt et sévère, cet exemple fut loin cependant, d'effrayer les autres grands possesseurs du sol toujours enclins au pillage. En 1131 Hugues de Camps d'Avesne, comte de Saint-Pol, qui s'était réuni avec Guillaume Talvas, comte de Ponthieu, aux seigneurs de Beaurain-sur-Canche, à la suite de leurs querelles avec les Collet, seigneurs de Beaurain, vint investir Saint-Riquier où ils avaient trouvé refuge. Quoique l'une des villes les plus fortifiées du royaume, elle fut emportée d'assaut le 28 août 1131. Le feu grégeois dévora la ville, l'abbaye, et plus de 2,500 personnes périrent dans ce désastre. L'abbé de Saint-Riquier, Anscher, porta plainte contre Camps d'Avesne au concile de Reims ; mais celui-ci bravant les foudres de l'Eglise, n'en continua pas moins à ravager le Ponthieu. Louis-le-Gros se disposait à le punir, lorsqu'il implora le pardon du pape, qui lui enjoignit de fonder un monastère en expiation de ce massacre, et des meurtres qu'il avait commis, notamment sur la personne du curé de Beauval, immolé par lui, pendant le saint sacrifice de la messe, au pied même de l'autel. Il se soumit à la pénitence et fit construire sur les bords de la Canche, l'abbaye de Cercamps de l'ordre de Citeaux qu'il dota de 12,000 arpents de terre, et dans laquelle les comtes de Saint-Pol élurent ensuite leur sépulture. Mais cette expiation ne put, il paraît, contenter le ciel, et les chroniques racontent qu'il fut condamné à hanter les lieux qu'il avait désolés. On le voyait transformé en loup, parcourir les rues, chargé de chaînes et poussant d'affreux hurlements. C'est ce fantôme qu'on désignait encore à Abbeville, il n'y a pas bien longtemps, sous le nom de Bête Canteraine. Trois ans après, il fondait aussi par esprit de pénitence, l'abbaye de Clerfay près Montreuil.

Louis-le-Gros mourut en 1137 ; sa dernière intervention dans la question de l'affranchissement communal paraît être le jugement qu'il rendit à Saint-Germain-en-Laye, entre l'évêque Gosselin et les maire et jurés de Soissons coupables d'avoir outrepassé la teneur de leur charte. Dans cet accord forcé, il n'y eut qu'une seule victime ; ce fut un nommé Simon, que la cour du roi ordonna d'expulser de la ville comme agitateur du peuple.

Louis VII, dit le Jeune, successeur de Louis-le-Gros commença son règne par des démêlés avec le pape Innocent. Au nombre des griefs qui les divisaient, se trouvait la cassation du mariage du comte de Vermandois avec la sœur du comte Thibaut de Champagne pour épouser Pétronille d'Aquitaine, sœur cadette de la reine Eléonore. Raoul de Vermandois fut excommunié par le pape, ainsi que les évêques de Soissons et de Noyon qui avaient indûment prononcé ce divorce, sous le prétexte d'une parenté imaginaire. Mais le roi et Raoul ne se soumirent pas, soutenus par une partie du clergé qui aimait encore mieux voir les élections épiscopales à la merci du roi que du pape. Les deux principaux conseillers de Louis, qui le poussaient le plus à la résistance, étaient Suger et l'évêque de Soissons, Gosselin. Le roi et Raoul se vengèrent des anathèmes du pape, sur les terres du comte de Champagne, et le nom de Vitry-le-Brûlé rappelle, encore aujourd'hui, le cruel massacre qu'ils y commirent. Le remords que Louis éprouva de cette catastrophe fut, paraît-il, l'une des causes qui le déterminèrent à prendre part à la seconde croisade prêchée par saint Bernard. Confiant le royaume à l'abbé Suger qui partagea les soins de la régence avec le comte de Vermandois, il prit en 1147 le chemin de la Terre Sainte. Avec le roi avaient pris la croix : l'évêque de Noyon, Evrard de Breteuil, Enguerrand de Coucy fils de Thomas de Marle, Dreux de Monchy, Hugues Tyrel, seigneur de Poix, Robert Guiscard, comte de Roucy, Renaud de Saint-Valery, Guy II, comte de Ponthieu qui mourut dans l'expédition et fut inhumé à Ephèse, et Jean de Ponthieu, son fils. De retour de la Palestine, sur le même vaisseau qui avait ramené Louis VII de son infructueuse expédition, Jean, à peine en possession du domaine de son père, eut à guerroyer d'abord contre le comte de Boulogne, puis contre Bernard de Saint-Valery ; il prit ensuite parti pour son suzerain dans sa guerre avec Henri II, roi d'Angleterre. Ce prince vint brûler 40 villages du Vimeu. Les monuments de la Chartreuse d'Abbeville rapportent à ce sujet que les Anglais ayant été vaincus dans une grande bataille ne purent rétrograder au-delà de Thuison près Abbeville ; le passage étant fortement gardé. « Etes-vous Français, criaient les troupes de Jean de Ponthieu à chaque fuyard ? — Oui, répondait le vaincu. — Dis-nous donc comment s'appellent certains châteaux à quelques lieues d'Abbeville, près d'Amiens. » Enumérant alors les forteresses qu'il lui fallait citer, l'Anglais ne pouvait pas manquer d'estropier la prononciation difficile du nom de Picquigny. Cette réponse était son arrêt de mort. Pour venger les incendies qu'ils avaient allumés dans le Vimeu, Jean pénétra à son tour dans la Normandie, s'emparant du château d'Arques, de Neufchâtel et d'Aumale.

7

En 1152, sur ces entrefaites, le comte Raoul de Vermandois était mort, laissant à Raoul son fils, un domaine qu'il avait successivement agrandi par l'usurpation de Chauny, d'Amiens, de Péronne, de Ribemont, de Montdidier.

La conduite du roi Louis VII, envers les communes, fut encore plus variable et plus irrégulière que celle de son père ; il confirma les chartes concédées par Louis le Gros, en ratifia, en concéda d'autres de son propre chef, mais souvent aussi il vendit son secours aux seigneurs contre les bourgeois. Toutefois en Picardie, on le voit ratifier les chartes communales de Compiègne et défendre l'affranchissement du Laonnais. Le nouvel évêque de Laon, Roger de Rosoy, homme de grande naissance, fort de ses alliances avec les comtes de Roucy, de Réthel, les sires de Rosoy et de Pierrepont, n'ayant pu obtenir du roi l'abolition de la charte, entreprit de la renverser à force ouverte. La commune du Laonnais appela à son aide les paysans du Valois et du Soissonnais et reçut même le secours des vassaux du domaine du roi qui, sur son ordre, arrivèrent conduits par le prévôt royal de Laon, Gaudefroy de Senlis ; mais au lieu d'attendre leurs adversaires derrière les remparts de la ville, ils se portèrent à leur rencontre, brûlant sur leur chemin les maisons des nobles qu'ils soupçonnaient leur être hostiles. Ayant attaqué imprudemment, près du moulin de Saint-Martin de Comporte, sur les bords de l'Ailette, les escadrons couverts de fer des alliés de l'évêque, cette multitude rustique, malgré sa bravoure fut taillée en pièces, mise en déroute, et poursuivie à course de cheval, regagna la ville, laissant derrière elle un grand nombre de morts. Louis VII, à cette nouvelle, accourut d'Auvergne avec sa chevalerie, saisit les terres de l'évêque qui s'enfuit et ravagea les domaines de ses alliés. Ceux-ci invoquèrent l'intervention du comte de Hainaut, vassal de l'Empire et indépendant du roi de France ; l'on transigea et le roi reçut à merci les barons rebelles, mais refusa d'abord de pardonner à l'évêque, poursuivant sa déposition devant la cour de Rome. On l'accusait de s'être trouvé en armes à la bataille de Comporte et d'avoir tué de sa propre main plusieurs bourgeois. Il se justifia de cette accusation par serment public, et sur le jugement de la cour de Rome qui n'avait vu dans le prélat que le défenseur des privilèges ecclésiastiques, le roi se résigna enfin à lui restituer ses domaines, mais à la condition de laisser en paix la commune, bien que le pape en eût exigé l'abolition.

Louis VII mourut en 1180, laissant la couronne à son fils Philippe-Auguste. Sous son règne, la Picardie avait vu s'élever de nouvelles abbayes. Lui-même, en 1150, avec sa mère, Adélaïde de Savoie, avait fondé l'abbaye de Saint-Jean-au-Bois ou Royal-Lieu, filles de Saint-Benoît, au milieu de la forêt de Compiègne. En 1139, l'abbaye du Gard, diocèse d'Amiens, ordre de Citeaux fut fondée près de Picquigny par Gérard de Picquigny, vidame d'Amiens, Saint-Acheul, près d'Amiens, ordre des Augustins, en 1145, par Thierry, évêque de cette ville, Saint-Jean-des-Vignes de Soissons, même ordre, par Hugues, seigneur de Château-Thierry.

VI

Un roi de quinze ans succédait au vieux monarque de soixante ans. Deux factions rivales s'efforcèrent de régner sous son nom. La reine-mère et ses quatre frères d'un côté ; de l'autre, le comte de Flandre, Philippe d'Alsace, son parrain. La triste fin de Raoul III, comte de Vermandois, mort de la lèpre en 1167, avait augmenté la puissance du comte de Flandre, en lui apportant du chef de sa femme Elisabeth, sœur de Raoul, le Vermandois, Amiens, Péronne, Saint-Quentin, le Valois. Son ascendant l'emporta sur la reine-mère et ses frères, et le roi de France épousa Isabelle de Hainaut, nièce du comte. Mais la bonne intelligence ne dura guère entre Philippe et son parrain, et la guerre éclata bientôt entr'eux, guerre qui devait se compliquer encore par la mort de la comtesse de Flandre. Philippe en réclamait l'héritage comme cousine issue de germain de son père, et Philippe d'Alsace prétendait le tenir à titre de donataire de sa femme. Ce dernier avait commencé les hostilités, courant le pays de Noyon, le fer et la flamme à la main. Pendant quatre ans, les plaines du Vermandois, du Valois et de l'Ile de France furent pour cette succession, le théâtre de luttes sanglantes, entremêlées de quelques trêves sans durée. Le comte de Flandre, privé de l'appui de son allié, le comte de Hainaut, que la politique du roi de France avait su rattacher à sa cause, dans un parlement tenu dans l'abbaye de Saint-Médard de Soissons, s'avança sur Corbie dont il enleva un faubourg d'assaut, mais ne put prendre la ville, les ponts ayant été coupés par les habitants. Il ne fut pas plus heureux au siège de Béthisy-sur-Oise et se vit contraint, sur l'approche du roi, de repasser la Somme. Philippe-Auguste, à son tour, envahit l'Amiénois, dont il voulait conquérir la capitale. Robert de Boves, fils de Thomas de Marle, arrêta devant son château l'armée royale ; la résistance de cette forteresse que Guillaume le Breton décrit ainsi :

Interque castrum Bobarum nomen habebat ;
Clarius et titulis et gente, situque decorum,
Turribus et muris, fossis valloque superbum,

donna le temps aux Flamands d'accourir. Une action décisive allait s'engager. L'intervention de Guillaume, cardinal et archevêque de Reims et de Thibaut, comte de Champagne, ses oncles maternels, empêchèrent le roi d'attaquer la nuit même le comte dans son camp. Bientôt après une trêve fut ménagée entre les parties belligérantes par le moyen de ces deux personnages, et peu après la paix fut conclue. Philippe d'Alsace restitua ses terres à Aliénor, comtesse de Beaumont-sur-Oise, sa belle-sœur. Le roi eut du comte de Flandre, le comté d'Amiens avec ses hommages, Montdidier, ses dépendances et ses hommages, les hommages de Breteuil, de Poix, de Milly, de Bulles, d'Hangest, du vidame de Picquigny, des seigneurs de Boves et de Moreuil, du consentement de la comtesse de Beaumont qui les avait déjà cédés à Philippe-Auguste.

Pour gagner l'affection de la bourgeoisie, Philippe se laissa emporter au mouvement municipal qui reprenait une nouvelle impulsion à chaque avénement royal, et confirma et renouvela un certain nombre de chartes de villes, données ou ratifiées par son père et son aïeul. En 1180, il avait concédé une charte à Crécy-sur-Serre, puis il ratifia celles de Compiègne, de Montreuil, de Soissons, de Noyon, d'Amiens. L'évêque de Laon, Roger de Rosoy, qui avait renoncé à toute tentative violente, crut l'avénement du nouveau roi favorable, à la reprise de ses desseins, mais ses doléances avaient produit peu d'effet, jusqu'à ce qu'il eut proposé ouvertement de reconnaître, d'une manière convenable, le service qu'il réclamait. Il céda au roi sa riche seigneurie de la Fère-sur-Oise en échange de la charte d'abolition suivante, obtenue en 1190 : « Désirant éviter pour
» notre âme toute espèce de péril, nous cassons entièrement la commune établie en la
» ville de Laon, comme contraire aux droits et libertés de l'Eglise métropolitaine de
» Sainte-Marie. Nous nous sommes déterminé à agir ainsi par amour de Dieu et de la
» bienheureuse Vierge Marie, en vue de la justice et pour l'heureuse issue du pèlerinage
» que nous devons faire à Jérusalem. » Mais quelques mois après, Philippe changea subitement d'avis, et oubliant le péril de son âme, moyennant 200 livres parisis annuellement, garantit et confirma perpétuellement aux Laonnais, leur établissement de paix.

En 1190, en effet, Philippe-Auguste partait pour la troisième croisade avec le roi d'Angleterre, Richard Cœur de Lion, afin d'arracher aux infidèles la Ville-Sainte, retombée en leur pouvoir, après la bataille de Tibériade gagnée par le sultan d'Egypte Saladin, et la captivité du roi de Jérusalem, Guy de Lusignan. Les nobles picards avaient suivi en foule la bannière du roi de France. Renaud, comte de Boulogne, Raoul, comte de Clermont, connétable de France, le sire de Créquy, Enguerran de Crèvecœur, Odon de Guines, Aléaume de Fontaine, mayeur, et Hugues Cholet, échevin d'Abbeville, Florent de Hangest, Adam de Laon, Dreux de Mello, Jean de Saint-Simon, Bernard de Saint-Valery, Raoul, châtelain de Coucy, Robert de Boves et son fils Enguerran, Jean, comte de Ponthieu, Hugues de Camp d'Avesnes, comte de Saint-Pol, Guy de Senlis, grand bouteiller de France, Raoul III de Nesles, comte de Soissons, Renaud de Soissons, grand maréchal de Chypre, Drogon d'Amiens, l'évêque de Beauvais figuraient au nombre des croisés. Jean de Ponthieu, Robert de Boves, le châtelain de Coucy périrent dans cette expédition sous les murs de Saint-Jean-d'Acre. Il nous est resté de ce dernier, la poétique et tragique légende de ses amours avec la dame de Fayel. Mortellement blessé au siège de Ptolémaïs, Raoul de Coucy recommanda à son écuyer de prendre son cœur, de l'embaumer et de le porter à la dame de Fayel, son amie. L'écuyer, fidèle aux derniers vœux de son maître, s'introduisait déjà dans le château de Fayel, quand surpris par l'époux soupçonneux de Gabrielle de Vergy, il perdit à la fois la vie et son précieux dépôt. Le jour même on servit le cœur de Raoul à Gabrielle, qui apprenant de son mari quel épouvantable mets elle venait de manger, mourut de douleur et de faim, ayant refusé depuis de prendre aucune nourriture. De Belloy a mis au théâtre, en 1777, une tragédie sur ce canevas dont la vérité historique est loin d'être prouvée.

Une autre légende, d'une authenticité aussi douteuse se rattache aussi au nom du comte de Ponthieu. Il avait marié sa fille Adèle au seigneur de Domart. Un jour que les deux époux chevauchaient seuls sur les bords de la mer, ils furent attaqués par huit hommes masqués. Le sire de Domart en tua quatre, mais fut désarçonné, dépouillé et garrotté par les autres qui se livrèrent aux derniers outrages sur la jeune Adèle. Laissée seule et nue sur le sable, elle entendit les cris de son mari, le délivra de ses liens, et ayant rejoint leur suite qu'ils avaient eu l'imprudence de trop devancer, ils rentrèrent à Abbeville où le comte Jean apprit leur déplorable aventure. « *Dame de Domart*, lui cria-t-il un jour qu'il faisait une promenade en mer, *il faut que votre mort efface la vergogne que votre malheur a jetée sur notre race.* » Par ses ordres, la malheureuse femme, enfermée dans un tonneau, fut précipitée dans les flots. Le tonneau rencontré et recueilli par un vaisseau flamand fut ouvert. Adèle encore vivante, se fit mettre à terre et courut essuyer les larmes que lui donnait son époux. Mais sous la plume du trouvère, auteur du voyage d'outre-mer du comte de Ponthieu, l'anecdote prend une tournure plus romanesque encore. Le tonneau est retrouvé par des pirates sarrasins, et Adèle devient l'épouse du sultan d'Aumarie, épris de sa beauté. Elle retrouve dans les fers son père et son premier mari, les délivre, s'enfuit avec eux et regagne heureusement le Ponthieu. Ajoutons avec le poète, que la fille qu'elle avait eue du sultan, fut belle comme elle et qu'elle donna le jour à la mère du sultan Saladin. Comme Gabrielle de Vergy, Adèle de Ponthieu a tenté l'imagination des librettistes et fourni le sujet de tragédies et d'opéras comiques.

Au retour de la croisade, Philippe-Auguste devenu veuf d'Isabelle de Hainaut, ne tarda pas à convoler en épousant Ingeburge, sœur du roi de Danemarck, Kanut VI, dont il voulait ainsi s'assurer l'alliance contre le roi d'Angleterre, Richard Cœur de Lion. Le mariage fut célébré à Amiens, la veille de l'Assomption, 1193, dans l'église collégiale de Saint-Nicolas ; mais pendant la cérémonie, dit l'annaliste d'Aix, le roi regardant la princesse, commença à en avoir horreur. Il trembla, il pâlit ; il fut si troublé qu'à peine put-il attendre la fin du couronnement. Il songea dès lors à se séparer d'elle et au bout de trois mois sous le prétexte d'une alliance de famille entre la défunte reine et la princesse danoise, parvint à faire casser le mariage par un concile de prélats français réunis à Compiègne. Ingeburge, qui assistait à l'assemblée, s'écria toute en pleurs, lorsqu'on lui eut expliqué, malgré son ignorance de la langue française, le jugement du concile : « *Male France, Male France, Rome, Rome !* » pour faire entendre qu'elle appelait de ce verdict au jugement du pape. Malgré l'annulation faite par le pape Célestin III de la décision du concile de Compiègne, Philippe-Auguste n'en épousa pas moins en 1196, Agnès de Méranie ; mais à l'avénement du pape Innocent III, l'interdit fut jeté sur le royaume tout entier. Ce ne fut qu'au bout de huit mois que la terrible mesure fut rapportée ; Philippe ayant dû céder, éloigner Agnès, reprendre Ingeburge. Mais après la mort d'Agnès de Méranie, Philippe, avec une dureté impardonnable, emprisonna de nouveau la malheureuse reine à la tour d'Etampes où il l'avait déjà reléguée, et ne la reprit à sa cour, après 11 ans de captivité, qu'en 1212, époque où de graves intérêts politiques lui commandaient impérieusement de se gagner l'appui de Rome. Malgré cette réintégration, Ingeburge ne trouva jamais le bonheur auprès de Philippe, mais elle trouva enfin la paix et un traitement honorable, et survécut même plusieurs années à son mari. L'histoire n'a jamais pu expliquer les causes de l'antipathie invincible qu'il avait soudainement conçue pour elle. Des lettres de cette princesse, adressées durant sa réclusion au chapitre de l'Eglise d'Amiens, montrent qu'elle n'avait jamais abandonné tout espoir de reconquérir l'amour de Philippe. En envoyant au chapitre une patène d'argent, elle s'excusait de la modicité de ce don et promettait que si elle était assez heureuse pour que Dieu lui rendît le cœur de son mari et la paix qu'elle avait perdue, elle donnerait à l'Eglise d'Amiens des témoignages plus certains de son affection.

Vers cette époque, le jeune comte Gui de Ponthieu épousait le 20 août 1196, la princesse Alix, sœur de Philippe-Auguste, quoique cette princesse eût été déshonorée par le père de Richard Cœur de Lion et qu'il n'eût pas ignoré cette circonstance. « Moi,
» comte de Ponthieu, dit-il, dans une charte que nous a conservée Du Cange, je fais
» savoir que Philippe, par la grâce de Dieu roi de France, m'a donné pour femme sa
» sœur, Alix, fille de Louis, roi de France et il m'a donné avec elle tout ce qu'il possé-
» dait à Villers, à Rue et tout ce qu'il possédait à Saint-Valery à l'exception de la
» régale de l'abbaye de Saint-Valery et sauf l'hommage du seigneur Thomas, et tout ce
» qu'il possédait à Abbeville et à Saint-Riquier à l'exception de la régale de Saint-
» Riquier avec cette réserve que si ma femme Alix venait à mourir sans héritiers et que
» Dieu me fasse la grâce qu'il n'en soit pas ainsi, toutes les choses susdites qui font la
» dot d'Alix retourneront librement et paisiblement au roi de France. »

Le mouvement communal continuait. Philippe-Auguste, devenu possesseur de Montdidier par la mort d'Aliénor de Vermandois, qui en avait conservé l'usufruit, lui concéda en 1195, suivant les légitimes usages et les légitimes coutumes de Laon, une commune et une institution de paix. En 1197, Clermont voit son affranchissement signé par Louis, comte de Champagne, de Clermont, de Blois et Catherine, sa femme.

En 1202, Doullens reçoit de Guillaume, comte de Ponthieu, sa charte dont les vingt-cinq premiers articles sont copiés sur la charte communale d'Abbeville. En 1205, Roye a la sienne de Philippe-Auguste, acquéreur du comté de Roye. En 1207, Péronne voit confirmer par ce prince les chartes plus anciennes et les franchises que lui avaient successivement accordées les comtes de Vermandois. En 1213, Chauny, et en 1215 Baron, obtiennent également leurs franchises municipales.

En 1204, un simple curé de village, Foulques de Neuilly, ressuscitait alors pour la défense des Saints-Lieux, l'enthousiasme qu'un siècle auparavant, Pierre l'Ermite avait excité au sein de la chrétienté. Au milieu des fêtes d'un tournoi que Beaudoin, comte de Flandre et de Hainaut, donnait à une brillante noblesse, les chevaliers conviés à ces jeux guerriers, oubliant et les tournois et les vanités du siècle firent tous serment d'arracher le tombeau du Christ aux mains des infidèles. Parmi les nobles de Picardie qui suivirent les drapeaux de cette expédition, il faut citer Hugues IV, comte de Saint-Pol, Enguerran, Hugues et Robert de Boves, Renaud, comte de Boulogne, Pierre d'Amiens, Guillaume de Sains, Nivelon de Cherisy, évêque de Noyon. Cette expédition, guidée d'abord par un motif pieux finit, on le sait, par la conquête de Constantinople, arraché par les Croisés au pouvoir des Empereurs grecs. Les trésors religieux conservés avec tant de soins, depuis des siècles dans les églises et les palais de Bysance, devaient exciter leur cupidité. Tandis que la plupart des guerriers enlevaient l'or, les pierreries, les tapis et les riches étoffes de l'Orient, les plus dévots des pèlerins et des ecclésiastiques recueillaient aussi avidement les reliques et les objets sacrés ; plusieurs bravèrent même les défenses de leurs chefs et de leurs supérieurs et ne dédaignèrent point d'employer tour à tour les supplications, les menaces, la ruse et la violence pour se procurer ces objets de leur respect et de leur vénération. Wallon de Sarton, chanoine de la collégiale de Picquigny, devenu chanoine de Saint-Georges de Constantinople, trouva dans cette église le chef de saint Jean-Baptiste qu'il rapporta en France et qu'il remit le 17 décembre 1206 à Richard de Gerberoy, évêque d'Amiens, qui, à la tête de tout le clergé régulier et séculier de la ville, au milieu des flots d'une population remplie d'allégresse, était venu recevoir la précieuse relique que conserve encore aujourd'hui la cathédrale d'Amiens. Mais la ville de Picardie qui fit la plus ample récolte à cette époque, fut sans contredit Soissons. Nivelon, son évêque, lui adressa la couronne du chef de saint Marc l'Évangéliste, le chef de saint Étienne, le doigt duquel saint Thomas toucha le côté du Seigneur, une épine de la couronne du Christ, du linge dont il se ceignit dans la Cène, un morceau du voile de la bienheureuse sainte Vierge. Bernard de Moreuil rapporta une larme du Seigneur, que conserva depuis l'abbaye de Sainte-Larme de Selincourt, fondée en 1130 par Gautier Tyrel, seigneur de Poix. Aléaume de Fontaines, resté en Orient avec les chevaliers qu'y avait laissés Philippe-Auguste, avait rejoint les croisés à Constantinople. De cette ville, il n'envoya pas moins, par son aumônier Wilbert pour l'église qu'il avait fondée avec sa femme, Lorette de Saint-Valery, dans sa seigneurie de Longpré, de cent-seize reliques, parmi lesquelles se trouvaient notamment des parcelles de tout ce qui avait servi à la passion et à la sépulture du Seigneur et qui ont fait donner à cette commune le nom de Longpré-les-Corps-Saints.

Tandis que ces événements se passaient en Orient, que le Midi de la France ruisselait du sang que faisaient couler les croisades contre les hérétiques Albigeois, la France s'affermissait dans sa nouvelle grandeur et le gouvernement royal se montrait d'année en année plus habile et plus fort, groupant autour de lui les grands vassaux, et sachant leur faire au besoin sentir que la royauté n'était plus un pouvoir fictif. Une entreprise plus vaste que tous les desseins que Philippe avait jusques alors menés à bonne fin, préoccupait les pensées ambitieuses de ce prince. Dans ses luttes avec l'empereur Othon IV et le roi d'Angleterre, Jean Sans-Terre, le pape Innocent III avait lancé l'anathème sur leurs têtes et prononcé leur déchéance comme souverains. Le lundi saint, 12 avril 1203, Philippe-Auguste convoqua à Soissons un nombreux parlement et annonça aux seigneurs assemblés qu'il reprenait sa femme Ingeburge et que d'après le mandement du pape et l'invitation d'un grand nombre de barons anglais, il allait passer le détroit pour détrôner le tyran excommunié. Innocent III avait en effet chargé Philippe, pour la rémission de ses péchés, du châtiment du roi anglais, lui transférant à perpétuité la souveraineté d'Angleterre et expédiant des bulles, octroyant les privilèges des croisés à quiconque s'armerait contre Jean. Tous les barons lui promirent leur concours, sauf Ferrand de Portugal, comte de Flandre qui s'y refusa parce que Louis, son fils, lui retenait contre tous droits ses châteaux d'Aire et de Saint-Omer. Le roi, transporté de colère, jura par tous les saints de France, que le comte paierait cher sa félonie et que la France deviendrait flamande ou la Flandre française. Alarmé de cette menace Ferrand se laissa aller à contracter une alliance secrète avec Jean Sans-Terre et l'empereur Othon, poussé par les conseils de Renaud de Dammartin, comte de Boulogne. Ce dernier était devenu comte du Boulonnais, en enlevant de force la comtesse Ide et en l'épousant, et le roi avait favorisé cette intrigue, parce qu'il venait de placer Boulogne dans la mouvance du comté d'Artois, et qu'un allié fidèle lui était nécessaire dans ces cantons toujours menacés par le comte de Flandre. Mais un jour, au château de Compiègne, Renaud reçut du comte de Saint-Pol un soufflet si violent que le sang jaillit. Philippe, témoin de cet outrage ne lui permit pas de le venger ; il quitta la cour, le cœur ulcéré, alla trouver le comte Beaudoin de Guines et l'entraîna dans le parti flamand. Philippe vainquit ces deux vassaux, réussit un instant à apaiser la colère du comte de Boulogne, en unissant à sa fille, son fils Philippe, dit Hurepel ; mais bientôt Renaud renoua de nouvelles intelligences avec ses ennemis et fit la guerre à l'évêque de Beauvais. Cité à la cour des pairs, dépouillé de ses domaines, Renaud rendit ouvertement hommage au roi d'Angleterre ; celui-ci s'était empressé de fléchir la cour de Rome en lui faisant hommage de sa couronne et en acceptant toutes les conditions qu'on voulut lui imposer. Le légat du pape Pandolphe, qui avait reçu cette soumission, revint en France signifier à Philippe de se désister de son entreprise. Ses préparatifs d'expédition projetés, répondit-il, à l'instigation du pape, lui avaient déjà coûté plus de 60,000 livres d'argent et peut-être n'eut-il point eu égard aux injonctions du légat, si celui-ci n'eut trouvé le moyen de détourner sa colère sur la Flandre. Les Flamands durent demander du secours aux Anglais contre le roi de France qui ravageait l'Artois. Jean Sans-Terre assembla son conseil. Renaud de Boulogne et les proscrits de France le portèrent à accorder ce qu'on lui demandait. Une flotte anglaise portant Hugues de Boves, son fils Jean et le comte de Boulogne surprit le jeudi d'avant la Pentecôte la flotte française dans le port de Dam et se rendit maîtresse de plus de 300 navires chargés de vin, de blé et d'armes. Plus de 100 autres qui s'étaient échoués sur la côte furent brûlés après qu'on eût enlevé tout ce qu'ils transportaient. Philippe-Auguste, averti de ce désastre, accourut en hâte pour sauver le port et la ville. Les Anglais, surpris par sa brusque arrivée, eurent à peine le temps de regagner leur flotte. Hugues de Boves et son fils qui étaient restés embarqués regagnèrent l'Angleterre, et les vaisseaux ayant pris le large, beaucoup de riches hommes et de servants d'armes tombèrent dans les mains des Français. Le comte de Boulogne lui-même était resté en leur pouvoir. Quelques amis le firent évader à l'aide d'un déguisement pour lui épargner le châtiment que lui eût réservé la colère du roi.

Mais une ligue formidable s'était formée contre Philippe-Auguste. Jean Sans-Terre, Othon IV, les comtes de Flandre et de Boulogne, les ducs de Lorraine et de Brabant avaient joint leurs forces pour combattre le roi de France. Tandis que Jean Sans-Terre portait ses armes dans le Midi pour reconquérir les belles provinces au-delà de la Loire que lui avait enlevées Louis, fils de Philippe-Auguste, la grande armée des confédérés s'avançait par Courtray, Mons et Lille ; les alliés s'étaient d'avance partagé la France. A Renaud, comte de Boulogne, devait échoir Péronne et le Vermandois, le comte de Flandre prenait Paris et son comté, Hugues de Boves, Beauvais, Salisbury, Dreux. Le 27 juillet 1214, par un dimanche, Philippe-Auguste et les confédérés se trouvèrent en présence au pont de Bouvines. Une victoire complète dissipa l'orage qui grondait sur la tête du roi de France. On voit dans Guillaume le Breton, le nom des seize communes picardes qui joignirent le roi et figurèrent dans la grande bataille. C'étaient Arras, Hesdin, Montreuil, Amiens, Corbie, Montdidier, Roye, Beauvais, Compiègne, Soissons, Wailly-sur-Aisne, Crespy-en-Laonnais, Crandelain, Bruyères et Cernay. L'évêque de Senlis, Guérin, l'abbé de Saint-Médard, l'évêque de Laon, l'évêque de Beauvais, Philippe de Dreux, figuraient au milieu des combattants les plus distingués. Ce belliqueux prélat se servait d'une masse d'armes au lieu d'épée de peur de transgresser les canons de l'Eglise qui défendaient aux clercs de verser le sang ; il se contentait d'assommer les ennemis au lieu de les pourfendre. C'était ce même évêque que Richard Cœur-de-Lion avait pris autrefois dans un combat à côté de Philippe-Auguste, le casque en tête, la lame au poing. Jeté par son vainqueur dans une tour fortifiée, c'est de

là qu'il écrivit au pape Célestin la lettre suivante : « Philippe, évêque de Beauvais,
» salut et obéissance canonique à notre père Célestin. Toute l'Eglise sait avec quelle
» irrévérence, le roi des Anglais s'est révolté contre son seigneur Philippe de France,
» semblable à ce paysan qui cherchait à ébranler une montagne en la tirant avec une
» corde ; tu as appris aussi qu'il a envahi nos terres avec la tourbe des apostats bra-
» bançonnais et qu'il les a de toutes parts dévastées avec le glaive et le feu. Comme
» j'ai vu un tel désordre, je me suis souvenu qu'il était permis de repousser la force
» et de combattre pour la patrie ; c'est pourquoi je me suis armé, et me mêlant à la
» troupe des barons, j'ai marché contre l'ennemi ; mais la fortune ne répond pas tou-
» jours à nos desseins ; j'ai été pris et chargé de chaînes pesantes. Ni la dignité de mon
» ordre, ni le respect envers Dieu n'ont pu me sauver. Il a dû parvenir à vos oreilles
» de quelle manière le roi d'Angleterre m'a traité ; j'ai péché, il est vrai contre les
» canons de l'Église en prenant les armes, mais ce crime est-il irrémissible dans votre
» miséricorde, et ceux-là qui ont mis la main sur un évêque du Seigneur, ne sont-ils
» pas plus coupables ? »

A ces plaintes, voici ce que répondit le Saint-Père : « Célestin, serviteur des servi-
» teurs de Dieu à son frère chéri, Philippe, évêque de Beauvais, salut : Tu me dis qu'il
» t'est mal advenu, je n'en suis pas étonné. Tu as quitté le gouvernement pacifique
» des brebis pour le champ de la guerre, la mitre pour le casque, le bâton pastoral pour
» la lance, la chasuble pour la cuirasse, l'anneau pour le glaive ; tu réponds que c'est
» pour repousser la force, tu te trompes, car nous pourrions dire de la France : Mal-
» heureuse terre, ton roi est un insensé. Il s'était obligé avec Richard de respecter ses
» domaines, et voilà qu'il saisit ses terres et que ses hommes d'armes envahissent ses
« provinces. Tu as cherché, eh bien ! tu as trouvé ; tu as frappé, tu as été frappé à ton
« tour. Cependant je vais écrire à Richard pour demander ta délivrance. »

En effet, le pape écrivit à Richard qui en lui renvoyant la cuirasse et la lance de l'é-
vêque toute couverte de sang, répondit par ces seuls mots : « *Reconnaissez-vous la robe
de votre fils.* » Le pape ne réclama plus. Il vit bien, dit la chronique de Saint-Denis,
que l'évêque de Beauvais avait guerroyé comme un baron et qu'il était captif à bon
escient.

A Bouvines, la lutte fut longue et sanglante. Les communes s'étaient hardiment
jetées entre le roi et la chevalerie allemande :

> *Les communes gens d'armes passent,*
> *Devant les chevaliers s'embastent,*
> *Entre le roi et les Thyois,*
> *Se met Amiens et Corbiois,*

raconte l'auteur de la Branche aux Royaux Lignages ; elles se firent héroïquement tuer,
pour sauver Philippe, jeté à bas de son cheval et délivré et remonté par le secours de

Galon de Montigny, gentilhomme du Vermandois, porteur de l'étendard royal et par un chevalier d'une force athlétique, Guillaume des Barres. L'empereur Othon faillit à son tour être tué ou pris, et fut emporté hors de la mêlée par son destrier blessé à mort. Le centre de l'armée ennemie se débanda alors, et le char qui portait l'étendard impérial tomba aux mains des Français. A l'aile droite des coalisés étaient Renaud de Boulogne et les Anglais. Ceux-ci, rompus par le bouillant évêque de Beauvais qui assomma de sa terrible massue le comte de Salisbury leur chef, frère de Jean-sans-Terre, furent mis en pleine déroute. Mais Renaud, entouré d'un double cercle de piquiers, s'élançait sans cesse de ce fort improvisé pour semer la mort au milieu des rangs français, faisant le vide partout où apparaissait son heaume surmonté d'une double aigrette en fanons de baleine et s'y réfugiait pour reprendre haleine, ou quand il était trop pressé par ses adversaires. La cavalerie française ne pouvait entamer ce rempart de fer ; enfin 3,000 piquiers parvinrent à l'enfoncer. Renaud, sous son cheval, blessé à mort et abattu, était déjà saisi par un homme des communes qui lui avait arraché son heaume et le frappait de son coutelas à la tête, quand survint l'évêque de Senlis qui le reçut à merci et empêcha qu'on ne l'achevât.

Le retour de Philippe dans sa capitale ne fut qu'une longue marche triomphale. Les communes vinrent à Paris remettre entre les mains du prévôt les prisonniers de marque tombés entre leurs mains, et dont le roi leur donna une partie pour mettre à rançon. Le comte de Flandre, Ferrand, fut enfermé dans la grosse tour du Louvre ; le comte de Boulogne fut confiné d'abord à Bapaume, puis dans le château de Péronne, où il vécut encore plusieurs années, enfermé dans un sombre cachot et retenu par ses liens à une pièce de bois roulante d'un poids énorme. En mémoire de cette glorieuse victoire et des succès que son fils Louis avait remportés sur la Loire contre Jean-sans-Terre lui-même, Philippe fonda près de Senlis une abbaye dite de la Victoire, sous l'invocation de saint Victor de Paris.

Deux ans après la bataille de Bouvines, le diocèse de Laon fut troublé par la querelle survenue entre le chapitre de cette église et Enguerran III, sire de Coucy. Le fier baron qui avait suivi en Angleterre le fils du roi de France, appelé par les barons anglais révoltés, vit le pape Honoré III, ordonner aux archevêques de l'excommunier tant à cause des conseils qu'il avait donnés au prince Louis en l'excitant, malgré les menaces de Rome, à poursuivre ses projets sur l'Angleterre, qu'en raison des déprédations et des violences par lui commises sur les terres de l'église de Laon, dont il retenait le doyen en captivité depuis plusieurs années. Enguerran fut en 1216, mis hors l'Église par les évêques et les chapitres de Laon, d'Amiens, Châlons, Soissons, Beauvais, Noyon, Cambrai, Arras et Tournay ; mais le sire de Coucy s'émut peu de ces foudres sacrées et après trois ans se réconcilia sans bassesse avec ses adversaires et rentra dans le giron de l'Église.

Le comte de Ponthieu, Guillaume III mourut vers 1221 et fut inhumé dans l'abbaye de Balances (Valloires), laissant pour héritière sa fille Marie, mariée à Simon de Dammartin, comte d'Aumale. Guillaume avait joué un rôle important dans les guerres de Normandie entre Philippe et le roi Richard ; il s'était en 1210, croisé contre les Albigeois avec d'autres seigneurs picards, Dreux, évêque de Beauvais, Robert de Laon, Enguerran de Boves, Enguerran de Picquigny, et s'était couvert de gloire à la journée de Bouvines, où son cheval tué sous lui, sa lance, son épée et sa dague brisées, il se battit alors à coups de gantelets. Son administration fut sage et paternelle ; il avait enrichi de dotations les nombreuses léproseries du Ponthieu et les autres établissements de charité de ses domaines, fondé en 1209 pour les pauvres et les pèlerins un hôpital à Crécy, accordé le droit de commune aux habitants d'Hiermont, Noyelles, Waben, Port, le Marquenterre, etc., et aboli l'odieux droit de lagan, généreux exemple que suivirent Bernard de Saint-Valery, Guillaume de Cayeux et l'abbé de Saint-Josse-sur-Mer. Mais son gendre, Simon de Dammartin qui avait combattu à Bouvines contre la France et son beau-père, avait été banni et privé de son domaine. A la mort de Guillaume, Philippe-Auguste se saisit aussitôt du Ponthieu.

Philippe-Auguste mourut en 1123, ayant placé, selon l'expression de M. Guizot, la royauté de fait au niveau de la royauté de droit et reconquis sur Jean-sans-Terre la riche province de Normandie. Il avait réuni au domaine royal en Picardie, outre le Ponthieu, Saint-Quentin, Péronne et Montdidier, dont la mort d'Eléonore de Vermandois qui en était usufruitière, lui assurait la propriété aux termes du traité conclu autrefois avec elle, et ne détacha du domaine royal pour son second fils, Philippe Hurepel, qu'il avait déjà investi des fiefs du malheureux comte de Boulogne, Renaud, que le petit comté de Clermont-en-Beauvaisis.

C'est sous le règne de Philippe-Auguste que s'élevèrent les plus belles cathédrales de France : Reims, Amiens, Notre-Dame de Paris. Un grand mouvement artistique se produisit alors en Picardie. Jusqu'au XIIe siècle, les cathédrales n'avaient point eu de dimensions extraordinaires, beaucoup d'églises abbatiales étaient d'une plus grande étendue ; mais l'influence qu'avaient eue les grandes abbayes au XIe siècle passait maintenant, par suite du mouvement d'émancipation communale entre les mains des évêques. C'est alors, dit Viollet-le-Duc, que « l'épiscopat entreprit de reconstruire, et
» reconstruisit ses cathédrales ; et il trouva dans les populations un concours tellement
» énergique, qu'il dut s'apercevoir que ses prévisions étaient justes, que son temps
» était venu et que l'activité développée par les établissements religieux et dont ils
» avaient profité, allait lui venir en aide. » C'est dans les villes de Noyon, de Soissons, de Laon, de Reims, d'Amiens qui toutes avaient les premières donné le signal de l'affranchissement des communes, que vers la fin du XIIe siècle et les premières années du XIIIe, s'élèvent ces grandes cathédrales, objets de notre admiration, où l'art ogival avec ses colonnettes élancées, détrône les massives colonnes trapues et les voûtes à plein cintre de l'architecture romane. L'architecture religieuse sort alors de ses langes monastiques.

Ce n'est plus aux couvents que les évêques vont demander leurs architectes, c'est à ces populations laïques qui apportent si libéralement leurs trésors et leurs bras pour construire ces monuments de foi et de liberté. Le gouvernement de l'art est passé aux maîtres ès-œuvres, aux fraternités d'artisans, aux francs-maçons.

En 1131, un incendie avait détruit Noyon et sa cathédrale. L'évêque Simon n'était point assez riche pour réparer ce désastre. Ses finances étaient épuisées par la construction de l'abbaye d'Ourscamps qu'il avait fait édifier à deux lieues de sa ville épiscopale. Son successeur, Beaudoin II, fit reconstruire la cathédrale, singulier mélange du plein cintre et de l'ogive qui présente une telle analogie de construction et d'ornementation avec l'abbaye de Saint-Denis que les architectes les plus compétents en ont tiré cette conclusion que ces deux édifices avaient été élevés par le même atelier d'ouvriers, supposition qui s'explique, du reste, par les liens d'amitié qui liaient Beaudoin à l'abbé Suger. Laon, dont la cathédrale avait été détruite dans les événements de la commune en 1112, éleva sa cathédrale vers 1192, après la confirmation de sa paix par Philippe-Auguste ; Soissons, dans les premières années du XIIIe siècle. La cathédrale de Senlis fut consacrée en 1191, au mois de juin, par l'archevêque de Reims, sous l'épiscopat de Geoffroy. En 1220, Evrard de Fouilloy, 45e évêque d'Amiens fit jeter les fondements de la cathédrale actuelle en remplacement de celle que l'incendie avait détruite deux ans auparavant. Le maître de l'œuvre était Robert de Luzarches. Thomas de Cormont et Regnaut, son fils, continuèrent la construction après lui ; elle était presque terminée en 1288, quelques-unes de ses parties ne datent cependant que des XIVe, XVe et XVIe siècles.

A Beauvais, en 1225, l'évêque Miles de Nanteuil commença la cathédrale de Saint-Pierre dont les travaux furent achevés en 1272 ; l'on connaît le proverbe qui rappelant les qualités idéales d'une cathédrale modèle, cite : le portail de Reims, la nef d'Amiens et le chœur de Beauvais.

Louis VIII, en montant sur le trône dut s'occuper des affaires du Ponthieu. Simon de Dammartin était venu à Abbeville et s'efforçait de rentrer en possession des biens de sa femme. Louis VIII se hâta d'envoyer un corps de troupes auxquelles les Abbevillois et les habitants des principales communes s'empressèrent d'ouvrir leurs portes. Simon fut contraint de se rembarquer. Après de longues sollicitations, Marie parvint enfin à recouvrer le Ponthieu. Par acte du mois de juillet 1225, elle céda au roi pour le rachat de son fief, le château de Doullens et la ville de Saint-Riquier avec toutes ses dépendances, mais malgré ces concessions, elle ne put obtenir la grâce de son mari qui ne put revoir la France qu'en 1230, sous le règne de saint Louis et sous la condition de ratifier tous les traités signés par elle et de ne pouvoir sans le consentement royal réparer ses forteresses ou en fortifier d'autres. Louis exigea de plus que les habitants feraient serment de se déclarer contre lui, sa femme et ses héritiers s'ils devenaient coupables de félonie, qu'ils ne marieraient pas leurs filles sans l'octroi royal et dans aucun cas à ses ennemis ou à ceux de la France, et que s'ils venaient à forfaire à ces engagements, le

Ponthieu serait saisi dans un délai de 40 jours. Simon, toutefois, n'en fiança pas moins sa fille aînée au roi d'Angleterre, Henri III, et le mariage avait même été conclu par procuration, quand le roi irrité le contraignit, malgré l'approbation du pape, à briser cette alliance. Simon mourut en 1239 ; sa veuve lui survécut encore douze années et fut inhumée près de lui dans l'abbaye de Valloires qu'elle avait dotée de 700 journaux de bois. L'aînée de ses quatre filles, Jeanne, épouse de Ferdinand III, roi de Léon et de Castille, lui succéda dans le comté de Ponthieu.

Saint Louis n'avait que 12 ans lorsqu'il occupa le trône, sous la régence de sa mère, Blanche de Castille ; mais la naissance étrangère de cette femme servit de prétexte aux grands pour aliéner d'elle les esprit et elle vit bientôt se révolter contre son autorité, une foule de seigneurs dont le plus puissant était le trouvère-comte Thibaut de Champagne. L'on prétendit même que le puissant seigneur de Coucy, Enguerran III le Grand, avait déjà fait fabriquer un diadème, dans son espérance d'être élu roi par les barons rebelles, mais on le voit, au contraire, uni avec saint Louis en 1236, contre Thibaut de Champagne, et rien ne prouve la véracité de ce fait que rapporte une chronique latine anonyme.

Enguerran, au contraire, servit avec fidélité le roi et se disposait à l'aller rejoindre en 1242, quand il mourut, en passant un gué, par la chute de son cheval en s'enferrant de son épée. C'est ce puissant feudataire à la devise altière :

Je ne suis roi ne duc, ne prince ne comte aussi
Je suis le sire de Coucy.

qui fit construire ce formidable château de Coucy, ceint de sa chemise de pierres épaisse de trois toises et couronné de son donjon plus colossal que la grosse tour du Louvre, et dont les restes récemment restaurés nous frappent encore aujourd'hui d'admiration et de stupeur. En même temps qu'il érigeait ce gigantesque témoin de la grandeur de l'architecture militaire du XIII° siècle, s'élevaient par ses soins d'autres forteresses importantes à Saint-Gobain, à Folembray, à la Fère, etc., etc.

En 1232 les troubles qui éclatèrent à Beauvais au sujet de la commune nécessitèrent une intervention royale. Depuis la charte accordée par Louis VII, la lutte continuait toujours entre les juridictions des pairs et de l'official. Cette longue querelle allait peut-être être décidée en champ clos, en 1214, par un duel judicaire entre les champions de l'évêque et celui des bourgeois, quand Philippe-Auguste survint et sollicita le secours des deux partis contre l'ennemi commun, l'empereur Othon IV. Mais en 1232, les hostilités recommencèrent durant la minorité de Louis IX. Le corps des bourgeois s'assembla selon la coutume de la ville dans la halle pour procéder à l'élection annuelle des magistrats municipaux. La nomination des douze pairs et des échevins eut lieu sans trouble, mais lorsqu'il s'agit de désigner le mayeur ou maire, les opinions furent partagées et une grande dispute s'éleva à ce sujet entre les classes des riches marchands qu'on appelait changeurs et celle des gens de métiers. Ces dissensions intestines étaient toujours funestes aux communes parce qu'elles fournissaient aux puissances du temps un prétexte pour s'immiscer dans leurs affaires et amoindrir leurs droits politiques. D'un côté, l'évêque Miles de Nanteuil prétendait que c'était à lui de nommer le maire sur la présentation de deux candidats ; de l'autre, le conseil de régence qui gouvernait au nom du roi élevait déjà contre les libertés des villes des prétentions absolues. Le roi ou plutôt ceux qui gouvernaient en son nom, créèrent de leur chef un maire et envoyèrent à Beauvais pour remplir cet office un certain Robert de Moret, bourgeois de Senlis, étranger à la ville, ce qui était contraire à toutes les coutumes. La haute bourgeoisie accepta sans répugnance l'élu du roi, mais il n'en fut pas de même des bourgeois de la classe inférieure ; ceux-ci protestèrent en disant que l'intrusion d'un homme né hors de la ville était une violation de leur droit de commune, et après avoir souffert quelque temps Robert de Moret, ils s'insurgèrent pour faire élire un autre maire. Les magistrats municipaux, chassés de leur salle du conseil, furent contraints de se réfugier dans la maison d'un armurier où le peuple les assiégea et dont il les contraignit de sortir en mettant le feu à la maison voisine. Les insurgés se saisirent de Robert de Moret, lui déchirèrent sur le dos la longue robe d'hermine fourrée qui était l'insigne de son office ; ils le promenèrent en cet état, en le maltraitant et criant : Voilà que nous te faisons maire. Le bailli de l'évêché dépêcha un exprès à l'évêque Miles de Nanteuil, absent. A son arrivée, les révoltés lui témoignèrent beaucoup de respect, et pour le gagner à leur cause, ils dirent qu'ils avaient soutenu son droit en même temps que le droit de la commune. Quatre-vingts des plus compromis vinrent même le requérir de les prendre sous sa sauvegarde, mais l'évêque, attentif à faire valoir ses privilèges comme seigneur haut justicier, leur signifia qu'ils eussent à se remettre entre les mains de ses officiaux pour répondre de leur conduite. Ils se retirèrent mécontents et faisant grand bruit, mais malgré leur victoire, ils ne réussirent à rien, parce qu'ils ne pouvaient procéder à aucune élection régulière. Le parti de la haute noblesse commença à reprendre le dessus et plusieurs des complices de l'émeute furent arrêtés, enfermés dans les prisons de l'évêque. Celui-ci en attendant l'arrivée du jeune roi qui s'avançait avec un corps de troupes, tâchait de profiter de la circonstance pour jouer le rôle d'arbitre dans la dispute des bourgeois. Dès que le roi fut entré dans la ville, après l'avoir salué : « Très-redouté sire, dit-il, je vous demande conseil comme à mon seigneur sur ce qu'il me convient de faire en cette fâcheuse occurrence. » Le roi dit qu'il prenait sur lui de faire bonne et prompte justice. « Mais, très-cher sire, reprit l'évêque, c'est moi qui ai dans la ville toute justice haute, moyenne et basse, » et comme le roi ne répondait pas, il répéta jusqu'à trois fois la même remontrance. Le lendemain le roi se rendit à la Halle où les pairs et les échevins étaient réunis en conseil et dit au peuple assemblé qu'il voulait connaître de l'affaire ; les échevins, moins hardis que l'évêque n'objectèrent rien relativement à leur droit de juridiction municipale, et aussitôt les parents des tués et des blessés dans l'émeute, se jetèrent à genoux devant le roi en criant : « Sire, sire, justice. » Sur l'ordre de ce prince, ses officiers ouvrirent les prisons de l'évêque où plusieurs des accusés étaient détenus ; ils en arrêtèrent ensuite un grand nombre dans leurs maisons et les amenèrent avec les autres à la Halle où ils furent enfermés jusqu'à ce qu'on eût statué sur leur sort. Tous furent bannis au nombre de 1,500 et quinze maisons appartenant aux plus coupables furent démolies. Le maire frappait un premier coup de marteau et les gens de son parti et des ouvriers payés faisaient le reste. L'évêque Milon ne manqua pas de protester contre cette sentence au nom du privilège de juridiction appartenant à son église, mais le roi n'eut aucun égard à sa requête et ne répondit qu'en faisant à l'évêque la demande de 80 livres pour son droit de gîte ; l'évêque dit qu'il en délibérerait. Sur cette réponse, le roi mit garnison dans le palais épiscopal et enfin en saisit le mobilier qui fut vendu à l'enchère.

La nouvelle de la violence exercée contre un de leurs collègues, irrita les évêques suffragants du diocèse de Reims, alors assemblés en concile provincial, sous la présidence de leur chef, l'archevêque Henri de Braine. Ce prélat ambitieux fit décréter par le concile que trois évêques seraient envoyés au roi pour lui enjoindre de restituer à Milon de Nanteuil l'exercice de la justice criminelle, et de l'indemniser des dégâts faits dans son palais. Cette injonction n'ayant eu aucune suite, les suffragants du siège de Reims décrétèrent qu'on enverrait des députés à Rome et que si l'on ne donnait point satisfaction, on lancerait l'interdit sur toute la province. Plusieurs évêques et notamment celui de Noyon, reculèrent quand il fallut en venir à cet acte d'hostilité contre la puissance royale ; mais le fougueux archevêque de Reims n'en persista pas moins dans ses résolutions, et au mois de novembre 1233, il décréta pour tout son diocèse, l'interdiction des sacrements de l'Église.

Ce grand débat occupait tous les esprits ; les villes instruites par expérience à redouter principalement la puissance ecclésiastique, reprirent presque partout l'offensive. A Noyon, de fréquentes émeutes avaient lieu contre les chanoines, aux cris de commune ! commune ! A Soissons, pour la moindre dispute survenue entre les bourgeois et des membres du clergé, on criait : Haro as clercs, et la commune prenait les armes.

Les évêques suffragants, réunis en concile provincial pour la troisième fois siégeaient à Saint-Quentin. Le roi répondit aux envoyés qui étaient allés le trouver à Melun qu'il délibérerait sur leur demande, et fixa le délai d'un mois pour répondre. Les plaignants, peu satisfaits se réunirent en concile à Compiègne, le 5 août 1235. On y décida qu'on ferait des injonctions plus pressantes. Une entrevue avec les députés eut encore lieu à Saint-Denis ; le roi ne fit aucune réponse définitive et le concile transféré à Senlis le 14 novembre, prit la résolution suivante : « Attendu que le seigneur roi n'a pas obéi aux » monitions qui lui ont été faites, nous mettons l'interdit sur toutes les terres du » domaine situées dans la province, permettant toutefois, qu'on y administre le

ARMOIRIES DES CROISÉS DE PICARDIE.

Adam III
Sr. de l'Isle.

Bernard III
de Moreuil.

Dreux II
Sr. de Cressonssart.

Jean I
Sr. de S. Simon.

Aleaume
de Fontaines.
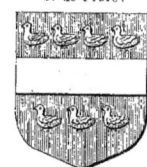

Eudes
Sr. de Ham.

Nicolas
Sr. de Mailly.

Eustache et Anselme
de Cayeux.

Florent
de Hangest.
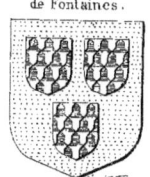

Eustache
de Canteleu.
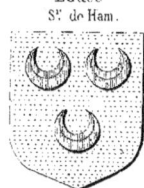

Mathieu
Sr. de Roye.
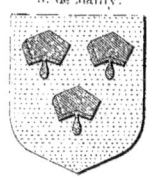

Anselme de Torote
Sr. d'Offemont.
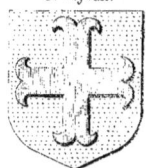

Raoul
Cte. de Clermont en Beauvaisis.

Dreux
de Mello IV.

Aubert et Baudouin
de Longueval.

Enguerrand
de Crévecœur.
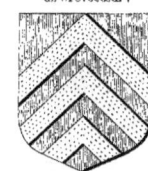

» baptême et le viatique. Nous excommunions en outre tous les évêques qui n'obser-
» veront pas le présent interdit et manqueront de le faire publier et observer dans leurs
» diocèses. »

Le roi Louis IX entrait alors dans sa majorité. Devenu seul maître de sa conduite, il se montra plus disposé à céder aux demandes des évêques et le bon accord fut bientôt rétabli entre le pouvoir royal et l'autorité ecclésiastique.

En 1248, le roi saint Louis s'embarqua à Aigues-Mortes pour aller tenter une nouvelle et inutile croisade. C'était l'exécution d'un vœu qu'il avait fait dans une maladie dont il relevait. Parmi les croisés de Picardie, Raoul, sire de Coucy, Raoul de Créqui, Robert de Cressonsart, évêque de Beauvais, Enguerran de Lameth, Gilles de Mailly et Jacques de Mailly, son fils, Guillaume de Picquigny, Mathieu de Roye, Guy le Bouteillier de Senlis, Raoul de Soissons, Jean, comte de Soissons, ont attaché leur nom à cette expédition.

Saint Louis avait en partant confié la régence à sa mère, Blanche de Castille. Cette seconde régence fut marquée, pendant la captivité du saint roi, prisonnier des infidèles, après la défaite de Mansourah, par la révolte des Pastoureaux. Un vieil homme, à grande barbe, au visage pâle et maigre, parlant avec une égale facilité le latin, le français et l'allemand, et qui se faisait appeler le Maître de Hongrie, était leur chef. Il prêchait que la Vierge lui avait donné mission d'assembler les pasteurs de brebis ou d'autres animaux ; le ciel accordant à leur simplicité ce qu'il avait refusé à l'orgueil des chevaliers, à savoir, de délivrer la Terre-Sainte et de venger le bon roi saint Louis des infidèles. Le Maître et ses pastoureaux parcoururent d'abord la Flandre et la Picardie, attirant à eux les plus simples du peuple ; ils étaient déjà plus de 30,000 lorsqu'ils vinrent en la cité d'Amiens où les bourgeois les reçurent en grande fête et s'agenouillèrent devant le Maître aux pastoureaux comme devant un très saint homme. Ils se dirigèrent ensuite sur l'Ile de France, entrèrent dans Paris par la permission de la reine Blanche, qui pensait comme les autres que ce fussent bonnes gens envoyés par le Seigneur. Leur nombre s'était accru jusqu'à 100,000 et plus. Fort de cette puissance, le Maître ne tarda pas à prêcher ouvertement contre les vices des ordres religieux et les désordres de la cour de Rome. Enfin cette agitation que les Pastoureaux continuèrent à signaler en brûlant les maisons des juifs, en massacrant des prêtres, en pillant des couvents, amena le gouvernement à agir de force, et l'opinion publique se soulevant contre ces désordres, le Maître fut tué près de Bourges par un homme aposté dans ce but, et ses adhérents dispersés ou passés au fil de l'épée.

Philippe Hurepel, frère de Louis VIII, comte de Clermont et de Boulogne s'était mis à la tête de toutes les ligues qui se formèrent contre Blanche de Castille, lors de la minorité de saint Louis. On sait avec quelle habileté, elle triompha des obstacles qui lui étaient opposés et comment par des déférences qui suffisaient à l'amour-propre de ce feudataire ignorant et grossier comme l'indique son nom de Hurepel (rude peau), elle sut le rattacher aux intérêts de son neveu. A sa mort, Mahaut, sa veuve, fille d'Ide et de Renaud de Dammartin, avait épousé en 1238, Alphonse, neveu de Blanche de Castille, mais ce prince la quitta en 1245 pour retourner dans sa patrie. Louis IX qui n'avait plus à craindre du comte de Boulogne, conclut avec Mahaut une convention qui lui accordait de garder la place toutes les fois qu'on aurait à redouter une guerre avec les Anglais. Bien que cet accord eût pu être considéré comme une véritable aliénation, la comtesse Mahaut avait conservé des droits encore assez étendus, et notamment le droit de juridiction ; aussi en 1253, la voit-on confirmer les privilèges des bourgeois, régulariser la pénalité criminelle, et accorder aux échevins calaisiens, au nombre de 13, la liberté de faire des lois. Au Calais n'ayant pour défense que la mer au nord, la rivière de Guines au midi, à l'ouest des marais profonds, un seul château et quelques tours, avait succédé le Calais de Philippe Hurepel, ceint de son enceinte de 600 toises de longueur et 220 de largeur, flanqué aux angles de tours arrondies, et cette ville, par sa proximité avec la côte anglaise allait bientôt être appelée à jouer un rôle important dans l'histoire de France. Comme Calais, Boulogne avait aussi vu relever par Hurepel, ses remparts dans des conditions de solidité et d'élévation exceptionnelles, et construire son château qui subsiste aujourd'hui, du moins en grande partie, et dont la haute tour domine encore les bâtiments de l'hôtel-de-ville actuel.

Le roi, de retour de sa désastreuse croisade, s'occupa activement de l'administration intérieure du royaume, cherchant, par ses institutions et son amour de la justice à y faire régner l'ordre et la prospérité. Ses principaux actes dans ce but en Picardie se résument ainsi : en 1254, il ratifie la commune de Clermont en Beauvaisis ; en 1256, il rend une ordonnance par laquelle il cherche à faire prévaloir dans l'administration des communes un système d'unité ayant pour objet d'amener le contrôle de la monarchie sur le régime municipal. Par cette ordonnance, les maires doivent être nommés annuellement le 29 octobre, au lendemain de la fête de saint Simon saint Jude ; il est enjoint aux officiers municipaux de venir à Paris à l'octave de la saint Martin, rendre compte des recettes et des dépenses communales, elle interdit aux communes de prêter à personne sans l'autorisation royale et de ne faire aucun présent, sauf de vins en pots ou en barils ; elle réprime enfin l'abus des nombreux voyages faits à la cour aux dépens des villes, en fixant le nombre des députés qui doivent s'y rendre et en réglant leurs dépenses, comme s'ils voyageaient pour leurs affaires privées, et prescrit la garde des deniers des villes dans la huche commune. Un procès-verbal de 1260, conservé aux archives nationales, donne la liste des 26 communes picardes qui avaient, en exécution de cette ordonnance, rendu les comptes de leur situation financière. Ce sont : Amiens, Beauquesne, Corbie, Doullens, Péronne, Cappy, Athies, Bray-sur-Somme, Chambly, Montdidier, Compiègne, Roye, Beauvais, Crépy-en-Valois, Nouvion, Senlis, Montreuil-sur-Mer, Saint-Quentin, Chauny, Crépy-en-Laonnais, Cerny, Craindelain, La Neuville-en-Beauvaisis, Saint-Riquier, Asnières, Beaumont-sur-Oise et Wailly-sur-Aisne.

En 1259, un fait célèbre dans les annales judiciaires atteste une fois de plus, l'ascendant que la couronne a pris sur les grands vassaux. Enguerrand IV de Coucy avait fait pendre sans forme de procès, trois jeunes clercs flamands, envoyés pour faire leur éducation dans l'abbaye de Saint-Nicolas-au-Bois et qui un jour chassaient, par mégarde, dans ses garennes. A la requête du sire de Trésignies, connétable de France, parent d'une des victimes, Louis fit citer Enguerrand devant sa cour. Le sire de Coucy prétendit qu'il ne devait pas répondre de ce fait devant le roi, mais devant la Cour des Pairs, suivant la coutume de baronnie. Sa réclamation fut repoussée et le roi le fit saisir par les sergents de son hôtel, et emprisonner dans la grosse tour du Louvre. Quand les barons connurent l'intention du roi de faire droit au jugement et de le punir de telle mort qu'il avait fait mourir ces jeunes gens, ils furent moult dolents ; presque tous étaient parents ou alliés de Coucy. A force de sollicitations, ils obtinrent son élargissement sous caution. Enguerran, cité aux grandes assises, nia le crime et requit d'être admis à se défendre par bataille. Le roi refusa. Alors les barons conseillèrent à Enguerran de se mettre à la merci du roi. Louis voulait passer outre ; mais sur le refus des barons d'opiner et de porter sentence contre leur proche, il ne céda que devant le péril de s'aliéner le baronnage tout entier et signifia à Enguerran qu'il lui épargnait la mort qu'il avait encourue. Le sire de Coucy fut alors condamné par la cour à 10,000 livres parisis d'amende, au voyage de la Terre-Sainte pour la défense des lieux saints durant trois ans, et à faire enterrer convenablement ses victimes, avec des fondations pieuses pour le repos de leurs âmes. Il fut dépouillé enfin de la haute justice et du droit de garenne, occasion de son crime.

Si les barons satisfaits d'avoir obtenu la vie d'Enguerran, avaient fait à la justice du roi ces amples concessions, Jean de Thorote, châtelain de Noyon n'en prit pas si facilement son parti. « Si j'étais roi de France, dit-il, avec ironie, j'aurai fait pendre tous » mes barons, car le premier pas fait, le second ne coûte guère. » Instruit du propos, Louis le fit venir : « Comment, Jehan, dit-il, vous dites que je devrais faire pendre tous » mes barons, certainement je ne les ferai pas pendre, mais je les châtierai s'ils » méfont. »

Quelque grande qu'ait été cette punition, le sire de Coucy ne fut pas corrigé, il paraît pour longtemps. Quatre ans après, il fit de nouveau pendre deux domestiques de l'abbaye de Saint-Nicolas-au-Bois, qui, dans cette affaire, avaient eu la hardiesse de déposer contre lui. Il étouffa cette fois les réclamations des religieux à prix d'argent, et obtint, moyennant 12,000 livres parisis, la dispense d'aller combattre les infidèles. L'amende qu'il avait payée à l'Etat, servit, partie à faire construire l'Hôtel-Dieu de Pontoise, partie le couvent des Cordeliers et les écoles des Dominicains de la rue Saint-Jacques, à Paris.

Il en avait coûté cher aussi aux autorités d'Amiens pour des faits analogues, quinze ans auparavant. Le vendredi après la Saint-Martin d'été 1244, des clercs, au nombre de dix-sept, avaient été, on ne sait à quelle occasion, arrêtés par le prévôt royal, Firmin Govor, maltraités de la manière la plus violente et enfermés au beffroi ; l'un d'eux mourut dans la nuit, de ses blessures. Le lendemain, cinq autres furent, sur l'ordre du bailli d'Amiens, Geoffroy de Milly, pendus aux fourches patibulaires. L'évêque Arnoul, défenseur rigide des droits de sa justice, excommunia les officiers royaux, et condamna le bailli à être le samedi après la Saint-André, conduit en chemise, les pieds nus, la corde au cou, les mains liées derrière le dos, aux fourches patibulaires, puis ramené à l'église Saint-Martin où, là, il devait envelopper d'un drap de soie, le cadavre d'un des clercs, le rapporter sur ses épaules pieusement à l'église cathédrale, puis au cimetière Saint-Denis, et répéter les quatres jours suivants la même cérémonie expiatoire ; afin à se présenter dans le même état dans l'église métropolitaine de Reims, dans toutes les cathédrales des diocèses suffragants, dans celles de Rouen, de Sens, de Paris et d'Orléans, et de renouveler dans chacune d'elles le serment de ne jamais exercer d'office de judicature dans quelque pays que ce fût. Une sentence analogue fut rendue contre le prévôt. Quant à la commune, qui avait participé indirectement à ces actes, en laissant emprisonner les clercs dans son beffroi, le maire ayant déclaré tant en son nom qu'en celui de la cité qu'il était innocent de la mort des clercs, mais ayant consenti cependant à un acte d'expiation pour apaiser la colère de Dieu, elle fut condamnée à fonder six chapelles d'un revenu annuel de 20 livres parisis, dont deux dans le cimetière Saint-Denis. Le gardien du beffroi, Mathieu Madouillart, réputé avoir été la cause ou l'occasion du forfait, fut exclu pour toujours du service de la commune. Enfin, outre les expiations relatées ci-dessus, Geoffroy de Milly fut encore à ses dépens, obligé de faire fabriquer cinq bassins d'argent du poids de cinq marcs et de la valeur de 65 livres, d'y joindre cinq cierges du poids de trois livres chacun pour brûler éternellement devant les reliques de la cathédrale, d'entreprendre le voyage de la Terre-Sainte avec défense de rentrer dans la ville sans la permission de l'évêque et du chapitre, dépenses qui ruinèrent tellement Geoffroy, qu'il ne put plus même avoir un roussin pour le porter. Les traditions locales veulent qu'il ait ordonné le supplice des cinq malheureux clercs pour les punir d'avoir surpris, dans une promenade dans les bois d'Etouvy, la conduite trop galante de sa fille.

Deux des derniers actes importants de saint Louis sur la fin de son règne eurent pour théâtre deux villes de Picardie. En 1259, Henri III, roi d'Angleterre vint le trouver à Abbeville et conclut avec lui un traité, par lequel il renonçait à toutes prétentions sur les provinces au nord de la Charente ; saint Louis en retour rendit à l'Angleterre les provinces situées au sud de cette rivière : le Limousin, le Périgord, le Quercy, l'Agénois, la Saintonge, à condition d'en recevoir l'hommage. Henri signa le traité en fléchissant le genou devant lui et se reconnut son homme pour toutes ses possessions du continent. Quatre ans après, saint Louis rendit encore une sentence arbitrale entre le prince anglais et ses barons révoltés. Henri III, la reine sa femme, l'archevêque de

Cantorbéry, Pierre de Montfort fils du comte de Leicester et d'autres seigneurs anglais se rendirent à Amiens. Ce fut dans la cathédrale que saint Louis restitua par un arrêt à Henri ses châteaux et le choix de ses grands officiers, et ordonna le maintien de la Grande Charte arrachée autrefois à Jean-sans-Terre, et de toutes les libertés antérieures aux réformes que les lords révoltés avaient édictées sous le nom de Provisions d'Oxford.

Saint Louis, qui avait repris la croix s'embarqua en 1270 pour aller misérablement mourir de la peste à Tunis. Mathieu de Roye, Raoul de Nesles, Beaudoin de Longueval, Gilles de Mailly, les comtes de Guines et de Saint-Pol furent au nombre des Picards qui partagèrent cette triste expédition connue sous le nom de huitième croisade.

A la mort de Jeanne, fille aînée de Philippe Hurepel, veuve de Gaucher de Châtillon, mort sans enfants, dans la petite ville de Mansourah, en défendant vaillamment contre les Sarrasins la rue qui conduisait au logis du roi, Saint Louis, en sa qualité de plus proche héritier, réunit à la couronne le comté de Clermont-en-Beauvaisis, sur le territoire duquel il avait reçu le jour, au château de la Neuville-en-Hez, et en investit son sixième fils, Robert de France.

Sous Philippe III le Hardi, son successeur, le Ponthieu passa, par alliance, dans la maison d'Angleterre. Eléonore, héritière de la reine Jeanne de Castille, épousa en 1272, Edouard Ier, roi d'Angleterre. Par cette union, l'Angleterre devenait maîtresse des embouchures de la Somme, de la Canche, de l'Authie et de plusieurs petits ports de la Picardie maritime qui pouvaient devenir au besoin des points d'attaque importants contre le Nord de la France. Au mois de mai 1279, Philippe donna l'investiture du Ponthieu à Edouard dans la ville d'Amiens. Malgré les réclamations des habitants d'Abbeville, Edouard refusa, suivant l'usage qu'avait toujours observé chaque comte à son avénement, de prêter aux magistrats des principales villes de ses domaines, le serment de respecter leurs franchises et leurs privilèges, en prétextant la dignité de sa majesté royale, et se borna à faire par procureur l'acte de foi qu'on lui demandait à lui-même et de sa propre bouche. Les années qui suivirent furent remplies de ses dissentiments avec la commune d'Abbeville qui refusait d'accepter le bailli que le sénéchal anglais du Ponthieu, Thomas Sandwick prétendait lui imposer ; mais il fallut céder devant la volonté formelle du roi d'Angleterre, et les officiers municipaux furent contraints de reconnaître qu'ils n'auraient à l'avenir aucun droit de justice sur le sénéchal, les baillis d'Abbeville, de Crécy, de Waben, de Rue et du Crotoy pour cause *que il mefaiche à autrui*. Pour consolider son pouvoir, Edouard visita souvent son comté, obtint de l'échevinage d'Abbeville le droit d'élever une forteresse dans cette ville, fit réparer les murailles de Rue et du Crotoy, garnit de troupes les principales cités et battit monnaie dans son château d'Abbeville. A la mort d'Eléonore en 1290, son fils Edouard prince de Galles lui succéda comme comte de Ponthieu, sous la tutelle de son père.

Philippe IV dit le Bel, succéda à Philippe-le-Hardi en 1285. Ce prince, plus politique

que batailleur, s'occupa des réformes du royaume tout d'abord. Ses ordonnances dont l'effet ne devait pas seulement s'étendre sur le domaine royal seul, mais bien sur tout le royaume, conformément aux principes que prêchaient les légistes, embrassèrent la manière de faire et de tenir les bourgeoisies, le choix des baillis, cette institution de Philippe-Auguste régularisée par saint Louis, et des prévôts laïcs, l'interdiction des fonctions municipales aux gens d'église, la réorganisation de l'ordre judiciaire par la nouvelle organisation du Parlement. Il y pourvut par une ordonnance dont les bases dispositives, sauf quelques modifications, subsistèrent jusqu'en 1789 et divisaient ce corps judiciaire en trois sections, la grand'chambre, la chambre des enquêtes, la chambre des requêtes. Une autre ordonnance défendit aux portiers de cette cour d'y laisser entrer aucun prélat sans la permission des présidents. Aussi Philippe-le-Bel se trouva-t-il amené à intervenir fréquemment dans les affaires communales, surtout en raison de ses besoins d'argent toujours croissants. En 1293, il concéda à l'échevinage d'Amiens, à titre de ferme perpétuelle, la prévôté de la ville et de sa banlieue avec ses revenus et profits, toute justice et domaine appartenant au roi, moyennant un cens annuel de 690 livres parisis. Cette vente pour la commune était, malgré les prix onéreux qu'elle y attachait (ce fermage ne valait que 400 livres), un réel accroissement de ses prérogatives politiques et de sa juridiction ; mais cet accroissement de puissance et cette possession de la prévôté étaient aussi devenus pour l'échevinage une arme redoutable, dont il se servit peut-être arbitrairement. On ne sait pour quelle cause, car les documents qui nous et renseignent sur l'événement, parlent vaguement de certaines offenses, désobéissance autres méfaits que les hommes de la ville étaient dits avoir commis, mais la commune d'Amiens fut suspendue et l'on rencontre dans ses registres aux chartes, une pièce de 1307 à propos d'un débat sur un droit fiscal entre elle et les gens de Camon, signée de Renaud de Canech, *garde de la mairie et de la prévôté d'Amiens à ce temps, député de par le roi de France nostre seigneur*. Toutefois, sur les supplications des Amiénois et considérant la dévotion qu'ils avaient eue aux temps passés en le servant fidèlement dans ses guerres, le roi rétablit la mairie et l'échevinage dans les droits qu'ils possédaient antérieurement à la concession de 1292, mais en se réservant la nomination des administrateurs inférieurs, et retenant dans sa main la prévôté.

En 1294, des troubles à Laon amenèrent l'abolition de cette commune turbulente. Pour ne pas avoir à y revenir, nous allons retracer de suite toutes les péripéties de son existence agitée, jusqu'à sa suppression définitive en 1331.

Deux chevaliers, Jean de Lauroy et Jean de Foucaucourt, parents d'un des clercs du chapitre métropolitain, s'étaient pris de querelle avec un bourgeois ; et la dispute s'échauffa au point qu'ils le maltraitèrent dans sa propre maison. Au cri de *Commune* les voisins accoururent, s'armèrent de bâtons et de pierres et poursuivirent les deux chevaliers à travers les rues ; ceux-ci se réfugièrent dans l'église épiscopale dont les portes leur furent ouvertes par le clerc, leur parent. Le bruit se répandit aussitôt que le chapitre avait pris parti pour ceux qui avaient violé le domicile d'un bourgeois. Il y eut grande rumeur dans tous les quartiers ; on sonna la cloche du beffroi, on ferma les portes de la ville et les magistrats s'assemblèrent. La foule se portait vers l'église, où les deux chevaliers et leur parent s'étaient barricadés ; on leur criait d'ouvrir et de se remettre aux mains de la justice ; mais ils n'en firent rien et le Chapitre alléguant ses privilèges et la sainteté du droit d'asile, refusa de les y contraindre. Ce refus porta au dernier point l'exaspération populaire ; les portes de l'église furent forcées par la foule qui s'y précipita, malgré les remontrances du trésorier et des chanoines, saisit le clerc et les chevaliers et les frappa jusqu'au sang.

Regardant l'église comme profanée, le Chapitre cessa d'y célébrer les offices et fit transporter ailleurs les vases sacrés. L'official excommunia les auteurs du sacrilège, l'évêque mit l'interdit sur la ville et excommunia les magistrats municipaux. Il adressa ses plaintes au pape Boniface VIII, qui écrivit au roi Philippe-le-Bel pour l'exhorter à punir les coupables, à soutenir en tout point la cause du clergé de Laon, enfin à casser la commune comme contraire aux droits et à la tranquillité de l'Église. Le roi envoya deux commissaires, Pierre de Sargines et Jean Choisel pour faire une enquête sur les faits. Les procès-verbaux dressés par eux furent soumis au Parlement qui prononça contre la commune de Laon un arrêt dont voici quelques passages : « Attendu que les
» citoyens de Laon, réunis en grand nombre, après avoir sonné la cloche de la com-
» mune, fermé les portes de la ville et fait des proclamations publiques se sont rués en
» sacrilège dans la mère église, qu'ils ont arraché par force de la dite église, un clerc
» et plusieurs nobles chevaliers réfugiés dans cet asile sacré pour sauver leur vie et
» échapper à la poursuite de leurs ennemis qui les ont blessé cruellement au point
» qu'un des chevaliers est mort par suite de ses blessures, qu'ainsi ils ont violé les
» libertés de la dite église et cela en présence de plusieurs officiers de la commune,
» échevins, jurés et autres magistrats, qui, loin de s'opposer à ce crime comme ils pou-
» vaient et devaient le faire, ont prêté secours, conseil et protection aux auteurs du
» mal ; vu l'enquête sur ce fait, d'après le témoignage de toutes les personnes qui de-
» vaient être entendues, nous déclarons les susdits citoyens, maire, jurés, échevins et
» tous autres magistrats de la ville de Laon, coupables des faits énumérés ci-dessus et
» les privons par le présent arrêt de tout droit de commune ou de collège sous quelque
» nom que ce soit, en leur ôtant à tout jamais et entièrement leur cloche, sceau, coffre
» commun, charte, privilège, tout état de justice, juridiction, jugement, échevinage,
» office de jurés et tous autres droits de commune. » Mais une constitution municipale qui comptait deux cents ans d'existence, ne pouvait pas être détruite d'un seul coup. Aussi l'arrêt du Parlement ne fut-il pas exécuté à la lettre. Le roi fut obligé de révoquer presqu'aussitôt la sentence portée contre les bourgeois, par une charte qui les maintenait, provisoirement, dans la jouissance de leurs droits politiques. Cette charte portait que la commune de Laon serait rétablie sous la réserve de demeurer en la main

du roi, et la principale clause était conçue en ces termes : « Ne seront la dite commune
» et le dit échevinage en vigueur qu'autant qu'il nous plaira. » De son côté le Chapitre
métropolitain dut capituler aussi avec les bourgeois sur les satisfactions qu'il exigeait.
Les deux parties s'accordèrent moyennant une rente payée à l'église par la commune et
certaines cérémonies expiatoires. A la première fête, cent des bourgeois excommuniés,
nu-pieds, sans robe ni ceinture, marchèrent processionnellement, la croix en tête, depuis le bas de la montagne de Laon jusqu'à la cathédrale. Trois d'entre eux portaient
dans leurs bras des figures d'hommes en cire du poids de 20 livres qu'ils remirent au
doyen et aux chanoines, en signe de restitution. Ensuite la sentence et l'interdit furent
levés par mandement du pape.

A une époque où les décisions législatives des rois de France prenaient plus de force
qu'elles n'en avaient jamais eu depuis l'établissement des communes, la situation de
celle de Laon devenait singulièrement précaire ; son existence dépendait entièrement de
la volonté ou de l'intérêt de Philippe IV. Il lui fut favorable durant tout son règne, parce
que les ennemis des libertés de Laon avaient pris parti pour le pape dans ses démêlés
avec la cour de France. Boniface VIII avait même récompensé leur zèle par une bulle où
de son autorité pontificale, il abolissait à perpétuité la commune, mais le roi fit brûler
cette bulle. Philippe V, qui en l'année 1316 succéda à son frère Louis X, ne se montra
pas plus favorable que lui à l'évêque Rousselet ; il ratifia la charte de Philippe-le-Bel, et
confirma aux citoyens l'exercice de leurs droits pour autant de temps qu'il plairait à la
volonté royale. Mais l'évêque et le chapitre de Laon obtinrent de Charles IV, dès
l'année de son avènement (1322), une ordonnance dont voici les derniers articles :

« Et sur ce délibération et conseil, nous statuons et ordonnons en vertu de notre au-
» torité royale, qu'en la ville et cité de Laon, il ne puisse y avoir à l'avenir, commune,
» corps, université, échevinage, maire, jurés, coffre commun, beffroi, cloche, sceau ni
» aucune chose appartenant à l'état de commune. De notre certaine science et autorité
» royale, nous mettons à néant dans la dite ville, cité et faubourgs le susdit état de
» commune et tous les droits qui en dépendent, les déclarons annulés à perpétuité, et
» imposons perpétuel silence aux citoyens et habitants présents et à venir sur toute
» demande et réclamation relative aux privilèges de commune, corps, université,
» mairie, échevinage, cloche, sceau et coffre commun. Nous statuons, en outre, qu'ils
» ne pourront être créés sur ces choses ni par voie de supplique ni par aucune autre
» décrétant que toutes lettres qu'ils pourraient avoir en conformation des dits droits
» sont nulles et de nulle valeur et réunissons pour toujours, à notre prévôté de Laon,
» la juridiction qui autrefois appartenait à la commune. »

Malgré ce nouveau coup, les bourgeois de Laon ne désespérèrent toutefois pas de
leur cause et entamèrent une négociation d'argent avec les officiers du roi. Leurs offres
ne furent point repoussées, mais la partie adverse, admise à plaider contre eux, prolongea cette affaire jusqu'à la mort de Charles-le-Bel en 1328. La discussion s'engagea de

nouveau et plus vivement devant le roi Philippe VI. L'évêque et son chapitre soutenaient que le roi, en sa qualité de défenseur des églises, devait faire exécuter rigoureusement contre la ville la sentence rendue en punition de ses méfaits notoires, détestables et scandaleux et que si l'on ne tenait la main à cet arrêt, beaucoup de maux et de griefs s'ensuivraient, ajoutant que bien des gens de la ville pensaient que ce ne serait pas profit qu'il y eût une commune. Pour réfuter ces arguments, les députés de la bourgeoisie remontraient que la sentence rendue en 1294 était sans application, puisque le délit avait été amendé par toutes sortes de réparations, que d'ailleurs ceux qui l'avaient commis étaient morts. Leurs raisons, ou peut-être leurs offres prévalurent. La Cour décida que le roi, en vertu de son autorité avait droit de mettre et d'établir une commune en la ville de Laon toutes les fois qu'il lui plaisait et qu'il lui semblait profitable de le faire. L'ordonnance rendue à cet égard imposait *perpétuel silence* au doyen, à l'évêque et au chapitre. Il ne fallut pas plus de deux ans à l'évêque Albert de Roye pour faire écouter ses réclamations et convaincre de la vérité de sa cause le même roi qui avait reconnu dans sa plaidoierie contre les bourgeois plus de haine que d'amour de justice. Les nouveaux moyens de persuasion employés par ce prélat consistaient en une grosse somme d'argent qui fut remise entre les mains du trésorier de France, le 29 avril de l'année 1330. Enfin au commencement de l'année 1331 fut rendue l'ordonnance connue sous le nom de Philippine, qui devait définitivement abolir, après deux siècles révolus, la commune ou paix de Laon :

« Philippe, par la grâce de Dieu, roi de France, savoir faisons à tous présents et à
» venir que comme nous, considérant que la commune de Laon, pour certains méfaits
» et excès notoires, énormes et détestables, avait été ôtée et abattue à toujours par
» arrêt de la Cour de nostre très-cher seigneur et oncle le roi Philippe-le-Bel, confirmé
» et approuvé par nos très-chers seigneurs les rois Philippe et Charles dont Dieu ait les
» âmes, par grande délibération de notre conseil, avons ordonné que jamais commune,
» corps, collège, échevinage, maire, jurés ou aucun autre état ou signe à ce apparte-
» nant ne soient institués ou établis à Laon. Nous, considéré le bon gouvernement qui
» a été en ladite ville par nos gens depuis que la commune fut abattue et qui est aussi
» et a été ès autres cités et bonnes villes du royaume esquelles il n'y a nul état de com-
» mune ni échevinage, eu sur ce grande et mûre délibération et conseil au dit gouver-
» nement avons pourvu et pourvoyons en la manière qui suit :

« Le bailly de Vermandois ou son lieutenant pour lui, reconnaîtra de toutes affaires
» tant en assises à Laon que hors d'assises, il y aura à Laon un prévôt de la cité à
» gages qui exercera pour le roi la justice haute, moyenne et basse et dans tous lieux
» qui étaient de la commune ou de la paix. Le prévôt établira à Laon le maître de tous
» les métiers. Les sommes dont les habitants de Laon auront besoin pour la défense
» de leurs pâturages et de leurs droitures et de leurs franchises, pour la conservation

» des puits, des fontaines et pour le paiement de leurs rentes à vie ou à perpétuité, se-
» ront levées par six personnes que le prévôt fera élire par le peuple.

« Il n'y aura plus à Laon de tour de beffroi et les deux cloches qui y étaient en seront
» ôtées et confisquées au roi. Les deux autres cloches qui sont en la tour de la Porte
» Martel y resteront, dont la grande servira à sonner le couvre-feu au soir, le point du
» jour au matin et le tocsin, et la petite pour faire assembler le guet. »

Comme il n'y a guère de révolution sans changement de noms pour les édifices publics, une ordonnance postérieure défendit que la tour dont on avait enlevé les deux grosses cloches fût appelée Tour du Beffroi.

Tandis que la commune de Laon était sujette à tant de vicissitudes diverses, celle de Beauvais se soulevait de nouveau pour la défense de ses prérogatives à la suite de différends que la royauté avait déjà dû chercher à calmer quelques années auparavant. L'évêque Simon de Clermont, homme de grande naissance et d'un caractère belliqueux, qui, à la tête de ses vassaux, avait pris part aux expéditions de Philippe-le-Bel contre les Flamands, soutint contre la commune une lutte violente. Les bourgeois prirent les armes et brûlèrent l'évêché en donnant à Simon le surnom dérisoire de Devêtu. L'évêque, de son côté, brûla les faubourgs, excommunia les habitants et défendit aux paysans d'apporter des vivres dans la ville. Philippe-le-Bel fit alors arrêter le maire et saisir en même temps le temporel de l'évêque. Le Parlement évoqua l'affaire et les magistrats municipaux furent condamnés à faire à genoux amende honorable à Simon le Dévêtu, à replacer dans son palais les meubles qu'ils avaient enlevés, ainsi qu'une image de la Vierge du poids de quatre marcs d'argent.

Pendant ces débats tout locaux, d'autres faits plus importants se produisaient à l'intérieur comme à l'extérieur du royaume. Le roi d'Angleterre, Edouard Ier, cherchait à réunir sous un même sceptre tous les peuples des Iles Britanniques. Après avoir subjugué les Gallois, il voulut réduire encore l'Ecosse à la soumission. Le souverain de ce pays était Français et Picard ; c'était Jean de Bailleul, seigneur de Bailleul-en-Vimeu, de Dompierre, d'Hornoy, et d'Hellicourt-en-Ponthieu, époux d'Isabelle de Varennes, fille de Jean, comte de Varennes et de Surrey, famille célèbre en Normandie comme en Angleterre, et descendant, par son aïeule maternelle, de David Ier, roi d'Écosse. Il avait été porté à la couronne après la mort accidentelle du roi Alexandre Ier, au préjudice de son compétiteur Robert Bruce, par l'appui d'Édouard Ier, qui comptait trouver dans l'élévation de son vassal, un moyen facile de poursuivre ses vues ambitieuses sur l'Écosse. Jean de Bailleul ou John Baliol, comme le nomment les chroniques anglaises et écossaises, ayant bientôt mesuré toute l'étendue de son vasselage, abreuvé de dégoûts, montra des velléités d'indépendance, mais battu à la bataille de Dumbar (24 juin 1296), il dut s'humilier devant Édouard et signer un acte de reconnaissance des droits suzerains du roi d'Angleterre. Retenu captif à Londres d'abord, il fut, ayant déclaré **renoncer dorénavant** à toute immixtion dans les affaires d'Écosse, rendu à la liberté en

1299, et vint mourir obscurément en France quelques années après. Durant sa royauté éphémère en 1293, Jean de Bailleul avait accordé dans ses États, aux marchands de la ville d'Amiens, des lettres de sauvegarde, garantissant leurs personnes et leurs biens.

Philippe le Bel crut les affaires d'Écosse favorables aux desseins qu'il avait sur l'Aquitaine. Une querelle qui s'éleva entre matelots normands et anglais, amena la guerre entre la France et l'Angleterre. Édouard, retenu par les affaires d'Écosse, organisa contre Philippe une ligue formidable des puissantes villes de Flandre. L'intervention du pape Boniface et la défaite des Flamands à Furnes, suspendirent la lutte par le traité de Montreuil-sur-Mer. La paix se fit entre les deux couronnes par le double mariage d'Édouard Ier épousant Marguerite, sœur du roi de France, et du prince de Galles, marié à Isabelle, fille de Philippe.

La guerre de Flandre, les querelles avec Boniface, l'abolition de l'ordre célèbre des Templiers, occupent les quinze dernières années du règne de Philippe IV. Les Templiers, ordre religieux et militaire créé par Hugues de Payen (que quelques auteurs ont cru originaire de Montdidier), et huit autres gentilshommes de ceux qui avaient suivi Godefroy de Bouillon, s'étaient consacrés à la défense des lieux saints. L'ordre d'abord concentré en Palestine, ne tarda pas à étendre ses établissements en Europe, et comptait au moment de son abolition ses commanderies par milliers. Deux époques bien différentes avaient marqué l'existence de cette puissante association. La première, d'enthousiasme et d'austérité ; la seconde de décadence morale et religieuse, où, les Templiers devenus riches et orgueilleux avaient oublié leurs vœux de pauvreté, d'obéissance et de chasteté. Quelle fut la cause qui amena leur chute ? En 1306, Philippe le Bel, le roi faux monnayeur, forcé de chercher un asile dans la forteresse du Temple, contre l'émeute victorieuse qu'avait excitée dans Paris une nouvelle altération des monnaies, dut être frappé de l'idée qu'il n'était peut-être pas bien dans l'intérêt de son autorité, de laisser réunie, pour la plus grande partie, dans son royaume, une société qui, assez forte pour le protéger contre ses sujets révoltés, l'était aussi pour l'attaquer sur son trône, si l'ambition lui en donnait la pensée. L'ordre du Temple, militairement organisé, ne comptait pas moins de 15,000 gentilshommes turbulents, audacieux et éprouvés dans cent combats. Ses richesses étaient immenses et les chevaliers commirent, il paraît, la faute grave de les révéler à un roi avare et jaloux de l'accroissement de son autorité unique. On souleva contre eux l'animosité publique par tous les moyens possibles, les représentant comme irréligieux, blasphémateurs, sacrilèges, hérétiques, et le pape Clément V (Bertrand de Goth), créature et instrument docile du roi de France, consentit enfin à l'abolition de l'Ordre. Les mesures étaient bien prises. Le 14 septembre 1307, le roi expédia à tous les baillis et sénéchaux du royaume, l'avis de se tenir prêts et en armes pour le 12 octobre suivant, avec des lettres closes qu'ils ne devaient ouvrir, sous peine de la vie, que dans la nuit du 12 au 13 octobre. C'était l'ordre d'arrêter au point du jour tous les chevaliers et de s'emparer de leurs maisons. Il fut exécuté le même jour dans toute l'étendue du royaume. Denis d'Aubigny, bailli d'Amiens, fut chargé de cette mission délicate pour ce diocèse. Les pièces du procès des Templiers, publiées par Michelet, révèlent l'existence de trente six commanderies en Picardie. C'étaient dans le diocèse d'Amiens : Aymont, près Boulogne, Bellenval, Beauvoir, Fontaines sous Montdidier, Forest, Granselve près Gamaches, Magna Sopana (?), Monflières, Oisemont, Rozières, Seriel, Berneval, Correaus, Druerya ; dans le diocèse de Beauvais : le Bois Descu, Bellencourt, Laigneville, Beauvais, Morlens, Nuylhi, Sommereux ; dans celui de Soissons : les commanderies de Soissons, du Mont de Soissons, de Sablonnières, de Mortefontaine ; dans le Vermandois au diocèse de Noyon : celles du Bosc, près Frameries, de Castellorio, en Vermandois près Péronne, de Monteucourt, de Montescourt, de Martinsart ; dans le diocèse de Laon : Puisieux sous Laon ; dans le diocèse des Morins : Corbermont, Leyscain ou Loyson, Gomermont. Mais il existait encore d'autres commanderies aussi importantes que ces documents n'indiquent pas, sans doute parce que les chevaliers qui y résidaient ne furent pas jugés à Paris. C'étaient celles d'Abbeville, de Domart-lez-Ponthieu, d'Élerpigny, de Waben, de Ribemont, de Laon, etc. Des 231 chevaliers ou frères servants interrogés dans la capitale avec le grand maître Jacques de Molay, près des trois cinquièmes appartenaient aux diocèses picards d'Amiens, de Senlis, Beauvais, Soissons, Laon et Noyon. Le procès avait commencé en 1309 ; plusieurs avaient été brûlés déjà avant la fin des débats.

Comme eux, les Templiers de Domart subirent la mort, après avoir été longtemps détenus captifs dans les cachots du château de Picquigny. Trois, des douze arrêtés à Abbeville, furent brûlés au marché au blé de cette ville. En 1310, neuf furent condamnés au même supplice par le concile de Senlis et exécutés sur la place de Creil.

Pour subvenir aux grands frais de la nouvelle guerre qu'il avait entreprise contre les Flamands, Philippe le Bel mit une nouvelle gabelle de six deniers par livre sur toutes les marchandises, et en général sur toutes les ventes et transactions. Les vexations infinies auxquelles donna lieu la perception de cet impôt fut le signal d'émeutes dans les principales villes du Nord. Cette fois la noblesse et la bourgeoisie faisant trêve à leurs antipathies mutuelles se réunirent pour résister aux expédients habituels du roi de France, et l'on a conservé un acte par lequel les nobles et les communes de Champagne pour eux, pour les pays de Vermandois, de Beauvaisis, de Ponthieu, de la Fère, de Corbie et de Bourgogne *moult grevés et appauvris par les tailles, subventions non dues, exactions et altérations de monnaie* se liguent pour mettre obstacle *aux griefs et nouvelletées non duement foites et à foire* tout en protestant cependant de leur respect pour l'autorité royale. Philippe devant cet acte énergique, où le respect des droits établis, s'associait dans une mesure si remarquable à la résistance légale contre son despotisme, recula cette fois ; il fit des concessions et appela à Paris les députés de plus de 40 bonnes villes qui réclamèrent le report des monnaies au titre et au poids du règne de saint Louis. Sa mort, arrivée le 29 novembre 1314, le tira du cercle de périls où cette situation allait l'enfermer. A Louis X, le Hutin, son fils aîné qui ne régna que deux ans, succéda Philippe V dit le Long, d'abord comme régent, puis comme souverain, par la naissance posthume de la fille de Louis ; à Philippe, Charles IV le Bel. Le premier, en 1319, saisit le Ponthieu sur Édouard II, roi d'Angleterre, n'ayant pas rempli son devoir d'hommage de vassal ; nouvelle confiscation du comté pour la même raison par Charles le Bel. Édouard céda alors ce fief à son fils aîné, le comte de Chester, âgé de 12 ans. L'histoire d'Abbeville continue à ne présenter qu'une longue suite de différends entre les autorités municipales et les agents anglais. La commune est suspendue en 1320 par Édouard II, en 1327 par la comtesse Isabelle. La lutte continue jusqu'au jour où les Abbevillois, à la veille de Crécy vont expulser la garnison anglaise.

Charles IV rétablit la commune de Soissons en 1325. Son existence, malgré la réputation de sa charte municipale avait été peu tranquille et son histoire n'est comme dans tant d'autres villes, qu'une série de querelles entre la magistrature bourgeoise et les dignitaires des églises et des chapitres, ces derniers sans cesse en réclamation auprès du roi, menaçant de suspendre la célébration des offices, soit parce que la commune usurpait leur juridiction, soit parce qu'elle leur déniait justice. Une fois, c'était un prévenu arrêté par la commune dans une maison bâtie sur l'emplacement d'un ancien cloître, une autre fois c'était un clerc turbulent emprisonné au beffroi, malgré les franchises de son ordre. Tantôt les bourgeois avaient maltraité ou injurié les membres ou les officiers du chapitre, tantôt ils avaient refusé de les secourir contre ceux qui les maltraitaient et n'avaient pas voulu sonner la cloche, ni crier *haye! haye!* comme il était d'usage en cas de mêlée. Sur toutes ces plaintes portées dans la dernière moitié du XIII° siècle, devant le Parlement de Paris, le clergé eut gain de cause et la commune fut condamnée à payer non-seulement de fortes amendes envers le roi et les églises, mais encore, tous les dépens des procès entamés contre elle. Ces dépens accumulèrent tellement ses charges qu'elle se trouva en présence d'une dette qu'elle était hors d'état de payer, sans ruiner les bourgeois par des impôts énormes. Dans cette extrémité, les habitants ne sachant plus que faire, proposèrent au roi Charles IV de lui vendre l'abolition de leur commune et de se soumettre au régime prévôtal, à condition que la dette publique tomberait à sa charge. Cette proposition fut agréée et le traité conclu en l'année 1325.

« Charles, par la grâce de Dieu, etc., faisons savoir à tous présents et à venir, que
» comme nous ayant reçu de la commune de Soissons supplications des bourgeois et
» habitants d'elle pour certaines causes tendant aux fins qu'ils fussent ci-après gouver-
» nés à perpétuité, en prévôté à notre nom par un prévôt que nous y établirons désor-
» mais, sans qu'ils aient maire ni juré en la commune, nous, à la supplication des
» habitants, la commune, avons reçu et recevons dès maintenant par la teneur de ces
» présentes lettres et gouverneront en notre nom dorénavant, par le prévôt que de par
» nous un député en la dite ville, pour la gouverner en notre nom, gouverne en pré-
» vôté les habitants aux lois et coutumes avec les libertés et franchises qu'ils avaient au

» temps qu'ils étaient gouvernés en commune, excepté que dorénavant mayeurs ni
» jurés n'y seront mis ni établis. »

Mais le regret vint bientôt aux Soissonnais, du temps où ils avaient une existence par eux-mêmes, une bannière, un trésor, un sceau, un beffroi, des électeurs et des assemblées publiques. Déchargés du poids de leur dette, ils ne sentirent plus que l'humiliation d'avoir perdu leurs vieilles lois et leurs libertés héréditaires ; aussi, moins de dix ans après leur abdication entre les mains de Charles, entamèrent-ils avec son successeur, Philippe de Valois, de nouvelles négociations pour obtenir qu'on leur rendît tout ce qu'ils avaient aliéné. Leurs députés remontrèrent que n'y ayant point de corps de ville à Soissons, personne n'y prenait soin des affaires publiques et que, toutes choses étant négligées, on devait s'attendre à une perte totale des édifices et du revenu ; que d'ailleurs il était pitoyable, qu'une si noble et antique cité, fût non-seulement inférieure aux autres et en privilèges. Le roi écouta ces doléances, mais ne consentit point au rétablissement de la commune telle qu'elle avait été fondée au XII° siècle. Il maintint dans la ville de Soissons le gouvernement en son nom, et l'office de prévôt royal, seulement il permit aux bourgeois d'élire chaque année quatre personnes qui, sous titre d'échevins assisteraient le prévôt dans sa justice et prendraient soin des affaires municipales.

Comme ses frères, Charles IV était mort en 1328 sans enfants mâles. Le roi d'Angleterre, Edouard III, neveu de ce prince par sa mère Isabelle de France, réclama en vain la couronne. Philippe de Valois plus éloigné d'un degré, mais parent du côté paternel, l'emporta au jugement des pairs, conservant ainsi les préceptes de la loi salique. L'Université de Paris prononça comme le baronage et le premier roi de la dynastie des Valois fut sacré à Reims le 29 mai 1328. Avec elle vont se lever sur la France et sur la Picardie surtout des jours plus difficiles encore. La grande guerre de Cent Ans va éclater.

VII

De tous les grands vassaux de la couronne, Édouard III était le seul qui n'eût pas prêté l'hommage. Ce fut le 6 juin 1329 qu'eut lieu cette cérémonie dans la cathédrale d'Amiens, en présence des rois de Bohême et de Navarre, des ducs de Lorraine, de Bourgogne et de Bourbon ; mais la soumission d'Édouard fut faite de mauvaise grâce, et ce fut à peine, si suivant l'usage, on put lui faire ôter son épée et ses éperons. Blessé des détails humiliants et de l'éclat de cet acte public, Édouard conçut alors le désir d'une guerre qui n'éclata toutefois qu'en 1337. Deux autres puissants ennemis se déclaraient alors contre Philippe VI, l'empereur Louis de Bavière, et les Flamands, jaloux de la protection qu'il accordait à leur comte, Louis de Male, au mépris de leurs libertés. Robert d'Artois, proscrit par le roi de France, accusé de falsification de témoins et d'empoisonnement dans l'affaire de la succession du Comté d'Artois, après la mort des comtesse Mathilde et Jeanne, ses tante et cousine, et le comte Jean de Hainaut ne tardèrent pas à se distinguer par les maux qu'ils infligèrent au royaume. Jean de Hainaut, comte de Soissons, était vassal de l'empereur pour une partie de ses terres. Le Vermandois, la Thiérache, le Laonnais furent ravagés dans ces premières hostilités. Dans le Vermandois les Anglais saccagèrent Bohain et Origny Sainte-Benoîte, ville assez bonne, mais mal fermée, qui fut enlevée d'assaut, pillée et brûlée ; l'abbaye des Bénédictines fut violée par les troupes sous les ordres de l'évêque de Lincoln. Dans la Thiérache, Aspremont, Buironfosse, Foigny, la Flamengrie, Léchelle, Nouvion, Marle, Saint-Michel, Ribemont, furent pris, pillés et brûlés; Crécy, Crépy, Saint-Gobain et Vaux, l'un des faubourgs de Laon furent dans le Laonnais les lieux que l'invasion ruina. Jean de Hainaut entra dans Guise, la fit brûler et fit abattre les moulins. Sa fille, l'intrépide Jeanne de Hainaut, épouse du comte Louis de Blois, défendit avec succès le château contre les armes de son père et le fit prier de s'arrêter, car il était trop mal conseillé, disait-elle, de brûler ainsi l'héritage de son fils. La marche des Français du côté de Saint-Quentin, obligea les Anglais à rétrograder. Les deux rois de France et d'Angleterre se trouvèrent enfin en présence à Buironfosse, le jour du Vendredi-Saint, 26 Mars. Mais l'action ne s'engagea pas. Un lièvre, parti à la tête de l'armée française, fut salué des cris des premiers rangs; ceux de derrière croyant que l'action commençait en entendant ces clameurs, on fit de part et d'autre de nouveaux chevaliers qui reçurent de l'occasion de cette fausse alerte le sobriquet de Chevaliers du Lièvre. Fût-ce la sainteté du jour ou les prédictions sinistres des astrologues, qui empêchèrent la bataille ? On ne le sait; mais les Anglais se retirèrent et Philippe licencia ses troupes.

Dès que les hostilités recommencèrent en Bretagne et en Guyenne, de nombreux corsaires sortirent des ports de Boulogne et de Calais, inquiétant, comme ils l'avaient déjà fait plusieurs fois, le commerce et la navigation anglaise. Le comté de Boulogne qui était passé dans la maison d'Auvergne par la vente que lui en avait faite Henri, duc de Brabant, héritier de la comtesse Mahaut, continuait de recevoir l'influence et de servir les intérêts de la cour de France. Pour se venger de ce concours, à la faveur d'un brouillard épais, les Anglais vinrent en 1339, brûler les faubourgs de la ville basse de Boulogne et tous les vaisseaux réunis dans le port. Ce ravage ne fit qu'accroître la haine des Boulonnais pour leurs voisins d'Outre-Mer. En 1340, une autre flotte anglaise de quatre-vingt voiles se présenta devant le Tréport. Repoussée par la garnison, un combat sanglant s'engagea à Mers. Les Anglais reprirent quelques châteaux dans cette expédition, notamment celui d'Hellicourt qui avait été saisi sur Édouard de Bailleul, alors roi éphémère d'Ecosse, par la volonté anglaise, comme l'avait été son père Jean. Mais cette expédition ne produisit rien de décisif, jusqu'à la conclusion d'une trêve dont le roi d'Angleterre profita pour engager les habitants d'Abbeville à soutenir ses droits. La trêve expirée, Edouard apprenant l'intention de Philippe de confisquer le Ponthieu, se hâta d'y envoyer de nouvelles troupes, mais déjà les Abbevillois, fatigués des exactions anglaises, avaient chassé leur garnison. A la fin de l'année 1345, le roi de France avait reconquis Crécy, Rue, le Crotoy et le château de Waben.

En 1346, Edouard III, qui revendiquait alors hautement ses anciennes prétentions et prenait le titre de roi de France, débarqua subitement en Normandie, par les conseils d'un traître, Geoffroy d'Harcourt, qui, mécontent du roi de France, était passé en Angleterre, faisant à Edouard hommage de ses possessions dans cette province. De là, après avoir sans grande résistance, ruiné le pays, il pénétra sans s'arrêter jusqu'à Paris, brûla Saint-Cloud, répandant partout la désolation sur son passage. Mais l'armée française s'avançait en forces, il fallut reculer enfin devant elle. Tous les ponts de la Seine étaient coupés, et Edouard épiait l'occasion favorable d'entrer en Picardie pour se retirer dans le Ponthieu, héritage de sa mère. Par une manœuvre habile, trompant son adversaire, il trouva enfin le moyen de passer le fleuve au pont de Poissy qu'il avait fait réédifier, et gagnant par ce mouvement deux jours d'avance, prit la route de Picardie, refusant la bataille que lui offrait Philippe dans les plaines de Vaugirard ou entre Poissy et Franconville. Geoffroy d'Harcourt commandait son avant-garde. A Poissy il rencontra *grand foison de bourgeois d'Amiens à cheval et à pied et en grand arroy qui s'en allaient au mandement du roi Philippe vers Paris*. Assaillis et combattus vivement, ils se défendirent vaillamment, car *ils étaient grand plenté de bonnes gens bien armés et bien ordonnés et avaient quatre chevaliers du pays d'Amiens à capitaines*. Le combat dura longtemps, mais les Anglais *obtinrent la place et furent les dits bourgeois déconfits et presque tous morts et pris ; et conquirent les Anglais tout leur charroy et leur harnois où il y avait grand foison de bonnes choses ; car ils allaient à ce mandement devers le roi moult étoffement.*

Le roi d'Angleterre entra en Beauvaisis *ardant et exillant* le pays plat, comme il avait fait en Normandie, et vint loger dans l'abbaye de Saint-Lucien. Le lendemain, à son départ, il vit que l'abbaye était enflammée et *de ce fut il moult courroucé*, car il avait défendu sous peine de hart que *nul ne violât église ni boutat feu en abbaye ni en moustier.* Il fit sans délai pendre une vingtaine des coupables.

Il passa devant Beauvais sans l'assaillir, ne voulant perdre sans nécessité son monde, et vint loger à Milly-en-Beauvaisis, mais ses maréchaux passèrent si près de la ville qu'ils ne purent se retenir de l'attaquer et l'assaillirent de tous côtés. Elle était forte, bien fermée et bien gardée par de bonnes gens d'armes et de bons arbalétriers, et surtout par son évêque, Jean de Marigny, qui défendit avec vigueur sa ville épiscopale. Voyant qu'ils ne pouvaient l'emporter, les Anglais se retirèrent en brûlant les faubourgs jusqu'aux portes. Edouard continua sa marche et ses dévastations, logea à Grandvilliers, brûla Dargies, s'avança jusqu'à Poix. Les bourgeois de cette ville offraient de payer une somme d'argent pour échapper aux horreurs de la guerre ; mais, lorsque le roi fut parti avec son armée et que les maréchaux seuls étaient restés à attendre le paiement de la rançon, ils refusèrent alors de payer, et se jetèrent sur les Anglais. Renaud de Cobham et Thomas de Holland, qui conduisaient l'arrière-garde, avertis à temps, revinrent sur Poix, massacrant les habitants, brûlant la ville et abattant les deux châteaux, puis ils allèrent rejoindre Edouard, alors fort embarrassé de passer la Somme. De son côté, Philippe de Valois, plein du désir de venger les dégâts et les ravages que les Anglais avaient faits, partit de Saint-Denis et arriva à grande journée à Coppigny-l'Esquissé à trois lieues d'Amiens (Froissard a voulu dire sans doute Nampty-Coppegueule, situé effectivement à 14 kilomètres de cette ville), où il s'arrêta pour attendre ses troupes qui arrivaient successivement. Pendant ce temps, Edouard, informé que le roi de France le suivait à la piste, était de plus en plus inquiet de l'obstacle que lui offrait la Somme, car elle était grande, large, profonde, les ponts défaits, et les gués si bien gardés, que tout passage semblait impossible. Il ordonna aux deux maréchaux de Warwick et d'Harcourt, de prendre mille hommes d'armes et autant d'archers et de suivre le cours de la vallée pour tâcher de découvrir un lieu favorable pour le passage. Les maréchaux passèrent parmi *Longpré, où il y avait bonnes chanoineries et riche ville et moult de biaux hostels qui furent ars et robés*, puis vinrent à Pont-Remy qu'ils trouvèrent bien garni de chevaliers, d'écuyers et de gens de pays énergiquement déterminés à se défendre. Ils engagèrent le combat, mais furent forcés de se retirer ; ils continuèrent alors leur marche jusqu'à Fontaine-sur-Somme qui n'était point fermée et qu'ils pillèrent et incendièrent. A Long en Ponthieu, le pont était aussi bien garni et défendu. Ils rétrogradèrent sur Picquigny, mais la ville, le pont et le château avaient été mis aussi dans un formidable état de défense. Après avoir inutilement côtoyé la Somme un jour entier, ils retournèrent à Airaines où s'était arrêté Edouard. A leur récit, il fut saisi des plus violentes appréhensions, car ce jour-là même Philippe de Valois avait couché à Amiens, avec plus de 100,000 hommes, et tous les environs étaient couverts de troupes. Il fit lever son camp, et marcher sur Abbeville. A Oisemont, une grande foule de gens du pays s'étaient retirés, pleins de confiance dans leur position, espérant la tenir et la défendre contre les Anglais, sous les ordres du seigneur de Boubers, mais la ville fut emportée et Edouard se logea au grand hôpital. Philippe, toujours à Amiens, avait appris par ses coureurs et ses espions, la situation du roi d'Angleterre. Il ordonna à un baron de Normandie, Godemar du Fay, d'aller garder au-dessous d'Abbeville, le gué de la Blanche Tache (en picard Blanquetaque), où il fallait nécessairement qu'Edouard passât. Godemar quitta le roi avec 1,000 hommes d'armes et 6,000 hommes de pied, vint à Saint-Riquier et au Crotoy, demanda le secours des bourgeois d'Abbeville et se trouva alors à la tête d'une dizaine de mille hommes, parmi lesquels deux mille de Tournai. Il avait avec lui Jean de Picquigny, le sire de Caumont, Jean Ducange, trésorier des guerres.

Philippe qui ne désirait que rencontrer au plus vite les Anglais partit d'Amiens et arriva à Airaines à midi. Les ennemis l'avaient quitté vers 6 heures du matin. Les Français y trouvèrent des vivres en abondance, des viandes, des pâtés, des vins, des tables encore dressées, tant leurs adversaires avaient mis de hâte à partir ; on y campa pour attendre le reste de l'armée. Cependant Edouard était à Oisemont. En entrant dans le Vimeu, après avoir détruit le village de Mareuil (le texte que nous suivons, c'est celui du Froissard manuscrit de la bibliothèque d'Amiens), dit qu'Edouard détruisit une abbaye dans ce village, mais les anciens titres de la seigneurie de Mareuil témoignent que ce n'était, en effet, qu'un simple prieuré. Il vint en personne sur les monts de Caubert pour reconnaître la position d'Abbeville. Le mayeur, Colart le Ver, fit sortir quelques troupes municipales, et le roi d'Angleterre qui n'avait avec lui que 200 chevaux, se retira aussitôt, mais il donna ordre au comte de Warwick et à Geoffroy d'Harcourt de s'avancer jusques sous les murs de la place sans doute pour tenter une attaque décisive et forcer le passage.

Les bourgeois soutenus par 2,000 hommes des communes voisines et par un corps de cavaliers, se portèrent à la rencontre des Anglais et les forcèrent à la retraite, après leur avoir mis plus de cinq cents hommes hors de combat et fait bon nombre de prisonniers.

Les deux maréchaux avaient en vain couru tout le pays jusqu'aux portes de Saint-Valery, défendu par le comte de Saint-Pol, où avait eu lieu une vive escarmouche. Edouard assembla alors son conseil, et fit venir plusieurs gens du Ponthieu et du Vimeu, que ses soldats avaient pris et leur dit hautement : « Y a-t-il ici quelqu'un qui nous veuille indiquer au-dessous d'Abbeville un endroit où nous et notre armée puissions passer sans péril ; à celui-là, je jure de briser ses fers et de délivrer vingt de ses compagnons pour l'amour de lui. » Alors un misérable valet de Mons en Vimeu, nommé Gobin Agache s'avança et dit qu'il connaissait le gué de Blanche Tache qu'il avait passé et repassé plusieurs fois. « Sire, au nom de Dieu, je vous jure que je vous ferai passer la Somme sans danger, je le jure sur ma tête. » — Compagnon, si tu dis vrai, dit le roi, tu auras ta liberté, celle de tes compagnons, cent nobles à la rose ; à quoi Gobin Agache reprit : j'en jure sur ma tête. A minuit, Edouard fit sonner la trompette et sur le point du jour, l'armée quitta Oisemont et sous la conduite de Gobin arriva au lever du soleil au gué de Blanche Taque. Mais le flux de la mer ayant déjà rempli la baie, empêchait le passage et il fallut attendre qu'il se fût retiré. Sur ces entrefaites Godemar du Fay paraissait aussi sur l'autre rive. Au reflux, le roi d'Angleterre commanda alors à ses maréchaux d'entrer dans l'eau et à ses archers de lancer leurs traits. Le combat fut terrible ; les arbalétriers génois de Godemar faisaient beaucoup de mal aux Anglais ; enfin ces derniers redoublant d'efforts avec l'énergie du désespoir, finirent par forcer le pas. Godemar, à la vue de cette défaite, tourna bride, blessé, et les fuyards se dispersèrent vers Abbeville et Saint-Riquier. Le carnage fut grand, et un grand nombre d'habitants de Montreuil, de Rue et de Saint-Riquier y périrent.

Philippe apprit bientôt cet événement et fut courroucé. Il s'arrêta sur-le-champ, demandant à ses maréchaux ce qu'il fallait faire : « Sire, lui dirent-ils, vous ne pouvez passer, car le flux est déjà revenu. On fut donc contraint de s'arrêter à Abbeville.

Arrivé sur l'autre bord, le roi d'Angleterre remercia Dieu de sa protection. Les Anglais se portèrent aussitôt sur Noyelles que la garnison défendit courageusement. Catherine d'Artois, fille du fameux Robert et veuve de Jean de Castille-Ponthieu, comte d'Aumale et seigneur de Noyelles, y résidait alors. Cette dame, qui partageait l'aversion que la plus grande partie de la noblesse de France ressentait pour Philippe, n'avait cependant pu refuser l'entrée de son château aux troupes françaises. Mais ces troupes se virent bientôt forcées de céder au nombre. Noyelles fut pris et brûlé. Edouard réservait le même sort au château, lorsque Catherine d'Artois vint se jeter à ses pieds, en implorant la protection de Geoffroy d'Harcourt, dont le neveu, Jean d'Harcourt, décapité à Rouen le 13 avril 1343, avait épousé sa fille, Blanche de Castille. Grâce à l'intervention de ce traître, le château fut conservé ; le roi s'y arrêta et tint promesse à Gobin Agache en lui donnant 100 nobles d'or et un cheval pour se sauver. Il marcha ensuite sur La Broye et ses maréchaux allèrent jusqu'au Crotoy qu'ils prirent et qu'ils brûlèrent sans grande résistance. On s'empara dans ce port d'un grand nombre de barriques de vins du Poitou et de Gascogne dont on avait trouvé des vaisseaux chargés, et de bestiaux en grande quantité. Le lendemain, Edouard délogea et vint s'établir à Crécy d'où il ravagea le pays. Là, résolu de combattre, il établit son camp après avoir fait examiner la place par le comte de Warwick, d'Harcourt et Renaud de Cobham. « *Prenons ci place de* » *terre*, avait-il dit, *car je n'irai plus avant.* » Il avait vu la force du plateau de Crécy et tirait un heureux présage de ce qu'il allait combattre sur son propre domaine. Son armée, du reste, ne pouvait aller plus loin, exténuée qu'elle était par les 45 jours de marches forcées qu'elle venait de faire.

Pendant ce temps, Philippe à Abbeville rassemblait toutes ses troupes dans le dessein bien arrêté d'attaquer l'ennemi. Le lendemain, il envoya ses maréchaux courir le pays. Ils lui rapportèrent que les Anglais étaient campés près de Crécy et semblaient l'attendre. Le roi de France fut très joyeux parce que s'il plaisait à Dieu, on combattrait le lendemain. Il invita à souper le roi de Bohême, son frère le comte d'Alençon, son neveu le comte de Blois, le comte d'Auxerre, de Sancerre, de Flandre, le duc de Lorraine, le comte Jean de Hainaut, qui servait maintenant sous la bannière de France, et beaucoup d'autres, priant ces seigneurs d'oublier leurs haines particulières pour ne songer qu'à la querelle nationale.

Ce jour-là Edouard, donna aussi à souper à ses barons, leur fit faire grande chère et les envoya reposer. Quand tous ses gens furent partis, il entra dans son oratoire, priant dévotement Dieu de lui accorder la victoire.

Dès le point du jour il était sur pied ; il ouït la messe avec le prince de Galles et reçut la communion. La plus grande partie de ses gens se confessèrent. Après les messes, il commanda à toutes ses troupes de s'armer et de se ranger en bataille, fit placer les charriots et les bagages dans un parc adossé à la forêt de Crécy, y fit entrer les chevaux et demeura à pied avec ses gens d'armes. Il disposa son armée en trois corps, le premier sous les ordres du prince de Galles, le second sous les ordres des comtes de Northampton et d'Arundel ; le troisième était sous ses ordres directs ; puis monté sur un palefroi, un bâton blanc à la main et suivi de ses maréchaux, il alla de rang en rang, exhortant ses chevaliers à défendre son honneur et ses droits, tout cela d'un air si calme qu'il mettait la confiance dans tous les cœurs. Après avoir harangué ses troupes, il revint se placer sur la butte d'un moulin qui dominait le plateau et le ravin en pente douce de la Vallée des Clercs. Par l'ordre des maréchaux, les soldats, après avoir mangé, s'assirent à terre mettant leurs bassinets et leurs arcs devant eux pour attendre l'ennemi en repos.

Le samedi 26 août, au matin, le roi de France se leva, entendit la messe à l'abbaye de Saint-Pierre d'Abbeville où il était logé avec le roi de Bohême et les principaux seigneurs. Au soleil levant, il se mit en marche. A environ deux lieues d'Abbeville, Sire, lui dit-on, il serait bon d'ordonner bataille et d'envoyer à la découverte quelques chevaliers. Ce conseil plut à Philippe ; le moine de Basèle, le sire de Noyers et les sires de Beaujeu et d'Aubigny s'approchèrent fort près des Anglais qui les laissaient paisiblement tout examiner.

A leur retour le roi les interrogea, mais nul ne voulait répondre ; enfin le moine de Basèle prit la parole et conseilla au roi de faire reposer les troupes. Cet avis prévalut et les maréchaux coururent en avant en criant : « Arrêtez, bannières, au nom de Dieu et de Mr Saint-Denis. Les premiers rangs obéirent, mais les derniers marchèrent toujours et voulurent se placer sur la même ligne, car chacun voulait être le premier à l'action et l'on arriva à grands pas et au milieu du plus effroyable désordre jusqu'au pied des rampes du plateau de Crécy.

A la vue des Français, les Anglais se levèrent en ordre. Quand Philippe aperçut l'ennemi, le sang lui monta au visage, et il cria à ses maréchaux : « Faites passer vos Gênois devant et commencez la bataille au nom de Dieu et de Mr St-Denis. Il y avait là 15,000 arbalétriers génois, mais ils étaient fatigués d'une marche de six heures faite tout armée, et ils dirent à leurs connétables qu'ils craignaient bien de ne pas faire merveille. Ces paroles volèrent jusqu'au comte d'Alençon qui en fut fort courroucé et dit : » *On se doit bien charger de telle ribaudaille qui faillent ou besoin.* »

A ce moment, un orage épouvantable vint à éclater ; peu avant un grand nombre de corbeaux avaient volé sur les deux armées, et de sages chevaliers disaient que c'était un signe de malheur. Cependant le ciel s'éclaircit et le soleil commença à luire. Les Français l'avaient en face. Excités par leurs chefs, les Gênois engagèrent l'action et commencèrent *à huer et à juper moult haut et li Angles tout koi et descliquèrent aucuns kanons qu'ils avaient en la bataille pour esbahir les Genevois.*

L'apparition des canons à Crécy est maintenant un fait hors de doute. On s'appuyait du silence de Froissard pour infirmer l'assertion de Villani, mais la phrase que nous venons de citer, extraite du manuscrit d'Amiens, ne peut laisser aucun doute : elle justifie complètement les chroniques de Saint-Denis et l'historien italien : « Comme » l'usage des canons, dit M. Rigollot, était un expédient nouveau, une sorte de surprise qui pouvait être regardée comme n'étant pas de bonne guerre, les Anglais ont » pu se taire sur ce point afin que leur victoire en fût plus glorieuse, et voilà peut-être » pourquoi Froissard n'en a pas parlé dans sa deuxième relation. »

Les coups de bombarde faisaient tant de bruit et de fracas, dit Villani, qu'il semblait que Dieu tonnât. Les Génois dont la pluie avait détendu les cordes des arbalètes ne purent envoyer leurs carreaux à portée, tandis qu'ils recevaient la grêle de traits des archers anglais qui avaient eu la précaution de tenir leurs arcs à l'abri de l'humidité. Bientôt défaits, ils s'enfuirent. Derrière eux était une grande haie de gens d'armes, richement montés. A la vue de cette défection, le comte d'Alençon s'écria en fureur : *Or, tuez toute cette ribaudaille qui nous empêche la voie sans raison.* Les hommes d'armes se lancent au galop sur les Génois, les rompent et les écrasent. Alors commence le plus effroyable désarroi : les Génois ainsi foulés entre deux ennemis se pressent aux jambes des chevaux, s'efforcent de les abattre, frappant de leurs couteaux les cavaliers renversés ; tandis que les derniers rangs des hommes d'armes viennent s'abattre à leur tour, au milieu de ce chaos humain, les archers anglais lancent toujours leurs redoutables flèches.

Le roi de Bohême, Jean de Luxembourg, ayant appris de ses gens que la bataille commençait (car il était aveugle) en demanda des nouvelles, et ayant appris la lutte entre les cavaliers et les Génois, il s'écria : « *C'est un petit signe pour nous,* puis il demanda : « Où est mon fils Charles ? — Nous ne savons, répondirent ses écuyers. Alors, Jean reprit : « Mes hommes, mes amis, mes compagnons, aujourd'hui seigneurs vous êtes, je requiers que vous me meniez si avant que je puisse férir d'un coup d'épée. » Ceux-ci lièrent ensemble les brides de leurs chevaux, afin de ne pas perdre leur roi en la mêlée et se jetèrent en avant avec lui.

Cependant les comtes de Blois, de Flandre, d'Harcourt, de Namur, de Saint-Pol, d'Auxerre, d'Aumale, de Sancerre marchaient toujours en avant ; il y avait aussi avec eux, Charles de Bohême, mais à la vue du danger, il s'enfuit à toute bride. Son père frappa trois ou quatre coups sur l'ennemi et périt avec ses écuyers. On reconnut le lendemain leurs cadavres à leurs chevaux liés ensemble.

En voyant ce trouble et ce désordre, Philippe de Valois requit les conseils de Jean de Hainaut : « Il faut fuir et vous mettre en sûreté, lui dit-il, car il n'y a plus de remède et vous courez risque de tomber aux mains de l'ennemi. » Le roi, frémissant de colère ne répondit pas et s'avança en avant. Il semblait vouloir aller du côté de son frère, le comte d'Alençon dont il voyait les bannières sur une petite éminence. Celui-ci descendit en bon ordre sur les Anglais avec le comte de Flandre et vint se jeter devant les archers jusqu'au prince de Galles. Les comtes de Blois et de Savoie y étaient aussi parvenus ; les comtes de Northampton et d'Arundel qui commandaient le second corps le firent avancer pour soutenir la lutte et envoyèrent à Edouard qui se trouvait sur le tertre du moulin, un chevalier pour demander du secours.

« Mon fils est-il tué ou blessé, demanda le roi. — Non, sire, grâce à Dieu, répondit-on. — Messire, reprit le roi, retournez auprès de lui et de ceux qui vous ont envoyé et qu'ils ne m'appellent point tant que mon fils sera en vie, je veux que la journée soit sienne et qu'il gagne ses éperons. » Ces paroles rapportées rallumèrent le courage des Anglais. La journée était sienne en effet, et le prince Noir, surnommé ainsi depuis à cause de la couleur habituelle de son armure, n'eut pas besoin de la réserve anglaise pour achever la défaite.

La forte position de Crécy, la supériorité des archers anglais, la précipitation des Français, chargeant successivement et sans ordre les lignes serrées de l'ennemi, le désordre de cette action confuse, les ribauds gallois et cornouaillais se glissant dans les rangs et tuant de leurs coutelas les chevaliers renversés (le roi Edouard regretta depuis qu'au lieu de les tuer, on ne les eût pris à rançon, car ils étaient nombreux), l'emploi des canons enfin furent les principales causes qui assurèrent ce triomphe.

Philippe, entraîné par Jean de Hainaut et les sires de Montmorency, de Beaujeu, d'Aubigny, de Montsault, arriva au château de la Broye. Les portes étaient fermées et le pont levé, car il était nuit : « Qui vive, lui cria la sentinelle ? — Ouvrez, reprit-il, c'est l'infortuné roi de France. » Le châtelain, Jean Lessopier, dit Grand Camp, qui connaissait déjà la défaite, reconnut la voix de Philippe et lui ouvrit. Le roi demeura à La Broye jusqu'à minuit, prit quelque nourriture et sortit avec un guide. Au point du jour, il arrivait dans sa bonne ville d'Amiens, où il s'arrêtait pour savoir les pertes de cette fatale journée.

Les Anglais couchèrent tout armés sur le champ de bataille. Le lendemain, dimanche au matin, il faisait un tel brouillard qu'on ne voyait pas au loin un arpent de terre. On envoya en avant 500 hommes d'armes et 2,000 archers pour voir si les Français ne s'étaient pas ralliés. Ce jour-là étaient parties d'Abbeville, les communes de Beauvais et de Rouen qui ne savaient rien de la défaite et qui tombèrent au milieu des Anglais les prenant pour les leurs. L'archevêque de Rouen et le grand prieur de France périrent dans cette méprise.

Au sortir de la messe, le roi envoya Renaud de Cobham et Richard de Strafford avec trois chevaliers et deux clercs pour connaître et enregistrer le nom des morts. Suivant leur relevé, il avait péri 11 princes, 1 prélat, 80 bannerets, 1,200 chevaliers et 1,500 hommes, écuyers, génois, fantassins. Les morts les plus illustres étaient, dit Michel de Northburgh, chapelain du roi d'Angleterre et témoin oculaire, le roi de Bohême, le duc de Lorraine, les comtes d'Alençon, de Flandre, de Blois, d'Harcourt et ses deux fils, de d'Amarle (Aumale), de Nevers, les sires de Trouard, les archevêques de Nîmes, de Sens. Les principaux chefs reçurent la sépulture à Valloires, à Maintenay, à Montreuil et surtout dans l'église de Crécy. Le corps du roi de Bohême fut inhumé dans une chapelle de l'abbaye de Valloires, où l'on voyait encore au dernier siècle, l'inscription suivante :

> *L'an mil quarante-six, trois cents*
> *Comme la chronique témoigne*
> *Fut apporté et mis céans*
> *Jean Luxembourg, roi de Behaigne.*

On éleva sur le lieu où tomba le vieux roi, une croix de pierre qui se voit encore sur le chemin de l'armée, chemin de Noyelles à Vadicourt.

Quittant Crécy, Edouard alla camper sur les bords de l'Authie, près de Saint-Josse, que ses soldats brûlèrent ainsi que Waben, Étaples et Rue. Le lendemain, il attaqua Montreuil sans succès, s'éloigna après avoir incendié les faubourgs et vint mettre le siège devant Calais, afin de s'emparer de ce point qui devait lui ouvrir à volonté la porte de la France.

Le siège de 1347 est un des plus dramatiques épisodes de l'histoire de Calais. Il se trouvait dans cette place un vaillant capitaine, Jean de Vienne et plusieurs autres bons chevaliers. Edouard avait fait bâtir pour loger ses troupes entre la ville et la rivière et le pont de Nieulay, une ville de bois qu'il nomma Villeneuve la Hardie, où il y avait marché les mercredi et samedi de chaque semaine. Aussi, bien approvisionnés, les Anglais couraient-ils à Guines, à Boulogne, à Saint-Omer. Voyant ces préparatifs qui lui annonçaient un long siège, Jean de Vienne chassa de Calais les bouches inutiles. Dix-sept cents de ces malheureux habitants, suivant Froissard, traversèrent l'armée d'Edouard qui leur fit donner à manger et à chacun deux sterlings, mais l'historien anglais Knighton qui réduit leur nombre à 500, affirme au contraire, qu'ils périrent tous misérablement de faim entre le camp et la ville. Bien qu'une flotte nombreuse bloquât le port, deux intrépides marins d'Abbeville, Marant et Mestriel, réussirent plusieurs fois à y introduire des vivres, mais à la fin ils succombèrent sous les coups de l'ennemi. Cependant Philippe de Valois qui avait rassemblé à Amiens une nouvelle armée parut à sa tête le 27 août sur les hauteurs de Sangatte, mais désespérant de forcer les retranchements anglais, il envoya inviter Edouard à sortir pour combattre. Celui-ci n'ayant tenu nul compte de son invitation, Philippe reprit la route d'Amiens où il licencia ses troupes.

Tout espoir de secours étant évanoui pour les Calaisiens affamés, Jean de Vienne parut aux créneaux des murailles et offrit de rendre la place si Edouard permettait à ceux qui étaient dedans de se retirer. On lui répondit que le roi exigeait une reddition sans condition. Cependant, sur les instances du gouverneur, le sire Gautier de Mauny, voulut bien promettre de recommander au roi qui le tenait en très grande estime, les supplications des Calaisiens et de porter lui-même leurs propositions. Ce prince résista longtemps aux sollicitations de Gautier et de ses autres barons ; il céda enfin, mais en exigeant que six des plus notables bourgeois, le chef et les pieds nus, la hart au col, les clefs de la ville et du château en mains, vinssent se livrer à sa volonté. La commune convoquée au son de la cloche s'assembla dans la Halle. La volonté du roi fut accueillie par les sanglots de toute cette foule désespérée. Alors un des plus riches bourgeois de la ville, Eustache de Saint-Pierre s'offrit le premier en sacrifice pour le rachat de ses concitoyens, Jean Daire, Jacques de Wissant et Pierre, son frère, et deux autres patriotes dont l'histoire ingrate a oublié de conserver les noms suivirent son noble exemple. Conduits au camp au milieu du deuil et des pleurs de toute la cité, ils arrivèrent devant le roi. Il les regarda *très ireusement* car il avait le cœur ému de grand courroux contre le peuple de Calais à cause des maux que leurs corsaires avaient faits à l'Angleterre et du siège qui lui avait coûté tant de temps et de soldats, et ordonna de les conduire au supplice. Malgré les supplications et les larmes de ses barons, malgré l'insistance de Gautier de Mauny auquel il imposa durement silence, Edouard, grinçant les dents, commanda qu'on fît venir le coupe-tête. Enfin, la reine Philippine de Hainaut, alors enceinte et que ce cruel spectacle déchirait, tomba aux genoux de son époux, le conjurant en pleurant que pour l'amour du Fils de sainte Marie et pour l'amour d'elle-même, il voulut avoir ces six hommes à merci. Vaincu enfin par cette dernière prière : « *Ah! dame, dit-il, j'aimerais mieux que vous fussiez autre part que cy, vous me priez si acertes que je ne le vous ose escondure et combien que je le fasse envis, tenez, je vous les donne*. La reine toute joyeuse, se releva, fit délivrer les bourgeois de leurs liens, les mena dans son appartement, et après les avoir fait dîner, leur donna six nobles d'or à chacun pour leur route, et les fit conduire en sûreté hors du camp.

Pour le malheur de la France, Calais allait appartenir 200 ans à l'Angleterre. Pour mieux assurer sa conquête, Edouard en expulsa la population en masse, sauf trois personnes, appelant des colons d'Outre-Manche, qu'il combla eux et leurs familles de privilèges et de franchises, faisant de cette ville l'entrepôt général des laines, des cuirs, de l'étain et du plomb d'Angleterre et obligeant les Anglais de porter leurs marchandises dans ce port et les étrangers de venir y acheter. Le roi Philippe tâcha de dédommager les Calaisiens réfugiés dans les villes d'alentour par tous les moyens en son pouvoir, leur assurant la préférence pour tous les offices vacants et la jouissance des biens qui pouvaient échoir à la couronne, par forfaiture ou autrement.

L'anecdote des six bourgeois de Calais a donné lieu à bien des controverses. Voltaire et bien des auteurs, meilleurs juges que lui en histoire, ont contesté le récit de Froissard, et le dévoûment d'Eustache de St-Pierre. Accusé de déloyauté et de félonie, deux mois après la prise de Calais, Eustache serait en effet revenu y habiter et

Edouard lui aurait rendu une partie de ses biens et fait même une pension. Il y serait mort en 1351 et ses héritiers, on ne sait de quel degré, ayant refusé le serment d'allégeance, leurs biens auraient été confisqués de nouveau. Quelles qu'aient pu être les raisons qui déterminèrent le bourgeois calaisien à venir mourir sur le sol natal, son acte d'héroïsme n'en subsiste pas moins, et il n'y a aucune raison sérieuse de douter de la véracité de Froissard. « Comme l'a dit avec raison, H. Martin, Eustache de St-Pierre, » ne fut pas un héros national, un héros de la France, ce fut un patriote municipal. » C'est un homme du passé, un homme de la petite cité antique. Grec ou Italien, il eût » mérité place chez Plutarque ou chez Dante. Ne lui ôtons pas celle que notre Froissard » lui a donnée. » Nous ajouterons que ceux qui l'ont accusé de faiblesse sinon de félonie, le jugeaient d'après les idées de leur époque et non d'après celles de son temps. L'esprit national comme nous le comprenons aujourd'hui n'existait pas encore au XVe siècle, il ne s'éleva véritablement au-dessus de l'esprit local qu'à partir de notre dernier désastre d'Azincourt, et lors de la venue de Jeanne d'Arc, la bonne lorraine.

Le roi Edouard faillit bien ne pas garder longtemps sa nouvelle conquête. Geoffroy de Charny, gouverneur de Saint-Omer avait noué des intelligences secrètes avec Aimery de Pavie auquel avait été confiée la place et l'avait déterminé par l'appât d'une somme de 20,000 écus à lui en ouvrir les portes. Instruit de ce marché, Edouard arriva secrètement d'Angleterre avec son fils et Gautier de Mauny, et se tint caché dans le château. Lorsque les Français, à la faveur de la nuit, introduits dans la place par Aimery, auquel le roi avait, on ne sait pourquoi, pardonné sa conduite et qui semblait à leurs yeux continuer sa trahison, ils furent, au cri de Mauny, Mauny à la rescousse ! soudainement assailli par Edouard et sa troupe. Le combat fut plus long et plus opiniâtre aux portes de la ville où Charny s'était posté avec des hommes d'élite. Dans le combat, un chevalier picard, Eustache de Ribeumont, terrassa deux fois à genou le roi d'Angleterre qui, vainqueur enfin, reçut à sa table les prisonniers français de marque qui avaient échappé à la mort et fit don à Eustache de Ribeumont qui s'était rendu à lui sans le connaître, car les Français avaient ignoré sa présence sous les bannières de Gautier de Mauny, du chapelet de perles fines qu'il portait sur sa tête. « *Messire Eustache, lui dit-il, je vous donne ce chapelet pour le mieux combattant de toute la journée de ceux de dedans et de dehors, et je vous prie que vous le portiez cette année pour l'amour de moi. Je sais bien que vous êtes gai et amoureux et que volontiers vous vous trouvez entre dames et demoiselles ; si dites partout là où vous irez que je vous le ai donné, et parmi tant vous êtes mon prisonnier, je vous quitte votre prison, et vous pouvez partir demain s'il vous plaît.* »

La malheureuse tentative sur Calais fut le signal de nouvelles excursions des Anglais dans le Boulonnais. Guines fut au nombre des villes qu'ils saccagèrent. Son seigneur, Raoul, connétable de France, était depuis Crécy, prisonnier en Angleterre ; pourtant il ne tarda pas à se rendre à Paris pour y chercher de quoi payer sa rançon, mais le roi

Jean, successeur de Philippe de Valois, soupçonnant sa fidélité le fit arrêter et trois jours après décapiter, Le comté de Guines fut réuni au domaine royal et presque aussitôt envahi par les troupes étrangères.

Le désastreux règne de Philippe de Valois avait fini en 1350 après la funeste peste qui ravagea l'Europe entière. Celui de Jean le Bon ne devait pas être plus prospère pour la Picardie. En 1355, la défaite de Poitiers et la captivité de Jean, fait prisonnier dans cette bataille, laissa la régence aux mains du duc de Normandie, son fils aîné, à peine âgé de 17 ans. Le désordre du royaume était à son comble. Pour y porter remède, le Dauphin convoqua les Etats-Généraux du royaume. Dociles à l'influence de deux audacieux tribuns, le prévôt de Paris, Etienne Marcel et l'évêque de Laon, Robert le Coq, ils ordonnèrent une enquête sur les maux de la nation et les plaintes du peuple. On n'accorda les subsides que sous des conditions imposées à la cour. Elle essaya de faire percevoir les impôts sans l'autorisation des Etats. Le peuple refusa de les payer. En 1361, on convoqua de nouveau les Etats ; il fallut en passer par les mêmes conditions. Les Parisiens, à l'instigation de leur prévôt Marcel se révoltèrent. Mais à cette insurrection il fallait un chef ; on songea au roi de Navarre, Charles le Mauvais, que le roi Jean, à la suite des compétitions qui s'étaient élevées entre eux et de ses alliances avec l'Angleterre avait fait arrêter à Rouen et qui, depuis ce temps, transféré de prison en prison était alors détenu au château d'Arleux en Cambrésis. Un hardi coup de main le rendit à la liberté. Aucuns chevaliers de France, entr'autres Jean de Picquigny, vidame d'Amiens, d'après les conseils du prévôt des marchands et des bonnes villes vinrent au château d'Arleux en Pailluel où le roi de Navarre était emprisonné. Profitant de l'absence du gouverneur, ils le délivrèrent et l'amenèrent à Amiens, *où il bien et liement fut reçu et conjoui.* Il descendit chez un chanoine qui grandement l'aimait et qu'on appelait Gui Quiriet. *Et fut le roi de Navarre en l'hôtel de ce chanoine, 15 jours, tant qu'on lui eût appareillé tout son arroy et qu'il fut assuré du duc de Normandie,* car le prévôt des marchands lui impétrait et confirmait sa paix devers le duc et ceux de Paris. *Si fut le dit roi de Navarre amené par Monseigneur Jean de Picquigny et aucuns de la cité d'Amiens à Paris.* La venue de Charles le Mauvais n'ajouta qu'aux désordres de la capitale qui aboutirent au massacre des maréchaux de Champagne et de Normandie, égorgés par les séditieux sous les yeux du dauphin. Le régent s'enfuit de Paris pour transférer à Compiègne les Etats-Généraux.

Au moment où la lutte entre la royauté et la bourgeoisie allait prendre les proportions les plus menaçantes, un troisième cri de guerre se fit soudainement entendre, qui frappa la bourgeoisie de surprise et la noblesse de terreur. C'était celui des paysans, qui, las du poids de leurs misères se ruaient à leur tour au milieu de cette anarchie. Jacques Bonhomme, comme l'appelaient ironiquement les gens d'armes, brisait ses entraves pour en forger des armes contre ses oppresseurs. Le 28 mai 1358, les Jacques Bonhommes, menus gens de Saint-Leu d'Esseren, de Nointel, de Cramoisy et de quelques autres localités du Beauvaisis et du Clermontois s'assemblèrent, disant que tous les nobles de France, honnissaient et trahissaient le royaume, et que ce serait grand bien de les détruire tous. Armés de bâtons, de couteaux, de socs de charrue, sous la conduite d'un nommé Guillaume Callet du village de Mello, ils se jetèrent sur le premier château qu'ils rencontrèrent, tuèrent le châtelain, sa femme et ses enfants. A ce signal tous les Jacques prirent les armes et l'insurrection des désespérés embrasa bientôt le Beauvaisis, l'Amiénois, le Ponthieu, le Vermandois, la Picardie entière enfin, la Brie, le Gâtinais, l'Ie de France. De la Somme à l'Yonne, 100,000 désespérés avaient quitté le hoyau pour la pique, plus de 60 forteresses et bonnes maisons furent détruites dans l'Amiénois, le Beauvaisis, le Santerre, plus de 100 dans le Valois, le Noyonnais, le Soissonnais ; ce fut une extermination sans miséricorde.

Devant cette terrible levée de boucliers, la royauté, la noblesse, le clergé, la haute bourgeoisie, car le menu peuple des cités sympathisait avec les Parisiens et les Jacques, s'unirent pour repousser cette effrayante insurrection de la misère et de la faim. Une fois de plus, la force devait encore primer le droit, et la victoire rester aux escadrons bardés de fer. Le comte de Foix et le Captal de Buch en revenant d'une croisade en Prusse sauvèrent en passant, Meaux, les gentilshommes et les dames réfugiés dans le vieux Marché de cette ville, en massacrant plus de 7,000 Jacques. Ce premier combat fut décisif contre la Jacquerie. Le roi de Navarre lui-même fit périr 3,000 Jacques auprès de Montdidier et fit couper la tête à leur chef Guillaume Caillet pris par trahison à Clermont. Par dérision on couronna cette tête d'un trépied de fer rouge. Le régent entre la Seine et la Marne, Enguerrand VII de Coucy, entre l'Oise et l'Aisne étouffèrent aussi l'insurrection dans des flots de sang. « Si grand mal fut fait par les « nobles de France, dit le continuateur de Nangis, qu'il n'était pas besoin des Anglais « pour détruire le pays, car en vérité les Anglais ennemis du royaume n'eussent pu « faire ce que firent les nobles du dedans. » Un seul succès avait marqué à Senlis le cours de cette révolte. Une troupe de gentilshommes s'y aventura pour la punir d'avoir ouvert ses portes aux paysans. Rompus et culbutés par des files de chariots pesamment chargés, lancés du haut de la pente de la route par laquelle ils s'avançaient déjà au cri de ville gagnée, assaillis par la population, ils durent tourner le dos, laissant sur le carreau les plus hardis de leurs compagnons.

La défaite des Jacques devait être le signal de la chute du mouvement démocratique de Paris. Un revirement monarchique ne tarda pas à se produire dans la capitale ; le 31 juillet, le prévôt Etienne Marcel y était mis à mort par son compère Maillart et le régent y rentrait avec un pouvoir plus absolu qu'auparavant.

Dès le 1er août, Charles le Mauvais avait signé avec Edouard III des conventions par lesquelles il s'engageait moyennant la cession de plusieurs provinces à l'aider à la conquête du royaume. Les bandes navarraises recrutées de routiers de tous les pays s'étaient saisies de Creil sur Oise, de Mauconseil en Noyonnais, de la Herelle près d'Amiens, se cantonnaient sur la Seine, l'Oise et la Somme. La guerre allait de nouveau ravager ces régions déjà si dévastées. La forteresse de Mauconseil, assiégée par les milices picardes fut délivrée par Jean de Picquigny et la garnison de Creil ; surpris au milieu d'un épais brouillard, les assaillants furent mis en pleine déroute et leurs chefs, l'évêque de Noyon, Raoul de Raineval et le sire de Canny demeurèrent au nombre des prisonniers. Enorgueilli de ce succès, Jean de Picquigny résolut d'enlever l'importante place d'Amiens. Le dimanche 16 septembre, à l'aide des intelligences qu'il s'y était ménagées il avait fait entrer dans les faubourgs, 100 soldats déguisés, dont la plupart s'étaient cachés dans la maison de refuge de l'abbaye du Gard près de la porte Saint-Firmin-au-Val. Déjà, il s'était emparé de cette porte, et allait se répandre dans la ville quand les habitants réveillés par le tumulte s'armèrent et coururent à la porte de la vieille enceinte encore debout où le combat continua avec acharnement. Le connétable Morel de Fiennes et son neveu le comte de Saint-Pol lieutenant du roi en Picardie, avertis de cette tentative arrivaient à l'instant de Corbie. Ils firent déployer leurs bannières, ranger leurs troupes dans les rues, allumer des feux et des fallots pour dissiper l'obscurité et chargèrent les assaillants avec tant de vigueur qu'ils les forcèrent à se retirer avec perte. Dans leur retraite, ils mirent le feu aux faubourgs, dont ce fut grand « dommage, dit Froissard, car il y avait plus de 3000 maisons et de « bons hôtels grand foison et de belles églises parrocheaulx et autres qui toutes « furent arses. » Le lendemain, Jacques de Saint-Fuscien, capitaine de la ville, l'abbé du Gard et 17 bourgeois, convaincus de trahison furent décapités sur le grand marché. Vers le même temps, et en punition d'un semblable fait, six des plus grands bourgeois de Laon subirent le même sort. Si l'évêque Robert le Coq n'eût échappé par la fuite en se réfugiant auprès du roi de Navarre, il eût partagé leur supplice. Ce prélat turbulent mourut quelque temps après évêque de Calahorra en Espagne où il s'était retiré. Né à Montdidier, d'une famille originaire d'Orléans, chanoine d'Amiens, avocat général au Parlement de Paris puis évêque de Laon, Robert Lecoq, lors de l'accusation de meurtre du connétable de la Cerda, avait pris rang dès cette époque parmi les partisans avoués du roi de Navarre. Député aux Etats Généraux, l'astucieux prélat y avait composé avec Etienne Marcel et Jean de Picquigny le triumvirat qui inspira et dirigea toutes les déclarations de cette assemblée. Depuis le rétablissement de l'autorité du régent, confiné dans son diocèse, il espérait à force d'obscurité y faire oublier sa conduite passée. Habile par sa souplesse d'esprit pour la direction d'un parti politique, ou la conduite d'une intrigue diplomatique, mais comme les hommes de cette nature, dénué de courage et de résolution, le complot de Laon dans lequel il avait visiblement trempé et les intentions du Parlement de sévir contre les auteurs des dissensions passées, lui dictèrent cette expatriation.

L'heureuse délivrance d'Amiens, suggéra au connétable la pensée d'aller assiéger Saint-Valery-sur-Somme occupé par une garnison navarraise qui ruinait tout le pays d'alentour ; il rassembla autour de sa bannière 2,000 chevaliers et écuyers et environ 12,000 hommes des milices communales de Tournai, Arras, Lille, Douai, Béthune, Saint-Omer, Saint-Quentin, Péronne, Amiens, Corbie et Abbeville. Le siège fut long. Commencé au mois d'août, il finit au carême de l'année suivante. Les assiégés n'étaient que 360, mais ils obligeaient les habitants à combattre avec eux. L'on avait fait venir d'Abbeville et d'Amiens des engins qui jetaient dans la place d'énormes pierres *qui moult grevoient ceux de la ville*. De leur côté, les défenseurs avaient de bons canons et des *espringalles qui moult grevoient ceux de l'ost*. Cette résistance opiniâtre fit transformer le siège en blocus étroit. Manquant de vivres, la garnison capitula et sortit sauve de corps, chacun emportant ce qu'il pouvait emporter, excepté son armure. Déjà les seigneurs de France faisaient leurs préparatifs de départ, quand ils apprirent qu'un corps de Navarrais s'avançait, mais trop tard pour secourir la ville. C'étaient Philippe de Navarre, frère du roi Charles, Harcourt, Gauvelle, l'Anglais Robert Knolle, Jean de Picquigny qui arrivaient avec 3000 lances. A l'approche des Français les Navarrais repassèrent la Somme et se réfugièrent à Long en Ponthieu puis, décampant de nuit, regagnèrent le Vermandois toujours suivis de près par leurs adversaires. Le refus de la ville de Saint-Quentin d'ouvrir ses portes à l'armée du connétable, assura seule le salut de Philippe de Navarre. La guerre continua encore avec des alternatives de succès et de revers jusqu'à ce que le traité de Pontoise, 21 août 1359, mit un terme aux hostilités. Jean de Picquigny l'un des plus turbulents acteurs de ces luttes venait quelque temps avant de mourir de mort tragique dans son château de la Herelle, étranglé par son chambellan, et aussi « mourut son sien chevalier et de son conseil qui s'ap-« pelait Louis de Bethisy, Dieu ait les âmes et leur pardonne leurs méfaits, dit Frois-« sard. »

Fatigué de sa captivité, le roi Jean avait accepté les propositions de paix du roi d'Angleterre qui n'exigeait pas moins que le tiers de la France pour la rançon de son captif. On rejeta tout d'une voix ce honteux accommodement. Ce refus devint le signal d'une nouvelle invasion. L'avant-garde de l'armée anglaise, sous les ordres du duc de Lancastre, débarqua à Calais. Après avoir traversé l'Artois, elle s'avança sur la Somme, assaillit sans succès et avec de grandes pertes la ville de Bray. Edouard venait à son tour de mettre les pieds en France, mais cette fois on le laissa se consumer en vains efforts contre les places fortes fournies de bonnes garnisons sans risquer le sort d'une bataille. Après avoir traversé la Thiérache, inutilement assiégé Reims, où il voulait se faire sacrer roi de France, Edouard, fatigué de ces guerres lointaines, et sous le coup d'une terreur superstitieuse à la suite d'une effroyable tempête qui avait assailli son armée aux environs de Chartres, signa le traité de Brétigny.

C'est à cette guerre que se rattache l'épisodique histoire d'un héros populaire, le Grand Ferré. Nous suivrons ici presque textuellement le récit du continuateur de Nangis.

Après s'être battu contre les nobles, Jacques Bonhomme se battait maintenant contre l'Anglais. Un grand nombre de paysans s'étaient établis dans le château de Longueil près Compiègne pour être plus en sûreté. Le régent et l'abbé du monastère de Saint-Corneille leur en avaient accordé la permission. Laissés à eux-mêmes et animés d'un nouvel esprit de nationalité, ils jurèrent à leur capitaine de défendre ce poste jusqu'à la mort. Ce capitaine qu'ils s'étaient choisis du consentement du régent, était un des leurs, un grand et bel homme qu'on appelait Guillaume aux Alouettes. Il avait avec lui pour le servir, un autre paysan d'une force de membres incroyable, d'une corpulence et d'une taille énormes, mais plein de vigueur et d'audace et malgré cette grandeur de taille ayant une humble et petite opinion de lui-même. Le capitaine le tenait sous lui comme sous le frein pour le lâcher à propos. *Secum habuit quasi ad frenum suum*, dit le continuateur de Nangis. Deux cents laboureurs et autres gens qui gagnaient humblement leur vie par le travail des mains s'étaient mis là. Les Anglais qui campaient à Creil ne furent pas aperçus par ces paysans ; ils trouvèrent les portes ouvertes et entrèrent hardiment ; ceux du dedans qui étaient aux fenêtres furent d'abord tout étonnés de voir ces gens armés. Le capitaine fut bientôt blessé mortellement. Le Grand Ferré et les autres se dirent : Allons, descendons, vendons bien notre vie, il n'y a pas de merci à attendre ; ils descendent en effet, sortent par plusieurs portes et se mettent à frapper sur les Anglais comme s'ils frappaient leur grain dans l'aire ; les bras s'élevaient, s'abattaient, chaque coup était mortel. Le Grand Ferré voyant son maître et capitaine frappé à mort, gémit profondément, puis il se porta contre les Anglais et les siens qu'il dominait également des épaules, maniant une lourde hache, frappant et redoublant si bien, qu'il fit place nette. Il n'en touchait pas un qu'il ne lui fendit le casque, ou n'abattît les bras. Les Anglais se mettent à fuir ; plusieurs sautent dans les fossés et se noient. Le Grand Ferré tue leur porte-enseigne et dit à un de ses camarades de porter la bannière anglaise au fossé, l'autre lui montre qu'il y a une foule d'ennemis entre lui et le fossé : « Suis-moi, lui dit le Grand Ferré, et il se mit à marcher devant, jouant à droite et à gauche de sa hache jusqu'à ce que la bannière eût été jetée à l'eau. » Il avait tué en ce jour plus de 40 hommes. Le capitaine Guillaume aux Alouettes mourut de ses blessures. Les Anglais furent battus une autrefois, par le Grand, cette fois hors des murs. Plusieurs nobles Anglais furent pris qui auraient donné de bonnes rançons comme font les nobles, mais on les tua afin qu'ils ne fissent plus de mal.

Cette fois, le Grand, échauffé par une si rude besogne but de l'eau froide en quantité, et fut saisi de la fièvre. Il retourna à son village, regagna sa cabane et se mit au lit, non toutefois sans garder près de lui sa hache de fer qu'un homme ordinaire pouvait à peine lever. Les Anglais, ayant appris qu'il était malade envoyèrent un jour 12 hommes pour le tuer. Sa femme les vit venir et s'écria : « O ! mon pauvre Ferré, voilà les Anglais, que faire ? » Lui oubliant à l'instant son mal se lève, prend sa hache et en chemise (*in curtiuncula*) sort dans la petite cour : Ha! brigands, vous venez donc me prendre au lit, vous ne me tenez pas encore. Alors s'adossant à un mur il en tua 5 en un moment ; les autres s'enfuirent.

Mais ce dernier acte avait usé ses forces, au bout de quelques jours, il mourut, et enterré au cimetière de son village, il fut pleuré de tous ses compagnons de tous les pays, car lui vivant, les Anglais n'y seraient venu.

Bien que donnant à la France épuisée le temps de respirer, le traité de Brétigny ne lui imposait que de trop dures conditions : trois millions pour la rançon du roi, l'abandon de la Guyenne, de la Gascogne et des provinces au-delà de la Loire, au nord la cession de Montreuil-sur-Mer, de Calais, de Guise et la restitution du Ponthieu. Deux fils et le frère du roi, les principaux barons de France, au nombre desquels figurait Enguerran VII sire de Coucy, 38 notables bourgeois des 18 principales villes du royaume furent remis aux Anglais comme otages de l'exécution de ces conditions ; mais, les otages de la bourgeoisie étaient une lourde charge, pour les communes obligées de les fournir et de subvenir à leur entretien en Angleterre. Amiens et Compiègne, notamment, sollicitèrent et obtinrent du Parlement, que les villes voisines contribuassent avec elles à cette charge publique.

La mise en liberté du roi Jean, fut suivie de sa réconciliation avec le roi de Navarre. Quatre années après, le roi Jean repassait en Angleterre. Les otages du sang royal qu'il y avait laissés, supportaient avec peine cet exil. L'un d'eux, le duc d'Anjou, au mépris de sa parole s'enfuit et revint en France. Jean aurait dit alors que si la bonne foi était banni du reste de la terre elle devait se retrouver dans le cœur des rois, et résolut de retourner à Londres. Le continuateur de Nangis veut qu'il n'ait pris cette détermination que *causa joci*. En effet les fêtes de sa première captivité allaient recommencer pour lui, et remplacer les tracas de l'administration de son royaume, et la mort devait le prendre au milieu des plaisirs et des réjouissances. Il avait convoqué à Amiens pour le mois de décembre 1363 les Etats Généraux de la langue d'Oil, dans le dessein d'obtenir les moyens de compléter sa rançon, mais les ravages de la peste et les pillages des grandes compagnies empêchèrent la plupart des députés de s'y rendre. L'assemblée ne tint probablement qu'une ou deux séances, car le 5 du même mois, le roi publia l'ordonnance confirmative des délibérations des Etats Généraux, ordonnances ayant pour but la suppression des anciens abus dont on ne cessait de se plaindre et les mesures à prendre pour la répartition de l'impôt, la variation des monnaies et la levée d'un corps de troupes destiné à chasser de France, les aventuriers des compagnies qui n'ayant plus désormais à guerroyer pillaient sans vergogne le pays. Il proclama le duc de Normandie régent puis, quittant Amiens, alla s'embarquer à Boulogne et mourir à Londres le 8 avril 1364. Ce ne fut pas une grande perte pour la France, dit le P. Daniel, « triste oraison funèbre, pour un roi de France, dans la bouche d'un jésuite. »

Le Ponthieu ne s'était pas vu sans répugnance retomber dans les mains de l'héritier d'Eléonore. « Nous aimerions mieux, disaient les habitants, être taxés chaque année de

« la moitié de notre avoir et rester Français », mais il fallut céder. Malgré leurs réclamations, l'année suivante, un sénéchal anglais vint recevoir le serment des Abbevillois. Jusqu'alors les coutumes du Ponthieu donnaient aux habitants du comté le droit d'appel au Parlement de Paris ; Edouard, maintenant souverain et non plus vassal, fit publier que dorénavant, l'appel à la justice royale n'aurait plus lieu. Les rigueurs de l'administration anglaise semèrent bientôt dans le pays de nouveaux ferments de révolte.

Un riche bourgeois d'Abbeville nommé Ringois s'était particulièrement signalé dans cette lutte d'opposition. Il fut arrêté dans une émeute, et l'on tenta vainement de le délivrer. Les officiers anglais exigèrent qu'il prêtât serment de fidélité à Edouard ; Ringois refusa obstinément et fut conduit à la forteresse de Douvres. Là on le plaça sur le parapet d'une tour qui dominait la mer. « Reconnaissez-vous pour maître Edouard III « lui cria-t-on. Non, répondit Ringois, je ne reconnais d'autre maître que Jean de Valois. » Il fut à l'instant précipité dans les flots. Cet acte n'est cependant guère connu hors de sa ville natale qui à l'heure où nous écrivons ces lignes s'occupe d'élever une statue à ce martyr du patriotisme.

Le gouvernement réparateur de Charles V le Sage permit quelque temps à la Picardie de respirer plus librement. En 1368, ce prince restitua à la ville de Péronne les privilèges que son père lui avait enlevés neuf ans auparavant. Mais bientôt ne devait pas tarder à être déchiré le traité de Brétigny et les invasions anglaises à recommencer. Charles s'était préoccupé du soin d'organiser fortement les milices communales et c'est à lui que revient l'honneur d'avoir en Picardie, sinon créé du moins confirmé et fortifié l'existence de ces nombreuses confréries d'archers et d'arbalétriers dont toutes les villes possédaient des compagnies plus ou moins nombreuses.

Dès 1367, après la tenue des Etats Généraux assemblés à Chartres, en conséquence des délibérations qui y furent prises (l'opinion publique en cela était d'accord pour réclamer l'exécution de cette mesure dont les sanglants désastres des dernières guerres venaient de démontrer l'utilité), il rendit à Sens, le 19 juillet, une ordonnance où se trouve ce paragraphe : « Soit enjoint et commandé de par Nous, à tous archiers et ar- « balestriers demourans en nos bonnes villes, qu'ils se mettent en estat, et que par les « Gouverneurs en chacune d'icelles villes, soit sceu quel nombre d'archiers et d'arba- « lestriers y a, et combien on en pourroit avoir, si besoin estoit, et de ce, facent regis- « tre en chacune ville, et surtout nous certifient au plutost qu'ils pourront, et avec- « ques ce, enjoingnent et induisent toutes jeunes gens à exerciter, continuer et ap- « prendre le faict et manière de traire. »

Deux ans après, il stimule encore cette occupation guerrière, et son ordonnance du 23 mai 1369, qui défend, à peine de quarante sols parisis d'amende, les jeux de tables, quilles, palets, soules, billes, et tous autres comme impropres à rendre ses sujets experts dans l'usage des armes, fait une exception toute spéciale en faveur des jeux d'arcs : « Voulons et ordonnons, dit-elle, que nos diz subjez prennent, et entendent à

« prendre leurs jeux et esbatements, à eulx exercer et habiliter au fait du trait d'arc
« ou d'arbalestres, ès biaux lieux et places convenables à ce, ès villes terrouoirs ; et
« facent leurs dons aux mieulx traians, et leurs festes et joies pour ce, si comme bon
« vous semblera. »

Les premiers privilèges accordés par lui sont ceux des arbalétriers de Laon, en 1367, et de Compiègne, en 1368.

Sous de tels auspices, le goût de ces exercices s'introduisit rapidement au milieu des populations de Picardie, et prit un tel développement que sous Charles VI, son successeur, la royauté crut devoir modérer cette ardeur belliqueuse. En 1384, une trève de quatre ans ayant été conclue avec l'Angleterre : « Pour ce que souvent, dit Juvénal
« des Ursins, les Anglais usaient de paroles déceptives, fut advisé qu'on revisiterait
« les bonnes villes et qu'on les fortifieroit. Et en outre fut défendu qu'on ne jouât à
« quelque jeu que ce fut, sinon à l'arc ou à l'arbalestre, et en peu de temps les archers
« de France furent tellement duits à l'arc, qu'ils surmontoient à bien tirer les Anglais,
« et se mettoient tous communément à l'exercice de l'arc et de l'arbalestre, et en effet
« si ensemble se fussent mis, ils eussent été plus puissants que les princes et nobles,
« et pour ce fut enjoint par le roy qu'on cessast et que seulement y eust un certain
« nombre en une ville et pays d'archers et d'arbalestriers. Et en après commença le
« peuple à jouer à autres jeux et esbattements comme ils faisoient auparavant. »

La guerre éclata en 1369 sur les réclamations des nobles de Gascogne, par la citation que fit Charles V au prince Noir, fils d'Edouard III de comparaître devant la cour des pairs pour répondre de la capitation universelle qu'il voulait établir sur cette province. Mais Charles avait pris ses mesures depuis longtemps et s'était ménagé des intelligences avec les populations réfractaires à la domination étrangère. La conquête du Ponthieu fut achevée, par une poignée de soldats que commandait Hue de Chatillon grand maître des arbalétriers, avant même qu'une armée anglaise qui se réunissait à Douvres ait pu franchir le détroit.

Firmin de Touvoyon qui gouvernait alors Abbeville en qualité de mayeur se concerta secrètement avec les bourgeois. Il donna avis à Chatillon de se tenir prêt à le seconder et tout fut disposé pour le combat. Les habitants s'armèrent la nuit, et l'on dirigea les premiers coups contre le corps de garde de la porte du Bois. Les soldats qui l'occupaient, essayèrent en vain de le défendre ; le corps de garde fut enlevé de vive force et l'on y plaça 200 bourgeois sous le commandement de Laurent Dannène. Les Anglais logés dans les différents quartiers de la ville se réveillèrent au bruit, prirent les armes à leur tour, et tentèrent de se rallier, mais à peine avaient-ils mis le pied dans la rue, que les bourgeois les assaillaient rudement, les dispersaient et les forçaient à se rendre.

Cependant 400 d'entr'eux parvinrent à se réunir dans l'île que forme la Somme, coupèrent les ponts et s'y retranchèrent. Mais les bourgeois élevèrent des barricades sur les rives opposées, amenèrent 8 canons, et l'ennemi capitula. La journée se passa tout entière, en combats, où les Anglais eurent constamment le désavantage. Pierre Langaneur à la tête de 500 bourgeois, entra pêle-mêle avec eux, dans le château de Ponthieu dont ils étaient restés maîtres et s'empara des deux principales tours. Le lendemain dimanche 29 avril il ne leur restait plus qu'une faible partie de ce château et les postes des portes Saint-Gille et Marcadé, lorsque Chatillon à la tête de 150 lances, de 100 hommes d'armes et 200 fantassins se présenta à la porte du Bois où les officiers municipaux se trouvaient réunis à un grand nombre d'habitants, Chatillon fit lire ses ordres, déclara qu'il saisissait la ville au nom du roi de France et somma la bourgeoisie de lui en ouvrir les portes, ce qu'on ne fit cependant que lorsqu'il eut signé la convention de respecter les personnes et les biens des bourgeois et des gens d'église, promis de défendre tout excès aux soldats, de leur enjoindre de ne rien prendre sans payer, de faire restituer les objets qui pourraient être pillés, de remettre en liberté les Abbevillois qui avaient été arrêtés n'importe par quels sergents, et en quelque lieu de la France, de respecter les personnes et les propriétés des officiers du roi d'Angleterre et leur liberté de se retirer à Noyelles ou dans les autres forteresses, d'employer enfin son crédit auprès du roi pour qu'il pardonnât pleinement et à tous, les actes de fidélité envers Edouard et les traités passés sciemment ou par mégarde avec les agents de la puissance anglaise, et de solliciter du pape le relèvement de leur serment prêté à ce prince.

A ces conditions, les troupes françaises entrèrent dans la ville, se dirigèrent partie vers le château qui résistait encore et s'en emparèrent, tandis qu'une autre partie se portait contre les portes Saint-Gilles et Marcadé, que les ennemis abandonnèrent bientôt, laissant au pouvoir de leurs adversaires bon nombre de prisonniers de marque, parmi lesquels se trouvaient le trésorier d'Edouard et son sénéchal Nicolas de Louvain. Ce fait, Chatillon courut aussitôt sur Pont-Remy qu'il emporta.

Firmin de Touvoyon et Langaneur qui s'étaient joints à Chatillon avec les troupes municipales d'Abbeville, furent armés chevaliers sur le champ de bataille. On apprit le lendemain que les habitants de Montreuil s'étaient aussi soulevés contre les Anglais et les avaient chassés de leur ville. Chatillon marcha ensuite sur Saint-Valery qui lui ouvrit ses portes, ainsi que Rue et le Crotoy, assiégea le château de Noyelles et soumit ainsi tout le comté. Pour récompenser les Abbevillois de cette fidélité, Charles V leur permit d'ajouter aux armoiries de leur ville des fleurs de lys avec la devise *fidelis*.

Cependant le duc de Lancastre, débarqué à Calais, tenta une expédition sans succès dans le Ponthieu, mais il licencia bientôt ses troupes, après d'inutiles escarmouches et le dessein manqué d'incendier Harfleur en Normandie et la flotte qu'y réunissait Charles V.

En 1372, une nouvelle invasion anglaise traversa la Picardie. Elle avait pour chef Robert Knolles, l'un des plus fameux capitaines de routiers de ce temps. Après avoir traversé le comté de Guines et l'Artois, elle entra en Vermandois, incendia Roye, puis marcha sur Ham, où s'étaient retirés tous ceux du plat pays, comme aussi à Saint-Quentin, Péronne et Noyon « pourquoi les Anglais ne trouvaient rien sauf les granges » pleines de blé, car c'était après août », Knolles, du reste, recevait volontiers à composition quand il trouvait une grasse marche, dit Froissard, et il s'acquit ainsi plus de 100,000 francs, « dont depuis il fut mal en cour, et accusé au roi d'Angleterre qu'il avait mal » fait la besogne. » Toutefois la terre du sire de Coucy ne souffrit nul ravage, « et les » Anglais n'y forfirent à homme ni femme qui y fût, mais qu'il dit seulement je suis à » M. de Coucy, qui vaulsist un denier et s'il était pris ou levé il était rendu au double.» Enguerran VII de Coucy, ôtage du roi Jean, avait épousé en Angleterre, la seconde fille du roi Edouard et gardait entre les deux princes une stricte neutralité. Après s'être arrêtés inutilement devant Noyon qu'ils trouvèrent trop forte pour l'attaquer, et avoir brûlé la petite ville de Pont-l'Evêque, incendie que la garnison de Noyon vengea en surprenant et massacrant la plupart des pillards qui l'avaient allumé, les Anglais continuèrent leur marche vers Paris. « Laissez-les avec toutes ces fumées, disait Charles V, contemplant des fenêtres de son hôtel St.-Paul, les incendies des villages des environs de sa capitale, ils ne m'enlèveront pas mon héritage. » Du Guesclin venait de recevoir l'épée de connétable que Morel de Fiennes avait délaissée à cause de son grand âge, Le rude Breton anéantit sur la Loire l'invasion de Robert Knolles ; de la formidable armée qu'il avait amenée de Calais, à peine resta-t-il cent hommes auprès de lui. L'invasion de 1373 n'eut pas de meilleurs résultats. Charles V lui opposa le même système de résistance passive, laissant l'armée anglaise escortée, pour ainsi dire, par Du Guesclin et le duc de Bourgogne, se consumer de la Picardie à Bordeaux, en semant les chemins des cadavres de ses soldats épuisés par le manque de vivres et par le froid. Débarqué à Calais avec Jean de Montfort, duc de Bretagne, le duc de Lancastre, avec 3,000 hommes d'armes, 6,000 archers et bien 2,000 autres fantassins, était entré en Picardie par le comté de Saint-Pol. Les Anglais assaillirent Doullens, car ils la sentaient riche de l'avoir du pays qui, *là était retiré et apporté*, mais sans succès, brûlant Lucheux, remontèrent vers Arras, puis revinrent à Bray-sur-Somme, à Saint-Quentin, à Laon, à Soissons, qu'ils trouvèrent trop bien gardés pour oser les attaquer. Dans cette expédition la malheureuse ville de Roye éprouva une seconde et plus terrible catastrophe que trois ans auparavant. Les Anglais la prirent de nouveau, assiégèrent pendant six jours l'église Saint-Pierre, où la garnison s'était réfugiée, et ne pouvant s'en rendre maîtres mirent, en se retirant, le feu à la ville qui fut entièrement détruite. Un curieux document du Trésor des Chartes prouve que cette destruction fut complète et qu'il n'y a point eu ici exagération de la part des historiens. C'est une ordonnance de Charles V, datée du mois de janvier 1373, et portant abolition de la commune de Roye, « attendu, y est-il dit, que lors de leur dernière chevauchée par le fait de nos ennemis passés par là, la cité était toute déserte « les maisons, édifices, gastez ars et destruis avecque les biens des

» habitans, tellement qu'elle est demourée du tout inhabitée et en ruyne et les habi-
» tans transportés en plusieurs villes et tant qu'à present ne y a habitans aucuns, ni
» personnes qui y veuillent, ne entendent plus à demourer ni rediffier ycelle, tant pour
» les grans missions qu'il leur conviendrait soutenir aux édifices refaire, aincoisque
» ils pussent estre habitables, comme pour plusieurs charges en qui la commune et
» eschevinage étaient tenuz à nous comme à aultres de rentes et aultres debtes qu'ils ne
» pourroient soutenir par l'infortune dessus dite et pour ce, ces choses étant venues à
» notre cognoissance, avons d'abondant faict savoir à plusieurs personnes paravant
» habitans en ladite ville, tant maire, jurez et eschevins comme aultres grant foison
» qui estoient dispars et retrais en divers lieux leur volontéet intencion en leur faisant
» induire de vouloir venir et rédiffier nostre dicte ville de Roye, lesquels ne se y ont
» voulu consentir et espécialement tant comme il y eut une commune de laquelle ilz
» n'entendoient jamais user ; mais desiroient ycelle estre abattue et toute la dᵉ ville et
» justice demourer en notre plain droit et domaine. »

Ainsi, les habitants de Roye aimaient mieux s'expatrier et perdre leurs franchises, que de payer 111 livres 10 sols parisis par année. Débarrassés des libertés dont ils ne voulaient plus, ils se hâtèrent de revenir ; le roi fit relever leurs murailles, ils rebâtirent leurs maisons et à la fin du règne de Charles V, la ville avait recouvré son ancienne prospérité.

Sous Charles V, les préoccupations de la guerre, la régularité des formes administratives, avaient tenu les esprits en repos ; le règne d'un roi de onze ans avec une autorité tiraillée entre le conseil de régence et les ducs, ses oncles, devint le signal de nouvelles et calamiteuses agitations. Charles V en mourant avait voulu abolir les subsides et les aides qui grevaient les pauvres gens et qu'il n'avait établis qu'à contre cœur par suite des grandes affaires auxquelles il avait eu à faire face. Le peuple connaissait ce généreux désir ; aussi dans toute la Picardie et le nord de l'Ile de France, on avait chassé, avec menace de mort, les collecteurs qui continuaient à percevoir les impôts, et la révolte des Maillotins à Paris eut son contre-coup dans les grandes cités industrieuses du nord. La victoire remportée à Rosebecque par le roi de France sur les Flamands révoltés contre leur comte, eut pour principal résultat de faire avorter la révolte des Maillotins. Charles VI rentra dans sa capitale en grand appareil militaire, à la tête de son armée, puis les exécutions commencèrent. Les impôts furent rétablis et augmentés, les rentes et les revenus de l'hôtel-de-Ville réunis aux domaines et la charge de prévôt des marchands abolie. A Amiens où « les mayeurs de bannière et *plusieurs autres gens du*
» *commun et de petit estat meut de mauvaises volontés et contre le consentement des*
» *maire et eschevins et de le plus grande et saine partie des bourgeois et habitants de la*
» *ville avaient commis et perpétré plusieurs rébellions, désobéissances, abus, assemblées,*
» *monopoles, conspirations, céditions et autres excès et délis contre la majesté royale et le*
» *bien de la chose publique,* » des condamnations à mort, à l'emprisonnement, à des

amendes plus ou moins considérables, furent prononcées contre les chefs des métiers ; les mairies de bannières furent abolies, et les corporations industrielles cessèrent ainsi de jouer le rôle d'assemblées primaires qu'elles remplissaient auparavant et de conférer par leurs suffrages les fonctions municipales. Elles conservèrent, du reste, leur ancienne organisation, mais sans chefs directs, et sous l'autorité immédiate des chefs de la cité.

Ce fut dans cette même ville d'Amiens, qu'au mois de juillet 1385, s'accomplit le funeste mariage du roi de France avec Isabeau de Bavière. Le défunt roi avait manifesté le désir de voir son successeur se marier en Allemagne, où il devait trouver de fortes alliances. Isabeau de Bavière fut amenée en France par son oncle, le duc Étienne, sous prétexte de faire un pèlerinage aux reliques de saint Jean-Baptiste. Présentée par les duchesses de Bourgogne, de Brabant et de Bavière à Charles VI qui connaissait déjà son portrait, elle lui plut tellement, qu'il fallut malgré l'intention du duc de Bourgogne de célébrer les noces à Arras, que la cérémonie eut lieu le lendemain même de cette présentation, 18 juillet. La princesse Isabelle fut conduite à la cathédrale dans un beau charriot dont les cerceaux étaient recouverts de toiles d'argent ; suivant le Père Daire, une médaille consacra le souvenir de cet hymen si fatal à la France. Elle représentait deux amours s'entreregardant, un flambeau à la main avec cette devise latine :

Dum similis respondet amor tæda unica binis.

Sept ans après, Charles VI revenait encore dans cette ville avec sa cour. Il s'agissait, cette fois, de traiter de la paix avec les Anglais. Le duc de Lancastre et son père, le duc d'York furent reçus à Amiens avec faste. Le frère et les oncles du roi allèrent au-devant d'eux. Leur dépense et celle de leur suite fut défrayée aux frais du roi de France, et il était prescrit partout, d'accueillir les Anglais avec empressement et courtoisie, quelque part qu'on les rencontrât, au palais, à l'église ou aux champs ; tout ce qu'un Anglais demandait à son hôte, devait lui être immédiatement fourni, sans exiger rien et en refusant même son argent. Malgré le sincère désir qu'on semblait avoir de conclure une paix durable, les prétentions des deux partis ne pouvaient se concilier. L'Angleterre réclamait l'exécution complète du traité de Bretigny et le surplus de la rançon du roi Jean, les Français la démolition des murailles de Calais et le rasement de la ville. Après des pourparlers sans fin, l'on se borna à proroger la trêve d'un an. C'est à la suite de ces conférences que Charles VI ressentit les premiers symptômes de la maladie qui lui fit donner le nom d'Insensé. Atteint d'une fièvre chaude avec de grands transports, on dut le transporter en litière à Beauvais, où il logea au palais de l'évêque. Bientôt après au milieu de l'expédition qu'il dirigeait contre le duc de Bretagne, coupable d'avoir tenté de faire assassiner le connétable de Clisson, la démence complète du malheureux roi éclata, à la suite de la frayeur que lui avait causé la brusque apparition dans la forêt du Mans, d'un pauvre fou lui-même, qui avait saisi la bride de son cheval, en lui criant :

« Retourne, roi, tu es trahi. L'expédition de Bretagne était désormais terminée par cet accident. Le roi fut conduit au château de Creil-sur-Oise dont le bon air et le séjour parurent des plus convenables pour le tenir dans le grand repos que nécessitait sa démence. Un savant médecin de Laon, Guillaume de Harcigny, fut appelé à donner ses soins au monarque.

En 1392 de nouvelles conférences s'étaient ouvertes pour la paix à Hélinghem, méchant village du Boulonnais, ruiné par les guerres; le Roi fut ramené à Abbeville. Il semblait alors se trouver mieux, mais il était toutefois incapable de s'occuper du gouvernement; pas plus que les conférences d'Amiens, celles-ci ne devaient aboutir et le Roi qui avait éprouvé une nouvelle rechute fut reconduit à Creil. Cette paix tant désirée, on crut l'obtenir trois ans après. Le roi d'Angleterre (c'était alors Richard II, fils du prince Noir), veuf de sa première femme, venait de demander en mariage Mlle Isabelle de France, bien qu'elle n'eut encore que sept ans. Après de nombreux pourparlers, les conditions de cette union furent enfin réglées le 9 mars 1396. Les rois et les princes se donnèrent de merveilleux présents et les deux cours se rencontrèrent entre Ardres et Calais pour faire remise au roi anglais de Mlle Isabelle de France. Après des fêtes nombreuses et des protestations de paix et d'amitié échangées entre les deux rois et leurs oncles, Mlle Isabelle prit congé de sa famille, n'ayant d'autres dames françaises de sa suite, que la dame de Coucy, et partit pour Calais où les ducs de Bourgogne et de Berry la suivirent pour assister au mariage célébré le 4 novembre. Malgré cette union, la paix n'avait pu être conclue et l'on était seulement convenu d'une trêve de vingt-huit années. Trois ans après, le roi Richard II, par ses folies et l'avidité de ses favoris, était détrôné par le comte de Derby, reconnu roi sous le nom de Henri IV et la jeune reine, devenue bientôt veuve par la mort de son mari, assassiné au château de Pontefract où l'avait renfermé l'usurpateur, fut rendue aux ambassadeurs français et ramenée à Calais avec les plus grands honneurs. Les ambassadeurs avaient rapporté l'espérance que les trêves seraient continuées, mais ils n'avaient pu obtenir le paiement de son douaire, et l'entière restitution de ses joyaux et de sa dot.

Cette union malheureuse fut un nouveau motif de querelles entre le duc de Bourgogne et le duc d'Orléans prêts déjà à diviser et à ruiner le royaume. Louis d'Orléans, frère du roi, prince plein de fougue et d'ambition, ayant les mêmes vues et la même communauté de conduite et de volonté que la reine Isabeau de Bavière, s'efforçait d'arracher au vieux duc de Bourgogne le rôle prééminent qu'il avait jusqu'alors joué dans le gouvernement. Son luxe déréglé ne pouvait être satisfait par les riches revenus de ses vastes domaines, et les tailles énormes et sans cesse décrétées et levées, lorsque conjointement avec la reine il eut à différentes reprises, durant les accès de démence du roi, à exercer les prérogatives royales, attirèrent sur leur nom une immense impopularité et une sorte d'exécration. A ses hôtels de Paris, à ses nombreuses seigneuries, à ses terres de Pierrefonds, de la Ferté-Milon, de Luzarches, de Saint-Gobain, de Ham, du duché de Valois en Picardie, il venait encore de joindre récemment la seigneurie de Coucy. Enguerran VII de Coucy, comme on l'a vu plus haut, avait épousé lors de son séjour à Londres comme ôtage du roi Jean, la seconde fille d'Edouard III. Créé comte de Bedford, comblé d'honneurs, rentré en France après la mort de Jean, pour s'affranchir des liens d'une neutralité embarrassante, il était allé en Lombardie combattre les Visconti, puis à la tête des grandes compagnies de routiers réclamer les droits qu'il prétendait, du chef de sa mère, à la succession du duché d'Autriche. A son retour, les faveurs dont il fut l'objet de la part de Charles V et la mort d'Edouard III, modifièrent ses dispositions en faveur de l'Angleterre; il y renvoya sa femme et fit remettre au successeur de son beau-père, les insignes de l'Ordre de la Jarretière. A son refus d'accepter la connétablie vacante par la mort de Du Guesclin, il reçut le gouvernement de la Picardie. Après avoir loyalement servi les rois de France dans leurs guerres contre les Anglais et les Flamands, dans leurs démêlés avec les Maillotins, et le duc de Bretagne, le goût des aventures le conduisit successivement dans le royaume de Naples, en Afrique, à Gênes, enfin en Hongrie à la croisade du comte de Nevers, Jean sans Peur contre le sultan Bajazet. Couvert de blessures et fait prisonnier après des prodiges de valeur à la bataille de Nicopolis, il mourut en Bythinie vers la fin de février 1397, au milieu de ses infortunés compagnons de captivité, à peine âgé de 57 ans. Son gendre, Henri de Bar, qui l'avait suivi, survécut peu à cette triste campagne de Hongrie et mourut lui-même de la peste, en passant à Trévise. Louis d'Orléans, malgré la promesse qu'il lui avait faite de protéger sa femme, ses enfants et leurs possessions, à force d'instances et d'intrigues, parvint à triompher de la résistance de Marie de Coucy. Le 15 novembre 1400, elle finit, moyennant 400,000 livres et à la condition d'en conserver l'usufruit sa vie durant, par céder au duc la riche seigneurie de Coucy, le comté de Soissons et ses droits sur l'archiduché d'Autriche. Cette vente fut la source d'un long procès avec Philippe de Bourgogne, mari d'Isabeau de Coucy, fille du second mariage d'Enguerran avec Isabeau de Lorraine. Enfin en 1412 par suite d'arrangements, Charles d'Orléans, fils de Louis, demeura irrévocablement possesseur du féodal manoir de Coucy qui fut réuni au domaine de la couronne en 1498, à l'avénement au trône de Louis XII.

Les querelles pour l'exercice de l'autorité royale, passant successivement des mains du duc d'Orléans à celles de son oncle, le duc de Bourgogne, allaient, par la mort de ce dernier, arrivée le 27 avril 1404, prendre un caractère plus aigüe par l'entrée dans les conseils du gouvernement de son héritier, l'arrogant et intraitable Jean sans Peur. L'on rapporte qu'après sa capture à la bataille de Nicopolis, Bajazet l'avait épargné, parce qu'un nécromant lui avait prédit que ce prince était destiné à faire couler plus de sang chrétien que tous les Turcs réunis. Déjà tout annonçait une lutte à main armée. Les bannières flottaient de toutes parts. Le duc d'Orléans avait fait peindre sur les siennes, en signe de défi un bâton noueux et la devise : *Je l'envie* ; le bourguignon, un rabot avec les mots : *Je le tiens*. Le 17 octobre 1405, la paix se conclut cependant entr'eux, et les princes gouvernèrent en commun, semblant pour quelque temps, oublier leurs dissensions.

La guerre avait, sur ces entrefaites, recommencé avec l'Angleterre. Le nouveau duc de Bourgogne, nommé capitaine et lieutenant général de la Picardie et de la West-Flandre, résolut d'assiéger Calais. Cette entreprise avait toujours été le plus vif désir de son père. Les précautions les plus grandes avaient été prises pour assurer la paie des gens d'armes, archers et arbalétriers levés par le duc; d'immenses préparatifs furent entrepris ; l'on tailla dans les forêts de Saint-Omer, des bastilles en charpentes comme avait fait le duc Philippe quatre ans auparavant dans le même but. Trois mille huit cents chevaliers ou écuyers, 1,800 arbalétriers, 1,000 piquiers, 3,500 pionniers, 1,200 pièces de canon, 195 bâtiments, devaient assaillir la place par terre et par mer. Préparatifs inutiles ; l'argent manqua encore. Jean avait épuisé ses propres finances, et presque tout le subside levé avait été accordé au duc d'Orléans, pour une malencontreuse expédition en Guyenne. Il fallut licencier les troupes ; les impôts des diocèses d'Amiens, de Beauvais, de Châlons et de Troyes furent par le conseil du roi, abandonnés à Jean sans Peur pour l'indemniser des dettes qu'il avait contractées. Profondément offensé d'avoir été ainsi exposé à perdre la gloire qu'il comptait acquérir, sa haine contre le duc d'Orléans s'envenima encore. Le 23 novembre 1407, Louis d'Orléans tombait dans la vieille rue du Temple sous les coups des assassins apostés par son cousin.

Le crime était patent. Le duc de Bourgogne, réfugié dans ses Etats de Flandre, refusait de venir exposer les motifs et les justifications d'un tel attentat, et de livrer les complices qui l'avaient commis à son instigation. Le duc de Berry et le roi de Sicile lui avaient fait demander une conférence à Amiens. Fort de son impunité, il s'y rendit avec ses deux frères, à la tête de 3,000 hommes d'armes. Son premier soin fut de faire peindre sur la porte de son logis, deux fers de lance, l'un affilé, l'autre émoussé, pour faire entendre que c'était à choisir de la paix ou de la guerre. Bien que faisant grand accueil aux deux princes, il leur dit obstinément qu'il ne demandait ni pardon ni grâce, et qu'au contraire, le roi et son conseil lui devaient de grandes obligations pour ce qu'il avait fait, thèse qu'il eut l'audace de faire soutenir par son conseiller Jean Petit, cordelier et docteur en théologie, devant le conseil à Paris, où il se présenta comme un vainqueur, salué par les cris de : Vive le duc de Bourgogne, Noël! Noël! par la foule du peuple, qui mettait en lui son espérance de ne plus désormais payer les lourdes tailles dont avait tant de fois abusé Louis d'Orléans.

Malgré la paix fourrée de Chartres, la guerre éclata enfin cruelle et sans pitié entre Orléans et Bourgogne, les gens d'armes d'Orléans ravagèrent et dévastèrent le Vermandois et la Picardie ; les gascons du comte d'Armagnac, alliés du duc d'Orléans avaient pris et saccagé la ville de Roye, et s'étaient saisis de la forteresse de Ham. Les paysans, las de leurs pillages, laissant alors la bêche et la charrue, prirent la croix de Bourgogne et commencèrent à tomber sur les Armagnacs. Le duc de Guyenne, dauphin de France, pour remédier à ces désordres, appela le duc de Bourgogne, commandant de lui obéir en tout, comme aux villes et forteresses de lui ouvrir leurs portes. A cette adhésion du premier prince du sang, la milice royale des bouchers de Paris et le peuple adoptèrent le chaperon bleu, la croix de Bourgogne et la devise de : Vive le Roi. En moins de quinze jours, plus de 100,000 âmes se parèrent de ces insignes. Jean sans Peur accourut à l'appel qui lui était fait. Il était suivi de sa noblesse de Bourgogne, de Flandre et d'Artois et de plus de 50,000 hommes des milices des bonnes villes de Flandre, traînant derrière elles 12,000 charriots de bagages et une foule d'engins de guerre. Il se présenta d'abord devant Ham où commandait Bernard d'Albret, le plus vaillant chef des Armagnacs. Celui-ci repoussa avec vigueur les premières attaques, mais la ville, battue en brèche par les formidables engins du duc, et surtout par les ribaudequins, espèce de grandes arbalètes montées sur charriot, après avoir soutenu un assaut de plus de trois heures n'était plus tenable. D'Albret profitant de ce qu'elle n'était point encore complètement investie, sortit de nuit avec les plus notables bourgeois. Dès leur entrée dans la place, les Picards et les Flamands se ruèrent à l'envi au pillage. Ceux-ci étaient les plus âpres à la curée ; rien ne fut à l'abri de leur rapacité, pas même l'abbaye dont ils forcèrent les portes. Quelques seigneurs parvinrent à sauver et à conduire auprès du duc six ou sept des religieux, le prieur en tête portant la croix processionnelle. Quand tout fut saccagé, les Flamands mirent le feu à la ville. Terrifiés par ce sac, Nesles, Chauny, Roye s'empressèrent d'ouvrir leurs portes au duc.

Cependant les Orléanais s'avançaient sur Montdidier, où Jean sans Peur s'était concentré, sans avoir rencontré d'autre résistance qu'à Senlis, où un vaillant Bourguignon, Enguerran de Bournonville avait attaqué leur arrière-garde. Les deux armées étaient en présence, et peut-être une action décisive allait-elle s'engager, quand les Flamands, satisfaits sans doute du pillage de Ham, firent tout à coup défection, disant qu'ils avaient fini leur temps de service. En vain Jean sans Peur, chaperon bas, les supplia-t-il, les mains jointes, de ne pas l'abandonner ; il lui fallut consentir à leur départ, et leur donner même pour les commander jusque chez eux son propre frère, le duc de Brabant. Le feu qu'ils mirent à leurs tentes en les quittant, amena l'incendie de la majeure partie du camp. Sur leur route ils pillèrent les vignes, et mangèrent tant de raisin, que beaucoup d'entre eux moururent à Péronne de dyssenterie. Cependant malgré cet incident, le duc de Bourgogne triomphait et entrait le 23 octobre 1411 dans Paris. Muni de pleins pouvoirs du roi, maître absolu du gouvernement du royaume, il poursuivit à outrance ses adversaires. Le comte Waleran de Saint-Pol fut envoyé pour saisir le comté de Coucy, le bailli d'Amiens, Ferry d'Hangest, les villes d'Eu, de Gamaches, de Boulogne, qui se rendirent par accommodement. Les villes ouvertes se rendaient à lui, les forteresses succombèrent avec plus ou moins de résistance. Celle qui en fit le plus fut Coucy, défendue par Robert d'Esne qui, malgré la ruine par la mine de la porte, résista trois mois durant aux attaques du comte de St-Pol, et ne livra la place que par une capitulation honorable. Le parti d'Orléans aux abois, traita alors d'alliance avec les Anglais.

A cette nouvelle, le duc de Bourgogne, profitant d'un semi-éclair de raison du roi, lui fit prendre à Saint-Denis l'oriflamme (c'était la première fois qu'on la déployait dans une guerre de Français contre Français) et le conduisit contre les terres du duc de Berry, tandis que le comte de Saint-Pol sur les frontières de Picardie devait s'opposer aux entreprises de la garnison de Calais. Guidés par un boucher qu'on en avait chassé pour ses démérites, Clignet de Brabant surprit à l'ouverture des portes, au soleil levant, la ville de Vervins et la livra à un pillage évalué à plusieurs millions de florins. Le bailli de Vermandois avec les milices communales y rentra après un siège de 23 jours. La paix d'Auxerre suspendit un instant la guerre civile ; ce fut l'occasion pour les princes des mêmes témoignages hypocrites d'affection et de familiarité. Le duc de Bourgogne et le duc d'Orléans, l'un l'assassin, l'autre le fils de la victime, se promenèrent en signe de réconciliation fraternelle aux yeux des bonnes gens, montés sur le même cheval. Les dissensions recommencèrent bientôt ; Orléans en 1413 triomphait à son tour de Bourgogne, et Paris arborait la bande blanche des Armagnacs. Y prononcer le nom de Jean-sans-Peur était un crime irrémissible, et si quelque enfant avait le malheur de chanter par les rues cette chanson jadis tant répétée: « *Duc de Bourgogne, Dieu te tienne en joie* », il était sûr d'être battu et jeté dans la boue. En vain Jean vint-il camper devant la capitale. Il n'y avait rien à faire de ce côté ; la ville était bien défendue et l'opinion publique lui était contraire, ses partisans dispersés ou réduits à l'impuissance. Il lui fallut reprendre honteusement la route de Flandres, en butte aux railleries de ses ennemis. Dès le lendemain de sa retraite, il était mis au ban du royaume et une nouvelle fois, le malheureux Charles VI précédé de l'oriflamme, était conduit, jouet du parti triomphant, guerroyer cette fois contre Jean-sans-Peur.

La première place attaquée fut Compiègne. Les sires de Lannoy, de Solre et quelques autres chevaliers la défendaient bravement. Toutes les sommations qui leur furent faites demeurèrent sans effet. Déjà il y avait eu de belles sorties ; les assiégés avaient pris plusieurs canons et encloué le plus gros qui se nommait la Bourgeoise. Quand le roi fut arrivé, on somma de nouveau de le laisser entrer dans sa ville ; il aurait voulu qu'elle ne fut ni détruite ni saccagée, car le château était fort beau, et les rois de France l'avaient presque tous aimé mieux que leurs autres demeures. Depuis Charles-le-Chauve qui en avait bâti les grosses tours, il avait toujours été agrandi et décoré. On fit dire aux assiégés que le roi était là en personne ; ils ne voulurent admettre aucun envoyé ni parlementer avec eux ; mais enfin on réussit à entrer en conférences. Les assiégés firent d'abord semblant de ne point croire à cette affirmation. On offrit de les convaincre. Deux habitants non riches et honorables, mais des plus mauvais sujets de la ville furent les députés choisis pour cette mission. Le roi voulut pourtant bien les recevoir ; ils le saluèrent humblement, lui parlèrent du loyal dévouement des habitants et répétèrent que dans la cité on ne croyait pas à sa présence au camp. *Cela est faux et ridicule,* dit-il, *et nous trouvons fort mauvais que vous vous refusiez à ouvrir vos portes.* Le duc d'Aquitaine ajouta cette menace : *Si vous ne vous hâtez, vous serez tous exterminés.* Ils s'en retournèrent au milieu des huées de tous les seigneurs qui leur criaient : *Hé bien, maudits traîtres, à présent que vous avez vu votre roi vous rendez vous ?* Des ôtages furent donnés de part et d'autre, et l'on continua à parlementer. La bonté du roi résistait à tous les conseils de rigueur qu'il recevait, comme aux clameurs des Gascons, des Allemands et des Bretons qui voulaient le pillage, et même à l'arrogance des prétentions du sire de Lannoy et des autres chevaliers de la garnison.

Ils avaient envoyé demander des secours ; le duc dans l'impuissance de leur venir en aide, leur fit dire de traiter aux meilleures conditions possibles. La garnison obtint de sortir avec armes et chevaux, promettant de ne plus servir contre le roi ; les bourgeois crièrent merci et leur peine criminelle fut commuée en peine civile, c'est-à-dire qu'on les rançonna.

A la suite de ce siège la Constitution municipale de Compiègne fut aussi profondément modifiée et ses libertés restreintes : « Les gouverneurs et attornez, dit l'ordon-
« nance royale rendue à cet effet, pourront s'assembler aux lieux accoutumés et y ap-
« peler avec eux 12 notables bourgeois pour délibérer sur les affaires de la ville, toutes
« et quantes fois il le jugeront convenables, sans être tenus de convoquer, dans la
« suite, les habitants, à cause des dommages irréparables qui sont naguères advenus
« au royaume, de par les assemblées du commun peuple de notre ville de Compiègne,
« qui n'ont pas eu, ni n'ont sens ni entendement, voulant que tout ce qui aura été ar-
« rêté par le comité, ait la même force que la communauté entière lui donnait aupara-
« vant. »

De Compiègne, le roi vint devant Soissons, il se logea à l'abbaye de Saint-Jean des Vignes tandis que les ducs d'Aquitaine et d'Orléans s'établissaient dans celle de Saint-Paul et non de Saint-Quentin comme le dit par erreur Monstrelet. La ville était défendue par Enguerran de Bournonville, vaillant soldat, quoique simple écuyer. Sommé de rendre la ville au roi il répondit que lui et tous ceux de la garnison étaient et avaient toujours été fidèles sujets, ainsi qu'ils l'avaient bien montré l'année d'avant au siège de Bourges, qu'il était donc tout prêt à recevoir le roi et le duc d'Aquitaine dans Soissons, mais eux seulement avec leur suite.

Cette réponse irrita les princes ; on battit en brèche les murailles et dès le second jour les assiégés firent une sortie. Le bâtard de Bourbon y courut à demi armé, et reçut un coup d'arbalète à la gorge ; la blessure était mortelle ; ce fut un grand chagrin pour l'armée.

Le siège fut continué avec une extrême ardeur et soutenu avec la même constance. A toutes les sommations Enguerran de Bournonville répondait que la ville était au duc d'Orléans, ennemi du duc de Bourgogne et que celui-ci pouvait la retenir selon toutes les règles de la justice et de la guerre. Cependant malgré la défense, Soissons ne pouvait tenir longtemps. Les assiégés envoyèrent un message au duc Jean, pour le conjurer de prendre en pitié leur situation. *C'est un grand sujet d'épouvante pour nous*, lui écrivit Enguerran, *de voir contre vous, le roi, notre naturel et souverain seigneur, accompagné d'une si grande armée, qui n'a d'autre désir que d'exterminer vos plus fidèles serviteurs*. Le messager porteur de cette lettre fut pris et on lui trancha la tête. Les assiégeants encouragés par la détresse de la garnison, redoublèrent leurs attaques, les faubourgs et les défenses extérieures furent emportés, la Bourgeoise, remise en état de service, faisait de terribles ravages. Enfin la garnison commença à se décourager, le sire de Bournonville proposa de faire une sortie pendant la nuit et de quitter la ville. Mais les sires de Craon et de Menou qui étaient les principaux chevaliers, s'opposèrent à ce dessein, les bourgeois et les gens de pied ne voulant pas être abandonnés. La discorde se mit dans la place ; on ne laissa plus sortir Enguerrand pour repousser les assiégeants, parce qu'on craignait qu'il ne rentrât plus. Nonobstant un tel désordre, Enguerrand continuait à se défendre vaillamment ; de rudes assauts furent repoussés. Le duc de Bourbon qui gravissait aux échelles tout des premiers, fut jeté en bas d'un coup de hâche ; on le crut mort. Pendant qu'on combattait ainsi sur les murailles, des archers anglais qui défendaient une autre porte, étaient entrés en intelligence avec des gens de Bordeaux, anglais aussi, de la suite du comte d'Armagnac, ils leur livrèrent l'entrée qu'ils avaient mission de garder. Quand Enguerrand y courut il était trop tard. Blessé à la tête et voulant faire franchir à son cheval la chaîne d'une rue, il fut renversé et fait prisonnier. De toutes parts on pénétra dans la ville. Alors commença un horrible massacre, la garnison fut passée au fil de l'épée, les bourgeois qui ne pouvaient se racheter, n'eurent nulle miséricorde ; on pilla les maisons, on força les églises, les monastères, on enleva les vases sacrés, les reliques, on viola les femmes, les jeunes filles, les nonnes. Le lendemain quand la fureur fut un peu calmée, on fit dire aux gens de revenir et que le roi leur pardonnerait. Enguerrand de Bournonville eut la tête tranchée et fut suspendu par les aisselles au gibet, malgré les instances que firent auprès du roi, en sa faveur, plusieurs chevaliers qui avaient fait avec lui les guerres d'Italie et de France. Avec lui, on exécuta aussi Pierre de Menou, chevalier ; quatre autres gentils hommes furent mis à mort ainsi que quelques bourgeois. D'autres, au nombre de vingt-cinq envoyés à Paris, y furent pendus ou décapités, Me Filet, avocat sage et habile, qui avait longtemps fait toutes les affaires de la ville, mené à Laon y eut la tête tranchée et fut suspendu au gibet ainsi que 100 ou 120 archers anglais.

Après ces exécutions cruelles, le roi se livra à des sentiments de clémence ; au lieu de réduire les bourgeois en servitude, il se contenta de leur imposer une forte taxe perpétuelle. On pensa qu'ainsi ruinés par le pillage et par une rançon, ils étaient pour ainsi dire réduits à une condition plus dure que le servage.

Le roi, avant de quitter Soissons, fit rechercher précieusement les reliques que les gens d'armes avaient profanées, et dispersées, en racheta même à prix d'argent puis alla en pèlerinage à Notre-Dame de Liesse, vint à Laon, y fut grandement accueilli du clergé et des bourgeois et y reçut la soumission du comte de Nevers frère de Jean-sans-Peur ; de Laon il se rendit à Ribemont, à Saint-Quentin, puis à Péronne, logea au château et reçut la visite de la comtesse de Hainaut et du duc de Brabant, sœur et frère du duc de Bourgogne, venus pour tâcher s'il était possible de traiter d'un accommodement. Le roi y voulait consentir à condition que Jean reconnut ses fautes, et n'essayerait pas de les justifier ; mais on ne put adoucir l'humeur colère du duc. L'on vint donc mettre le siège devant Arras. La ville était forte et bien défendue, l'armée était dégoûtée ; il ne restait plus d'argent pour payer les gens d'armes. Un traité de paix, imposé à contre-cœur au duc d'Orléans, mit fin aux hostilités. Après d'interminables discussions et des négociations sans fin sur l'exécution de ce traité, le pays pouvait espérer respirer un instant. Un nouvel et plus violent orage allait fondre sur lui.

Déjà pendant le siège d'Arras, Henri V roi d'Angleterre rappelant ses prétendus droits à la couronne de France, demandait qu'elle lui fut assurée par succession, réclamant la main de Mme Catherine de France, lui apportant en dot, la Normandie et toutes les provinces cédées par le traité de Brétigny, sinon annonçant une rude guerre. Les négociations et les ambassades échangées entre Paris et Londres n'aboutirent point. Le 14 août 1415, Henri V débarqua à l'embouchure de la Seine, entre Honfleur et Harfleur. Rien n'était préparé pour s'opposer à cette descente ; Harfleur fut emporté, mais après ce premier succès l'armée anglaise, ravagée par les maladies, au lieu d'avancer en Normandie, fut contrainte de reprendre le chemin de Calais. Henri V traversa la Bresle à Gousseauville, le comté d'Eu, le Vimeu et s'avança dans l'intention de passer la Somme au gué de Blanquetaque comme l'avait fait autrefois Edouard III. En arrivant à Drancourt, son extrême arrière-garde prit un chevalier gascon qui revenait d'Abbeville. On lui demanda si le gué était gardé ; le chevalier répondit que 6,000 hommes y étaient arrivés de la veille et que le nombre en devait être doublé, parce qu'on y envoyait continuellement des forces. Le roi d'Angleterre voulut contester le fait. *Sire*, répondit le chevalier, *je le jure sur ma tête à couper*. Plusieurs auteurs ont affirmé qu'il n'y avait pas un seul écuyer pour l'instant à Blanquetaque et que le chevalier sentant toute l'importance du moment, avait voulu servir la France par un mensonge qui pouvait lui coûter la vie ; mais cette assertion est contredite par les chroniques anglaises et tous les documents du pays. Il suffit de lire les registres des argentiers d'Abbeville pour voir qu'on y était sur ses gardes. On expédiait de toutes parts des messagers, pour s'informer de l'état des choses, et les avis ne manquaient pas. En effet, les milices bourgeoises d'Amiens, d'Abbeville, de Montreuil, soutenues par un bon corps de troupes et protégées par une barrière de palissades et de canons, défendaient le gué sur l'autre rive. Henri rebroussa chemin et vint camper le dimanche 3 octobre à Bailleul, dans l'intention de forcer le pont Remy, mais le sire d'Albret, connétable de France, qui se trouvait à Abbeville avec 12,000 hommes et qui comptait parmi les principaux officiers de son armée, le maréchal de Boucicaut, Vendôme, et le duc d'Alençon, avait eu soin de faire occuper tous les passages, et de couper tous les ponts. Henri après avoir inutilement tenté de traverser la Somme à Long, et de s'emparer de Pont-Remy que défendait le sire de Gaucourt et ses deux fils, chevaliers de haut courage, fut obligé de se porter sur Airaines. D'Airaines il marcha par Hangest, tantôt se rapprochant et tantôt s'éloignant de la fatale rivière, suivant sa rive gauche et remontant vers sa source. Puis tournant au Pont-de-Metz autour d'Amiens, il s'arrêta à Boves où il y avait foison de vins dans les pressoirs, dont les Anglais buvaient beaucoup « *ce qui rendait le roi dolent, car la plupart faisaient bouteilles de leurs ventres* » et ces excès étaient loin d'être salutaires aux maladies épidémiques dont ils étaient atteints, il traversa Harbonnières, Vauvillers et Bauvillers. Après avoir ainsi parcouru les plaines du Santerre, par la négligence des Saint-Quentinois chargés de rompre ce passage, il passa enfin la rivière parmi les marais de la Somme, à Béthencourt, entre Ham et Péronne par la connivence d'un misérable traître qui lui indiqua un gué, et en improvisant un pont avec les échelles, les portes et les fenêtres du village, et ne s'arrêta qu'à Azincourt en Artois, devant le connétable d'Albret, enfin accouru de Péronne pour lui fermer la route. Comme à Crécy, l'armée française s'avançait pleine de confiance, et bien supérieure en nombre à ses adversaires fatigués. Comme Crécy et Poitiers, Azincourt fut une nouvelle victoire remportée par l'infanterie contre les chevaliers bardés de fer. La fleur de la noblesse française demeura sur le champ de bataille. Parmi les seigneurs picards qui périrent dans cette journée, il faut relever les noms de Rambures, grand-maître des arbalétriers, de Robert de Bar, comte de Marle et de Soissons, de Ferry de Vaudemont, seigneur de Boves, du vidame d'Amiens, du seigneur de Croy et de son fils Jean, d'Heilly, de Poix, de l'Etendard de Créquy, de Philippe d'Auxois, bailli d'Amiens, du seigneur de Raineval et de son frère, de Longueval et de son frère, du seigneur de Mailly et de son fils aîné, de Guillaume de Saveuse, de Roger de Poix, du vidame de Laon, de Regnaut et de Philippe de Créquy, de Mathieu et de Jean d'Humières, de Raoul de Nesle, de Pierre de Beauvoir, bailli de Vermandois, du seigneur de Saint-Simon, du seigneur de Chauny, de Drieu d'Argies, de Gobert de la Bove, bailli de Laon, d'Enguerran de Fontaines, de Jean et de Floridas de Moreuil, de Raoul de Nesles, de Lancelot de Rubempré, d'Ernault de Corbie, du vicomte de Domart, etc., etc. Les corps des principaux chefs reçurent une sépulture honorable dans l'abbaye de Ruissauville. 5,000 cadavres furent enfouis dans des fosses entourées d'épines pour les défendre contre les insultes des chiens et des loups affamés.

Trop heureux de cette victoire inespérée, Henri V avait repris la route de Calais et de l'Angleterre. L'empereur d'Allemagne, Sigismond, invité par Charles VI à ménager la paix entre la France et l'Angleterre, traversa la Picardie pour se rendre de Paris en Angleterre. Il vint à Beauvais, accompagné du duc de Milan, oncle du duc d'Orléans, de l'archevêque de Reims et des autres ambassadeurs désignés pour cette mission, fit ses pâques à la cathédrale, se rendit à Saint-Riquier par Pont-Remy, car les Abbevillois lui refusèrent, dans leur patriotisme, de lui accorder le passage par leur ville, parce qu'il avait avec lui des envoyés anglais étalant fièrement leur croix rouge, fit ses dévotions à Saint-Josse, où après avoir été reçu comme l'eût été le roi de France, il n'offrit et ne donna aucun présent, rapporte Monstrelet, et s'embarqua à Calais.

Le duc de Bourgogne n'avait point conduit ses troupes au secours de la France ; il négociait avec les Anglais. L'occasion était belle pour lui ; le duc d'Orléans était resté prisonnier à la journée d'Azincourt. C'était le jeune dauphin Jean qui gouvernait alors, au nom du roi toujours en démence. Il mourut empoisonné, suivant la rumeur publique, au moment où il venait de traiter avec le duc de Bourgogne. Toute espérance de reprendre la puissance par ce traité, échappait par cet événement à Jean sans Peur. Peu de jours après, 24 avril 1417, il écrivit aux bonnes villes pour les prier de l'aider à faire punir les destructeurs de la maison de France, les coupables de ces trahisons homicides, tyrannies, empoisonnements ; par là, ajoutait-il, on évitera la destruction du royaume, mondit seigneur (le roi) sera obéi et honoré, ce qui est la chose que nous désirons le plus au monde, le royaume sera en paix, les églises défendues, les méchants punis et les injures faites au peuple cesseront. Ces lettres ne laissèrent pas d'indisposer plusieurs bonnes villes contre le nouveau dauphin Charles de Touraine, et contre ceux qui gouvernaient avec lui. Persuadés que les intentions du duc n'étaient que le bien de la chose publique, Reims, Châlons, Troye, Abbeville, Amiens, Saint-Riquier, Doullens, Montreuil, la Picardie tout entière en un mot, prit la croix de Saint-André et cria : Vive Bourgogne. Jean avait réuni ses hommes d'armes ; il se dirigea vers Paris. Il était arrivé à Amiens où il fut reçu de tous ceux de la ville *moult honorablement tant des gouverneurs d'icelles que de ceux du commun et criaient Noël à tous les carrefours où il passait* et s'en vint loger dans l'hôtel de Robert le Jeune avocat et conseiller de la ville et l'un de ses plus chauds partisans. Ce fut là qu'il reçut le sire de Canny, porteur de lettres du roi qui lui enjoignaient de licencier ses troupes, de retourner chez lui et de se justifier de cette levée de boucliers. *Il tient à peu en vérité que je ne vous fasse trancher la tête*, lui répondit tout d'abord l'irascible bourguignon ; *je n'obéirai pas au commandement du roi, mais je vais promptement à Paris avec toute ma puissance et pour lors je lui répondrai de bouche à bouche.* Cependant mieux avisé, il fit remettre au sire de Canny une réponse écrite à chacun des articles de ses instructions.

Pendant que, profitant de ces désordres, Henri V d'Angleterre, avec une très petite armée conquérait sans résistance et à loisir les places de Normandie, délaissées par leurs garnisons rappelées à Paris, Jean sans Peur s'avançait plus rapidement encore. Montdidier, Beauvais, Senlis, le reçurent à grande joie ; partout on criait Noël sur le passage de celui qui abolissait les aides et les gabelles. Il vint assiéger Paris, fit enlever du couvent de Marmoutiers où elle était détenue par ordre du dauphin, la reine Isabeau de Bavière et la ramena à Chartres. Isabeau écrivit alors aux bonnes villes, pour les instruire de son alliance avec son très cher cousin de Bourgogne, afin d'ordonner ce qui était nécessaire pour recouvrer la domination du roi, son seigneur, les exhortant à se maintenir d'accord avec les intentions du duc de Bourgogne et à n'obtempérer à aucune lettre ou mandement donné au nom du roi ou de son fils, le dauphin. En même temps l'on arrêta d'envoyer à Amiens, Philippe de Morvillers, accompagné de notables clercs et d'un greffier pour y établir une cour souveraine de justice au lieu de celle qui existait au Parlement de Paris, afin qu'il ne fût plus nécessaire *d'aller à la chancellerie royale pour impêtrer mandement ni pour quelque autre cause qui put advenir dans le ressort des bailliages d'Amiens, de Vermandois, de Tournai et de la sénéchaussée de Ponthieu et leurs enclaves.* Les actes de cette cour devaient être scellés de cire vermeille, d'un sceau représentant l'image de la reine, droite, les deux bras tendant vers la terre, accostée de chaque côté, à droite d'un écu aux armes de France, à gauche d'un écu mi-partie de France et de Bavière, avec cette légende : « C'EST LE SCEL DES CAUSES, SOUVERAINETÉS » ET APPELATIONS POUR LE ROI, par le moyen duquel scel et mandement, rapporte » Monstrelet, ledit maître Philippe assembla grand nombre de pécunes. » Malgré les tentatives de Jean sans Peur, le connétable d'Armagnac tenait toujours la capitale sous sa sévère domination ; la mauvaise saison s'avançait, le duc dut congédier ses gens, mettant de bonnes garnisons dans les villes importantes.

Le connétable, les sires de Barbazan et de Tanneguy Duchâtel, encouragés par quelques succès, se résolurent alors à mettre un terme aux courses que le bâtard de Thiais, capitaine de Senlis, faisait jusqu'aux portes de Paris, et à aller mettre le siège devant cette ville. Pour qu'elle se rendît plus volontiers, ils emmenèrent le roi avec eux. Les bourgeois ne demandaient qu'à traiter ; mais le bâtard et les gens de guerre étaient les maîtres. Toutefois se voyant pressés par une forte armée, ils convinrent de remettre la ville, s'ils n'étaient pas secourus le 19 avril ; ils donnèrent six otages, et envoyèrent aussitôt un message au comte de Charolais, auquel son père Jean sans Peur avait confié le gouvernement de la Picardie. Ce prince avait grande envie de s'y rendre lui-même ; son conseil s'y opposa. Messire Jean de Luxembourg et le seigneur de Fosseuse furent chargés de cette affaire ; ils rassemblèrent à Pontoise des gens pris dans diverses garnisons, et avec la plupart des nobles de la Picardie, ils arrivèrent le 18 devant la ville. Le connétable fit aussitôt armer son monde, et mit l'armée en bataille. Profitant de la venue de ce secours, la garnison sortit, vint piller le camp, et y mit le feu. Les malades périrent ; plusieurs marchands furent tués. Le connétable furieux, fit trancher et pendre par quartiers au gibet quatre otages de la ville, n'épargnant que l'abbé de St-Vincent et un avocat du roi. En représailles, le bâtard de Thiais qui avait cinquante prisonniers, les fit périr sur le champ ; deux femmes furent même noyées. Le connétable fit aussitôt tuer tous ceux qu'il avait encore en son pouvoir.

Le connétable qui avait marché contre les gens qui venaient secourir Senlis, envoya de la part du roi qui chevauchait avec lui, deux hérauts pour demander aux seigneurs bourguignons qui ils étaient et ce qu'ils prétendaient. *Je suis Jean de Luxembourg*, répondit ce seigneur, *j'ai avec moi le sire de Fosseuse, ainsi que beaucoup d'autres seigneurs, nous venons ici par ordre de Mgr de Bourgogne pour servir le roi de France, et secourir sa bonne ville de Senlis contre le comte d'Armagnac. Nous sommes prêts à le combattre, lui et les siens, s'il veut nous indiquer un lieu pour cela, mais nous ne combattons pas le roi; nous sommes ses fidèles vassaux et ses loyaux sujets.* Quand on rapporta cette réponse au connétable, puisque ce n'est ni le duc de Bourgogne ni son fils, dit-il, il n'y a pas grand'chose à gagner ici. Ces compagnons-là ne sont pas riches et ne cherchent qu'à s'enrichir; il vaut mieux nous en aller. D'ailleurs, il venait d'apprendre qu'une autre compagnie de Bourguignons venait de Dammartin pour couper sa retraite vers Paris. Il ramena le roi au plus vite, et les Bourguignons se retrouvèrent maîtres de tout le pays.

La trahison de Périnet Leclerc livra, sans coup férir, dans la nuit du 29 mai 1418, la ville de Paris aux mains des Bourguignons. A cette nouvelle, Creil, Noyon, Laon, Soissons, Chauny-sur-Oise, leur ouvrirent leurs portes. Péronne, qui avait toujours tenu et tenait encore le parti du dauphin et du comte d'Armagnac, traita avec le comte de Charolais, malgré la résistance du bailli de Vermandois, Thomas de Hersies, qui pris et mené à Laon par les Bourguignons y fut décapité. Le dauphin, sauvé de Paris par le dévouement et l'habileté de Tanneguy du Chatel, malgré la triste situation de son parti, fit cependant, à l'aide de quelques capitaines éprouvés, tête à l'orage. Le sire de Bosquiaux l'un d'eux, s'empara de Compiègne avec le toujours vieux stratagème de faux bûcherons escortant une charrette destinée à empêcher de lever le pont-levis des portes, et de ce point important, commença *à moult travailler,* les partisans du duc de Bourgogne, prenant d'emblée au point du jour, la ville de Soissons qui fut pour la plus grande partie *devêtue de ses biens.* Tandis que les deux partis s'entre-déchiraient entre eux sans pitié, Henri V continuait le cours de ses conquêtes en Normandie et assiégeait la capitale de la province, sans qu'on songeât à l'inquiéter. En vain les députés de Rouen sollicitèrent-ils des secours du duc de Bourgogne, en vain un célèbre orateur populaire, le carme Eustache le Grand, dit Pavilly, chercha-t-il par ses discours patriotiques, à émouvoir princes et villes à se lever pour empêcher la chute de la vieille cité normande; rien n'y fit. On voit dans les comptes de Robert aux Coustaux, grand compteur de la ville d'Amiens, que cette cité lui remboursa les frais et dépens qu'il avait faits par plusieurs journées *qu'il avait vacquées en démonstrant et preschant le peuple afin de le mouvoir au secours de la ville de Rouen assiégée par les Anglais anchiens ennemis du roi notre sire.* Amiens avait même levé un corps de troupes à cet effet. Quand l'espoir de traiter avec le roi d'Angleterre fut perdu, car c'était jusqu'alors le seul moyen qu'on eût employé, le roi, la reine et le duc de Bourgogne vinrent à Beauvais pour aviser enfin à secourir la ville, en rassemblant péniblement des troupes, et répondant aux dernières supplications des Rouennais épuisés, qu'on les délivrerait à la Noël, promesse illusoire. Vingt-cinq jours après cette date, le 19 janvier 1419, la ville était contrainte d'ouvrir ses portes aux Anglais.

Cependant de doubles négociations s'était engagées avec le dauphin et le roi d'Angleterre. Le traité du Ponceau de Pouilly réconcilia le dauphin et Jean sans Peur. Le roi confirma ce traité, promit l'oubli général du passé, ordonnant que toute guerre cessât, hormis contre les Anglais. Mais ceux-ci s'avançaient toujours sans résistance, ils venaient de surprendre Pontoise. Rien n'était encore changé malgré cet accommodement, et les gens de guerre des deux partis ne s'unirent point contre l'ennemi commun, les serviteurs des princes recommencèrent à rallumer entr'eux les anciennes méfiances ; les menaces échangées allaient bientôt porter leurs fruits. Dans une conférence où l'on devait s'entretenir de *choses grandement importantes pour le bien du royaume*, le 10 septembre 1419, le duc Jean sans Peur fut assassiné sur le pont de Montereau par les serviteurs du dauphin.

Le meurtre de Jean sans Peur, quelle qu'en ait été la cause, n'était point favorable pour rétablir les affaires du dauphin. Plusieurs villes prêtes à abandonner le parti des Anglais et des Bourguignons, le soutinrent au contraire avec plus d'ardeur, depuis ce tragique événement, de sorte qu'il se trouva rejeté par la majorité de la nation. Philippe le Bon, fils de Jean sans Peur, s'unissant plus intimement à Isabeau de Bavière et à Henri V, allait bientôt faire signer le fatal traité de Troyes (2 mai 1420), qui en donnant au roi d'Angleterre, la main de Mlle Catherine de France, cédait après la mort de l'idiot Charles VI, la couronne et royaume de France perpétuellement à son fils le roi Henri et à ses héritiers, et comme il était la plupart du temps empêché de voir par lui-même et de vaquer à la disposition du royaume, faisait-on dire au pauvre roi, il lui léguait dès à présent, sa vie durant, la faculté et l'exercice de gouverner et d'ordonner la chose publique; la force primait le droit. Grâce à la bonne Lorraine, Jeanne d'Arc, neuf ans après le droit devait primer la force. La guerre recommença plus âpre et plus cruelle. Au midi de la Loire s'est réfugié le parti du dauphin, la France ; au nord règnent le Bourguignon et l'Anglais.

A l'embouchure de la Somme, au Crotoy, Jacques d'Harcourt fortifia et garnit sa ville de vivres et de munitions. Jean de Luxembourg sortit de Péronne pour aller assiéger le château de Demuin d'où les partisans du dauphin faisaient *moult tribulations en la ville d'Amiens, Corbie et ès marches d'entour*. Comme il était à Lihons, il apprit que la garnison de Compiègne venait, faute de guêt, de s'emparer de la ville de Roye, 10 décembre. Il y courut aussitôt ; les échelles qui avaient servi à l'escalade étaient encore dressées contre les murs. Après avoir emporté un faubourg, Luxembourg, en présence des difficultés qu'il rencontrait, réquisitionna des villes voisines, arbalétriers, canons et engins de guerre. Amiens, Corbie, Douai, Arras, Péronne, Saint-Quentin, Montdidier, Noyon y envoyèrent leurs arbalétriers et la garnison, assaillie par plusieurs bombardes et autres gros engins, capitula le 18 janvier, vie et bague sauves, et même avec une partie de son butin. Malgré le sauf-conduit de Jean de Luxembourg, elle fut pillée et massacrée par une compagnie anglaise. Le 19 janvier 1420, le château de Demuin fut cédé par accommodement au vidame d'Amiens. La compagnie anglaise qui avait pillé la garnison de Roye, se jeta sur Clermont ; la ville se défendit. Les Anglais repoussés, boutèrent le feu et ardirent le faubourg Saint-André et rentrèrent en Normandie, menant avec eux grands proies. Le duc de Bourgogne se rendant à Troyes pour y coopérer à la conclusion du fatal traité qui vendait la France à l'étranger, assiégea en passant Crespy en Laonnais dont la garnison traita après 15 jours de siège, et se retira à Soissons. Parmi les chefs qui la commandaient se trouvent les deux noms populaires de La Hire et Saintrailles. La ville de Crespy, après cette capitulation, se vit pillée et dénuée de tous les biens portatifs qui y furent trouvés. A la requête des gens de Laon et de Saint-Quentin ses portes et ses murailles furent abattues.

Le traité de Troyes signé, l'on envoya pour instruire de cet acte, les bonnes villes de Picardie, Pierre Marigny, avocat au Parlement avec le comte de Saint-Pol qui venait d'échanger le poste de la capitainerie de Paris, pour celui d'ambassadeur du roi ès-marches de cette province. C'était alors Jean de Luxembourg-Ligny qui avait hérité de ce comté à la mort de son oncle Waleran, qui autrefois aussi gouverneur de Paris en 1410, connétable de France en 1412, seul avait soutenu la guerre contre les Anglais, pour venger la mort tragique de son beau-frère, Richard II, et qui était mort sans postérité dans son château d'Yvoy, pour ce que « son médecin, dit Monstrelet, lui bailla un clystère trop fort. » A la suite du pacte de Troyes, les deux rois Charles VI et Henri V firent ensemble leur entrée dans Paris le 1er décembre 1420. Après cette prise de possession, Henri repartit pour la Normandie afin d'y installer, comme lieutenant-général, son frère, le duc de Clarence, puis avec sa femme et son frère Bedfort, sous une escorte de 6,000 combattants, il revint par Poix à Amiens la vigile de saint Vincent, où *il fut moult et honorablement reçu*, logea dans l'hôtel de Robert le Jeune, alors bailli de la ville, et de là, par Doullens, Saint-Pol et Calais, repassa en Angleterre pour y faire couronner sa femme. De son côté, le duc de Bourgogne avait repris le chemin de la Flandre s'arrêtant en route à Beauvais pour assister à la fête et entrée de maître Pierre Cauchon, docteur en théologie, nouvel évêque de cette ville et *moult enclin et affecté à la partie de Bourgogne*.

Tandis que ces princes s'occupaient de ces soins et des fêtes auxquelles ils donnaient lieu, les partisans du dauphin reprenaient pied en France. A Meaux, à Compiègne, à Pierrefonds, dans le comté de Valois, ils tenaient hardiment la campagne, ravageant le Beauvaisis, le Vermandois et le Santerre. La bataille de Beaugé en Anjou, le 23 mars 1421, où périt le duc de Clarence, releva encore le courage des Français. Déjà Jacques d'Harcourt, tout en se disant l'ami et l'allié du duc de Bourgogne, faisait rude guerre aux Anglais. Un vaisseau chargé de blé, saisi par ses gens dans le port d'Etaples, et qu'il refusait de rendre, amena sur la plainte du propriétaire, l'incendie par le gouverneur de Calais, de tous les bâtiments qui se trouvaient sur la rade du Crotoy. Par représailles, d'Harcourt se mit à courir sur les terres ensemencées et s'empara des châteaux de Drugy, de La Ferté, de l'île et du château de Pont-Remy, d'Airaines, d'Eaucourt, de Bailleul, de Saint-Valery, de Rambures et de Gamaches. A la nouvelle de la défaite et de la mort de son frère Clarence, Henri V s'était hâté de revenir en France. Il rencontra à Montreuil-sur-Mer le duc de Bourgogne qui l'attendait pour conférer avec lui, puis partant ensemble ils marchèrent sur Paris, brûlant sur leur route à Maintenay la tour, la maison et le moulin de Jacques d'Harcourt, logeant à Saint-Riquier, chassant dans la forêt de Crécy, reprenant le château de la Ferté que son nouveau gouverneur ne tarda pas peu après, à rendre aux dauphinois, et traversant la Somme à Abbeville dont les habitants, peu soucieux d'ouvrir leurs portes, ne cédèrent que sur les instances du duc et sa promesse formelle de faire payer tout ce qui y serait pris.

Tandis que Henri V et son allié se préparaient à aller combattre le dauphin, le sire d'Offemont et Pothon de Saintrailles avec 1,200 chevaux, passant la Somme à Blanquetaque et faisant leur jonction avec Jacques d'Harcourt, s'emparaient de Saint-Riquier, de la Ferté, de Drugy, du château de Dourier sur l'Authie. Le duc de Bourgogne reçut l'ordre d'aller s'opposer à ces progrès ; il demanda aux gens des bonnes villes leurs arbalétriers. Amiens et d'autres cités promirent de l'assister, mais Abbeville montra moins d'empressement et le seigneur de Cohen qui y était capitaine, y fut, un soir qu'il faisait sa ronde, assailli et rudement blessé par des gens de la ville. Cependant, le duc, après s'être emparé de Pont-Remy, vint mettre le siège devant Saint-Riquier. Il y avait un mois qu'il durait, quand Jacques d'Harcourt qui avait envoyé avertir la garnison de Compiègne et des autres villes appartenant au dauphin, s'avança pour délivrer la place. Le duc marcha au-devant du secours. Les deux troupes se rencontrèrent à Mons-en-Vimeu. Longtemps disputée, la victoire resta enfin aux Bourguignons, quoiqu'un moment perdue pour eux, puisque plusieurs chevaliers, même de la maison du duc s'étaient enfui si loin qu'on les stigmatisa de l'épithète peu honorable de *chevaliers de Picquigny*. Saintrailles et les principaux capitaines dauphinois furent ramenés prisonniers à Abbeville. Ce succès débarassa les marches de Picardie des compagnies dauphinoises. A la suite de cet échec, plusieurs forteresses n'espérant plus de secours se rendirent. D'Offemont traita sous conditions avantageuses pour Saint-Riquier notamment, moyennant la remise sans rançon, de Saintrailles, de Louis de Gaucourt et du seigneur de Gamaches. Jean de Luxembourg assiégea Airaines dont il s'empara, le comte de Warwick de Saint-Valery, qui se rendit ; Compiègne ouvrit ses portes le 18 juin 1422. Depuis Paris jusqu'à Boulogne-sur-Mer, dit Monstrelet, sauf le Crotoy et la terre de Guines, toutes les forteresses que tenaient les Dauphinois furent remises en l'obéissance des deux rois de France et d'Angleterre.

Henri V venait de mourir, âgé seulement de 34 ans, le 31 août 1422 au château de

Vincennes. Son beau-père Charles VI le suivit dans la tombe peu de jours après. Tandis que le Parlement de Paris, bien que composé de zélés Bourguignons, présidé par Philippe de Morvillers, hésitait encore à sceller au nom du jeune roi Henri VI âgé de dix mois les actes de la justice, le dauphin se faisait couronner à Poitiers sous le titre de Charles VII. Dès ce moment, un grand nombre de seigneurs commencèrent à se rapprocher de son parti. Charles VI était resté pour beaucoup d'entre eux malgré son triste état, un objet de vénération ; lui mort, la vieille haine contre les Anglais reprit le dessus. Toujours actif et audacieux, Jacques d'Harcourt entra par intelligence dans la ville de Rue. Le 20 mars 1423 les Français prirent par escalade Domart-en-Ponthieu. Mais ces alternatives de succès et de revers deviennent fastidieuses à enregistrer et si nous les mentionnons, c'est pour donner une idée des troubles et des inquiétudes journalières de ces temps de misère.

Le 17 avril 1423, les ducs de Bedford, de Bourgogne et de Bretagne signaient, à Amiens, une triple alliance, où en considération des mariages qui allaient unir leurs lignages, pour le plus grand bien du roi Henri leur seigneur, de ses royaumes de France et d'Angleterre ainsi que de leurs sujets et de leurs domaines, ils se juraient de vivre en bons parents et amis.

Cependant Jacques d'Harcourt, à la fin assiégé dans le Crotoy, dont une flotte anglaise venait de bloquer étroitement l'entrée, interceptant toute communication, s'était engagé à rendre la place si elle n'était secourue. Comme il n'y pouvait guère compter, il s'embarqua avec sa famille, ses gens, ses richesses, pour rejoindre le roi de France dont il reçut un honorable accueil. Quelque temps après il fut tué dans une rixe au château de Parthenay appartenant à l'oncle de sa femme qu'il voulait saisir prisonnier, sur son refus de passer au service du roi ; ce fut une perte réelle pour le parti. En Picardie, où Saintrailles continuait avec des chances diverses à guerroyer contre Jean de Luxembourg, Ham, Compiègne, Guise, et d'autres villes étaient alternativement prises ou reprises, conquises le matin, perdues le soir. Les chevaliers et les seigneurs du Vermandois peu satisfaits de retrouver, en revenant des expéditions où les conduisait Luxembourg, leurs châteaux pillés ou leurs domaines dévastés, fatigués de la dureté de leurs chefs, étaient tout disposés à se rallier à la cause du roi Charles.

Malgré ces dispositions, la défaite de Verneuil, le siège d'Orléans réduit aux abois semblaient annoncer la chûte de Charles VII, quand pour le salut de la France, apparut Jeanne d'Arc. Tandis que l'héroïque vierge de Domremy s'efforçait de faire accepter par le conseil du roi, la mission providentielle que lui prescrivaient ses voix, des prédicateurs populaires, aux accents rudes et sévères, commençaient à blâmer sans ménagements les vices et les péchés du temps, la dissolution des mœurs, le luxe offensant des classes riches pour le pauvre peuple qui se pressait en foule pour entendre leurs sermons, attribuant les malheurs de cette triste époque à la colère d'un Dieu justement irrité. Il n'y avait pas un an qu'un curé breton, Thomas Connecte avait parcouru l'Artois et la Picardie, visitant Cambrai, Tournai, Arras, Amiens, Thérouenne. On lui faisait faire au plus bel endroit des places publiques un vaste échaffaud tendu et orné des plus riches tapisseries ; au milieu était élevé l'autel où il disait sa messe, accompagné de tous ses disciples qui suivaient à pied le petit mulet sur lequel il voyageait. Là, après avoir offert le saint sacrifice, il faisait ses prédications, blâmant les vices, surtout ceux du clergé, anathématisant ceux qui après avoir fait vœu de chasteté, avaient la compagnie des femmes et invectivait les dames de qualité et les autres de quelque état qu'elles fussent, qui portaient sur leurs têtes de hauts atours. Aussi aucune d'elles n'osaient-elles venir en sa présence, car il avait l'habitude d'ameuter après elles des petits enfants qui criaient au hennin ! au hennin et dont il récompensait les clameurs en indulgences. Quand ces femmes se dépistaient de devant lui, les enfants couraient après elles, et cherchaient à abattre leurs hennins ; il fallait qu'elles se réfugiassent dans quelque maison pour échapper à cette poursuite, et souvent il s'élevait des rixes entre leurs persécuteurs et leurs serviteurs. Néanmoins Thomas fit tant que les dames n'allaient plus à ses prédications qu'en béguin comme les femmes du commun. Lorsque le prêcheur fut parti, elles reprirent leurs anciennes habitudes. Après avoir fait ses prédications, il ordonnait aussi sous peine de damnation et d'excommunication que tous ceux qui avaient chez eux, tables, échiquiers, cartes, quilles, dés et autres instruments de jeux, les lui apportassent et aussi les femmes leurs hennins ; il faisait allumer un grand bûcher et y faisait jeter le tout.

La miraculeuse délivrance d'Orléans, Jargeau, Troyes, furent les étapes qui conduisirent Charles VII recevoir sous les voûtes de la cathédrale de Reims l'onction sainte. Son sacre lui valut la soumission des deux fortes places de Laon et de Soissons. Il passa trois jours dans cette dernière ville, reçu par les habitants avec beaucoup d'amour et de joie et se dirigea vers Paris. Bedford en sortit avec environ 12,000 combattants. Les deux armées en présence entre Dammartin et Lagny attendaient mutuellement l'attaque. Bedford voyant que les Français ne voulaient point commencer la lutte, inquiet des dispositions des Parisiens, retourna dans Paris. Le roi recevait en ce moment la soumission de Compiègne et de Beauvais dont les habitants venaient de chasser leur indigne évêque Pierre Cauchon. Si le duc de Bedford craignait toujours l'approche du roi sur Paris, il craignait aussi de le voir se porter sur la Normandie. Il revint en conséquence à Senlis ; le roi était à Crespy. Il se rapprocha aussi de Senlis et campa près du village de Baron sur le mont Epiloy. Saintrailles et Ambroise de Loré furent envoyés pour reconnaître l'ennemi ; il était arrivé par la route de Senlis, avait passé la rivière de la Nonette qui coule de Baron à cette ville et commençait à se retrancher sur une forte position près de l'abbaye de la Victoire. Des haies et des fossés couvraient ses flancs ; la rivière et un grand étang étaient par-derrière ; sur le front les archers avaient planté leurs pieux aiguisés et se tenaient serrés. Dans le camp anglais la bannière de France était portée en même temps que la bannière d'Angleterre. Toute la droite était formée des Picards et des Bourguignons au nombre de 7 à 800 hommes d'armes ; les meilleurs chevaliers du duc Philippe se trouvaient là. Les sires de Croÿ, de Créqui, de Béthune, de Fosseuse, de Saveuse, de Lannoy, le bâtard de Saint-Pol et d'autres jeunes seigneurs furent armés chevaliers par le duc de Bedford. Personne ne doutait que quelque grande bataille ne fut sur le point de se livrer.

Du côté des Français tout se disposait avec non moins de prudence ; l'avant-garde était commandée par le duc d'Alençon et le comte de Vendôme, le corps de bataille par les ducs de Bar et de Lorraine ; les maréchaux de Raiz et de Boussac conduisaient un troisième corps qui formait l'aile de l'armée et le sire de Graville grand-maître des arbalétriers, et Jean Foucault, chevalier limousin, les archers.

Le roi avait pour la garde de sa personne le comte de Clermont, le sire de la Trémouille et beaucoup d'autres, composant une assez nombreuse compagnie d'hommes d'armes ; le sire d'Albret, le bâtard d'Orléans Dunois, La Hire, Saintrailles étaient destinés à se porter d'un lieu à l'autre et à engager des escarmouches avec les Anglais ; c'était là qu'était aussi la Pucelle (quelques-uns racontaient qu'elle était incertaine et divisée dans ses paroles, tantôt disant qu'il fallait combattre, tantôt qu'il ne le fallait point).

Le roi semblait avoir grande envie d'attaquer ; mais l'ennemi était si bien retranché qu'il y aurait eu très grand danger à le tenter. Il fit donc savoir au duc de Bedford que s'il voulait sortir de son parc on combattrait ; mais il ne répondit pas à cette invitation. Alors, on tenta d'attirer les Anglais en rase campagne. Beaucoup de vaillants Français soit à pied, soit à cheval, venaient jusqu'à leurs fortifications pour les provoquer au combat ; quelques-uns sortirent en effet surtout parmi les Picards et les Français du parti anglais ; ainsi s'engageaient de fortes escarmouches où de chaque côté on venait secourir les siens lorsqu'ils étaient repoussés. Jamais on n'avait de part et d'autre combattu avec tant de vaillance, de haine et de cruauté. Vers le soir au coucher du soleil, le combat devint plus vif entre les Français et les Picards qui étaient sortis de leur enceinte ; la chaleur était grande, le jour baissait, à peine pouvait-on se reconnaître à travers la poussière. Les archers s'étaient approchés et tiraient serré contre les Anglais qui répondaient de la même sorte. La foule des combattants s'accroissait ; les hommes de guerre voyant comment l'affaire s'engageait n'hésitaient pas à croire qu'elle finirait par la complète destruction d'un des deux partis. Cependant quand la nuit fut tombée, les Français retournèrent à leur camp sous le mont Epiloy et Bedford regagna Paris.

Charles fit son entrée à Compiègne, y commença des pourparlers d'accommodement avec le duc de Bourgogne, et reçut les soumissions de Senlis, Creil, Chantilly, Luzarches. Après une attaque infructueuse sur Paris, le roi de France retourna vers la Loire, laissant ses capitaines. Guillaume de Flavy à Compiègne, Chabannes à Creil, le comte de Vendôme à Senlis, et le chancelier et le comte de Clermont à Beauvais pour continuer les pourparlers.

Philippe-le-Bon conduisit bientôt après à Paris, sa sœur la duchesse de Bedford ; il voyageait avec un sauf-conduit du roi auquel il avait annoncé ce voyage et son intention de s'entremettre à traiter de la paix. Les capitaines de Compiègne et de Pont Sainte-Maxence devaient même lui remettre ces villes pour lui assurer le passage de l'Aisne et de l'Oise, mais Guillaume de Flavy refusa nettement d'obéir aux ordres du roi. Quand le cortège de la duchesse et de Philippe qui voyageaient en grand apparât passa devant Senlis, les Français sortirent en foule pour voir le duc ; le chancelier et le comte de Clermont, y vinrent aussi. Les deux beaux-frères (Clermont avait épousé Agnès de Bourgogne sœur du duc) se saluèrent, mais sans s'embrasser, car le duc montrait par sa contenance qu'il ne voulait pas entrer en conférence. A Paris, forcé par les instances puissantes de l'Université, du Parlement et de la Bourgeoisie, Bedford dut remettre la régence à Philippe, et se contenter du gouvernement de la Normandie. Cependant, malgré ce nouveau rôle qui le rapprochait plus étroitement de l'Angleterre, Philippe ne rompit point ouvertement ses négociations avec la France et la trêve conclue à Compiègne, et qui avait été étendue à la ville de Paris et aux principaux passages de la Seine, aux ponts de Charenton et de Saint-Cloud fut solennellement publiée dans la capitale, en même temps que la régence du duc.

Cette trêve qui devait expirer à Noël n'était observée par personne ; l'espoir de faire la paix s'était encore une fois évanoui. Philippe auquel l'Angleterre avait promis la Champagne et la Brie, allait tenter de nouveaux efforts contre le roi de France ; il avait envoyé ses conseillers dans les bonnes villes de Picardie pour les dissuader d'incliner, comme elles le paraissaient disposé, en faveur de la France, les leurrant de la suppression des aides et des gabelles. Après Pâques 1430, où il avait célébré la sainte semaine avec sa nouvelle épouse, il partit avec son lieutenant. Jean de Luxembourg, ravagea le Beauvaisis et vint mettre le siège devant Choisy sur Oise. Battu par une formidable artillerie, privé du secours que lui apportait Jeanne-d'Arc, le comte de Vendôme et beaucoup d'autres seigneurs, par le refus du capitaine de Soissons, qui s'était vendu au duc de Bourgogne, de leur livrer le passage de l'Aisne, malgré le combat de Pont-l'Evêque, Choisy dut ouvrir ses portes au duc.

Maître de Choisy, il vint ensuite mettre le siège devant Compiègne. La ville était suffisamment approvisionnée de vivres et de munitions, les murailles réparées à neuf, l'artillerie bien servie. Elle fut entourée de presque tous les côtés. Le duc s'était logé à Coudun, Luxembourg à Cleroy, Baudo de Noyelles à Morgny, le sire de Montgommery et ses Anglais à Venette. Jeanne d'Arc, partit de Crépy pour venir s'enfermer avec la garnison ; le jour même de son arrivée, elle tenta une sortie, et tomba à l'improviste sur le quartier de Baudo de Noyelles. Le premier choc fut rude, mais bientôt assaillis par des forces supérieures, les Français, pressés par le nombre, durent battre en retraite. La foule se pressait sur le pont ; de crainte que l'ennemi n'entrât en ville, la barrière (la rumeur publique accusa ensuite, pour ce fait de trahison, le capitaine Guillaume de Flavy) n'était point grande ouverte. Jeanne, protégeant la retraite à l'arrière-garde, environnée d'ennemis, saisie par sa huque de velours par un archer picard, fut jetée en bas de son cheval ; elle se releva cependant, et parvint jusqu'au fossé du pont. Saintrailles et quelques autres la défendirent en vain avec vaillance ; il lui fallut se rendre au bâtard de Vendôme. La prise de la Pucelle si redoutée fit éclater chez les Anglais une joie frénétique ; la nouvelle en fut annoncée en Angleterre et dans toutes les villes de la domination de Bourgogne, et Bedford fit chanter des *Te Deum* en grande solennité. L'inquisition (cette abominable institution existait en France depuis saint Louis) réclama la captive comme hérétique. Vendue par le bâtard Lyonnel de Vendôme, à Louis de Luxembourg, celui-ci conduisit Jeanne à Beaulieu puis dans son château de Beaurevoir en Picardie, à Arras, au Crotoy, où les dames charitables d'Abbeville la venaient visiter. Livrée aux mains des Anglais par l'instigation et l'acharnement de Pierre Cauchon, l'une des physionomies les plus repoussantes que l'on rencontre, entre toutes celles de ses bourreaux, elle fut enfin transférée à Rouen. Le 30 mai 1431, sur la place du Vieux Marché, s'accomplissait le dernier acte de la douloureuse Passion du Messie de la France.

Le duc de Bourgogne avait quitté Compiègne, laissant la conduite du siège à Jean de Luxembourg, qui venait de recevoir encore un secours considérable d'Anglais, commandés par les comtes d'Hutingdon et d'Arundel. Les assiégés réduits à l'extrémité par la circonvallation de bastilles et de boulevards avec lesquels les assiégeants avaient fermé toutes les avenues, supplièrent le maréchal de Boussac et les autres capitaines du roi de leur apporter un prompt secours. Le maréchal avec 4,000 combattants et un nombre considérable de pionniers amenés pour réparer les routes, combler les fossés, et détruire les travaux d'approche, arriva à la fin d'octobre à Verberie. Luxembourg prit position en avant de Royaulieu, mais pendant qu'il tenait en échec les forces du maréchal, les assiégés ayant en tête Guillaume de Flavy et l'abbé de Saint-Pharon, soutenus par un renfort que leur amenait Saintrailles, à travers la forêt, emportaient la bastille qui coupait la route de Pierrefonds. Le passage forcé, les Français entrèrent dans la ville. Sans plus tarder on courut à l'une des bastilles de la rivière, elle fut enlevée, une autre abandonnée et brûlée par ses défenseurs, mais celle du pont neuf, bien défendue, ne put être emportée. Sans prendre l'ordre des chefs, la désertion la plus complète se mit dès la nuit même dans les rangs des assiégeants. Le lendemain, à ce spectacle, Luxembourg et Hutington n'eurent plus d'autre parti à prendre que se retirer promptement avec ce qui leur restait de monde, abandonnant dans les bastilles, les munitions et la belle artillerie du duc de Bourgogne. Les gens de Compiègne vinrent, sous leurs yeux, démolir leur logis, en leur criant mille injures. Maîtres de la campagne, les Français y reprirent presque toutes les forteresses.

Instruit de cet échec à Arras où il célébrait les fêtes de la naissance de son fils Antoine, Philippe-le-Bon rassembla ses forces, s'avança jusqu'à Péronne et envoya son avant-garde commandée par Jacques d'Heilly, Antoine de Vienne et les Anglais de sire Thomas Kyriel occuper Lihons-en-Santerre, devant les rejoindre et leur amener des forces à Guerbigny. En arrivant devant cette forteresse, et ne redoutant rien d'une aussi faible garnison, Anglais et Bourguignons pleins de confiance, à tel point que beaucoup n'avaient point revêtu leurs armures se mirent à donner la chasse à un renard parti dans les champs. Malheureusement pour eux, Saintrailles était arrivé la veille à Guerbigny. Voyant ce désordre il tomba vigoureusement sur eux, les dispersa et les mit en déroute.

Pour relever le prestige du parti anglais atteint par tous ces insuccès, on avait fait venir d'Angleterre, le jeune Henri VI. Il avait fait son entrée à Abbeville au mois de juillet 1430. Reçu avec de grands honneurs par le corps municipal, les mayeurs de bannière et les bourgeois vêtus de bleu et de vert il descendit à l'abbaye de Saint-Pierre où les magistrats municipaux d'Amiens vinrent également le complimenter.

Le 16 décembre 1431 il fut couronné et sacré à Paris à Notre-Dame par le cardinal de Wincestre. Cette cérémonie marquée par le plus grand désordre, et par l'insolence des Anglais fut loin de satisfaire les Parisiens, et Bedford se hâta de ramener au plus vite son neveu en Normandie.

La défaite du maréchal de Boussac, et la capture de Saintrailles et du sire de Gaucourt près de Beauvais, la prise et le pillage du château de Domart-en-Ponthieu par les Français, les courses du capitaine Blanchefort dans le Santerre, l'Amiénois et le Vimeu, la prise de la Bare près Laon, sont les principaux épisodes de cette éternelle guerre en Picardie en 1432. L'année suivante les Français escaladent Saint-Valery, Crespy-en-Valois. Saint-Valery assiégé par Pierre de Luxembourg comte de Ligny et le sire de Willougby se rendit par composition, la garnison faute de secours au jour fixé, sortant de la place avec ses biens, ses personnes et une certaine somme d'argent. Le dimanche 7 juin, les Anglais tentent de s'emparer de Beauvais par surprise. C'en était fait de la place sans le dévouement de deux habitants, l'un Jacques de Guehengnies, se jeta avec une poignée d'hommes au dehors de la première porte pour défendre le passage. L'autre Jean de Lignières coupa la corde à laquelle la herse était attachée faisant ainsi prisonniers les Anglais qui avaient déjà franchi l'enceinte. Mais la chute de la herse avait coupé la retraite à Guehengnies et à son compagnon et tous deux moururent en combattant. Pour se venger de cette attaque, à quelques jours de là, 600 bourgeois sortirent de la ville et vinrent chercher l'ennemi jusque sous les murs de Rouen. Après avoir remporté quelques avantages, les Beauvaisiens furent faits prisonniers ; 150 d'entre eux eurent la tête tranchée et l'un de leurs chefs fut écartelé.

Le pays exposé à des alertes continuelles, souffrait tous les maux que la guerre traîne à sa suite ; c'est sous l'impression de ces misères que Jean Juvenal des Ursins appelé en 1432 à l'évêché de Beauvais, en remplacement de l'indigne Cauchon, adressa à Charles VII l'épître célèbre où il retrace les souffrances du temps.

Au mois d'octobre, le comte de Saint-Pol et Jean de Luxembourg battent la garnison de Laon qui était venue incendier les faubourgs de Marle. Au mois de janvier 1434, Charles Desmarets, capitaine de Rambures, reprend Saint-Valery par escalade et de là fait des courses dans le Ponthieu et le Boulonnais où il brûle la ville et le port d'Etaples ; peu après La Hire et Saintrailles défont auprès de Gerberoy les Anglais du comte d'Arundel, qui atteint d'un coup de fauconneau à la jambe, mourut peu après de ses blessures à Beauvais où il avait été transporté ; en 1435, ils ravagent le Boulonnais, le Doulennais et l'Hesdinois.

Les pourparlers de paix avec le duc de Bourgogne avaient enfin abouti ; après les entrevues de Nevers, des conférences s'étaient tenues à Arras. Le 21 septembre 1435 la paix fut signée entre le roi Charles VII et le duc Philippe-le-Bon. Publiée dans les rues, elle fut accueillie par des transports d'allégresse. Un seul jour ne suffit pas pour étouffer une si grande joie. Les deux partis avaient oublié toute haine, et ne songeaient qu'à se réjouir en commun ; les gens d'église, les nobles, les bourgeois, la populace, tous se félicitaient d'un si grand bonheur attendu depuis si longtemps. Les démarches des légats du pape, et surtout la mort opportune de son ancien beau-frère Bedford, décédé à Rouen le 14 septembre, et qui seul avec le roi Henri V avait reçu ses promesses, avaient déterminé le duc à se décider enfin pour la paix. Entre autres stipulations de ce traité, le roi de France cédait à Philippe-le-Bon les villes et châtellenies de Péronne, Roye et Montdidier, plus les villes, cités, forteresses, terres et seigneuries appartenant à la couronne de France sur la rivière de la Somme, sur l'une ou l'autre rive, comme Saint-Quentin, Corbie, Amiens, Abbeville et autres, ensemble tout le comté de Ponthieu, Doullens et Saint-Riquier, mais avec clause de rachat, moyennant la somme de 400,000 écus d'or, enfin la reconnaissance des droits du duc sur le comté de Boulogne, saisi jadis sur la duchesse de Berry, sauf au roi, à satisfaire aux demandes des héritiers, si elles étaient trouvées fondées.

La prise de possession des villes de la Somme par Philippe fut, à Amiens, marquée par une violente insurrection. Les habitants qui lui avaient député leur avocat Tristan de Fontaines, pour obtenir la remise de leurs tailles, voyant qu'il ne les soulageait en rien du fardeau des subsides, commençaient à dire que le bon roi Charles ne voulait point qu'ils fussent ainsi chargés d'impôts, et que les villes restées sous son obéissance étaient beaucoup plus heureuses. Animés par les réponses que Tristan de Fontaines rapportait de son infructueuse ambassade, la plus grande partie des bouchers et de la populace, ayant élu pour capitaine un nommé Honoré Cokin et forcé le maire Jean de Conti à se mettre à leur tête, coururent chez Pierre Leclerc prévôt de Beauvaisis, qui ainsi que Robert-le-Jeune, bailli pour les Anglais et les Bourguignons, s'était fait en Picardie une grande renommée de rudesse et d'avarice, pillèrent sa maison, burent son vin, le saisirent dans le poulailler d'un pauvre homme chez lequel il s'était réfugié, et lui coupèrent le hatrel (la gorge) en plein marché avec un sien neveu. A cette nouvelle, le duc expédia en hâte le sire de Brimeu et le sire de Saveuse qu'il venait de nommer bailli et capitaine de la ville. Le comte d'Etampes et le sire de Croy les suivirent de près avec les archers de sa garde ; on commença par amuser les mutins de belles paroles. Quand on fut en force, on se saisit du beffroi et des principales places. Le comte d'Etampes fit publier, au nom du roi et du duc, d'avoir à payer l'impôt, faisant grâce aux habitants, hormis aux chefs de l'insurrection. Vingt ou trente furent décapités, une cinquantaine bannis.

Paris avait fait sa soumission au roi ; la guerre ne tarda pas à éclater entre le duc de Bourgogne et ses anciens alliés les Anglais, et Philippe-le-Bon vint assiéger Calais. Depuis longtemps, on n'avait rien vu de si grand que cette entreprise. Les communes de Flandre, Gand et Bruges en tête, avaient fourni au duc plus de 30,000 combattants ; mais tout dans cette affaire ne semblait se faire que par ou pour eux. Si âpres au pillage que fussent les Picards et les Bourguignons, ils ne pouvaient toucher à rien devant les Flamands ; ce qu'ils prenaient, ceux-ci le leur ôtaient, et s'ils se fâchaient ils étaient maltraités. Mais les communes de Flandre malgré leur jactance, et l'idée qu'elles s'étaient faite qu'à leur seule vue, les Anglais quitteraient la ville et s'enfuiraient en Angleterre, firent à leur duc ce que leurs pères avaient fait à son père Jean-Sans-Peur en 1412 devant Montdidier. Fatiguées du siège, elles plièrent tentes et pavillons, et reprirent, malgré les instances de Philippe, le chemin de leur pays. Le duc de Glocester, débarqué le lendemain de la levée du siège, à la tête de 10,000 combattants, n'eut plus qu'à ramasser l'artillerie laissée devant la ville et devant Guines qu'on assiégeait aussi, et à ravager tranquillement la contrée. Un autre échec devait aussi atteindre les armes bourguignonnes. Brimeu, le sénéchal de Ponthieu s'était emparé par surprise du Crotoy ; l'on assiégea le château où la garnison anglaise s'était fortement retranchée ; Talbot et Falconbridge venus de Rouen virent fuir honteusement devant eux, les milices communales qui attaquaient la place. Malgré la paix, les désordres des compagnies continuaient et plusieurs de leurs capitaines sans emploi guerroyaient pour leur propre compte ; c'est ainsi que La Hire ravageait les châtellenies de Péronne, Roye et Montdidier.

Le roi Charles VII avait enfin fait sa première entrée dans sa capitale le 12 novembre 1437 ; il l'avait faite aussi à Amiens, la veille de l'an. La cathédrale où il s'était rendu pour ses dévotions, fut à cette occasion illuminée de trois arches bien pleines de chandelles de cire.

Mais les ravages des Ecorcheurs, la disette, la misère, le manque de commerce et de travail ne se faisaient pas moins cruellement sentir au pauvre royaume de France et une femme fut brûlée vive à Abbeville pour avoir égorgé des petits enfants, et avoir mis leur chair salée en vente. Guillaume de Flavy, le plus cruel et le plus avare des capitaines de compagnies, que le connétable Artus de Richemont avait chassé de son poste de gouverneur de Compiègne, y était rentré par surprise, s'y était fortifié, et s'était saisi par trahison du maréchal de Rieux, son lieutenant, afin de récupérer sur lui, la rançon de 4,000 écus que le connétable lui avait autrefois fait payer. Rieux mourut en prison. Ce ne fut qu'après un procès qui dura plus de 60 ans, qu'un arrêt du Parlement de Paris du 7 septembre 1509, ordonna d'ériger aux frais de la maison de Flavy, à Compiègne, dans la rue du Pont, à l'entrée de la grosse tour, vis-à-vis l'Hôtel-Dieu, une croix de pierre en réparation des excès, crimes et délits commis et perpétrés par Guillaume de Flavy contre le maréchal. Une inscription y rappelait cet événement et cette réparation. Onze années environ après l'incarcération de Rieux, Guillaume de Flavy mourut de mort tragique. Sa femme, craignant le sort de son père, qu'il avait fait périr, le fit assassiner par son barbier, qui lui coupa la gorge, dans son château de Néelle en Tardenois. Comme elle s'aperçut qu'il respirait encore, elle reprit le rasoir et l'acheva. L'opinion publique voulut voir dans ce crime, la juste punition de la trahison qu'il avait dit-on commise autrefois, en fermant les barrières de Compiègne à la Pucelle d'Orléans.

En 1432, le duc de Bourgogne qui venait de châtier la rebellion des Brugeois, reprit ses desseins contre Calais. On lui persuada cette fois de rompre les digues et de contraindre par l'inondation les Anglais à quitter la place. Un grand nombre de pionniers et de manœuvres furent mis en œuvre, mais toute cette peine et ces dépenses demeurèrent inutiles ; l'on s'aperçut que c'était chose impraticable, et les Anglais ne subirent de cette tentative, d'autres dommages que la dévastation par les Bourguignons, des campagnes de Calais et de Guines. L'année suivante, des conférences pour la paix se tinrent encore inutilement auprès de Calais ; le comte de Ligny resté l'allié des Anglais contribua à faire rompre les pourparlers engagés entre la duchesse de Bourgogne et le cardinal de Wincester. Maître de Coucy, de Ham, de Nesle, de la Fère, de Saint-Gobain, de Bohain et de Beauvoir, Jean de Luxembourg en refusait l'entrée aux gens du roi et du duc, tout en restant en communication avec la garnison anglaise de Crell. Il refusa même au duc, dans les villages de ses seigneuries de Nesle et de Ham, la perception d'une nouvelle taille qu'il avait ordonné de lever sur le bailliage de Péronne, chassant et blessant ses percepteurs. Philippe-le-Bon par représailles saisit ses fiefs de Flandre et de Hainaut. Cette querelle qui pouvait devenir sérieuse s'apaisa par un accommodement, mais le comte de Ligny n'en demeura pas moins le fidèle allié des Anglais, qui, au commencement du carême de 1430 ravagèrent de nouveau le Santerre prenant le château de Folleville, la ville de Lihons où 300 personnes, femmes et enfants, réfugiés dans l'église périrent dans les flammes. A cette nouvelle le comte d'Etampes, qui était à Péronne, manda les seigneurs de Picardie et de Hainaut, mais déjà les envahisseurs avaient repris, chargés de butin, le chemin de la Normandie.

En 1441, Charles VII revint en Picardie ; il s'agissait pour lui de mettre enfin un terme aux menées de la maison de Luxembourg. Le comte Jean était mort sans enfants et son héritage était échu à son neveu, Louis, comte de Saint-Pol, dont les gens venaient récemment d'intercepter les convois d'artillerie et de munitions que le roi faisait amener de Tournai. Charles VII s'établit à Laon, et lança La Hire, Chabannes, Joachim Rouault, sire de Gamaches, sur Marle, Montaigu et les autres forteresses du comté. Le comte de Saint-Pol voyant qu'il ne serait ni avoué, ni secouru du duc de Bourgogne, vint à Laon faire son accommodement et jurer pleine et entière obéissance à son naturel et souverain seigneur. De Laon où il avait reçu la visite de la duchesse de Bourgogne, Charles VII vint mettre le siège devant Creil ; il avait une belle armée, une artillerie nombreuse. La garnison anglaise traita. Ce fut à cette nouvelle une grande joie dans Paris, où le connétable et Saintrailles réquisitionnaient encore des pionniers pour creuser les tranchées, et levaient des subsides ; on sonna toutes les cloches, on fit des feux de joie et l'on dansa toute la nuit. Après Creil, l'on prit Pontoise, après Pontoise, le dauphin Louis délivra Dieppe assiégé par Talbot. Une trêve de 22 mois (10 mai 1444) suspendit un instant la guerre contre l'Angleterre. Quelques jours avant d'aller secourir Dieppe, le dauphin Louis avait visité la Picardie. Le 5 août 1443 il était venu à Amiens pour accélérer les préparatifs de son expédition, et remercier la ville de la bonne assistance qu'elle avait prêtée au roi son père aux sièges de Montereau, de Creil, de Pontoise et qu'elle lui prêtait encore dans cette circonstance. Il fit don à la cathédrale d'un poêle de velours violet semé de fleurs de lys d'or. La trêve de 1444 fut un véritable bienfait pour la Picardie. Elle la débarrassa des compagnies d'Ecorcheurs qui l'infestaient, et que le dauphin bientôt conduisit en Suisse pour prendre part aux guerres civiles des cantons.

Charles VII était mort le 22 juillet 1461, les derniers jours attristés, au point de se laisser mourir de faim, de la révolte de son fils Louis, réfugié depuis cinq ans sur les terres du duc de Bourgogne. Le petit roi de Bourges, devenu Charles-le-Victorieux, avait, en 1448 recommencé avec bonheur, la guerre contre l'Angleterre. Par l'épée de Dunois et de Richemond, il avait reconquis le Maine, la Normandie, le Bordelais ; il ne restait plus aux Anglais que Calais. Il ne fallait maintenant pour rendre la royauté toute puissante qu'abattre quelques grands vassaux, derniers débris survivants, mais encore pleins de puissance de l'ancienne féodalité, Bourgogne et Saint-Pol en Picardie, et compléter l'organisation administrative de la France. Ce fut la tâche qu'entreprit et termina Louis XI.

VIII

La première préoccupation du nouveau roi fut de terminer une affaire de grande importance, et qui avait longtemps occupé les conseillers de son père : le rachat des villes de la Somme, qu'il remit en sa main, malgré l'opposition du comte de Charolais, fils de Philippe-le-Bon qui ne voyait pas sans dépit cette restitution.

Occupé de leur prise de possession et de ses négociations avec les Anglais, le roi passa l'hiver sur les marches de Flandre et de Picardie, à Abbeville, à Arras, à Tournai, toujours voyageant avec un petit train, sans nulle pompe, évitant le grand apparât, les entrées solennelles. On raconte qu'à Abbeville où il était attendu par la foule des habitants réunis sur la grande place, et dans les rues adjacentes, il entra le premier de son cortège, à pied, seul, comme un simple voyageur. Dans le faubourg on lui demanda s'il avait vu le roi sur la route et quand il allait arriver. Il répondit que c'était lui qui était le roi. Le voyant si mal vêtu, avec son habit de gros drap qui descendait à peine au bas de ses reins, son vieux chapeau et en outre sa mine railleuse qui semblait plus d'un bouffon que d'un roi ou d'un seigneur, ces gens se prirent à rire, à se moquer de lui, à le traiter injurieusement jusqu'à ce que son cortège le fît reconnaître. Mais C. Louandre à bon droit suspecte ce récit et nous montre que Louis XI, entra à Abbeville, le 27 septembre 1463 par la porte de Hocquet, sous un dais de soie bleue fleurdelisée porté par quatre échevins. Il alla loger chez Jean Vilain, son avocat en Ponthieu, place Saint-Pierre, et la reine son épouse fut reçue à Amiens le 16 janvier suivant et y fit son entrée dans une litière traînée de deux haquenées blanches *pour ce qu'elle estoit anchainte*.

Le premier soin du roi fut de remplacer dans ses bonnes villes, les officiers bourguignons par des serviteurs à sa dévotion ou des membres de la famille de Croy qui avaient facilité cette cession auprès du vieux duc, sur l'esprit duquel ils exerçaient une grande influence. Mais les villes de la Somme ne devaient pas rester longtemps dans ses mains ; les mesures qu'il prenait, blessaient trop les intérêts de la noblesse, pour n'exciter point contre lui un mécontentement, qui se manifesta bientôt par la ligue dite du Bien public, ligue qui réunit à la fois, le duc de Bretagne et le comte de Charolais, le duc de Bourbon, le comte de Saint-Pol, Dunois, Dammartin et Tanneguy du Chatel, les anciens conseillers de son père et son propre frère le duc de Guyenne. Pour remédier au danger, le roi chercha contre cette noblesse un appui dans la bourgeoisie et surtout dans la bourgeoisie de Paris. La guerre du Bien public commença sur les marches de Picardie. Le comte de Nevers, Jean de Bourgogne avait publié un mandement aux gentilshommes tenant fief dans les provinces qu'il commandait, de se pourvoir d'armes et de chevaux. Le comte de Charolais faisait en même temps pareil mandement dans ses terres d'Artois, de Lille, de Douai. Une partie de la noblesse picarde, au lieu de se rendre aux ordres de Nevers, prit place sous les bannières de Bourgogne. Le comte de Saint-Pol employait aussi tout le pouvoir qu'il avait sur la noblesse du pays, pour la faire déclarer contre le roi. Le comte de Nevers, se voyant en si mauvaise position, voulut faire sa paix, et fit offrir par le vieux sire de Saveuse, de rester neutre, pourvu qu'on lui laissât les seigneuries de Péronne, Roye et Montdidier que lui avaient autrefois cédées le duc Philippe en 1438, alors qu'il n'était encore que comte d'Etampes, en nantissement de ce qui lui restait dû sur la dot de sa femme et sur la succession de Bonne d'Artois sa mère, épouse en deuxièmes noces du duc, puis pour les tenir au même titre que les avait cédées le traité d'Arras jusqu'à ce qu'il fut remboursé de ses 40,000 écus d'or. En prévision du retour de ces trois villes à la couronne, Philippe s'était engagé à donner pour garantie de ce payement d'autres terres en échange à son neveu. Le comte de Charolais voulait au contraire les avoir ; il prétendait qu'elles n'avaient été cédées au comte d'Etampes qu'en attendant qu'il fut pourvu de meilleures seigneuries, que puisqu'il avait maintenant les comtés de Nevers et de Rethel, il devait rendre Péronne. Le comte de Nevers voyant alors qu'on voulait ainsi lui tenir rigueur, mit de vive force garnison à Péronne, et la négociation fut rompue.

Mais le comte de Nevers et le maréchal de Rouault n'avaient en aucune façon les moyens d'arrêter la marche du comte de Charolais. Ils s'enfermèrent d'abord dans Péronne, mais lorsqu'ils virent que les ennemis avaient soumis Roye, Nesle, Montdidier et Bray, qu'ils venaient de passer la Somme et de s'emparer de Pont-Sainte-Maxence, sur le passage de l'Oise, le maréchal craignit de se trouver enfermé et se retira sur Noyon où il entra contre le gré des habitants. Suivant toujours la droite des Bourguignons, mais sans rien oser tenter contre eux, il entra dans Paris le 30 juin 1465, pendant qu'ils arrivaient à Saint-Denis.

Le 3 octobre 1465, un gentilhomme nommé Pierre de Hacquembach, à la tête de 5 à 600 hommes s'approcha de nuit, le plus adroitement qu'il put des murs de Péronne, lui, douzième, escalada le rempart du côté du château, s'empara des portes et pénétra dans une des tours où il surprit au lit, le comte de Nevers. Les habitants prennent les armes, courent au château et voient avec surprise que les Bourguignons en sont déjà maîtres. Sommés de se rendre au duc de Bourgogne, ils demandent un délai, et après avoir délibéré jusqu'au soir, ils ouvrent leurs portes. Hacquembach resta pour commander le château au nom du duc de Bourgogne. Le comte de Nevers transféré au château de Béthune, y fut retenu prisonnier jusqu'à ce qu'il eut signé ses lettres de renonciation aux terres de Péronne, Roye et Montdidier. Mais en écrivant cet acte il eut soin d'insérer sur la bande du parchemin où était appliqué son sceau, une protestation contre son contenu. Aussitôt libre il fit assigner le duc en restitution devant le Parlement de Paris.

Le traité de Conflans mit fin à la Ligue ; Louis restitua au comte de Charolais les villes de la Somme, lui cédant de plus à perpétuité, Montdidier, Boulogne, Guines, Roye et Péronne et donna l'épée de connétable vacante par la mort d'Arthus de Bretagne, au comte de Saint-Pol. Le 24 novembre 1465 les habitants d'Amiens apprirent avec étonnement qu'ils venaient de nouveau de changer de maître. Les bourgeois se bornèrent cette fois à prêter serment de eulx acquitter envers le seigneur comte de Charolais ainsy et comme bons et vrais et loyaulx subgetz étaient tenus de faire à leur naturel *seigneur soubz le ressort du roi.* On ne fit à cette occasion ni feux de joie ni repas publics. A Abbeville le comte de Charolais fit son entrée solennelle le 2 mai 1466, jurant à l'exemple de ses prédécesseurs comtés de Ponthieu, de respecter les libertés et les franchises des bourgeois et de leurs magistrats ; mais à peine arrivé, il destitua les officiers municipaux, en établit d'autres, et nomma pour gouverneur son premier chambellan le sire d'Auxy. L'exaspération abbevilloise, trop faible pour secouer le joug, se vengea en traçant sur les murailles, des carricatures et des écrits satiriques contre le roi et le comte.

Devenu duc de Bourgogne par la mort de son père en 1467, le comte de Charolais désigné dès lors sous le nom de Charles-le-Téméraire refusa obstinément à Louis XI de recevoir les 200,000 écus d'or, au moyen desquels, il s'était réservé le droit, aux termes du traité de Conflans, de racheter toutes les villes de la Somme. C'était en quelque sorte une déclaration de guerre. Le roi s'y préparait de longue main, mais préférant les négociations aux combats, il essaya de traiter. Cette fois l'habile et rusé monarque faillit perdre à la fois sa vie et sa couronne. Il se tenait depuis quelques semaines à Compiègne, à Noyon et dans d'autres lieux sur les bords de l'Oise, quand après avoir envoyé au duc, le cardinal de la Balue, qui devait plus tard payer si durement la conduite équivoque qu'il tint dans cette circonstance, en vendant à Charles-le-Téméraire la correspondance royale, il se décida, comptant comme il l'avait fait à Conflans, le persuader lui-même bien mieux que ses ambassadeurs, à aller malgré les remontrances de ses conseillers, et sur la seule foi d'un billet trouver à Péronne son redoutable rival. C'était se jeter de gaieté de cœur dans la gueule du lion. Parti avec le connétable, le duc de Bourbon, le cardinal la Balue, l'archevêque de Lyon, l'évêque d'Avranches, n'ayant pour toute escorte que quelques archers de sa garde écossaise et soixante cavaliers pour mieux montrer sa confiance, reçu par le duc et causant franchement avec lui, il vint loger chez le receveur de la ville. Mais bientôt voyant arriver à Péronne avec son armée le maréchal de Bourgogne, suivi des mécontents et des bannis de France, portant tous la croix de Bourgogne, voyant le bon accueil fait à ces ennemis personnels, craignant et se troublant, il demanda, malgré son état de délabrement, et obtint pour demeure le château de Péronne. Dès le lendemain les pourparlers entre les deux princes et leurs conseillers commençaient à s'aigrir, quand arrivèrent de terribles nouvelles de Liège. Les Liégeois, à l'instigation de Louis qui les excitait secrètement à la révolte par ses émissaires, avaient pris les armes, massacré l'archidiacre, les chanoines et leur évêque Louis de Bourbon. Charles-le-Téméraire ne se trompa pas sur la part qu'avait prise Louis à cette nouvelle insurrection de ses intraitables sujets. Transporté de fureur, il ordonna que les portes de la ville et du château fussent fermées et gardées par ses archers. Louis eut un instant à craindre pour ses jours ; de sa chambre il entendait le bruit des piques et les menaces des soldats préposés à sa garde. Il voyait la tour dans laquelle Herbert de Vermandois avait jadis laissé mourir son suzerain Charles-le-Simple. Heureusement les conseillers sages et prudents du duc, entr'autres Philippe de Commines et le chancelier de Bourgogne Pierre de Goux, calmèrent sa colère. Au bout de trois jours, l'on dressa un nouveau projet de traité basé sur ceux d'Arras et de Conflans, mais tranchant en faveur du duc de Bourgogne toutes les difficultés qui s'étaient élevées sur leur exécution. « Il le faut, Monseigneur le veut », tel était l'unique argument des commissaires bourguignons aux objections des conseillers du roi. Louis pour se tirer de la dangereuse situation où il s'était placé lui-même, signa tout ce que voulut le duc de Bourgogne ; il jura sur la croix de saint Laud, cette relique vénérée, sur laquelle on ne pouvait manquer au serment prêté, sous peine de mourir dans l'année, et qu'il avait en grand respect, si toutefois Louis XI croyait à quelque chose. Le jour même, il expédia les lettres patentes qui réglaient l'exécution des divers articles du traité de Péronne, notamment la seigneurie pleine et entière avec le droit de lever des aides et d'assembler des gens d'armes dans le Vimeu et les villes de la Somme. Enfin, comble d'humiliation, il marcha lui-même à la suite de son terrible vassal, pour châtier les Liégeois qu'il avait soulevés.

» Mon frère, lui dit le roi au retour de cette sanglante répression, si vous avez en-
« core besoin de mon aide ne m'épargnez pas, mais si vous n'avez plus rien à faire de
« moi, il convient que je retourne à Paris pour y faire publier dans ma cour de Parle-
« ment l'appointement que nous avons fait ensemble, autrement il courrait risque
« d'être de nulle valeur, vous savez que telle est la coutume de France ; l'été prochain
« il faudra nous revoir, vous viendrez en votre duché de Bourgogne, j'irai vous trou-
« ver et nous passerons un mois ensemble joyeusement à faire bonne chère. » Le duc ne répondit pas non, mais ne pouvant se retenir de murmurer, il se fit relire le traité de Péronne, et le 2 novembre le laissa partir pour la France, escorté jusque Notre-Dame de Liesse par les sires d'Esquerdes et d'Emeries. Arrivé à Senlis, Louis fit connaître aux cours souveraines, par l'organe de la Balue, que son plaisir était que le traité fut entériné sans nulle contradiction ni difficulté, et accompli dans tous ses articles ; puis s'en fut au-delà de la Loire. Le renard dupé craignait les railleries du peuple moqueur de Paris.

A l'assemblée des notables convoquée à Tours, Louis se fit dégager, par le vote des représentants des bonnes villes, du serment prêté sur la vraie croix de saint Laud. Dès les premiers jours de janvier 1470 (v s) le connétable de Saint-Pol entrait dans Saint-Quentin où il s'était ménagé des intelligences et que la garnison trop faible dut abandonner. Le peuple y était porté d'un grand bon vouloir pour la France, surtout depuis que le roi venait de lui promettre l'exemption de la taille. Puis le 16, le comte de Dammartin, grand maître de l'hôtel qui avait ses compagnies réunies près de Beauvais, et qui désirait s'emparer d'Amiens, ne suivit pas les prudents conseils du roi, mais bien son propre projet et agit avec vigueur. Le sire de Poix lui livra Roye, le sire de Rély, gouverneur de Montdidier se montra plus fidèle, mais il avait peu de monde et le duc de Bourgogne n'était pas en état de lui porter secours. Philippe de Crèvecœur d'Esquerdes arriva à temps pour conserver Abbeville, dont la population se montrait notoirement hostile à Charles le Téméraire. Les habitants refusèrent d'ouvrir leurs portes à d'Esquerdes, déclarant qu'ils se défendraient sans garnison et qu'ils n'en voulaient point *ni de l'un party ni de l'autre*. D'Esquerdes qu'on a surnommé le Pyrrhus du siècle de Louis XI, ne se laissa point décourager par ce refus. Il resta dans le faubourg de Rouvroy avec sa troupe, et chargea l'un de ses officiers, le bâtard d'Auxy, qui connaissait l'un des portiers de la ville, de voir cet homme et de le faire consentir à laisser entrer dans la place un très petit nombre de soldats bourguignons, qui n'y viendraient qu'isolément, et pour se procurer des vivres. La proposition ayant été acceptée, dix ou douze de ces soldats venaient chaque jour à Abbeville et s'en retournaient ; mais au moment fixé pour l'exécution du complot, pendant que chacun dînait, ceux qui se trouvaient dans l'intérieur se réunirent à la porte d'Hocquet, égorgèrent le poste et livrèrent passage au sire d'Esquerdes, en embuscade avec son monde à quelques pas de la porte. Pierre le Prêtre, abbé de Saint-Riquier à qui nous devons le récit de cet événement, rapporte qu'il était à Abbeville ce jour-là, et qu'il s'y éleva à l'instant même de si lamentables cris qu'il en tomba malade de frayeur et qu'il ne put depuis ce temps recouvrer la santé.

D'Esquerdes s'empara aussitôt des clefs de la ville, du marteau de la grosse cloche du beffroi, des armes que possédaient les habitants, et fit exécuter cette mesure avec tant de rigueur qu'ils conservèrent à peine, dit Pierre le Prêtre un couteau pour tailler leur pain. On ordonna à tous ceux qui avaient atteint l'âge de 18 ans, de se réunir pour prêter serment d'être loyaux au duc Charles et à la ville et d'y faire bonne garde. Il fallut obéir, car d'Esquerdes, en prenant possession de la ville avait fait abattre les maisons de 200 bourgeois qu'il soupçonnait d'être hostiles à son maître. Charles, s'apercevant que son joug devenait de plus en plus odieux aux habitants, avait fait en 1469, construire pour les contenir, une forteresse sur la rive droite de la Somme, entre les portes d'Hocquet et de Marcadé. Cette atteinte portée à leurs franchises municipales les irrita encore. Ils allaient livrer leur ville au roi de France, lorsque Charles y envoya de nouveau d'Esquerdes avec son corps de troupes. Cet officier fit exécuter plusieurs bourgeois de marque, et le 15 janvier 1471, il assista du haut du balcon du Bourdois au supplice de Jean Levasseur et d'autres habitants. Il fit brûler les faubourgs pour garantir la place de toute surprise, détruisit de fond en comble plusieurs quartiers de la ville. « Incontinent, dit Pierre le Prêtre, que une maison estoit trouvée du parti contraire, » les Bourguignons la tiroient (jetaient bas) jusqu'à ce que ce fut sans remède quelque » bonne qu'elle fût, et comme l'hiver était alors fort rigoureux, ils se chauffaient autour » des débris. » Plus de 1,700 maisons furent ainsi brulées, comme les gouverneurs de la villes certifièrent, ajoute cet auteur.

Les excès de ce genre restaient ordinairement impunis, mais cette fois ils prirent un caractère de gravité tel, qu'on dut recourir à des mesures sévères. Une ordonnance enjoignit aux gens de guerre de cesser leurs ravages et de ne plus empêcher les habitants d'éteindre les incendies qui pourraient éclater à l'avenir ; on leur défendit en outre, sous peine de mort, de mettre le feu sur aucun point des alentours sans l'ordre de leurs capitaines; on n'en brûla pas moins Gamaches, parce que cette ville appartenait à Joachim Rouault, l'un des meilleurs officiers du roi.

Ce qui venait de se passer à Abbeville dérangeait les projets de Dammartin sur Amiens ; mais il usa aussi de ruse, et convint avec les bourgeois qui voulaient livrer la ville, que les lettres de sommation qu'il allait envoyer seraient refusées avec indignation et remises au duc sans même être ouvertes. Charles chargea le sire de Créqui de remercier ses bonnes gens d'Amiens de leur fidélité. Mais les menaces du comte de Dammartin et l'irrésolution des mayeur et échevins d'Amiens n'étaient qu'un moyen d'éviter le courroux du duc, car dans l'assemblée tenue à la Malmaison, l'on fut unanime pour ouvrir les portes.

Voici les diverses circonstances qui précédèrent la remise d'Amiens à Louis XI, d'après le registre aux délibérations de la ville :

« Le jeudi derrein jour de janvier l'an MIIII^{c}LXX, le comte de Dampmartin, grand
» maître d'ostel de France et lieutenant du roi vint à grand compaignie de gens d'armes
» et archers devant la ville d'Amiens afin que la ditte ville fust rendue au roy, sur
» quoi quant on sçeut sa venue, Messrs maieur et eschevins s'assemblèrent ensemble
» et orrent conseil et advis de envoyer devers luy à la porte de Beauvais savoir ce quil
» demandait et y alèrent M. le mayeur et sieur Philippe de Morvillers et parlèrent
» à luy et puis retournèrent en l'ostel de la ville par devers messieurs auxquels ils
» dirent qu'ils avaient parlé à lui et leur avoit dit qu'il était venu de par le roy adfin
» que lad. ville se rendist et lui feist obéissance comme il appartenait faire à son sou-
» verain et naturel seigneur et se ce ne faisait et que les habitans de la ville en
» fussent refusans led. Mr Grand-Maître y procèderoit si rigoureusement de par le
» roy que la ville en seroit destruite et en seroit à tousjours mémoire perpétuelle
» dont Mesd. S^r le Grand-Maître serait courouchié et desplaisant pour l'amour du bon
» peuple de lad. ville sur quoy mond. s^r le maieur et led. s^r Philippe avaient res-
» pondu aud. monsieur le Grand Maistre quils n'avaient point charge deulx respondre
» de ceste matière, mais que ilz parleroient voulontiers à leurs compaignons et aux gens
» notables de lad. ville et led. M^e le Grand Maistre leur dist qu'il en volait avoir preste-
» ment response et après plusieurs paroles avait été accordé que le lendemain pour
» tous delays il eust la diste response. Et après que lesd. sire Guillaume maieur, et sire
» Philippe ore faict led. rapport, messieurs conclurent de assembler lendemain à la
» Male Maison les portiers de ladicte ville (XI, Registre aux Délibérations de la ville,
» coté F.) »

Bien que surpris par ces défections subites, par la duplicité du connétable de Saint-

Pol qui n'avait jamais montré un tel zèle pour le service du roi, et qui leurait le duc de l'espoir de lui rendre Saint-Quentin s'il consentait à unir sa fille au duc de Guyenne, frère du roi, Charles le Téméraire avait réuni son armée et s'avança sur Amiens. La garnison de Picquigny, composée de quelques gentilshommes et des francs archers de première levée, qui s'était lancée imprudemment en escarmouche, fut repoussée avec perte et dut capituler. La ville fut brûlée et Charles le Téméraire se trouva ainsi maître du passage de la Somme.

Conformément aux instructions du roi, et tandis que le duc de Bourgogne marchait par la rive gauche de la Somme, sorti de Saint-Quentin avec le maréchal de Rouhaut, le connétable de Saint-Pol s'avançait jusqu'à Bapaume, forçant par cette incursion, où il brûla et ravagea le pays avec une extrême cruauté, Charles à détacher une portion de ses forces pour s'opposer à cette diversion. Le gros de l'armée bourguignonne attaqua Amiens par la rive gauche de la Somme ; son camp était assis près de l'abbaye de Saint-Acheul au lieu qui porte encore aujourd'hui le nom de Champ des Bourguignons.

Dammartin et le connétable avaient réuni leurs forces, la garnison était forte de 25,000 hommes. Bien que Charles fît *horriblement battre et froischier la ville de bombardes et de canons*, il défendit cependant expressément à ses bombardiers de jeter leurs projectiles contre l'admirable cathédrale de Robert de Luzarches. La ville avait aussi son artillerie bien servie, et l'un de ses boulets de fer renversa même un jour la tente du duc.

Les deux partis se lassèrent enfin de cette lutte inutile. Le roi ne voyait pas se déclarer pour lui, comme le connétable le lui avait promis pour le décider à la guerre, les villes de Flandre et d'Artois, le duc ému des mauvaises nouvelles de ses États héréditaires et des menées du connétable, une suspension d'armes fut conclue pour trois mois le 4 avril 1471. Louis avait gagné à cette courte campagne, Saint-Quentin et Amiens. La reddition volontaire de cette dernière ville lui avait valu la franchise des tailles, comme la ville de Paris, la confirmation de ses anciens privilèges, l'exemption de garnison, une foire franche de huit jours, la confirmation bientôt violée de ses libertés municipales, enfin son union inséparable à la couronne, que traduisirent ses nouvelles armoiries diaprées d'un lierre d'argent avec la devise : *Liliis tenaci vimine jungor*. Pour s'en assurer davantage la possession, le roi prescrivit au mayeur, Antoine Clabault, de faire achever l'enceinte fortifiée, qui n'avait été qu'ébauchée en 1346, pour enclore de solides murailles la ville et ses faubourgs.

Mais cette trêve, comme le traité de Péronne fut l'objet des railleries et des déclamations satiriques de la population parisienne ; malgré l'issue relativement favorable des événements, Louis XI se trouvait isolé et sans alliés. Le triomphe de la Rose-Blanche et la chute de la maison de Lancastre avait donné le trône d'Angleterre à Edouard VI, beau-frère de Charles-le-Téméraire. Fort de cette alliance, le duc résolut d'en finir une bonne fois avec le roi ; il s'agissait non plus maintenant de l'humiliation royale, mais du partage du royaume offert en proie aux ambitions de la Bourgogne, de la Bretagne, de l'Aragon et de l'Angleterre. *C'est fini tous les rets sont tendus, Louis est pris*, disait déjà l'un des jeunes confédérés ; un événement inattendu changea tout-à-coup la situation. Le duc de Guyenne, frère du roi, mourut subitement, on ne peut plus à propos, et l'opinion publique pensa que Louis XI l'avait fait empoisonner ; peut-être ne se trompait-elle pas. Dans l'excès de son indignation, le duc de Bourgogne, dont les projets s'écroulaient par cette mort, n'attendit pas l'expiration des trêves. Quand *le gibier est pris il n'y a plus de serment à jurer* avait dit le roi en se raillant. Charles le Téméraire passa la Somme, jurant de tout mettre à feu et à sang. La petite ville de Nesles se trouvait sur son passage. Sa garnison de 500 francs archers, sous les ordres d'un capitaine connu sous le seul sobriquet de Petit-Picard, ne voulut d'abord entendre aucune proposition ; l'on entra cependant le lendemain en négociations. Après des pourparlers et la promesse de vie sauve pour la garnison, on commençait déjà à déposer les armes ; mais dans le désordre qui régnait, d'un côté les habitants ouvrirent les portes, de l'autre, quelques archers qui ne voulaient pas se rendre, tuèrent deux bourguignons. Toute capitulation fut alors rompue. Le bâtard de Bourgogne fit mettre en sûreté Mme de Nesles, ainsi que ses serviteurs, et les assiégeants se précipitèrent dans la ville. Alors commença le plus épouvantable carnage. Le duc arriva à son tour, tout n'en devint que plus cruel ; les doyens, chanoines, vicaires, chapelains et enfants de chœur de l'église collegiale, plusieurs des notables de la ville, s'étaient mis en procession pour aller au-devant du duc et lui faire leur soumission. Saisis par la soldatesque, mis et liés deux à deux, ils furent menés jusqu'à la rivière pour les noyer, ce qui eût été fait sans les supplications du grand bâtard de Bourgogne ; le Petit-Picard fut accroché à une potence, les francs archers eurent le poing coupé, les habitants furent massacrés, on ne fit grâce ni aux femmes ni aux enfants. Le feu fut mis aux maisons ; l'église où s'étaient réfugiés les malheureux qui cherchaient un asile contre la fureur des Bourguignons ne fut pas respectée. On égorgea tous ceux qui s'y étaient retirés ; *Tels fruits porte l'arbre de la guerre*, disait le duc, prétendant venger ainsi la mort de Me Charles de Guyenne. Entrant à cheval dans l'église, dont les dalles étaient couvertes de cadavres gisant dans un demi-pied de sang, il fit le signe de la croix, disant : *Par saint Georges, j'ai de bons bouchers, et voilà une belle vue*. Dès ce jour, il reçut le nom de Charles le Terrible.

De Nesles il vint à Roye ; la ville avait une garnison de 1,400 francs archers et de 200 lances de l'arrière ban sous les ordres des sires de Mouy et de Balagny, gouverneur de Beauvais. Ils avaient bonne volonté de se défendre ; la place était forte et bien munie, mais les francs archers effrayés du sort de Nesles, refusèrent de combattre, et franchissant les murailles, vinrent se rendre aux Bourguignons. Les gentilshommes furent donc contraints de demander des conditions ; ils eurent la vie sauve et sortirent désarmés, en simple pourpoint, le bâton à la main.

Le 27 juin 1472, le réveil des Beauvaisiens fut terrible. Des couvreurs travaillant au haut de la cathédrale virent le fond de la plaine de Tillé se couvrir de chevaliers et de soldats Bourguignons et donnèrent l'alarme. C'était vers la grasse et plantureuse Normandie que se dirigeait le duc de Bourgogne. Philippe de Crèvecœur d'Esquerdes, commandant l'avant-garde, sachant que la porte du Limaçon qui ouvre sur la route de cette province était la moins forte, vint attaquer le faubourg de Saint-Quentin, situé devant cette porte. La ville était sans nulle garnison, sauf les quelques gentilshommes de l'arrière-ban revenus de Roye avec Balagny. L'évêque, Jean de Bar, chercha vainement à s'enfuir, il fut retenu contre son gré par la population qui venait de repousser énergiquement la sommation du héraut d'armes que Crèvecœur leur envoyait et ne le laissa pas s'approcher de la muraille plus qu'à un trait d'arbalète. La ville avait une assez forte enceinte. Du côté où arrivaient les Bourguignons, le faubourg n'était défendu que par un petit fort ; le sire de Balagny avec quelques arbalétriers s'y jeta sur une planche posée sur le fossé pour donner le temps de s'apprêter un peu contre l'assaut. Il fit une vigoureuse résistance, et lorsqu'il n'eut plus moyen de tenir, il se retira blessé d'une flèche à la cuisse et rentra dans la place.

Les Bourguignons se précipitèrent alors dans le faubourg en criant ville gagnée et pillèrent les maisons, mais arrivés devant la porte, ils s'aperçurent que tout n'était pas fini ; ils s'emparèrent de la loge des portiers, rompirent les portes extérieures, puis vinrent planter leurs bannières sur le revers du fossé. Pendant ce temps-là les gens de la ville avaient amené des couleuvrines, les arbalétriers s'étaient placés sur la muraille aux environs de la herse, et l'on commença à faire un feu nourri contre les Bourguignons ; les femmes, les filles apportèrent des pierres pour charger les couleuvrines, des traits pour les arbalétriers, sans craindre les flèches que les archers bourguignons décochaient en si grande abondance que la muraille en était presque couverte. Celui qui avait planté l'étendard de Bourgogne fut tué et les assaillants s'aperçurent qu'il fallait procéder avec plus de précautions ; ils se logèrent alors dans les maisons et dans l'église du faubourg, en crénelèrent les murailles et de là continuèrent à tirer sur tous ceux qui défendaient la porte et le rempart.

Mais ce n'était pas là qu'était le fort de l'attaque. A mesure que le gros de l'armée arrivait, le sire d'Esquerdes faisait en même temps assaillir la ville par la route de Picardie, à la porte de Bresle. De ce côté, il n'y avait pas de faubourg, et les Bourguignons n'avaient pas l'asile des maisons ; aussi pouvait-on voir tout à plein combien ils étaient forts et nombreux. Les habitants ne perdirent pas courage. Le sire de Balagny, tout blessé qu'il était, allait de quartier en quartier, le long de la muraille, persuadant aux bourgeois de bien résister.

Beauvais possédait beaucoup de précieuses reliques fort honorées des habitants, surtout celle de sainte Angadresme, patronne de la ville, dont elle était native. Suivant les croyances du temps, elle l'avait toujours préservée de malheurs pendant les guerres ; il y avait même des gens qui se souvenaient l'avoir vue quarante ans auparavant, lorsque les Anglais du comte d'Arundel étaient venus les assaillir, apparaître sur la muraille, vêtue de ses habits de religieuse, et repousser par sa présence les anciens ennemis du royaume. Sa châsse fut donc solennellement tirée de la cathédrale et portée en grande pompe sur la muraille à l'endroit de ce terrible assaut.

L'ardeur des bourgeois loin de s'affaiblir croissait de moment en moment ; le courage des femmes était surtout merveilleux. Elles montaient sur le rempart pour apporter des traits, de la poudre, des munitions ; elles roulaient de grosses pierres et versaient de l'eau chaude, de la graisse fondue, de l'huile bouillante sur les assaillants.

Par bonheur pour les gens de Beauvais l'avant-garde du sire d'Esquerdes ne s'était nullement préparée pour un siège et avait espéré faire une simple surprise. Elle n'avait ni les machines, ni les munitions nécessaires ; la plupart des échelles étaient trop courtes ; les Bourguignons comptant sur un succès facile, combattaient avec plus de courage que de précautions.

L'arrivée du duc, qui, averti de la prise du faubourg, pensait trouver la ville au pouvoir de ses gens, ne rendit pas l'attaque plus concertée ; avec son impatience et son obstination accoutumées, il voulut absolument forcer la porte, et sous prétexte qu'il eût été imprudent de faire passer à une partie de son armée la petite rivière de Thérain, il laissa la route de Paris libre. Les assiégeants n'avaient pas encore leur grosse artillerie, mais avec deux couleuvrines que d'Esquerdes avait amenées, la porte avait été largement percée. Les Bourguignons combattaient déjà main à main avec les assiégés, quand les gens sur la murailles s'avisèrent de jeter par les machicoulis, des fascines embrasées. Le feu prit à la porte et à la herse ; bientôt tout fut en flamme sous le portail, et il eût fallu traverser une fournaise pour entrer dans la ville. Le duc attendait que la porte fut consumée, mais les assiégés prenaient soin d'alimenter le feu avec du bois que les habitants arrachaient aux maisons voisines. On combattait ainsi depuis 11 heures, lorsque tout à coup, vers 8 heures du soir on entendit un grand bruit de gens à cheval, entrant dans la ville par la porte de Paris ; c'étaient les sires de la Roche-Tesson et de Fontenailles qui arrivaient avec la garnison de Noyon ; ils avaient fait quinze lieues à franc étrier. Le peuple les suivait derrière en criant Noël. Sans prendre de logis, laissant aux soins des femmes leurs chevaux et leurs bagages, tout excédés de fatigue qu'ils étaient, ils montèrent sur la muraille ; par leurs conseils et leurs ordres on continua à entretenir le feu devant la porte et l'on fit par derrière un rempart de charpente et de grosses pierres.

Le lendemain au jour, le duc de Bourgogne aperçut entre les créneaux 2 à 300 hommes d'armes ; sa colère fut grande, il avait manqué une proie qu'il croyait certaine. Il fit approcher le reste de son armée, creuser des tranchées pour être à l'abri des traits. On se logea dans les jardins et les maisons des faubourgs ; la grosse artillerie, les munitions, les bagages arrivèrent. Les voitures tenaient près de 5 lieues sur la route, tant étaient nombreux les équipages.

Mais pendant ce temps arrivaient aussi des renforts. Le lendemain, 28 juin, le maréchal de Rouault entrait avec 100 lances, le 29, le sénéchal de Poitou et le sénéchal de Carcassonne avec leur compagnie, la compagnie de G. de Lion, sénéchal de Toulouse, le sire de Torcy et la noblesse de Normandie, le sire d'Estouteville, prévôt de Paris avec la noblesse de la ville et de sa vicomté, le bailli de Senlis et la compagnie de son capitaine le comte de Dammartin, le capitaine Salazar et 120 hommes d'armes de la garnison d'Amiens. Maintenant la ville était pleine d'allégresse, des tables étaient dressées dans les rues et sur les places, des tonneaux défoncés le long des maisons ; il semblait que rien ne dût être épargné pour fêter les gens d'armes qui venaient défendre Beauvais contre la terrible vengeance du duc de Bourgogne, car il avait juré de la saccager, de la brûler, de mettre tout à feu et à sang comme il avait fait à Nesles.

Ce n'était plus maintenant une surprise ou un assaut, c'était un siège dans toutes les formes qu'il fallait faire. Jamais ville ne fut battue d'une si redoutable artillerie. Personne n'osait plus se montrer sur les murailles, mais, grâce aux dispositions du maréchal de Rouault tout était prêt pour soutenir l'assaut quelque part qu'il fût tenté. Le sire de la Roche-Tesson et la vaillante garnison de Noyon voulurent absolument garder le poste de la porte brûlée qu'ils avaient gardé deux nuits et un jour sans être relevés. On leur laissa cet honneur. On veilla avec soin à éteindre les incendies qu'allumaient les bombardes des assiégeants ; mais les bourgeois ne montraient pas moins de zèle à éteindre le feu qu'à défendre les remparts. La châsse de sainte Angadresme fut encore portée à celui de l'évêché. Nuit et jour, femmes, vieillards, enfants, malades, agenouillés devant elle, priaient pour le salut de la ville. Chaque jour arrivaient de Paris, des farines, du vin, de la poudre à canon, des pics, des pelles, des pioches et des pionniers. Après avoir battu la ville pendant une semaine, la brèche étant assez large, le duc, seul de son avis, ordonna de donner l'assaut ; la volonté du maître était absolue. Le 9 juillet, il donna l'œil lui-même à tous les préparatifs, et comme il faisait apporter de grands tas de fascines pour combler les fossés, « Il n'en est que faire, lui dit son » frère le grand bâtard de Bourgogne, les corps de nos gens auront bientôt suffi à le » remplir. » Croyez-vous, dit-il, que ceux du dedans s'attendent à être assaillis demain? Oui, lui répondit-on. Il prit cette réponse en moquerie ; « Vous n'y trouverez personne » demain. »

La garnison était, en effet, si bien préparée à soutenir un assaut, que le 2 juillet, le sire de Rubempré était allé à Paris annoncer au sire de Gaucourt, lieutenant du roi, que le duc de Bourgogne voulait jouer un coup de désespoir, et risquerait plutôt la plupart de ses gens que de renoncer à son entreprise. La ville de Paris envoya alors sous les ordres du bâtard de Rochechouard, un nouveau convoi de menue artillerie, d'arbalètes et de traits de toute espèce ; 60 arbalétriers parisiens s'en allèrent aussi renforcer la garnison.

L'assaut commença à 7 heures du matin ; les Bourguignons avaient jeté un pont sur le fossé et détourné une partie des eaux de la rivière qui l'emplissaient. Ils attaquèrent les deux portes et la partie de l'enceinte qui les séparait. Les femmes se montrèrent aussi vaillantes et aussi empressées qu'elles l'avaient été au premier assaut; elles apportaient sur les murailles les traits, la chaux vive, les pierres, l'huile bouillante, la graisse fondue, la cendre chaude et tout ce qui servait à jeter sur les assaillants.

Ce fut là qu'une pauvre briseresse de laine nommée Jeanne Lainé, arracha à l'un des porte-étendards bourguignons, la bannière qu'il allait planter sur le rempart. La plupart des historiens racontent qu'elle le renversa d'un coup de hache et que c'est pour cela que l'histoire lui a donné le surnom de Jeanne Hachette. Toutefois la relation du siège nomme cette héroïne Jeanne Fourquet. M. Fourquet d'Hachette, se disant son descendant, a donné à ce sujet des détails qui, s'ils étaient appuyés sur des témoignages authentiques, pourraient concilier toutes les opinions. Selon lui, Jeanne Fourquet était fille d'un officier de Louis XI, tué à Montlhéry et qui avait laissé sa fille, très jeune encore, entre les mains d'une dame Lainé qui lui prodigua les soins d'une mère. En ce cas le surnom de Hachette lui aurait été donné à cause de l'arme qu'elle portait. Mais la famille Hachette de Pont Saint-Maxence, dont l'un des membres a écrit en 1764, l'histoire chronologique de cette ville, prétend tenir son origine de l'héroïne que Beauvais fête chaque année le 27 juin.

La châsse de sainte Angadresme avait été de nouveau placée sur la muraille; les assiégeants tiraient dessus de tout leur pouvoir, une de leurs flèches vint s'y enfoncer; on l'y laissa comme un glorieux témoignage du secours que la ville avait reçu de sa sainte patronne. Enfin après trois heures du plus rude assaut et après avoir eu 1,000 ou 1,500 hommes tués ou blessés, les Bourguignons s'arrêtèrent. Le duc lui-même voyant qu'il n'y avait nul espoir de succès ordonna la retraite. Le lendemain, la garnison tenta une sortie. Bien qu'il y eut peu d'ordre dans cette entreprise, toutefois on pénétra dans le parc d'artillerie des Bourguignons. Le sire Jacques d'Orson, grand maître de l'artillerie du duc y fut mortellement blessé. Un gros canon de fer sur lequel était gravé le nom de Montlhéry fut jeté dans le fossé, et le lendemain avec des cordes retiré dans la ville. Enfin le duc s'avisa de vouloir passer la rivière, entourer l'enceinte et bloquer la route de Paris. Ses capitaines eurent grand'peine à lui persuader que c'était courir maintenant un grand danger. La garnison était trop nombreuse; le roi envoyait de tous côtés des renforts : Paris avait levé 3,000 hommes d'armes, Rouen, Orléans, toutes les villes des pays voisins avaient fait passer des convois de vivres; on en regorgeait. Le connétable et le comte de Dammartin s'approchaient, il n'y avait plus nul moyen de prendre une ville pour la défense de laquelle tout le royaume s'était mis en mouvement. Le duc passa encore 7 à 8 jours devant Beauvais, ne pouvant se résoudre à abandonner une entreprise à laquelle il avait attaché tout son orgueil ; il essaya la ruse et la trahison. Des hommes habillés en paysans ou en mariniers y furent à grand prix envoyés pour mettre le feu : ils furent surpris et punis de mort. Enfin le 22 juillet, après 26 jours de siège, par une belle nuit et sans trompettes, l'armée de Bourgogne délogea en bel ordre et prit sa route vers la Normandie. Le duc brûla et saccagea tout sur son passage pour se venger de l'affront qu'il avait reçu, prenant pour prétexte de sa retraite, des lettres du duc de Bretagne, et disant qu'à la requête de ce prince il continuait sa route, « bien que nous eussions délibéré d'assiéger et d'enclore de toutes parts la ville » de Beauvais afin d'avoir à notre plaisir et à notre volonté les gens de guerre qui sont » dedans en grand nombre, laquelle chose nous eût été facile par les moyens que nous » avions conçus. »

Lorsque le roi eut appris ce résultat, il fit éclater sa joie et sa reconnaissance pour ses loyaux et vaillants sujets. Il fit d'abord le vœu de ne point manger de chair, jusqu'à ce qu'on eût exécuté en argenterie une ville à la ressemblance de celle de Beauvais pour être offerte en *ex-voto*. Nulle dépense ne lui semblait si pressante ; il écrivit à ses trésoriers de l'acquitter avant toutes les autres, même s'il le fallait, avant les dépenses de la guerre. En récompense de leur conduite, les habitants reçurent le privilège de tenir et de posséder des fiefs nobles avec exemption de l'arrière-ban; le maire et les pairs échevins furent désormais à la libre élection des bourgeois et eurent le droit lorsqu'ils le jugeaient à propos d'assembler les habitants pour délibérer sur les intérêts commun, puis la ville fut déclarée exempte de toute imposition mise ou à mettre par le roi ou ses successeurs pour l'entretien des gens de guerre et pour toute autre cause. On conserva toutefois les tailles levées sur les biens, les poissons, les bêtes au pied fourchu et sur les vins et vinaigres qui furent modérées du quartau 1/8 du prix de la vente.

Par ordonnance et du consentement des habitants fut instituée la procession de l'assaut à l'anniversaire du 27 juin. Déjà cette ville célébrait tous les ans une autre procession pour le glorieux souvenir du jour de la Trinité 1433, où ils avaient repoussé la surprise des Anglais. Un an après Louis XI ordonna encore qu'en mémoire de la vertu et de l'audace supérieure au sexe féminin, que les femmes et les filles de Beauvais avaient montré, elles marcheraient dorénavant les premières immédiatement après le clergé à la procession de Mme sainte Angadresme, dont l'intercession était principalement due à leurs prières et à la demande qu'elles avaient faites que sa châsse fût portée en procession sur la muraille. Elles reçurent aussi le privilège de pouvoir le jour de leurs noces et toutes les fois que bon leur semblerait, porter tel vêtement ou tel bijou qu'il leur plairait, quelque fût leur état et leur condition et malgré toute loi somptuaire. Quant à Jeanne Lainé qui avait arraché au plus fort de l'assaut l'étendard bourguignon que l'on garda longtemps dans l'église des Jacobins et que l'on montre aujourd'hui encore à l'hôtel de ville de Beauvais (quoique son authenticité soit fort douteuse), il la maria à un bourgeois nommé Colin Pilon, et les exempta eux et leurs descendants tant de toutes tailles mises ou à mettre que du service de la garde des portes et du guet de la ville.

Le maréchal de Rouault avait cru d'abord que la levée du siège n'était qu'une ruse, car l'arrière-garde des Bourguignons eût suffi pour reprendre Beauvais si la garnison en fût sortie trop tôt, mais en voyant la réalité, il se mit avec le connétable et le comte de Dammartin à la poursuite de Charles le Téméraire.

Après avoir fait sa retraite, le duc de Bourgogne avait commencé à dévaster les domaines du connétable. Saint-Pol était, du reste, à cette époque déjà, devenu l'objet d'une haine universelle. Les serviteurs du roi et même la voix publique l'accusaient d'une continuelle trahison. Dammartin, le maréchal de Rouault, tous les capitaines de France avaient de plus pour motifs d'inimitiés contre lui sa hauteur et son insolence. Le duc de Bourgogne était de tous ses ennemis celui qui le haïssait le plus vivement; il l'avait trahi, il l'avait voulu forcer à marier sa fille, il avait livré ses villes au roi. Une trêve devenait nécessaire aux deux partis; les pourparlers commencèrent. Le connétable y laissait voir sans crainte toute sa hauteur et son emportement, et gardait même si peu de mesure que dans une conférence avec les ambassadeurs de Bourgogne, il adressa le plus injurieux démenti à Guy de Brimeu, sire d'Himbercourt; cette parole, légèrement dite, lui coûta cher plus tard.

Après beaucoup de difficultés et après avoir refusé une trêve de six mois, le connétable en signa une de cinq à partir du 3 novembre. Des deux côtés on nomma des commissaires pour veiller à son maintien; elle était conclue dans l'intention de traiter de la paix. Il y eut pendant toute l'année 1473 des prolongations de trêves et des négociations ; si elles n'étaient point sincères, du moins voulait-on différer la guerre.

Le connétable n'avait pas été chargé de ces dernières négociations ; c'était son ennemi, le comte de Dammartin, qui était chef de l'ambassade de France, et qui y déployait toute la pompe que comportaient ses grandes richesses et la haute confiance du roi. D'un autre côté, le duc de Bourgogne, poursuivant des desseins où le secours du connétable lui semblait inutile, il lui eût fallu un bien pressant besoin de lui pour lui pardonner sa conduite passée. Le connétable n'était pas accoutumé à se trouver ainsi négligé des partis. Il en pouvait avoir de justes craintes, car il avait si gravement offensé Louis et le Téméraire, que ne plus leur être nécessaire, était à son avis, une situation dangereuse. Sa politique avait toujours consisté à se rendre redoutable aux deux princes. Ses domaines étaient vastes et situés entre les domaines de France et d'Artois, il avait les forteresses et les villes importantes de Bohain et de Ham, ses vassaux étaient nombreux, sa noblesse lui semblait dévouée. D'après le traité de Conflans, Louis XI lui payait 400 hommes d'armes dont il était seul maître et commissaire, sans avoir nul compte à rendre. Ses revenus ordinaires étaient de 45,000 livres ; en outre, il avait établi un droit de transit sur les vins qui allaient de France en Flandre ; il en retirait de grosses sommes. Il avait des partisans chez les deux princes ; se sentant aussi puissant, il se saisit tout à coup de Saint-Quentin, y mit ses gens d'armes, et attendit ce qui pourrait en advenir.

Tout le soin du roi et du duc se tourna à ce qu'il ne traitât pas avec l'un d'eux et il fut bientôt question d'accommodement. Le roi, après avoir reçu les gens que le connétable lui avait envoyés, chargea Louis d'Amboise et le sire de Genlis d'aller le trouver. Il venait de nommer Dammartin son lieutenant-général sur les marches de Picardie, lui commandant spécialement de maintenir les trêves et de protéger le commerce entre ses sujets et ceux du duc. Les conférences qui se tenaient en ce moment à Compiègne avaient exigé le rapprochement du roi. Il était venu à Montlean, près de Soissons. Il écrivit à ses ambassadeurs la conduite qu'ils devaient tenir en cette occasion, et que si le connétable voulait lui rendre la ville de Saint-Quentin et lui faire serment sur la vraie croix de saint Laud, il se montrerait content de lui pardonner. Le duc était moins prompt que le roi à faire céder sa haine à ses intérêts. D'ailleurs le connétable avait trop d'ennemis personnels parmi les conseillers de Bourgogne. Les trêves ne furent prolongées que jusqu'au mois de mai 1475. Le roi les eut voulu plus longues, mais le duc n'avait pas besoin d'un plus long délai pour consommer son alliance avec le roi Edouard et concerter avec lui leurs entreprises de guerre. Louis, tout en paraissant complaire au désir du duc, n'en continua pas moins à lui enlever ses alliés; ce fut dans cette vue qu'il termina son différend avec le connétable. Il craignit en traitant de sa perte avec le duc de Bourgogne d'être trompé et de lui donner un allié et un partisan. Le comte de Saint-Pol qui était assurément de tous les princes et de tous les seigneurs le plus consommé en mensonges et en artifices, sut à propos lui inspirer cette appréhension; aussitôt le roi envoya l'ordre à ses ambassadeurs de ne rien conclure contre le connétable. Mais quand le messager arriva, tout était déjà terminé la veille au soir. Les ambassadeurs avaient échangé leurs scellés et leurs signatures; le connétable avait été par eux déclaré criminel envers les deux princes. Tous deux promettaient et juraient que le premier qui mettrait la main sur lui, le ferait mourir sous huit jours ou le livrerait à l'autre pour qu'il en fît à son plaisir. Telles étaient les conditions que les ambassadeurs avaient signées avec empressement tant ils s'accordaient pour le perdre. Mais Louis XI payait cher cette ruine: il cédait au duc Saint-Quentin, toutes les seigneuries qui relevaient des comtés de Flandre et d'Artois, même Bohain et Ham, ainsi que l'argent et les meubles du connétable.

Ce traité fut donc de nul effet; les ambassadeurs se remirent leurs scellés, et le roi recommença à négocier avec Saint-Pol. Il lui rendit les seigneuries qu'il avait confisquées, lui fit payer ses pensions et la solde de sa compagnie d'hommes d'armes, laissa même Saint-Quentin sous sa main, et ne négligea plus rien pour le gagner complètement. Il voulut avoir une entrevue avec lui, suivant sa croyance qu'il y avait toujours profit à parler aux gens à qui l'on avait affaire. Le connétable n'avait pas tant de confiance, il n'ignorait pas ce qui avait été résolu contre lui, et pensait qu'il avait tout à craindre de ce rendez-vous. Le roi n'avait pas non plus beaucoup de raison de se fier au connétable; aussi, des deux côtés, des précautions minutieuses furent-elles prises pour l'entrevue, qui eut lieu sur une chaussée près de Ham. Une forte barrière fut établie, afin de séparer les deux partis. Le roi embrassa le connétable l'assurant que désormais il ne serait jamais question du passé entre eux. Deux jours après, de son côté, Charles le Téméraire envoyait un messager secret au comte de Saint-Pol pour lui offrir 10,000 écus par an, s'il voulait tenir ses anciennes promesses. Le connétable dit qu'il ne fallait point douter de lui, qu'il trouverait bien manière de saisir le roi au collet, et de le faire mourir ou de lui envoyer finir sa vie quelque part, qu'ensuite on irait prendre la reine et le dauphin et qu'on les enverrait en exil ; il s'engageait aussi à garder Saint-Quentin pour son propre compte et à chasser les gens du roi.

En 1475, en présence du refus du duc de traiter enfin de la paix avec le roi, celui-ci se décida à déclarer la guerre. Après avoir fait ordonner des prières publiques dans tout le royaume, il partit le 1ᵉʳ mai de l'abbaye de la Victoire, lieu que depuis deux ou trois ans il avait pris en affection, et où il se tenait souvent. Ses gens allèrent d'abord mettre le siège devant une petite forteresse de Picardie, nommée le Tronquoi ; la garnison voulait faire quelque résistance. On amena de l'artillerie ; peu d'heures après, l'assaut fut donné, et la place emportée ; tous ceux qui s'y trouvaient furent pendus, hormis un seul, que le roi ordonna de sauver, car c'était un de ses agents secrets.

Le Tronquoi désolé et rasé, Montdidier fut aussitôt sommé ; la garnison n'avait aucun secours à espérer, elle se rendit. On promit aussi de ne faire nul mal aux habitants, ni à la ville, puis, dès qu'elle fut rendue, le roi la fit brûler ; même promesse fut faite aux garnisons de Roye et de Corbie, où commandait, sans nul moyen de se défendre, le sire de Contai, un des principaux serviteurs du duc de Bourgogne. La Fère ne fut pas mieux gardée, et les deux villes furent mises en cendres. Ce qui rendait le roi plus cruel dans cette guerre, c'était le désir de contraindre Charles le Téméraire à conclure une trêve, avant que les Anglais fussent descendus. Le connétable l'entretenait dans cette espérance, il continuait de plus belle à tromper les deux partis, car jamais il n'avait été plus embrouillé dans ses trahisons. Son rôle avait changé ; il ne cherchait plus à se faire craindre du roi et du duc ; au contraire, la peur l'avait maintenant saisi, il semblait qu'il sentît que son terme fût arrivé. Sa femme, Madame Marie de Savoie, sœur de la reine de France, venait de mourir. C'était un grand appui de moins auprès de Louis XI. Il envoyait sans cesse au siège de Neuss presser le duc de faire sa paix avec l'empereur, et s'efforçait de faire croire au roi que le motif de tous ces messages était de renouer une négociation pour la trêve. Il suppliait le duc de permettre que son frère Jacques de Luxembourg, son fils le comte de Fiennes, ainsi que tous ses parents, quittassent le service de Bourgogne, et vinssent auprès de lui, afin de ne pas donner de défiance à Louis. Il promettait alors, qu'avant peu il se déclarerait et livrerait Saint-Quentin.

Il réussit enfin à persuader le roi que les affaires du duc étaient en grande prospérité, que l'empereur était sur le point de lui accorder de fort belles conditions ; il lui fit croire aussi que les Anglais allaient faire leur descente en Normandie et non point à Calais. Le roi, suivant cette assurance, quitta la Picardie, emmena son armée vers l'embouchure de la Seine, laissant le comte de Dammartin du côté de Soissons et de La Fère pour veiller sur les démarches du connétable, et s'occupa de réunir ses forces afin de résister aux Anglais et au duc.

L'armée d'Angleterre commença à passer la mer. Rien n'était plus beau. Elle se composait de 1,500 hommes d'armes montés sur de bons chevaux, la plupart bardés de fer; on y comptait 15,000 archers à cheval, beaucoup de gens de pied, des équipages de toute sorte, une nombreuse artillerie. Dans toute cette armée, disait-on, il n'y avait pas un homme inutile. En outre, 3,000 hommes sous les ordres de lord Dudley devaient faire diversion en Bretagne.

En débarquant en France, les Anglais s'attendaient à trouver une armée au moins égale à la leur déjà en campagne et les troupes du roi de France harassées et vaincues par celles du duc ; c'était là ce que leur avait promis le Téméraire. Il avait ainsi décidé le conseil du roi Edouard, qui, autrement, ne serait pas entré dans ses projets.

Édouard IV en descendant à Calais le 5 juillet ne trouva ni duc ni armée, ni magasins pour nourrir ses troupes ; en un mot, nuls préparatifs. Il ressentit un grand mécontentement contre son allié. Charles, en effet, ne pouvait faire une plus grande faute, que de laisser les Anglais à eux-mêmes. Leur armée était belle, il est vrai, mais ce n'étaient plus les Anglais de Henri V ; ils n'avaient nulle expérience. C'était, d'ailleurs, une chose connue, qu'il n'y avait rien de si maladroit et de si sot que les Anglais, lorsqu'ils venaient de passer la mer. Il leur fallait du temps avant de s'accoutumer à toutes les choses nécessaires, pour faire de bons hommes d'armes en France ; ils ne savaient pas supporter patiemment la manque de vivres et les privations, parce que, chez eux, ils étaient accoutumés à se trouver mieux traités que les gens d'aucune nation. Ils aimaient aussi à murmurer contre leurs chefs et ne savaient pas bien obéir. En outre, les conseillers et les princes d'Angleterre entendaient peu aux affaires de France; ils ne connaissaient ni les peuples, ni les capitaines, ni les princes avec qui ils allaient avoir ou à combattre ou à traiter.

Il n'y avait donc rien de plus essentiel pour le duc de Bourgogne que de se trouver au débarquement des Anglais et de diriger leurs premières marches ; mais tout au contraire, il avait retardé leur embarquement de deux mois, et son absence lors de leur arrivée commençait par leur donner de la méfiance. La duchesse de Bourgogne se hâta de venir voir son frère; quant à Charles, il n'arriva que neuf jours après, le 14 juillet, mais il était seul; les débris de son armée d'Allemagne n'avaient pas pris la route de Picardie. Outre la honte de se montrer à ses alliés en ce pauvre état, il semblait avoir d'autres projets ; il tournait maintenant ses regards vers la Lorraine, aussi proposa-t-il à son beau-frère de faire la guerre séparément. Les Anglais devaient passer la Somme, entrer en France par Laon et Soissons ; lui, de son côté, devait s'emparer de la Lorraine, du Barrois, arriver en Champagne et se réunir aux Anglais à Reims, où Edouard IV se ferait sacrer roi de France. Mais quelle que fut son impatience et ses beaux projets, il ne put se dispenser d'accompagner le roi Edouard, au moins pour plusieurs jours, et prit sa route par Guines, Saint-Omer, Arras, Doullens et Péronne. Dans cet intervalle, il encourageait les Anglais de son mieux, leur montrait les choses faciles, et les flattait du grand secours qu'ils allaient avoir du connétable.

Celui-ci, voyant approcher le moment de se décider, ne pouvait s'y résoudre ; il envoya au duc un de ses serviteurs, Louis de Sainville, s'excusant de ne pas avoir encore livré Saint-Quentin, sous prétexte qu'il aurait par là perdu, trop tôt, tout crédit auprès du roi de France, et le moyen de savoir ainsi bien des choses. A présent, il ferait tout ce que voudrait le duc. En preuve de sa sincérité, c'était au duc lui-même qu'il adressait une lettre de créance pour le roi d'Angleterre et l'assurait ainsi de tout ce qui pourrait être promis en son nom. En même temps, il lui donnait un nouveau scellé par lequel il s'engageait à le servir lui, ses alliés, notamment le roi d'Angleterre envers et contre tous.

Le duc fit bon usage de ces deux pièces, montra la seconde à Edouard IV, et usant largement de l'autorité que lui avait donné dans la première Saint-Pol, il promit en son nom, non-seulement, Saint-Quentin, mais toutes ses autres places. Edouard ne conserva ni méfiance ni doute. Saint-Pol était son parent, l'oncle de sa femme, Charles répondait de lui; d'ailleurs comment supposer qu'après une telle trahison envers Louis XI, il put encore avoir quelque idée de le ménager. On s'avança donc en Picardie, le roi Edouard peu content de Charles qui, par une méfiance étrange, ne laissait pas même entrer les Anglais dans les villes où il allait coucher de sa personne, leur faisant fermer les portes, les laissant camper au dehors et se bornant à l'aller visiter dans les fermes où il prenait son logis.

Ils partirent ensemble de Péronne et s'en allèrent vers Saint-Quentin ; les Anglais s'avançaient en désordre, comme pour entrer dans une ville amie. A leur approche, l'artillerie de la place fit une décharge qui leur tua quelques hommes, et la garnison sortit pour les combattre ; la pluie tombait par torrents, il fallut revenir. Les Anglais rentrèrent dans leur camp furieux. Ils traitaient le connétable de traître et n'épargnaient pas plus le duc de Bourgogne. Eux qui venaient loyalement, ne trouvaient partout que ruses et tromperies, aussi étaient-ils disposés à prêter l'oreille aux propositions de paix que faisait le roi de France. Louis, informé par ses espions de tout ce qui se disait dans le camp des Anglais, se décida à leur expédier un héraut d'armes improvisé. Quand le valet que le choix du roi avait désigné pour cet office fut décidé, on envoya quérir la bannière d'un trompette que l'on ajusta du mieux qu'on put, en guise de cotte d'armes aux armes de France ; le reste de l'ajustement fut emprunté à un héraut de l'amiral, on apporta aussi des houzeaux, un cheval fut amené à la porte. On mit dessus le héraut de circonstance, sans que personne put lui parler; il partit, sa cotte d'armes roulée à l'arçon de sa selle.

Il arriva le 12 août, au moment où le duc de Bourgogne, quelque chose qu'on att pu lui représenter, était allé retrouver son armée dans le Luxembourg. Avant d'entrer dans le camp, il avait revêtu sa cotte d'armes ; il déclara de quelle part il venait, comment il voulait parler au roi d'Angleterre, et se recommanda de milords Howard et Stanley ; on lui fit bon accueil et après le dîner du roi, il lui fut présenté.

Il sut rappeler en paroles dignes et convenables ce qui lui avait été appris, et proposa d'accorder un sauf-conduit pour des ambassadeurs et une suite de 100 chevaux, à moins qu'on n'aimât mieux traiter dans quelque village, à moitié chemin entre les deux armées.

Le roi Edouard assembla le lendemain son conseil pour délibérer sur les propositions faites par le roi de France.

On s'assembla dans un village auprès d'Amiens. Bien que les ambassadeurs fussent bientôt à peu près d'accord, ils demeurèrent quelques jours encore ensemble, pour traiter de divers points de détail, et régler les garanties que l'on se donnerait mutuellement. Le connétable de Saint-Pol et le duc surent bientôt que les deux rois négociaient, et chacun de son côté était en grand souci, mais ils étaient loin de croire les choses aussi avancées. Le connétable dépêcha aussitôt au roi le sire de Sainville (Commines l'appelle Louis de Creville). Le roi conçut alors un plaisant projet pour le perdre sans retour dans l'esprit du duc. Il faut ici laisser parler Commines lui-même, son récit est inimitable.

« Sur l'heure dont je parle, vint devers ledit seigneur un gentilhomme appelé Louis
» de Creville, serviteur du connestable et un sien secrétaire appelé maistre Jean Ri-
» cher, qui tous deux vivent encore et dirent leur créance à Monseigneur du Bouchage
» et à moy premier qu'au roy, car le plaisir dudit seigneur estoit tel. Ce qu'ils appor-
» toient pleut fort au roy quand il en fut adverty pour ce qu'il avoit l'intention de s'en
» servir comme vous oyrez. Le seigneur de Contay, serviteur du duc de Bourgogne qui
» avoit esté pris naguères devant Arras, comme vous avez ouy, alloit et venoit sur sa foy
» devers ledit duc ; et luy promit le roy donner sa finance et rançon et une très grande
» somme d'argent s'il pouvoit traiter de la paix. D'aventure il estoit arrivé devers le
» roy le jour qu'arrivèrent les deux dessus nommés serviteurs du dit connestable. Le roy
» fit mettre ledit seigneur de Contay derrière un grand et vieil ostevent (paravent)
» qui estoit dedans sa chambre et moy avec luy afin qu'il entendist et puist faire rap-
» port à son maistre des paroles dont ledit connestable et ses gens usoient dudit duc ; et
» le roy se vint seoir sur un escabeau rasibus dudit ostevent, afin que nous puissions
» mieux entendre les paroles que dirait Louis de Créville et avec ledit seigneur n'y avoit
» que le sieur Du Bouchage. Ledit Louis de Créville et son compagnon commencèrent
» lors leurs paroles disans que leur maistre les avoit envoyés devers le duc de Bour-
» gogne et qu'ils lui avoient fait diverses remontrances pour le desmouvoir de l'amitié
» des Anglais et qu'ils l'avoient trouvé en telle colère contre le roy d'Angleterre, qu'à

» peu fust qu'ils ne l'avoient gagné non pas seulement à laisser lesdits anglois, mais à
» ayder à les destrousser en eux retournant. Et en disant ces paroles pour cuider com-
» plaire au roy ledit de Créville commença à contrefaire le duc de Bourgogne et à frap-
» per du pied contre terre et à jurer saint Georges et qu'il appeloit le roi d'Angleterre
» *blanc borgne*, fils d'un archer qui portoit son nom et toutes les moqueries qu'en ce
» monde étoit possible de dire d'hommes. Le roy rioit fort et lui disoit qu'il parlast hault
» et qu'il commençoit à devenir un peu sourd et qu'il le dist encore une fois, l'autre ne
» se feignoit pas et recommençoit encore une fois de très bon cœur. Monseigneur de
» Contay qui estoit avec moy dans cet ostevent estoit le plus esbahi du monde et n'eut
» jamais cru pour chose qu'on luy eust sçu dire les paroles qu'il oyoit. »

Louis XI pour arriver à ses fins, faisait de magnifiques présents aux conseillers du roi d'Angleterre. Il montrait aussi un extrême désir de complaire à Edouard, lui envoyant des charriots des meilleurs vins du royaume, et tout ce qui pouvait servir à lui faire faire bonne chère. On manquait de tout dans le camp anglais, non-seulement pour le roi, mais aussi pour l'armée. Les Français laissèrent passer leurs convois de vivres; rien n'était omis pour bien disposer leur esprit. Après quelques jours tout fut réglé et l'on conclut que le traité serait signé par les deux rois. Charles, voyant que décidément la paix allait se faire, revint en hâte de Valenciennes, pour s'opposer, s'il en était temps encore, à un traité qui allait ruiner toutes ses espérances. L'entrevue des deux princes ne fut qu'une succession de reproches réciproques, et le duc repartit, en jetant de fureur à terre, la chaise sur laquelle il était assis.

Cependant le roi d'Angleterre était venu se loger à une demi-lieue d'Amiens. Chacun savait la paix assurée, et bien qu'elle ne fût pas encore signée, on ne prenait plus de précautions. Un jour, Louis XI s'était placé sur une des portes de la ville d'où il pouvait voir l'armée anglaise qui lui semblait fort en désordre. Cependant les Anglais arrivaient en foule vers la porte, et entraient dans la ville. On fit placer à cette porte de longues tables chargées de viandes et surtout de celles qui excitent la soif. MM. de Craon, de Bressuire, le grand écuyer et d'autres y siégeaient et en faisaient les honneurs. Ceux qui n'y trouvaient point place, entraient alors dans Amiens où neuf ou dix tavernes leur étaient ouvertes.

Ce train et l'affluence allaient en s'augmentant de jour en jour. L'un d'eux, il en vint jusqu'à plus de 9,000 armés. On dut prendre des précautions militaires en vue de cet envahissement, et recourir à l'intervention des chefs anglais. Mais ces chefs n'y pouvaient rien ; pour un qu'ils chassaient, il en revenait vingt. Heureusement qu'en visitant les tavernes, on reconnut qu'ils ne songeaient point à mal. Rien que dans l'une d'elles (il n'était encore que sept heures du matin), on en trouva cent onze. Mais ils ne songeaient guères qu'à rire, à boire, à chanter; la plupart étaient ivres ou endormis. Le roi ne négligea pourtant aucune précaution. Chacun de ses capitaines réunit secrètement dans son logis 2 à 300 hommes d'armes, il en envoya bon nombre sur la porte, et lui-même pour mieux voir ce qui se passait, se fit apporter son dîner chez le portier, invita quelques chefs anglais à sa table, et ne montra aucune inquiétude. Le roi d'Angleterre averti du désordre de ses gens, en fut honteux, et fit garder la porte par les propres archers de sa garde.

Ce fut un motif pour hâter l'entrevue. Picquigny fut choisi pour cette rencontre. On y établit un pont en charpente sur la Somme, au milieu duquel était une loge recouverte par quelques planches et traversée dans toute la largeur du pont par un grillage solide dont les barreaux ne permettaient que de passer la main. Louis XI se souvenait toujours que c'était par faute de telles précautions qu'était advenu l'événement du pont de Montereau.

Le roi de France arriva le premier (29 août 1475) n'ayant amené avec lui que 800 hommes, tandis qu'on voyait sur la rive droite l'armée anglaise en bataille, fort nombreuse, et la plus grande, disait-on qui eût passé la mer depuis le roi Arthur. Le roi d'Angleterre s'avança sur le pont. Il était vêtu de drap d'or, portant sur sa tête une barrette de velours noir, enrichie de fleurs de lys de diamant. C'était le plus bel homme de son temps. Les deux princes s'embrassèrent à travers les barreaux. Après l'échange des premiers compliments, l'évêque d'Ely, chancelier d'Angleterre, prit la parole pour exposer le sujet de l'entrevue, et parla d'une ancienne prophétie qui annonçait qu'une grande paix devait être conclue à Picquigny entre les Français et les Anglais. Les lettres contenant les conditions que Louis XI avait fait remettre au roi d'Angleterre furent ensuite lues. Alors les deux princes, une main sur l'évangile, l'autre sur le bois de la vraie croix, jurèrent de maintenir et d'observer fidèlement les promesses contenues dans ces lettres; puis, leurs suites s'étant par leurs ordres retirées, ils commencèrent à causer amicalement et de bonne amitié.

Louis XI avait acheté la retraite des Anglais par une trêve de sept années et un honteux tribut annuel de 50,000 agnels d'or. Le roi d'Angleterre s'était remis en route pour Calais; les sommes nécessaires pour le payer lui avaient été aussitôt comptées. On avait pris à Paris l'argent des consignations des généraux des finances en leur propre nom, sous promesse de les réintégrer dans le délai de deux mois. Les présidents du Parlement de Paris avaient prêté 200,000 écus; des bourgeois avaient aussi contribué à cet emprunt. Jusqu'au moment fixé pour leur départ les troupes anglaises restèrent en garnison à Abbeville et à Saint-Riquier, et s'y livrèrent à de nombreux excès ; aussi sur leur route les traînards isolés furent-ils impitoyablement massacrés, malgré la trêve, par les habitants du pays exaspérés de leurs brigandages.

Aussitôt la trêve signée avec les Anglais, Louis voulut se venger enfin des complots et des trahisons du connétable. Pour y parvenir, il fallait faire de sa perte la condition d'un traité avec Charles le Téméraire. Le duc de Bourgogne, pressé par ses graves projets sur la Lorraine, signa enfin une trêve. Pour décider la volonté du duc, le roi lui avait promis par un autre traité la confiscation des grands biens, des belles forteresses, et des trésors qu'entassait depuis tant d'années le connétable. Le roi cédait même au duc Saint-Quentin. Jamais de tels sacrifices n'avaient été faits uniquement pour perdre un homme, et les gens sensés s'étonnaient que le roi achetât si cher la satisfaction de sa haine et de sa vengeance. Dès le 14 septembre, lendemain de la signature du traité, Louis XI vint en personne devant Saint-Quentin ; les portes lui en furent ouvertes sans résistance. Il changea tous les officiers nommés par le connétable et leur donna ordre de partir sur le champ avec leurs femmes et leurs enfants sans leur laisser le temps d'emporter leurs biens, puis envoya avertir le duc que c'était lui maintenant qui était maître de Saint-Quentin. Encore bercé de l'espoir de ramener le duc de Bourgogne à des sentiments moins sévères à son égard, car il savait maintenant pertinemment, de la reine sa belle-sœur elle-même, que tomber entre les mains du roi, c'en était fait de sa vie, le connétable s'était depuis quelques semaines, retiré à Mons. Le duc avant d'avoir signé le traité avait écrit d'obéir en tout à son cousin, Monseigneur de Saint-Pol. Saint-Quentin pris, il ordonna que le connétable fût consigné dans l'auberge où il logeait. Toutefois il n'était pas si étroitement gardé qu'il ne pût se sauver. Il ne songea pas cependant à fuir, ne se croyant pas en danger, certain d'être livré. Enfin après six semaines de tergiversations, il fut convenu que le connétable serait remis aux mains du chancelier de Bourgogne et du sire de Himbercourt pour être échangé contre les lettres du roi, qui autorisaient le duc à faire la conquête de la Lorraine. Ils le conduisirent à Péronne. Leurs instructions étaient de ne le remettre entre les mains des gens du roi que le 24 novembre, à moins qu'il n'eussent nouvelle de la prise de Nancy. Ils suivirent exactement ces ordres, n'attendirent pas un jour de plus, et sur le reçu des lettres du roi, ils livrèrent le connétable à l'amiral de France, aux sires de Saint-Pierre, Du Bouchage et de Cerisais. Trois heures après arriva un nouveau message du duc portant injonction de différer encore sa remise. Il n'était plus temps. Les gens du roi l'avaient tout aussitôt fait partir pour Paris, où il arriva le 27. Le 19 décembre Louis de Luxembourg, traduit devant le Parlement de Paris comme criminel de lèse-majesté, était condamné à être décapité. La sentence reçut son exécution le même jour en place de Grève.

La ruine de cette fameuse maison de Luxembourg, si elle satisfaisait la vengeance du roi, n'était guère profitable à ses intérêts. Des conférences devaient s'ouvrir à Noyon pour traiter d'une paix définitive, mais le Bourguignon en retardait sans cesse le moment. Louis XI réclamait foi et hommage du duc ainsi qu'il y était tenu, la renonciation aux villes de la Somme et du Vermandois, sauf Saint-Quentin qu'il lui avait abandonné ; encore en offrait-il 200,000 écus de rachat. En consentant à la conquête de la Lorraine, il avait retiré la promesse de lui donner les domaines du connétable. Néanmoins il la renouvela, renonçant à tirer aucun profit de cette condamnation. « *Nous* « *avons partagé le renard*, disait-il, *Monseigneur de Bourgogne a eu la peau qui était* « *riche, et moi la chair qui ne valait pas grand chose.* »

La mort devait bientôt délivrer Louis de son redoutable ennemi. Charles-le-Téméraire venait d'être tué le 5 janvier 1477 sous les murs de Nancy. Le roi avait été informé de cet évènement, dès le 9 de grand matin, grâce à l'institution des postes qu'il avait établie, dans un but purement politique et diplomatique, et dont l'édit de création avait été signé par lui le 19 juin 1464 au château de Lucheux près Doullens. Son parti fut bientôt pris, il donna l'ordre à l'amiral et à Philippe de Commines de partir en Picardie et en Artois, avec tout pouvoir de recevoir et de requérir la soumission de tous les pays de la domination du duc. En Picardie, ses affaires prirent de suite la meilleure tournure. A la première nouvelle de la mort du duc, les gens d'Abbeville étaient entrés en pourparlers avec M. de Torcy, grand maître des arbalétriers. Il se présenta à la porte Saint-Gilles, et fit remettre aux magistrats des lettres par lesquelles le roi s'engageait formellement à confirmer leurs privilèges et à n'inquiéter qui que ce fût pour les cas advenus, tant en faits qu'en paroles, durant les guerres et dissensions passées. C'était, on se le rappelle, une ville cédée par les traités d'Arras, de Conflans et de Péronne mais rachetable à la mort du duc. Les habitants se sachant donc Français et destinés à revenir au roi, étaient fort portés en sa faveur, mais ils avaient une garnison de 400 Flamands. Sur ce arrivèrent l'amiral et Commines. Ils commencèrent à traiter avec les capitaines et les officiers leur promettant de l'argent et des pensions. Ceux-ci se laissèrent gagner et firent partir leurs gens. Tout aussitôt le peuple ouvrit ses portes aux troupes de Torcy. Ce fut autant de gagné pour le roi qui refusa de payer les autres, disant que ce n'était point d'eux qu'il tenait Abbeville. Le même jour 17 janvier, Torcy reçut le serment de fidélité au roi, des officiers municipaux et celui du peuple réuni sur le marché, au bruit des salves d'artillerie tirées sur les remparts. Un Te Deum et des feux de joie terminèrent la journée. Le lendemain on fit une procession générale d'actions de grâce, l'on remit les clefs de la ville et du château aux officiers municipaux. Pour donner aux habitants des marques de sa vive satisfaction le roi les exempta du ban et de l'arrière-ban et pour les dédommager de leurs pertes, supprima plusieurs droits fiscaux. Montreuil et Rue se remirent aussi volontairement dans les mains de Torcy. Louis XI, de son côté, s'était avancé en Vermandois. Ham et Bohain ouvrirent leurs portes ; à Saint-Quentin les habitants appelèrent d'eux-mêmes le sire de Moy. De Bische, capitaine de Péronne, tout favorisé qu'il avait été du duc Charles, n'en avait pas moins entretenu constamment de secrètes intelligences avec Louis XI. Il s'empressa de venir au devant de lui et de lui donner l'entrée de la ville.

Peu après son arrivée à Péronne, le roi reçut une ambassade solennelle au nom de Mlle de Bourgogne. La princesse annonçait par l'organe de ses principaux conseillers Hugonnet et Himbercourt que, conformément à son droit, elle avait pris possession de l'héritage paternel, et pourvu au gouvernement de ses états. Louis répondit qu'il ne venait nullement dépouiller sa chère filleule Mlle de Bourgogne ; qu'au contaire il venait la prendre sous sa protection. C'était son devoir, disait-il, car suivant la coutume de France, la garde noble d'une vassale mineure appartenait de droit au suzerain. D'ailleurs il souhaitait le mariage du dauphin avec Mlle Marie. En attendant que cette grande affaire put se conclure, il allait réunir à la couronne, toutes les seigneuries qui y étaient reversibles, et se saisir pour les conserver à Mlle de Bourgogne du reste de ses états. Il amenait avec lui des forces suffisantes pour se faire justice, au cas où on refuserait de la lui rendre. Les ambassadeurs répondirent qu'ils n'avaient nul pouvoir pour traiter de ce mariage, ils ne cachaient pas, qu'à leur avis, il leur semblait désirable et qu'ils y travailleraient de leur mieux ; Louis feignit de se contenter de cette bonne volonté apparente.

Pendant ces vaines négociations il ne se saisissait pas moins par violence ou corruption de presque toutes les villes de Picardie et d'Artois ; le Tronquoi, Montdidier, Roye, Montreuil, Vervins, Saint-Gobain, Marle, Landrecies se rendirent ou résistèrent peu. Thérouenne fut livrée par le peuple qui profita du désordre pour piller le palais de l'évêque. Hesdin fut pris d'assaut ainsi qu'Arras dont le roi punit la résistance en expulsant ses habitants.

D'Hesdin, il vint devant Boulogne. C'était un fief dépendant du comté d'Artois. Depuis longues années il était réclamé par la maison de la Tour, dernière branche des anciens comtes d'Auvergne. Philippe-le-Bon s'en était emparé dans le temps où le sire de la Trémoille en disputait l'héritage à Marie de Boulogne, comtesse d'Auvergne, dont il avait épousé la sœur Jeanne, douairière de Berry. La ville était forte, mais ne se défendit pas longtemps. Le roi déclara que pour la sûreté du royaume, il était nécessaire qu'il la conservat sous sa garde, sauf à donner l'équivalent à Bertrand de la Tour, dont il ne niait pas les droits. Il prit donc possession du comté de Boulogne, et pour montrer sa dévotion et sa reconnaissance pour la sainte Vierge, qui disait-on lui était apparue la veille de l'entrée des Français, il lui fit, au pied de son image miraculeuse, formellement don de cette seigneurie, puis voulut la recevoir d'elle, et lui en fit hommage à genoux, sans ceinture et sans éperons, en présence du clergé, du maire et des échevins. Il offrit en même temps en signe de ce vasselage, un cœur d'or du poids de 2,000 écus, réglant qu'à l'avenir les rois de France ses successeurs, prêteraient un semblable hommage, et feraient une pareille offrande, et quitta Boulogne y laissant, comme gouverneur et sénéchal, d'Esquerdes, élevé quelques années après à la dignité de maréchal de France.

Le mariage de Maximilien d'Autriche avec l'héritière de Bourgogne ralluma la guerre en Picardie. La bataille de Guinegate près de Thérouenne le 7 août 1479, où périrent 12 à 14,000 hommes, fut le principal épisode de cette lutte qui languit durant deux années et se termina par le traité d'Arras, après la mort de la duchesse Marie tuée par une chûte de cheval. Le vieux Louis XI mourut bientôt peu après dans la retraite de son château de Plessis-les-Tours.

IX

Le règne de son successeur Charles VIII ouvre pour la Picardie une ère plus tranquille, que la guerre de 1486 vient seule un instant troubler. Le mariage du roi avec la jeune duchesse Anne de Bretagne en humiliant l'amour-propre de Maximilien d'Autriche, qui avait épousé cette princesse par procuration, et le duché de Bretagne placé dans des mains françaises et arraché ainsi à l'influence que les Anglais y avaient si longtemps exercée, amenèrent Maximilien et le nouveau roi d'Angleterre Henri VII, à conclure une alliance étroite, et à pousser avec vigueur la guerre contre le rival heureux qui venait de déjouer leurs projets. Le 6 octobre 1592 le prince anglais débarqua à Calais à la tête d'une armée de plus de 20,000 hommes et d'une artillerie considérable. Le 19 il vint assiéger Boulogne. La ville répondit avec vigueur à l'artillerie anglaise. Le maréchal d'Esquerdes, gouverneur du Boulonnais, dont les ordres étaient suivis avec ponctualité, obtenait sur ses adversaires tous les avantages que donne un plan bien combiné. Comptant bien que le roi d'Angleterre était peu disposé à poursuivre une expédition rendue plus difficile par le manque de secours qu'il attendait de Maximilien retenu ailleurs, il eut avec lui une entrevue dans laquelle, de part et d'autre, on formula des propositions de paix. Le 3 novembre elle était signée à Etaples, et le lendemain le roi d'Angleterre reprenait avec son armée le chemin de Calais pour repasser la mer. L'expédition de Maximilien n'avait pas été plus heureuse. Le lendemain du traité d'Etaples, ses lieutenants avaient pris Arras et avaient essayé sur Amiens une tentative d'escalade déjouée, rapporte une tradition locale, par une femme d'un faubourg qui avertit en temps utile le guet de se tenir sur ses gardes. Des négociations s'ouvrirent bientôt et le 23 mai 1493 le traité de Senlis mit fin à la guerre. Charles VII pour satisfaire le rêve qui lui montrait la conquête de l'Italie et l'Empire de Constantinople avait acheté sa liberté d'action en payant à Henri VII 745,000 écus d'or, et en abandonnant à Maximilien l'Artois et la Franche-Comté. Libre alors, après avoir visité ses bonnes villes de Picardie : le 6 juin Boulogne où il renouvela l'offrande du cœur d'or fait par son père Louis XI et qu'acquittèrent fidèlement comme lui ses successeurs Louis XII et François 1, Amiens le 11, Abbeville le 17, le petit roi de taille, mais grand de cœur, passait enfin les Alpes le 2 septembre 1494 pour commencer ces chimériques expéditions d'Italie qui durant soixante ans entraînèrent sans interruption au-delà des monts toutes les forces militaires de la France.

Louis XII, son successeur, au retour de son sacre à Reims, traversa la Picardie visitant sur son passage Soissons, Villers-Cotterets, Compiègne, Senlis, Crespy-en-Valois où il signa un grand nombre d'ordonnances confirmatives des privilèges et franchises des principales bonnes villes du royaume. Mais il avait reçu comme héritage avec la couronne, la suite des affaires d'Italie. En 1513 la coalition de ses ennemis le força à rappeler toutes les forces qu'il y entretenait, pour défendre le sol de la France menacé au Nord par le roi d'Angleterre, à l'Est par l'empereur et les Suisses. Henri VIII débarqué à Calais était parti pour Thérouenne qu'il assiégea et où l'empereur ne tarda pas à le rejoindre. C'était un bizarre allié que Maximilien. Déjà au temps de la ligue de Cambrai, il avait fallu payer deux ou trois fois la solde des troupes que ce prince besoigneux conduisait contre Venise. Henri VIII dut en faire autant pour les lansquenets et les Suisses qu'il lui amenait de Flandre. Bien plus, il eut en quelque sorte à sa solde cet empereur, qui ne craignait pas d'arborer les couleurs anglaises et de se déclarer soldat du roi, aux gages de 100 couronnes d'or par jour pour ses frais de table. L'armée française battue à la journée de Guinegate que l'histoire a nommé la journée des Eperons (16 août 1513) parce que dans la panique les éperons y jouèrent un plus grand rôle que l'épée, Therouenne dut capituler et fut impitoyablement, malgré les conventions, détruite de fond en comble, ses murailles abattues, ses fossés comblés, ses maisons incendiées hormis la cathédrale et les cloîtres. A la nouvelle du danger que courait Thérouenne qu'il voulait secourir à quelque péril que ce fut, Louis quoique tourmenté de la goutte s'était fait transporter en litière de Paris à Amiens. Il y arriva le 13 août et y signa des lettres portant que pour subvenir aux frais de la guerre il était obligé de prendre les consignations tant de la Cour des comptes que du Chatelet de Paris. Le duc de Valois (depuis François Ier) fut mis à la tête de l'armée. Il la ramena sur la Somme, bonne ligne de défense dans le cas où l'ennemi tenterait de pénétrer dans le royaume, mais il n'y songeait pas et les alliés allèrent se disputer au siège de Tournai. Le 7 août 1514, trois traités étaient signés à Londres. L'un d'eux stipulait alliance offensive et défensive entre les deux rois de France et d'Angleterre. Un autre arrêtait le mariage de Louis XII devenu veuf d'Anne de Bretagne avec Marie d'Angleterre sœur de Henri VIII que le 13 du même mois à Greenwich le duc de Longueville, négociateur de cette alliance, épousa par procuration. François d'Angoulême vint recevoir à Boulogne la nouvelle reine avec les princes du sang et l'élite de la noblesse et la conduisit triomphalement à Abbeville. Louis XII s'y était rendu avec sa cour et sa maison pour y attendre la princesse à son passage et y célébrer son union. Il fit son entrée solennelle par la porte Saint-Gilles le 2 octobre 1514, et fut reçu aux acclamations du peuple qui s'était porté à sa rencontre avec le corps municipal et 2,000 hommes de la milice bourgeoise. Louis XII, coiffé d'un chapeau rouge et vêtu d'un habit de drap d'or, montait *un grand cheval bayard qui saultoit*. Depuis la porte Saint-Gilles jusques à l'hôtel de la Gruthuse où il devait loger on avait dressé plusieurs échaffauds sur lesquels des personnages allégoriques jouaient des mystères. Quatre de ces personnages, vêtus de robes royales représentaient chacun le roi de France. Un cinquième revêtu d'une robe vermeille semée de léopards d'or, le roi d'Angleterre, un autre Charlemagne, un autre encore en sayon jaune et rouge figurait Triboulet le Fou du roi. Le 9 octobre, les royaux époux reçurent la bénédiction nuptiale, dans un appartement tendu de drap d'or à l'hôtel de la Gruthuse, en présence des cardinaux d'O et de Prie, de l'archevêque de Rouen et des ambassadeurs de Venise et de Florence.

Mais ce mariage devait être funeste au roi. Il avait cinquante-trois ans et la goutte. Faible et crédule comme les vieux maris, il s'était mis en tête d'avoir un héritier, et selon l'expression de Brantôme, il faisait le galant et le dameret avec sa jeune épouse princesse de dix-huit ans, et l'une des plus belles de l'Europe. Au bout de six semaines de fêtes, de bals, de banquets, il tomba malade de dyssenterie, et mourut dans la nuit du 1er janvier 1515. Quand les clocheteurs des trépassés allèrent par les rues de Paris, sonnant leurs campanes, ce fut une désolation telle qu'on n'en avait jamais vu au trépassement d'aucun roi. Nul roi de France en effet, depuis saint Louis, n'avait témoigné pour ses sujets une sympathie aussi grande, et l'histoire lui a conservé à juste titre le glorieux surnom de Père du peuple.

X

Avant que de poursuivre le récit des événements politiques, il nous paraît utile de jeter un rapide coup d'œil en arrière, et d'examiner un instant, l'état de l'industrie, des mœurs, des arts en Picardie pendant la période de temps dont nous venons d'esquisser l'histoire. Avec François Ier en effet commence une société nouvelle. Louis XII° par son mariage avec Anne de Bretagne a réuni au domaine royal, le dernier grand fief de la couronne. La féodalité n'existe plus ; la noblesse ne se compose plus de seigneurs, mais de courtisans. Les provinces ont perdu avec leur autonomie, leurs ducs, et leurs comtes. Elles sont placées par la royauté sous l'autorité temporaire de gouverneurs qui souvent, obtiennent mais à simple titre gracieux, la survivance de leurs fonctions pour leurs enfants. La royauté est maîtresse absolue. Elle exerce désormais son contrôle sans frein par ses Parlements en matière juridique, en matière administrative par ses officiers et par les maires à sa dévotion, soit par la nomination directe qu'elle s'en est attribuée au mépris des vieilles chartes communales, soit par les modifications qu'elle apporte à sa guise dans le mode des élections. Le Moyen-Age a vécu, la Renaissance commence ; Renaissance dans les mœurs, les arts, les idées. Les lignes sévères des chefs-d'œuvre de l'art gothique se voient remplacées par l'exubérance de l'ornementation du gothique fleuri, par l'imitation des productions du goût italien, et le retour aux traditions de l'antiquité ; en Picardie les derniers monuments du style gothique de transition sont Saint-Vulfran d'Abbeville 1488 et Saint-Riquier 1488-1515. La scholastique d'Aristote, cette règle immuable de l'école va céder la place au raisonnement, le manuscrit est tué par la découverte de l'imprimerie qui va répandre la lumière au sein des masses, la libre pensée et l'esprit d'examen vont saper dans leurs bases les dogmes les plus accrédités de l'Eglise catholique, la Réforme asseoir son pape à Genève en opposition au pape de Rome. Le vieux monde a vécu, le monde moderne commence à cette date, et la terre connue s'accroît encore par la découverte d'un nouveau continent.

En Picardie, comme partout, c'est surtout aux ordres religieux que furent dûs le défrichement des épaisses forêts, le dessèchement des marécages qui couvraient originairement son sol, ainsi que le développement des meilleurs procédés de l'agriculture, dont les invasions barbares avaient presque anéanti le souvenir, sous les deux premières races. Les Bénédictins mirent les premiers la main à l'œuvre. Les évêques, les abbayes, employent leurs serfs à défricher les portions de forêts dont les a dotés la munificence royale. Les Cisterciens, préférant des établissements hérissés de ronces et d'épines aux rases campagnes, forcèrent à la sueur de leurs fronts, ces terrains incultes et stériles à devenir des champs abondants et fertiles en denrées de toute espèce. Comme aujourd'hui, l'on cultivait avec succès le blé et le lin mais aussi la gaude et la vigne. Ce nom de vigne marqué encore dans le cadastre de presque toutes les communes, indique assez l'étendue que cette culture avait prise. Les vins de Picardie, toutefois, étaient d'assez médiocre qualité si l'on en juge par le fabliau de la Bataille des Vins que nous a conservé Legrand d'Aussy, et dans lequel le chapelain anglais du roi Philippe-Auguste chargé de juger de leur mérite, défend sous peine d'excommunication aux vins de Beauvais de jamais oser se présenter devant lui. Quelques savants ont attribué la disparition des vignobles en Picardie au refroidissement successif suivant eux de la température. Il est plus probable que la mauvaise qualité de leurs produits, amenèrent leur destruction, ainsi qu'une ordonnance de Henri II reproduite en 1731, qui dans le but de prévenir par là, la disette des grains, défendit toute nouvelle plantation de ceps. La tourbe enfin, aurait été déjà exploitée sous le règne de Philippe-Auguste, s'il faut en croire une note de Sellier architecte de la ville d'Amiens au siècle dernier. On sait le développement qu'a pris depuis, l'extraction de ce combustible dans le département de la Somme, qui à lui seul donne un rendement de la moitié de la production totale de la France.

Non moins industrielle qu'agricole, la Picardie au moyen-âge tient une place honorable dans les annales du commerce. Bien que les opérations commerciales fussent constamment et lourdement entravées par les nombreux droits de travers, péages, tonlieus, pontonnages, cayages, etc., auxquels était assujettie la circulation des marchandises, sur les territoires des nombreux seigneurs qu'elles avaient à traverser avant d'arriver à destination, à l'ombre des libertés municipales, de puissantes corporations industrielles s'étaient fondées dans les principales villes, et y exerçaient, sous la réglementation de leurs statuts et sous l'inspection de leurs eswards ou gardes métiers chargés de surveiller l'exécution de ces réglements, des commerces quelquefois très importants avec les nations étrangères. Au XIII° siècle, Abbeville, Amiens, Beauvais, Saint-Quentin, Péronne, faisaient partie de la Hanse de Londres, vaste société de trafic et de banque établie entre les villes flamandes et les provinces voisines, à l'imitation de la fameuse Hanse Teutonique. Les riches marchands de Bruges et d'Ypres étaient à la tête de cette association, qu'on peut regarder comme l'une des premières compagnies de commerce connues, après celle des Nautoniers de Paris. C'était à Londres ou à Bruges seulement qu'on pouvait s'y faire affilier, moyennant le versement dans la caisse de cette dernière ville, d'un droit de 30 sols 3 deniers sterling. On n'y était admis qu'à la suite d'une délibération formelle, mais tout le monde n'était pas apte à faire partie de cette association, et les petits marchands en détail, les artisans travaillant de leurs propres mains, en étaient impitoyablement exclus.

La grande industrie picarde du moyen-âge est la draperie. A Amiens ses premiers statuts connus datent de 1308. Les draps d'Amiens étaient exportés aux grandes foires de Champagne, et les drapiers avaient leurs comptoirs aux halles de Troyes, de Saumur, de Paris. Abbeville, Montreuil, Beauvais étaient au nombre des bonnes villes drapantes. L'industrie de la draperie avait pour corollaire, celle de la teinture. Les draps bleus de Picardie étaient teints avec la waide ou guède (Isatis tinctoria) plante d'une culture facile, dont les feuilles livrées au commerce sous la forme de tourteaux ou de barres, étaient expédiées ensuite dans les grands centres industriels de Rouen, d'Abbeville, Paris, Chartres, les Flandres et l'Angleterre. En 1237, Henri III roi d'Angleterre, accorda aux marchands d'Amiens, de Corbie et de Nesle, l'autorisation de librement charger, décharger et emmagasiner dans la ville de Londres, et de transporter par terre ou par eau dans toutes les provinces de son royaume, leurs guèdes et toutes leurs autres marchandises, excepté les blés ou les vins apportés d'outre-mer. Les grands entrepôts ou étaples de cette matière tinctoriale, étaient le Crotoy et Calais. En 1407, le duc de Bourgogne avait fait auprès des négociants amiénois de grands efforts pour obtenir d'eux un semblable entrepôt sur l'important marché de Bruges. La découverte et l'usage de l'indigo, ruina la riche corporation des waidiers, et fit tomber les nombreux moulins qui servaient à la trituration de cette plante. En 1492 des ouvriers de Tournai introduisirent à Amiens la sayeterie de haute lisse de drap d'or et de soie.

C'étaient par les ports d'Etaples, de Boulogne, de Saint-Valery, du Crotoy et d'Abbeville que se faisait le commerce d'exportation de l'Amiénois et du Ponthieu en Angleterre, en Hollande, en Suède, en Espagne, en Portugal. Les rois de France n'eurent longtemps dans leur souveraineté propre, d'autre territoire maritime que la Picardie.

Vers la fin du xv⁰ siècle, on comptait à Abbeville 200 charpentiers de navire, et 100 capitaines de grand et de petit cabotage. Elle avait, au combat naval de l'Ecluse, fourni un contingent de 12 barges portant 1479 marins et 192 arbalétriers. Il faut ajouter à ce commerce maritime, le commerce des pêches surtout celles de l'anguille et du hareng dont la population faisait alors une prodigieuse consommation. On voit les seigneurs en accorder des milliers aux monastères de leurs domaines. L'abbaye du Gard près Picquigny envoyait chaque année 500 anguilles de redevance à l'abbaye de Berteaucourt et 8,000 harengs à l'abbaye chef d'ordre de Citeaux. C'étaient les salines de Waben, de Rue, de Noyelles-sur-Mer qui subsistèrent jusqu'au règne de François Ier, qui, vraisemblablement, servaient à la salaison de ces énormes quantités de poissons.

De même que les moines avaient conservé les principes oubliés de l'agriculture, de même leurs cloîtres servirent longtemps de refuge, au milieu des invasions barbares, aux lettres et aux sciences. Les manuscrits échappés aux ravages de ces invasions, conservés par leurs soins, nous ont seuls permis de connaître les chefs-d'œuvre littéraires de l'antiquité, en en multipliant, par zèle ou par ordre, des copies. L'abbaye de Saint-Riquier en 831 possédait, on l'a vu, une bibliothèque de 256 volumes, parmi lesquels se trouvaient les Eglogues de Virgile, la Rhétorique de Cicéron, l'histoire d'Homère, des exemplaires de Pline le Jeune, de Suétone, Priscien, Donat, la cosmographie d'Ethicus, les fables d'Avienus, etc. Cette riche bibliothèque fut consumée par l'incendie, le soir du 29 mars 1719. Il ne reste plus qu'un seul volume de ce trésor littéraire. C'est l'Evangéliaire sur velin pourpre en lettres d'or qu'on peut voir encore aujourd'hui à la bibliothèque d'Abbeville. La bibliothèque de Corbie fut enrichie par les soins d'Adhalard son neuvième abbé.

C'est dans les cathédrales et les abbayes que se tenaient les écoles. Il y avait une école épiscopale à Noyon. L'école de Beauvais produisit saint Germer. L'école de Corbie était célèbre dès le vııı⁰ siècle. Paschase Radbert y enseigna les lettres divines et humaines et prit une part active à la fondation en Saxe de la Nouvelle Corbie. Il est l'auteur du Traité du Sacrement de l'Eucharistie. Son condisciple, le moine Ratramne y écrivit ses Traités sur la Prédestination et sur le Corps et le Sang de Jésus-Christ. C'était dans l'école de saint Riquier, si florissante sous saint Angilbert, que les fils des rois, des ducs, et des comtes, recevaient d'ordinaire leur première éducation. De toutes ces écoles la plus renommée aux xı⁰ et xıı⁰ siècles pour la théologie et la dialectique était sans contredit celle de Laon, dirigée par Anselme, chanoine de cette église, l'un des plus ardents acteurs de la grande querelle des Réalistes et des Nominaux. Les docteurs les plus célèbres suivirent ses leçons : Guillaume de Champeaux, Enguerran de Coucy, Raoul le Verd, Guillaume de Corbeil, Hugues d'Amiens, Guillaume le Breton, tous arrivés plus tard aux honneurs de l'épiscopat; parmi ses disciples, il faut encore compter le malheureux Abailard. Choqué des idées du professeur qui contrariaient les siennes, il eut le tort de méconnaître le génie d'Anselme et d'écrire contre lui ces lignes

injustes : « Je me suis approché de cet arbre pour y cueillir des fruits, mais j'ai reconnu
» que c'était un arbre stérile semblable au figuier dont parle l'Écriture et qui fut mau-
» dit par le Sauveur du monde. » Anselme mourut le 15 juillet 1117, laissant des
Commentaires sur le Psautier, le Cantique des Cantiques, les Épîtres de saint Paul,
l'Apocalypse, etc., etc. Après sa mort, l'école perdit son éclat. Saint-Vincent de Laon,
Saint-Médard de Soissons, Saint-Amand de Barizy, Saint-Quentin, étaient des centres
non moins renommés d'instruction. La première encyclopédie du Moyen-Age fut la
Bibliotheca Mundi, speculum majus speculum triplex, du dominicain Vincent de Beauvais, né en 1190, mort vers 1264, vaste compilation, très utile à ses contemporains et
qui, aujourd'hui encore, peut fournir d'utiles renseignements à l'histoire littéraire,
puisque plusieurs des livres cités par lui sont perdus.

C'est au XIIIe siècle que la ville d'Amiens peut faire remonter l'origine de son premier collège, connu sous la dénomination de Maison Saint-Nicolas as pauvres Clercs,
ou de Grandes Écoles. On n'y enseignait que les humanités ; il était gouverné par un
principal et quatre régents, choisis par l'écolâtre et agréés par le Chapitre de la Cathédrale.

La Picardie formait l'une des quatre nations de l'Université de Paris. Elle se subdivi-
sait elle-même en cinq tribus correspondantes aux diocèses de Beauvais, d'Amiens, de
Noyon, de Laon, des Morins ou de Thérouenne. Les nations et les facultés avaient coutume
de se dénommer dans les actes et annonces publics, à l'aide de qualifications spécialement
consacrées à chacune d'elles. La nation de Picardie avait choisi celle de Très Fidèle
(*Natio fidelissima Picardorum* ou *Picardica*). Elle avait pris pour patron saint Nicolas
évêque de Myrrhe, sans doute à cause du miracle légendaire des trois écoliers, mais
l'Université reconnaissait deux classes de patrons, l'une dont l'invocation était commune au corps tout entier, l'autre qui recevait un culte spécial des facultés ou des
membres des nations. On voit par le sceau de la nation de Picardie de 1398, que les
tribus d'Amiens et des Morins honoraient particulièrement saint Firmin et saint Piat,
apôtres d'Amiens et de Tournai. Bien que citée souvent par les historiens, au nombre
des plus turbulentes, au milieu de cette population écolière renommée par sa turbu-
lence, elle fit honneur à l'Université au XVe et surtout au XVIe et XVIIe siècles, comme on
le verra plus tard par la liste des hommes célèbres qu'elle a produits. Les Universités
d'Orléans et de Poitiers comptaient aussi dans leur sein bon nombre d'étudiants de
cette nation. Dans la première d'entr'elles, les écoliers picards recevaient chaque année,
le jour de saint Firmin, la redevance d'une maille d'or. C'était une fondation faite par
un seigneur de Beaugency, nommé Simon, en reconnaissance de la guérison miraculeuse de la lèpre, qu'il avait obtenue de l'intercession de ce bienheureux. Une rue de
Beaugency, où étaient situés les héritages grevés de cette redevance, porte encore le
nom de rue de la Maille d'Or.

A l'ombre de l'Université, vers le commencement du XIIIe siècle, s'étaient fondés des collèges, véritables hospices ou maisons de charité, ouverts à des pauvres, sous les auspices de la religion, avec faculté d'étudier. A l'imitation de ces exemples, un nombre considérable d'autres collèges institués par des personnages éminents de l'aristocratie ou de l'église s'éleva pour l'instruction de la jeunesse, sur tout ce territoire d'outre Seine, désigné sous le nom d'Université. Parmi ces collèges d'origine picarde, il faut citer : le collège des Chollets fondé par le cardinal Jean Chollet né à Nointel, diocèse de Beauvais pour les boursiers théologiens de la nation picarde, le collège du cardinal Lemoine né à Crécy, le collège de Beauvais, créé par Jean de Dormans évêque de Beauvais cardinal et grand chancelier de France, le collège de Coquerel par Firmin de Coequerel élevé du poste de professeur de droit à cette même dignité de chancelier, le collège de Prémontré, le collège de Laon, fondé par Guy, doyen de Laon, et le collège de Presles ou de Soissons par Raoul de Presles, clerc et secrétaire du roi Philippe le Bel. Le cardinal Pierre d'Ailly, enfin, par ses libéralités peut être regardé comme le second fondateur du collège de Navarre.

Les trouvères picards et artésiens ne le cédaient point, pour l'imagination et le savoir dire, aux troubadours de la langue doc, et la Picardie eut de bonne heure ses poètes et ses romanciers. Vers le milieu du XIIe siècle, Thibault de Mailly se fait connaître par sa satire intitulée : *Le Istoire li roman de Monseinior Thibault de Mailly*, Richard de Fourneval, chancelier de l'Eglise d'Amiens par ses *Conseils*, son *Bestiaire d'amour*, son roman d'*Abladène*, ramas de fictions sur l'origine de la ville d'Amiens. Hélinand, poète et historien fut le plus bel esprit de la cour de Philippe-Auguste, au dire de l'auteur du roman d'Alexandre. Le châtelain de Coucy, célèbre par ses tristes amours avec la dame de Fayel, compte avec Raoul, comte de Soissons, au nombre des chevaliers poètes de son temps. Il nous reste vingt-quatre de ses chansons. Raoul de Houdencq en Bray, est l'auteur des romans de *Ailis et de Merangis*, Raoul de Beauvais, du roman *de Perceval*, Huon de Méru en Beauvaisis, du roman *d'Ante-Christ*, Girardin d'Amiens, du roman de *Meladius*, Jean de la Fère, du roman *du riche Homme et du Ladre*, Gérard de Montreuil de la traduction en rimes françaises de *la Vie latine de saint Eloi*. A ces romanciers, il faut ajouter les faiseurs de fabliaux et de chansons : Perrot et Blondel de Nesles (ce dernier qui, par ses chants, découvrit, dit la tradition, la prison où l'Allemagne retenait captif le roi Richard Cœur de Lion), Hues le Maronnier d'Amiens, Robin de Compiègne et Courtebarbe avec son fabliau *des Trois Aveugles de Compiègne*, Simon d'Authie, Vieillard de Corbie, Colart le Boutelier de Senlis, Ricquier et Eustache d'Amiens, auteur du fabliau du *Boucher d'Abbeville*, Girard de Boulogne, Jean de Boves qui composa le fabliaux de *Gombert et des deux Clercs*, *du Vilain de Bailleul*, *de la Vache au Prêtre* et *des Deux Chevaux*, Guillaume de Guillerville de l'abbaye de Chaâlis, le Reclus de Molliens, Gautier de Coincy, moine de Soissons, Robert de Castel, Jean Brestel, etc.

La Picardie, comme la Provence, avait ses plaids et ses jeux d'amour, c'est-à-dire des assemblées de seigneurs et de dames qui s'exerçaient à la courtoisie et à la gentillesse. La plus grande partie des pastourels du chroniqueur Froissard, dit Dom Grenier, roulent sur des prix proposés en Picardie et en France. A Doullens, c'était dans la rue de l'Arbre Amoureux qui se réunissaient au xiii° siècle les poètes et les chanteurs du pays. A Abbeville l'on envoyait chaque année des ménestrels aux écoles de Beauvais, de Soissons, de Saint-Omer pour y apprendre des chansons nouvelles et le jour des Quaresmiaux, ils faisaient assaut de gai savoir avec les chanteurs des villes voisines dans une fosse nommée la Fosse aux Ballades. Mais les associations poétiques les plus importantes de la province étaient les confréries du Puy de Notre-Dame d'Amiens et d'Abbeville. Les uns tirent ce nom de Puy, du latin *Podium*, à cause de l'emplacement élevé qui servait originairement de théâtre à ces réunions, d'autres d'un miracle de la Vierge qui sauva un enfant tombé au fond d'un puits. Le Puy de Notre-Dame d'Amiens fut fondé en 1398. Tous les ans on nommait un maître. Il présidait un dîner donné le jour de la Chandeleur, faisait représenter un mystère et offrait à chaque associé un chapeau vert et une copie du mystère. Le lendemain, il donnait publiquement une couronne d'argent à l'auteur de la meilleure ballade qui avait pour but particulier les louanges de la Vierge. Les maîtres s'ingéniaient à faire entrer dans les refrains ou devises de ces ballades nommées Chants royaux, des allusions plus ou moins ingénieuses, ayant trait à leurs noms, à leurs prénoms, à leur profession, ou des jeux de mots analogues aux rebus de Picardie. Ainsi un brasseur, Gaspard Baillet, prend pour devise :

        D'un *bras seur* je soutiens celui qui *baille et* donne.

Robert de Fontaine :

        Au genre humain consolable *Fontaine*.

Robert Bellejambe, propriétaire de la taverne du Pot d'Étain :

        Pot pur portant *Potion* précieuse.

A Abbeville, N. Amourette, bourgeois :

        Vierge aux humains la porte *d'amour este*.

Antoine Duval :

        Du Val heureux, épouse, fille et mère.

Mais plus précieux que le fatras poétique des rhétoriciens amiénois, dont un manuscrit de la Bibliothèque nationale, fait à la demande de la duchesse d'Angoulême, mère de François Ier, en 1515, a reproduit plusieurs Chants Royaux, quelques-uns des tableaux représentant le sujet exprimé par la devise du chant couronné, et qui décoraient, avant la suppression de cette confrérie, les piliers et les chapelles de la cathédrale d'Amiens, ont survécu à sa ruine. Ce fut en 1451, pour la première fois, qu'elle appela la peinture à célébrer les louanges de la Vierge. De ces trop rares tableaux dûs vraisemblablement à l'école de Jean Van Eyck, le Musée de Picardie et l'Evêché d'Amiens possèdent la plus grande partie. Ce sont les authentiques et non moins curieux exemplaires des premières productions de l'école française.

Ménestrels, trouvères et ménétriers virent leur mode pâlir au xv° siècle, quand l'art dramatique se révéla en France par les Mystères ou Jeux de Dieu. Le premier de tous ces spectacles représentés en Picardie paraît avoir été donné en 1402 ou 1403 à Amiens. Au mois de juin 1425, pour récréer le régent Bedford et le duc de Bourgogne, l'on y joua le *Mystère de la Passion*. L'on représenta successivement dans cette ville le *Mystère de sainte Barbe*, le Jeu de *saint Fuscien*, *la Vie de saint Paul*, le mystère *des Onze mille Vierges*, le mystère de *saint Quentin*, *le Miracle de la Madelaine*, *la Vie de saint Joseph*, etc. A Abbeville, à Beauvais, où pour ne pas manquer d'acteurs, l'évêque avait créé le fief de la Jonglerie, à Laon où le clergé prêtait les tapisseries de l'église et permettait d'anticiper l'heure du service divin pour la représentation du Mystère de la Passion, à Saint-Quentin, à Péronne, à Senlis, à Soissons où en 1528, le théâtre est placé dans la grande cour de l'évêché, à Noyon, à Corbie, dans toutes les villes de Picardie, enfin le peuple se pressait en foule à la représentation des sacrés mystères joués par les confréries de la Passion, auxquels se mêlaient souvent des ecclésiastiques. Aux confrères de la Passion, les clercs de la Bazoche, ne tardèrent pas à faire concurrence, en opposant aux mystères la comédie d'imagination, les moralités qui personnifiaient les vertus ou les vices. Les Enfants sans Souci, enfin, inventèrent à leur tour la Sotie, pièce railleuse et critique, souvent remplie d'équivoques et de plaisanteries obscènes. Tel fut le théâtre en France, de 1398 à 1548. Le véritable art dramatique n'y commence qu'à la farce de Maître Pathelin.

C'est qu'en effet, au milieu de ces temps de troubles, de guerres étrangères et de dissensions civiles, le peuple avait soif des récréations qui lui faisaient un instant, oublier le poids de ses maux. Aussi le voit-on courir en foule partout où se présente un spectacle à ses yeux. De ce besoin s'explique l'affluence qui, par exemple, se presse aux jeux des bateleurs et des jongleurs, notamment de ceux de Chauny, *de nature grands iaseurs et beaulx bailleurs de balivernes en matière de cinges verds* (de là l'origine du dicton de singes de Chauny), et à ces cérémonies burlesques et bizarres que nous offre le Moyen-Age, processions, fêtes de patrons, cérémonies où le profane se mêle aux choses les plus sacrées, comme la fête de l'Ane dans la cathédrale de Beauvais, le couronnement des Évêques et du Pape des fous à Rue, à Amiens, l'homme vert dans cette dernière église, les feux de la Saint-Jean et leurs superstitions. Parmi les fêtes périodiques et locales de la Picardie, citons encore les combats de coq du Jeudi-Gras, le mahonnage, la quintaine, les tirs à l'oiseau, la chole ou choule.

Cependant, au milieu de ces divertissements sacrés ou profanes, la charité se montre toujours empressée à secourir l'infortune. On a vu souvent dans le cours de ce récit, les aumônes et les fondations pieuses faites *in articulo mortis*, ou en réparation de leurs forfaits par les seigneurs féodaux, craignant pour le salut de leurs âmes. Une charité plus chrétienne, animée d'un plus profond amour de l'humanité et d'une plus louable compassion, se traduit par la fondation des maladreries destinées à abriter les infortunés atteints de cette affreuse maladie, la lèpre, qui exerça impitoyablement ses ravages durant tout le cours du Moyen-Age et que la tradition représente comme une des conquêtes des croisades, mais qui semble plutôt avoir été l'effet du défaut des soins de l'hygiène la plus vulgaire. Des Hôtels-Dieu s'ouvrent aussi en faveur des pauvres malades. A partir des premières années du xiv° siècle, ce ne sont plus seulement les puissants de la terre, les grands propriétaires du sol, qui se signalent par leurs aumônes, mais encore de simples bourgeois, et même de pauvres artisans. Ce ne serait que justice de signaler les noms de ces généreux fondateurs, et d'indiquer quelles furent leurs libéralités. L'Hôtel-Dieu d'Amiens ou hôpital *Saint-Jean*, situé d'abord près de la rivière du Hocquet existait déjà dès 1100 et ne fut transféré rue Saint-Leu, dans l'emplacement qu'il occupe encore actuellement qu'en 1236. Pierre d'Amiens, seigneur de Vignacourt, Guillaume III, comte de Ponthieu, Gautier d'Heilly et son épouse en furent les principaux bienfaiteurs. En 1155, Jean, comte de Ponthieu, donna la dîme de la forêt de Gaden aux frères de l'hospice des Infirmes d'Abbeville, placé comme l'hôpital d'Amiens sous le patronage de saint Nicolas. Les comtes de Ponthieu, les familles Cholet et Clabaut l'enrichirent de leurs libéralités. Laon avait déjà son hôpital en 1167, fondé par le chapitre et transféré en 1250 dans le bâtiment dont lui avait fait don l'évêque Itier. Les Hôtels-Dieu de Saint-Quentin et de Péronne datent du xii° siècle. Celui de Rue remonte au xi° et sa fondation coïnciderait, il paraît, avec l'arrivée miraculeuse du célèbre crucifix apporté par une barque en l'an 1100, qu'on vénéra longtemps, dans la magnifique chapelle enrichie des dons de Philippe-le-Bon, d'Isabeau de Portugal sa troisième femme et du roi Louis XI. Il existait des maladreries et des Hôtels-Dieu dans beaucoup de localités qui sont aujourd'hui totalement privées d'établissements hospitaliers. D'après le testament d'Ade, dame de Boves en 1253, l'on peut voir que Boves, Caix en Santerre et Fonchettes possédaient à la fois ces deux établissements.

La justice enfin, grâce à l'empiètement toujours croissant de la puissance royale, mieux soutenue par ses légistes que par ses feudataires, avait vu peu à peu s'établir une jurisprudence plus constante et plus favorable aux intérêts des populations et du pouvoir central, au détriment des seigneurs dont elle arrêtait ou modérait les excès arbitraires. Deux des plus grands jurisconsultes du Moyen-Age appartiennent à la Picardie. L'un, Pierre de Fontaines, bailli du Vermandois, l'un des principaux conseillers de saint Louis, auteur du *Conseil que Pierre de Fontaines donne à son ami*, ouvrage dans lequel il s'efforce d'adoucir la rude empreinte de la féodalité par la sagesse des lois romaines, l'autre, presque son contemporain, Philippe de Beaumanoir, bailli de Clermont en Beauvaisis, dont le vieux manoir existe encore au Montcel, près de Pont Sainte-Maxence. Il rédigea *les Coutumes du Beauvaisis*, dans lesquelles il décèle son esprit supérieur, en voulant établir le droit commun de la France. Ce résultat ne put être obtenu que bien des siècles après lui. Ce ne fut qu'en vertu d'une ordonnance de Charles VII que la rédaction des principales coutumes, en forme législative fut ordonnée, et réalisée en majeure partie sous Louis XII. Les premiers procès-verbaux attestent l'accomplissement en 1507 pour Montreuil-sur-Mer, Amiens et le Beauvaisis, de cette sage mesure qui supprimait définitivement l'ancienne et insuffisante preuve par tourbe. La coutume générale du Valois fut définitivement rédigée en 1539, celle de Vermandois en 1557.

XI

En montant sur le trône, François Ier était un des plus riches seigneurs picards par ses possessions territoriales. Il avait reçu de Louis XII le duché de Valois, et Claude de France, sa femme, lui avait apporté en dot entr'autres terres, l'opulent domaine de Coucy, le comté de Soissons, la châtellenie de Ham et le château de Pinon.

L'un des premiers actes importants qui marquent dans cette province le commencement, déjà illustré par la victoire de Marignan, du règne de François Ier, fut le traité conclu dans la ville de Noyon, à peine échappée aux ravages de la peste, entre la France et le roi Charles d'Espagne, relativement à la possession du royaume de Naples, par les plénipotentiaires de ces deux puissances, Arthus Gouffier, sire de Boissy, et Guillaume de Croï, sire de Thièvres (1516).

L'année suivante le roi visita ses bonnes villes de Picardie. Le 29 mai 1517, il fit son entrée à Amiens sous un poële de satin gris et y fut reçu par le maire, Jean Le Prévost, les échevins et officiers, couverts de drap de même couleur. C'est la première entrée, dit le chanoine La Morlière, où je trouve que l'artillerie ait *deflaschié*. La reine, Madame Claude de France arriva le même jour, pour éviter les frais de deux entrées, avec Madame d'Angoulême et Madame d'Alençon. MM. de la ville leur offrirent trois chefs de saint Jean d'or fin, qui avaient touché cette relique, marqués aux armes du roi et de la ville, richement décorés à l'entour et émaillés des histoires du saint ; ils pesaient 3 marcs, 1 marc et 1/2 marc.

Le 23 juin 1517, François Ier vint à Abbeville ; il arriva par eau à 10 heures du soir et aborda au pont des Prés, monté sur une gribanne magnifiquement ornée ; 13 autres gribannes portaient la reine et toute la cour. Les magistrats complimentèrent le roi et le conduisirent en son hôtel à la clarté des torches et d'une illumination générale. On lui fit le lendemain les présents d'usage et on y ajouta une salamandre d'or. Il alla ensuite visiter Montreuil, Saint-Valery et le Crotoy, revint à Abbeville et y signa un édit portant règlement sur la course maritime et la juridiction de l'amiral.

Quelques années après (1520), le Boulonnais devait être le théâtre de l'entrevue fastueuse des rois de France et d'Angleterre, dont l'histoire a conservé le souvenir sous le nom d'entrevue du Camp du Drap d'Or. Le 28 juin 1519, le roi d'Espagne l'avait emporté sur son compétiteur François Ier dans ses prétentions à l'empire, et avait ceint la couronne impériale, sous le nom de Charles-Quint. S'assurer l'alliance de l'Angleterre était le but de la politique des deux rivaux ; il fut arrêté que François Ier et Henri VIII se rencontreraient entre Guines et Ardres. Les chroniques contemporaines racontent avec complaisance le faste et la magnificence du pavillon carré de bois du monarque anglais, et de la tente de velours bleu du Roi Chevalier. Les courtisans qui accompagnaient les deux souverains s'étaient cru obligés de rivaliser de luxe entre eux, « tellement, dit un témoin oculaire, Martin du Bellay, que plusieurs y portèrent leurs moulins, leurs forêts et leurs prés sur leurs épaules. » Plusieurs années après l'événement, le grand poète national anglais, dans une de ses tragédies consacrées à la gloire de sa protectrice, la reine Elisabeth, rappelle encore le souvenir de ces profusions ruineuses. « On peut bien dire que la pompe des siècles passés fut doublée dans l'en-
» trevue des deux monarques. Chaque jour enchérissait sur le jour précédent jusqu'au
» dernier qui rassembla lui seul les merveilles de tous les autres ensemble. Aujour-
» d'hui les Français tout brillants, tout couverts d'or, comme les dieux payens, éclip-
» saient les Anglais ; le lendemain les Anglais, à leur tour, étalaient toutes les richesses
» de l'Inde. Chaque homme dans sa hauteur semblait une mine, leurs petits pages
» étaient comme des chérubins tout dorés ; et les dames de même, délicates et peu faites
» à la fatigue, fléchissaient sous le poids de leur parure ; la peine de la porter, comme
» un fard naturel, colorait leur visage du plus beau rouge. » De fâcheux pronostics semblaient annoncer cependant le peu de réussite de cette entrevue. Un violent ouragan rompit les cordages et les poteaux de la tente française, la dispersa sur le sol et força François Ier à venir se loger dans un vieux château près d'Ardres et à faire dresser en diligence un bâtiment contre les murailles de cette ville à l'endroit du bastion qui prit le nom de Bastion de la Conférence.

« Aussi chacun, après l'orage affreux qui suivit ce jour fatal, dit encore Shakespeare,
» se sentit inspiré d'un enthousiasme prophétique ; et toutes les bouches, comme par
» une force surnaturelle, prophétisèrent que cette tempête qui venait ternir et déchirer
» les robes et les parures de cette paix, était un présage qu'elle serait bientôt rompue. »
Le 7 juin 1520, les deux rois se rencontrèrent au milieu de la vallée d'Ardres dans le brillant cortège que reproduisent, avec tant de maestria, les beaux bas-reliefs de l'hôtel de Bourgtheroulde à Rouen. Echange de politesses menteuses, les stipulations diplomatiques terminées entre le cardinal Wolsey et l'amiral Bonnivet, l'entrevue dura encore seize jours, pleins de tournois, de joutes, de fêtes de tout genre. François aimait les

exercices chevaleresques où sa bonne mine et son adresse lui donnaient toujours l'avantage. Henri ne tarda pas à s'en apercevoir, et voulant briller à son tour, mit la main au collet de son bon frère, lui proposant de lutter ensemble. Ce défi fut accepté, mais le roi d'Angleterre ne put réussir à donner un croc en jambe au roi de France qui fit la faute maladroite de renverser par terre son adversaire. Les deux rois se séparèrent enfin avec mille embrassades et mille protestations d'amitié, mais rien n'était fait, et Wolsey, le tout puissant directeur de la politique d'Henri VIII s'était déjà vendu à Charles-Quint.

La guerre qui couvait depuis l'élection impériale éclata en 1521 entre François Ier et son compétiteur. François leva quatre armées pour y faire face sur toutes les frontières. Le duc de Vendôme qui avait remplacé, à sa mort, de Piennes, comme gouverneur de Picardie, reçut le commandement général des troupes de cette province. Ayant échoué devant Mézières, les Impériaux voulurent voir s'ils seraient plus heureux en Picardie qu'en Champagne. Ils gagnèrent Mauberfontaine et Aubenton pour s'avancer jusqu'à Vervins et Guise. Le comte de Roeux s'empara de Vervins, la livra au pillage, y mit le feu ; il n'y resta qu'une seule maison vis-à-vis le vieux château. Ils exercèrent sur leur route les plus barbares violences, brûlant les bourgs et les villages, massacrant le peuple désarmé, sans distinction d'état ni de sexe, se rendant odieux sans se rendre formidables. Le roi les fit suivre, afin d'arrêter et de réparer autant que possible ce désordre, puis courut dans les Pays-Bas diriger une expédition sans résultats. Au milieu de ces hostilités, des conférences pour la paix s'étaient ouvertes à Calais. Le roi d'Angleterre voulait absolument être l'arbitre de l'Europe, ne cessant de menacer celle des deux puissances qui résisterait à ses décisions, de se déclarer contre elle. L'orgueilleux Wolsey s'était rendu dans cette ville, suivi d'une cour nombreuse, et de presque tout le Conseil d'Angleterre. Les puissances belligérantes y avaient envoyé leurs plénipotentiaires ; les négociations échouèrent et presque tout l'hiver se passa en escarmouches insignifiantes. Au commencement du printemps de 1522, les Impériaux prétendirent faire le siège de Doullens pour se venger de l'échec que d'Estrées, commandant de la compagnie de Vendôme en garnison dans cette ville, leur avait infligé au passage de l'Authie. Le comte de Bures, lieutenant-général de l'empereur, s'approcha de Doullens à la tête de 6,000 hommes, battit en brèche la tour Cornière et ordonna l'assaut, mais les habitants se défendirent bravement et l'ennemi informé de l'approche du comte de Saint-Pol accouru d'Abbeville, se retira avec une telle précipitation qu'il laissa même ses échelles encore dressées contre les murailles. Cependant les Anglais prenant pour prétexte le refus de François Ier de souscrire aux conditions formulées par Wolsey, allaient jeter leur épée dans la balance. Par le traité de Windsor, l'empereur s'engageait à entrer en France par l'Espagne, Henri par la Picardie, chacun avec 40,000 fantassins et 10,000 chevaux. Une armée anglaise s'était déjà dirigée sur les côtes de la Bretagne. Dans le même temps, une autre armée anglaise commandée par le duc de Suffolck, beau-frère du roi d'Angleterre, autrefois ambassadeur en France sous Louis XII, descendit à Calais. Elle tenta d'abord sans succès de surprendre Boulogne, puis elle alla se joindre aux troupes que commandait le comte de Bures. Les Français ne pouvaient plus songer à tenir la campagne ; il fallait qu'ils se renfermassent dans les places, au hasard de pouvoir les défendre. La sage conduite du duc de Vendôme, gouverneur de la Picardie, auquel se joiguit la Trémoïlle, gouverneur de Bourgogne, la valeur, la bonne intelligence, la capacité des principaux capitaines sous leurs ordres, tels que le comte de Saint-Pol, le comte de Guise, Pontdormy l'honneur du nom de Créqui, de Lorges, l'attention qu'on eut de rassembler à propos les garnisons, de les distribuer avec une sage économie dans les places menacées, de faire des sorties fréquentes et toujours avec succès, sans s'écarter trop des retranchements, de harceler sans cesse l'ennemi, de lui couper les vivres, de le miner en détail, de profiter de tous les avantages, toutes ces ressources du génie, de la prudence et de l'activité suppléant à la force, le continrent et firent échouer toutes ses entreprises.

Avant la jonction des deux armées, le comte de Saint-Pol, le vicomte de Guise, étaient allé brûler Bapaume et porter l'épouvante jusqu'aux portes d'Arras, de Douai, et de Valenciennes. Il était impossible d'empêcher la jonction des Impériaux et des Anglais. On ne l'essaya point et leurs troupes vinrent assiéger Hesdin. Au bout de neuf mois, découragées par les ravages de la dyssenterie, par les pluies et la vive défense, ils levèrent le siège. Leur retraite fut fort troublée par les forces que le duc de Vendôme envoya contre eux. Ils se présentèrent devant Corbie ; ils y trouvèrent le comte de Saint-Pol qui, ayant deviné leur projet, s'y était jeté avec de bonnes troupes. Ils s'amusèrent à brûler Doullens que Saint-Pol venait d'abandonner comme incapable de soutenir un siège. Les habitants se réfugièrent à Abbeville et à Amiens, où on les occupa à des travaux publics.

Au commencement de la campagne suivante et avant que les Anglais revinssent en France, le duc d'Arscot qui commandait les Impériaux dans les Pays-Bas voulut tenter la fidélité de Longueval, gouverneur de Guise, qui s'en vengea en lui tendant un piège. Il voulut bien paraître traître pour mieux servir sa patrie et envoya au duc d'Arscot, un soldat de confiance nommé Livet pour l'assurer que Guise se rendrait aux Impériaux dès qu'ils paraîtraient. Il avait eu le soin d'avertir le roi et le duc de Vendôme, et suivant un projet concerté entre eux, Fleuranges qui était dans les Ardennes devait, avec un corps considérable se porter entre Avesnes et Guise au levant de cette dernière place, tandis que le duc de Vendôme s'avancerait du côté de la Picardie et viendrait se placer au couchant de Guise ; lorsque le duc d'Arscot paraîtrait, ces deux corps devaient se rapprocher et le presser de telle sorte qu'il fît sa retraite ou offrît le combat, il fût pris entre deux feux. Averti de ce plan, d'Arscot soupçonneux, fit mettre Livet à la torture sans pouvoir lui arracher aucun aveu, et se contenta d'assiéger Thérouanne que le duc de Vendôme vint délivrer et ravitailler sans peine, par suite d'une panique de l'armée impériale.

L'année suivante les Anglais et les Flamands donnaient plus d'embarras en Picardie à La Trémoille. Le duc de Suffolck ayant repassé la mer à la tête de 15,000 Anglais, s'était joint au comte de Bures, général de l'empereur; leurs forces réunies étaient de 30,000 fantassins et près de 6,000 cavaliers. La Trémoille n'avait presque aucunes troupes à leur opposer. Il n'en avait pas même assez pour garnir les villes; il fallait qu'il portât successivement et avec beaucoup de périls dans chaque place menacée, le peu de soldats qu'il avait. Les ennemis marchaient à grandes journées, ils semblaient avoir résolu de prendre des quartiers d'hiver en France, ils ne s'arrêtaient point à faire des sièges, ils s'attachaient à pénétrer dans le cœur du royaume. Ils passèrent devant Thérouanne, Montreuil, Hesdin, Doullens, sans les attaquer. La Trémoille les attendait au passage de la Somme, il s'était jeté dans Corbie ; les ennemis tournèrent à sa gauche pour passer à Bray. Le vaillant Créqui avait attaqué près de Doullens avec 150 lances, 2,000 Anglais. A l'occasion de ce brillant fait d'armes, il reçut de la bouche de François Ier, en présence de Bayard, le surnom de Hardi. Il rassembla promptement 150 hommes d'armes, 12 à 1,500 hommes d'infanterie et alla se jeter dans Bray. Cette place était sans défense; trois hautes éminences qui la serraient de près et la dominaient, auraient rendu inutiles toutes les fortifications qu'on aurait pu y faire. Pontdormy ne voulait que rompre les ponts, après s'être retiré au-delà de la rivière pour pouvoir ensuite attaquer les ennemis de front, lorsqu'ils la passeraient. Mais poussé si vivement et par des forces si supérieures il fut trop heureux de pouvoir assurer la retraite de son infanterie à Corbie en la couvrant de sa cavalerie. Les ennemis s'avancèrent sans obstacle sur Montdidier. La Trémoille désirait ardemment de jeter du secours dans cette place qui commençait à devenir une barrière importante pour Paris, du côté de la Picardie, mais il fallait passer entre l'armée ennemie répandue entre Corbie et Montdidier. Le péril de cette entreprise effrayait tout le monde, Pontdormy seul osa l'entreprendre ; il marcha toute la nuit, arriva aux portes de Montdidier sans avoir fait de rencontre. Mais il fallait revenir à Corbie où la Trémoille voulait concerter avec lui les moyens d'arrêter la marche rapide des Anglais. Pontdormy sans attendre la nuit, se remit en marche avec sa compagnie d'hommes d'armes et celle du comte de Lavedan, résolu à faire tête avec cette faible troupe à tout ce qu'il rencontrerait d'ennemis. Il se trouve bientôt vis-à-vis d'un détachement de 500 chevaux, environ le double de ses forces, l'attaque, le met en fuite. Il se heurte à un autre détachement, cette fois de 2,000 gens d'armes ; ne voulant point exposer sa troupe à une perte certaine, il quitte le chemin de Corbie et prend la route d'Amiens. Joignant à ce trait de prudence, un acte d'intrépidité inouï, mais nécessaire, il fait face avec 30 hommes seulement au détachement ennemi pour l'empêcher de poursuivre le reste de ses gens. Accablé par le nombre, son cheval est tué sous lui, et lui pris dans sa chute. Bernieulles son frère, Canaples, son neveu, le remontèrent et lui donnèrent le temps de suivre sa troupe vers Amiens, mais furent faits prisonniers, après avoir soutenu comme Pontdormy, par des prodiges de valeur, l'honneur du nom de Créqui.

Les ennemis ayant brûlé Roye, attaquèrent Montdidier, qui se rendit après quelque résistance. La Trémoille et Pontdormy étaient au désespoir ; rien n'arrêtait plus ce torrent ; il s'étendait jusqu'au bord de l'Oise et déjà il n'était plus qu'à 11 lieues de Paris. La terreur était universelle dans la capitale. Le roi envoya le duc de Vendôme pour s'opposer à cette inondation. Lorsque les Anglais et les Impériaux apprirent sa marche, ils craignirent de se voir enfermés entre son armée et les forces que la Trémoille pourrait rassembler derrière eux dans toute la Picardie. Ils croyaient ces forces plus considérables qu'elles ne l'étaient parce que La Trémoille les avait multipliées à leurs yeux en les faisant paraître tour à tour dans les différentes places sur leur route. Les divers combats que Pontdormy leur avait livrés ajoutaient encore à cette idée. Ils n'avaient de base d'opération que Montdidier, ils crurent donc devoir songer à la retraite. Pour éviter le passage de la Somme, ils tournèrent à droite au-dessus de sa source et brûlèrent en se retirant cette malheureuse ville. La majeure partie de la cité fut incendiée, l'hôtel-de-ville réduit en cendre, la grosse cloche fondue dans les flammes. Les Montdidériens ne se laissèrent pas abattre par ce cruel désastre. Dès 1524 l'hôtel-de-ville était reconstruit, les brèches fermées en partie, et des ordres données pour la construction de nouvelles fortifications. Les succès remportés l'année suivante par les Français dans le comté d'Oye furent malheureusement compensés par la perte du brave Créqui, frappé dans Hesdin d'un coup de fougasse qui le fit succomber après deux jours de cruelles souffrances. « Quand il fut mort, tous les pauvres picards le pleu-
» rèrent à chaudes larmes, disant qu'ils avaient perdu leur protecteur et sauvegarde,
» car après l'ennemy se promena en la Picardie un peu plus à l'ayse qu'il ne faisoit
» auparavant. » Quinze jours après la mort du bouclier de la province, avaient lieu la bataille de Pavie et la captivité du roi chevalier.

Le traité de Madrid, 14 janvier 1526, mit fin à la captivité du roi. Les villes de Picardie durent contribuer à sa rançon pour une forte part ; Amiens pour 10,000 livres, Abbeville pour 1,000 écus tournois. Malgré ces lourds sacrifices, les bonnes villes saluèrent avec chaleur le retour de leur monarque. Lorsque l'empereur, tout à fait soldé, eut renvoyé les enfants de France qu'il avait gardés en ôtages, Soissons, bien que ravagée quelques années avant par une troupe de soldats licenciés, nommés les Mille Diables, sous les ordres d'un chef appelé Marloud, auquel elle avait de confiance ouvert ses portes, fit éclater sa joie par une procession solennelle où ne figuraient pas moins de 30 corps saints précédés, portés et suivis par un clergé nombreux et par un grand cortège de fidèles. Le traité de Cambrai ou Paix des Dames (1529), vint rendre quelque repos au pays épuisé.

Les sept années de paix qui suivirent, permirent à la Picardie de respirer un peu et de panser ses plaies, bien que jusqu'en 1533, elle eût encore à supporter les maux de la peste qui en cette année-là exerça dans Montdidier de si cruels ravages qu'il ne se rencontrait plus personne qui consentît à ensevelir les morts. Depuis son retour de captivité, François Ier visita souvent la Picardie, et y séjourna à Coucy, à Villers-Cotterets, d'où il data plusieurs ordonnances importantes, notamment les édits relatifs aux baillis et sénéchaux et celui qui pour la première fois, posa les bases de la constitution d'un état-civil en France.

En 1535, à Amiens, dans l'une de ses visites, il passa en revue le 20 juin, dans la vaste plaine de la Montjoie, l'une des sept légions d'infanterie française, dont il avait ordonné la création et le recrutement dans les principales provinces du royaume, légions qui, fortes chacune de 6,000 hommes, divisées en six compagnies, le tiers portant arquebuses, les deux autres la pique et la hallebarde, devaient lui permettre de se passer d'engager à sa solde les corps d'infanterie étrangère sur la fidélité desquels il était difficile de compter. Les 6,000 légionnaires picards sous les ordres de Jean de Sarcus, leur capitaine général, de Jean de Mailly, de Barbançon, de Saisseval et d'Heilly, ses lieutenants, défilèrent et s'exercèrent sous les yeux du roi et des dames de la cour en tête desquelles brillait Mlle d'Heilly (Anne de Pisseleu) qui avait remplacé dans le cœur facile du monarque, à son retour de Madrid, Mme de Châteaubriand. Ce prince apportait en même temps ses soins à la défense de la frontière que menaçait déjà l'ennemi. « Ravitaillez Thérouanne, visitez Montreuil, et rendez-moi compte de l'état de la place, écrivait-il, vers cette époque à François de Montmorency, lieutenant du duc de Vendôme en Picardie. » L'année 1536, en effet, devait ramener l'ennemi sur les bords de la Somme.

Tandis que Charles-Quint, à la tête d'une armée formidable envahissait la Provence, le comte de Nassau, son lieutenant, après avoir enlevé Bohain, pris sans défense Guise et son château, passé devant Saint-Quentin sans avoir osé l'attaquer, se présentait devant Péronne. Cette ville était à peu près ce qu'elle est maintenant ; sa superficie presque triangulaire s'étendait à l'occident sur la petite colline où était située la collégiale de saint Fursy. La Somme lui servait de défense, de l'orient à l'occident ; elle était bordée et protégée par des marais ; au Nord s'élevait le château, garni de grosses tours ; le reste de la ville était entouré de murs, soutenus de remparts assez faibles, bordés d'un fossé de 12 à 15 pas de largeur avec peu d'eau. De ce côté-là elle était commandée par le Mont Saint-Quentin. Elle avait alors trois portes : celle de Paris, celle du château, celle de Saint-Sauveur, près de l'endroit où est aujourd'hui la porte de Bretagne. Malheureusement Péronne avait en ce moment très peu de munitions et une faible garnison. Le duc de Vendôme en Picardie, le duc de Guise en Champagne (François Ier, au mois de juillet 1528 avait érigé le comté de Guise en duché pairie en faveur de Claude de Lorraine), rassemblaient toutes leurs forces pour l'empêcher de tomber aux mains de l'ennemi. Le maréchal de Fleuranges l'Adventureux, s'était bien jeté dans la place avec le comte de Dammartin, mais elle était tellement dépourvue de tout que ses habitants avaient voulu l'abandonner. Ce fut Jean d'Estourmel qui les détermina par son exemple et ses secours à la résistance, il vint s'y enfermer avec sa femme et ses enfants, y fit transporter tout ce qu'il avait de grains et de vivres et engagea tous les gentilshommes de son voisinage à en faire autant. Ils employèrent tout ce qu'ils avaient d'argent à défendre une place aussi importante. Une charge de maître d'hôtel et d'autres avantages considérables, tels que l'office général des finances de Picardie, de Champagne et de Brie, l'ambassade d'Angleterre avec le cardinal du Bellay (1546), enfin une pension considérable sous Henri II, payèrent dignement, dans la suite, les services de d'Estourmel.

Le comte de Nassau avant d'assiéger Péronne crut devoir s'emparer du fort château de Cléry, appelé *Nul s'y frotte*. Le maréchal de Fleuranges, voyant l'ennemi s'approcher, commença par brûler les faubourgs ; le comte de Nassau profita de la circonstance pour persuader aux défenseurs du château que Péronne venait d'être prise d'emblée, qu'elle essuyait en ce moment toutes les horreurs du pillage et de l'incendie, que Cléry aurait le même sort s'il résistait davantage ; la garnison effrayée se rendit, et ne fut désabusée qu'après la capitulation.

Une autre circonstance favorisa encore le comte de Nassau. Péronne tirait sa principale défense des marais qui l'environnaient. Le meunier de Belzaize, né sujet de l'empereur et qui s'était établi à Péronne, lui fit voir qu'il pouvait dessécher les marais, et détourner les eaux par des tranchées. Par là les moulins à eau devinrent inutiles ; les habitants furent obligés de construire des moulins à bras, et pour entretenir l'humidité de leurs marais, d'y faire couler les eaux de la fontaine Saint-Fursy. Cette ressource était bien faible, mais ni le bonheur, ni l'adresse du comte de Nassau, ni tous les efforts d'une armée nombreuse, ni l'action continuelle d'une artillerie puissante et bien servie, ni le jeu terrible des mines qui emporta le comte de Dammartin, ni quatre assauts dans l'un desquels périt le commandeur d'Eterpigny de la maison d'Humières, et dans chacun desquels les ennemis revinrent plusieurs fois à la charge, ne purent réduire Péronne.

L'armée ennemie avait occupé le mont Saint-Quentin le 16 août. Après trois jours employés à creuser des tranchées, le canon tonna sans relâche et deux brèches furent ouvertes ; mais la nuit venue, Fleuranges qui pourvoyait à tout avec une vigilance infatigable avait fait porter sur le rempart tout ce qu'on put trouver de fagots, de fumier, de paille et de sacs de laines, et l'on en remplit les brèches ; la nuit fut employée à ces travaux auxquels tout le monde, même les femmes, prirent part avec une ardeur admirable. Au lever du soleil, l'ennemi vit avec surprise le dommage réparé ; il ne s'en obstina pas moins à donner l'assaut, mais repoussé de toutes parts, il fut forcé de se retirer, ne laissant pas moins de 1,500 morts dans les fossés. Un assaut général, quelques jours après ne fut pas plus heureux, et après une lutte acharnée de quatre heures, et une perte considérable, Nassau fut forcé de faire sonner la retraite. Une femme, sur un point du rempart, où l'ennemi faisait irruption par une petite brèche qui n'était pas défendue, apercevant un porte-enseigne qui s'apprêtait à monter sur la crête du mur, va droit à lui comme pour l'aider, lui demande son enseigne dont elle lui casse la tête, et le précipite dans le fossé. L'étendard à la main elle crie : Victoire ! et ranime ainsi le courage des assiégés. L'histoire a conservé le nom de Marie Fourré, cette digne émule de Jeanne Hachette. Suivant une autre version, cette héroïne se nommerait Catherine de Poix.

Cependant le maréchal de Fleuranges manquait de poudre. Le duc de Vendôme et le duc de Guise étaient à Ham avec trop peu de troupes pour risquer une bataille, mais épiant l'occasion de faire entrer des secours dans la place. Fleuranges leur envoya un soldat déterminé, Jean de Haizecourt de Montdidier. Comme toutes les portes étaient surveillées par les ennemis, il fallut le descendre avec une corde par-dessus les murs, au milieu des marais qu'il traversa assez heureusement pour remplir sa mission. 400 arquebusiers choisis parmi les plus braves, portant chacun un sac de poudre de 10 livres et escortés par 200 chevaux, que le duc de Guise conduisait lui-même, arrivèrent en vue de Péronne. Tandis qu'ils traversaient les marais, Guise, pour attirer l'attention des ennemis d'un autre côté, tourna autour du camp impérial du côté d'Athies, sonnant partout l'alarme avec tous les trompettes de l'armée de Ham qu'il avait amenés avec lui. A la faveur de cette diversion, les arquebusiers, guidés par Haizecourt, passaient les marais, arrivaient aux fossés, étaient tirés les uns après les autres dans la ville par des cordes. Ce ne fut qu'au point du jour que l'ennemi aperçut les derniers qui entraient. Guise, de son côté faisait sa retraite en bon ordre. Après huit jours d'efforts infructueux, le comte de Nassau envoya sommer le maréchal de Fleuranges de se rendre, sous promesse de la vie sauve pour la garnison, mais sous la menace d'un pillage de trois jours en cas de refus ; la ville devait être réduite en cendres et la garnison passée au fil de l'épée. Fleuranges répondit avec fierté au message comminatoire de Nassau : « *Votre proposition aurait déjà été indécente avant que j'eusse reçu 4,000 livres de poudre dont j'avais besoin, et 400 arquebusiers dont je pouvais me passer.* »

Après avoir fait sauter le 6 septembre par une mine, la vieille tour du château, et tenté sans succès un nouvel assaut, dans lequel plus de 400 hommes restèrent sur la brèche, Nassau, dégoûté d'une résistance si opiniâtre, se décida à lever le siège, mais ses adieux furent terribles. Pendant deux jours entiers, sa grosse artillerie ne cessa de tirer sur la ville, et principalement sur le beffroi. Le comble en fut emporté, les cloches brisées et le reste fort endommagé. La nuit suivante il décampa, et au lever du soleil, le 11 septembre 1536, Péronne se trouvait délivrée après un siège de 32 jours.

Le comte de Nassau, présenté à la reine de Hongrie, sœur de Charles V, cette princesse lui fit reproche de n'avoir point su se rendre maître d'un colombier. « *Ouy, de* » *vrai*, répondit-il, *Madame, c'est un colombier, mais les pigeons qui estoient dedans se* » *savaient bien deffendre et faire autre chose que s'envoller.* »

Pendant trois jours, on fit dans Péronne des réjouissances et des prières publiques ; bientôt après une procession solennelle fut instituée par les chanoines de Saint-Fursy, en l'honneur de ce saint patron de la ville, à la protection duquel on ne manqua pas d'attribuer la défaite des ennemis. Elle se célébra jusqu'en 1792, le 11 septembre, jour anniversaire de la délivrance de la ville. On y voyait figurer la bannière dont on conserve aujourd'hui une curieuse reproduction au Musée de cette ville. Cette bannière avait été peinte à l'huile et sur toile, l'année qui suivit le siège dont elle représentait fidèlement toutes les circonstances. Par délibération du 5 novembre 1703, la mairie de Péronne la fit renouveler et broder en or, argent et soie. Ce travail fut exécuté par Léon Lecointe, maitre tailleur et brodeur, moyennant 900 livres et l'exemption pendant 9 ans, des charges de la ville.

Elle portait avant la révolution qui les fit disparaître les armoiries des principaux défenseurs de la ville, la représentation de saint Fursy et ces inscriptions :

Ex voto publico, repulsis fugatisque hostibus,
Soluta obsidione, servatis tot civibus suis,
Clerus, populusque peronensis divo Fursœo supplices,
Non civicum quidem, obsidionalem ve coronam, sed se ipsos totos.

Et celles-ci :

Aquilæ devictæ victori invicto
Victori victoria

Urbis civiumque ac civitatis procuratori
Patronoque.

François Ier récompensa le dévouement des Péronnais en leur accordant par lettres patentes datées de Chantilly (février 1537) l'exemption perpétuelle des tailles et l'autorisation de porter pour armes un P couronné au lieu du simple P que la ville inscrivait auparavant dans ses armoiries, le mayeur et les quatre échevins furent annoblis, et les citoyens de Péronne eurent le droit de garder eux-mêmes en tout temps les portes de leur ville.

En même temps que les Péronnais, les femmes de Saint-Riquier, justifiaient la réputation d'héroïsme des femmes picardes.

Cette même année 1536, un chef de lansquenets allemands, nommé Domitin, vint avec un détachement d'hommes d'armes, 2,000 fantassins et quelques pièces d'artillerie tenter un assaut contre cette ville, qui ne renfermait alors qu'une faible garnison. Mais le courage des femmes suppléa au nombre des combattants ; elles excitèrent les bourgeois à prendre les armes, se présentèrent sur les murailles avec de l'eau bouillante, des cendres chaudes mêlées de charbons ardents et combattirent avec bravoure. Becquetoile, l'une de ces amazones travesties en hommes, enleva de sa main un drapeau à l'ennemi et pendant le combat se montra constamment la première au plus fort de la lutte, excitant la troupe par son exemple. Le clergé, comme les femmes, prit part à l'action :

un prêtre de Saint-Riquier, armé d'une arquebuse, tua, pour sa part, 7 hommes, et le même jour, les Impériaux, honteux d'avoir été vaincus par de pareils soldats, s'en retournèrent à Hesdin, traînant à leur suite 3 ou 4 charrettes de blessés et en abandonnant 120 sous les murailles de la ville.

François Ier voulut voir les femmes qui s'étaient signalées et les remercia publiquement. Des lettres de ce princes données à Compiègne, au mois d'octobre 1538, et qui fixent le franc marché de Saint-Riquier au 2e mardi de chaque mois, témoignent également de toute sa reconnaissance pour la bonne loyauté, la grande et vraye obéissance dont les habitants de Saint-Riquier avaient usé envers lui et ses prédécesseurs, et pour le courage qu'ils avaient montré en soutenant et repoussant les assauts donnés à leur ville par ses ennemis.

En 1537, le fort de la campagne se porta sur l'Artois, où François Ier, résolu d'exécuter l'arrêt de rebellion et de félonie qu'il avait fait rendre contre l'Empereur, comme vassal pour l'Artois et la Flandre, par le Parlement de Paris, s'était transporté de sa personne. Cette campagne sans résultat, mêlée de succès et de revers, amena cependant la prise de Montreuil, obligée de se rendre par capitulation aux comtes de Bures et de Roeux, après un siège régulier, dont les fortifications, les églises, l'hôpital et les habitants souffrirent beaucoup. La garnison commandée par Créqui-Canaples, après des prodiges de valeur, obtint de se retirer avec armes et bagages, mais la capitulation fut indignement violée. L'on dépouilla les bourgeois et l'on mit le feu aux quatre coins de la ville. Le couvent des Carmes seul resta debout avec quatre maisons. Les habitants, dénués de ressources se réfugièrent à Abbeville, à Boulogne, à Amiens, où on leur prodigua tous les soins que réclamait leur triste position. Des conférences ouvertes près de Thérouanne pour la conclusion de la paix ne donnèrent aucun résultat. L'on se sépara le 10 juillet 1537, n'ayant conclu qu'une trêve de dix années pour la Picardie et les Pays-Bas. L'on profita de ce répit pour relever les fortifications de Montreuil, auxquelles en 1542, plus de 4,000 ouvriers furent employés activement.

Mais cette trêve de 10 ans, ratifiée bientôt par la trêve de Nice, qui maintenait pour le même temps le *statu quo* entre les belligérants en Italie, but toujours désiré de leurs conquêtes, ne devait pas atteindre son terme. Dès 1543, la guerre recommençait et l'année suivante, alliés de nouveau, Charles Quint et Henri VIII envahissaient la France. L'empereur entrait en Champagne, y perdait sept semaines à faire le siège de Saint-Dizier, et affaibli, découragé, manquant de vivres et de munitions, craignant de s'être trop aventuré au milieu du royaume, réclamant en vain l'appui des Anglais, entamait déjà des conférences quand la trahison vint à son aide, par la rivalité de la duchesse d'Etampes (Anne de Pisseleu) maîtresse du roi déjà vieux et de Diane de Poitiers, maîtresse du dauphin. Charles Quint averti par Anne de Pisseleu de l'existence des immenses dépôts d'approvisionnement de l'armée française à Epernay et à Château-Thierry surprit ces magasins avant qu'on les put évacuer et entra sans coup férir dans

Soissons qui n'évita le pillage que par les discours adroits et humbles d'un procureur du roi, Jacques Petit, homme très éloquent, pourquoi vulgairement on l'avait surnommé *langue dorée*. De là, il poussait ses reconnaissances jusques aux pórtes de Meaux. Paris tremblait, et les populations s'enfuyaient déjà éperdues vers Rouen ou la Loire. Pendant ce temps, tout préoccupé de ses propres intérêts Henri VIII sans s'inquiéter de rejoindre son allié, faisait en personne le siège de Boulogne et le duc de Norfolck, joint aux Impériaux commandés par les comtes de Roeux et de Bures celui de Montreuil. C'était Oudart du Biez, maréchal de France qui commandait dans Montreuil : c'était Coucy-Vervins, son gendre, jeune homme inexpérimenté qui commandait dans Boulogne. Le duc de Vendôme, fidèle à sa tactique habituelle, courait toute la province avec une poignée de gendarmes, harcelait perpétuellement Anglais et Impériaux, enlevait quelquefois des convois considérables. Il en surprit un entre autres qu'on menait d'Aire au camp devant Montreuil, escorté de 800 chevaux et de 1,200 lansquenets avec 4 pièces d'artillerie. Vendôme qui ne comptait que 200 hommes d'armes, attaque le convoi, taille en pièces l'escorte, fait huit cents prisonniers et prend tout le convoi et les canons. Malgré ces petits succès, Montreuil et Boulogne étaient vivement pressés. Il n'y avait que le capitaine Philippe Corse qui par son intrépidité qu'il communiquait à la garnison, soutint encore cette place, et inspirait du courage même à Vervins ; mais il fut tué, et dès lors Vervins ne songea plus qu'à se rendre. Ce fut en vain que Jacques d'Albon Saint-André, entreprit de jeter, par mer, du secours dans la place, les Anglais environnant trop bien la terre, étant trop bien retranchés, et faisant trop exactement la garde. Saint-André parut trois fois à la vue du port, sans jamais pouvoir aborder, toujours rejeté en pleine mer par les vents contraires qui enfin l'obligèrent de se retirer, Vervins se hâta alors de faire une capitulation prématurée, sans consulter, ni la garnison, ni les bourgeois ; il obtint de sortir avec tout ce qu'il pourrait emporter et de se retirer où il voudrait mais en laissant l'artillerie, les munitions de guerre et de bouche qui étaient en abondance dans la ville. Les bourgeois dont la valeur secondait héroïquement la garnison, pour repousser les attaques de l'ennemi, et qui avaient juré de s'enterrer sous les ruines de la ville, plutôt que de manquer à leur poste, refusèrent d'accepter ces conditions. Le mayeur Eurvin essaya en vain de relever le courage défaillant du gouverneur, lui disant qu'il pouvait se retirer s'il le voulait, que les bourgeois suffiraient à leur propre défense. La lâcheté de Vervins fut inflexible, il allégua la parole qu'il avait donnée au roi d'Angleterre, et prétendit lui devoir une fidélité qu'il ne gardait pas au roi, son maître ; il en fut puni sous le règne suivant.

L'empereur, qui venait de conclure la paix à Crespy-en-Valois, le 18 septembre avait, aussitôt le traité signé, envoyé ordre aux comtes de Rœux et de Bures de se retirer et de licencier leurs troupes. Le duc de Norfolck privé du secours des Impériaux dut continuer seul le siège de Montreuil. Mais l'armée française commandée par le dauphin s'avançant, il fut contraint de le lever, et le roi d'Angleterre reprit la route de Calais, laissant à Seymour, son beau-frère, le gouvernement de Boulogne. Le traité de Crépy, malgré l'opposition du dauphin, avait été vivement conclu.

En présence de la terreur de la capitale et toujours pressé par les sollicitations de la duchesse d'Etampes, François Ier avait envoyé l'amiral d'Annebaut à Saint-Jean-des-Vignes où se tenait l'empereur. Boulogne n'était point encore rendu quand l'amiral partit. Le roi d'Angleterre avait fait entendre à l'empereur qu'il ne trouvait pas mauvais qu'il fît sa paix particulière, mais que pour lui, il voulait encore tenter la fortune quelque temps. A peine l'amiral était-il arrivé, qu'il reçut l'ordre pressant de terminer à quelque prix que ce pût être. Le roi venait de recevoir la nouvelle de la capitulation de Boulogne et craignait que si l'empereur la recevait aussi, avant la conclusion du traité, il ne se montrât plus difficile et ne proposât des conditions plus dures. L'amiral se hâta d'obéir ; on convint des principaux articles, mais avec des restrictions, des réserves, des alternatives qui ouvraient la porte aux chicanes et à la rupture. Toutefois en achetant ainsi la retraite de l'empereur, on avait l'avantage de n'avoir plus pour adversaires que les seuls Anglais. Ceux-ci, comme leurs ancêtres à Calais en 1347, sous prétexte que les habitants de Boulogne étaient infectés d'une maladie contagieuse expulsaient, malgré les termes de la capitulation, tous ceux d'entre eux qui, fidèles à leur patrie, n'avaient point consenti à vivre sous le bon plaisir et l'obéissance de Henri VIII. Tandis que ces malheureux, pillés, dépouillés de leurs biens par le vainqueur, allaient à travers les sentiers amers de l'exil demander un asile au Ponthieu et à la Picardie et recevoir l'hospitalité des villes d'Amiens et de Beauvais, Edouard Seymour, beau-frère d'Henri VIII et gouverneur de la nouvelle conquête se hâtait de peupler d'une colonie nouvelle, formée en majeure partie d'éléments calaisiens, la ville qui venait de lui échoir. Puis les profanations les plus odieuses furent commises ; les autels reversés, les églises, les abbayes, les monastères détruits, l'antique statue de Notre-Dame de Boulogne, objet d'un culte séculaire, fut arrachée du sanctuaire et transportée en Angleterre comme trophée de victoire, avec les vases sacrés et les reliquaires les plus riches. L'horloge et les orgues de l'église Notre-Dame allèrent orner la cathédrale de Cantorbéry. Objet de la vénération du Boulonnois, et des nombreux fidèles qui y venaient en pèlerinage, cette représentation en bois sculpté de la Vierge tenant Jésus enfant sur son bras gauche était, suivant la tradition locale, comme le fut plus tard le miraculeux Crucifix de Rue, arrivée sous le règne de Dagobert au port de Boulogne sur un vaisseau sans matelots et sans rames et qu'une lumière brillante signalait de loin à tous les yeux.

Mais déjà le duc de Vendôme et le dauphin, accompagnés d'une armée nombreuse, s'apprêtaient à reprendre la ville. Plus de 7,000 hommes avaient été laissés à Boulogne, partie dans la ville haute, partie dans la ville basse à près d'un mille au-dessous. Dans les murailles ébranlées par un long siège, plusieurs brèches étaient encore ouvertes et les Anglais n'avaient point eu le temps d'y introduire des munitions. La ville basse surtout était hors d'état de faire aucune résistance. Le dauphin s'était avancé jusqu'à Marquise, à moitié chemin de Boulogne et de Calais, et ayant fait reconnaître Boulogne par de Tais et Montluc, résolut dans les premiers jours d'octobre de surprendre la ville. De Tais qui commandait 25 enseignes, moitié de Gascons, moitié d'Italiens, fit revêtir à ses gens leurs chemises par dessus leurs armes, pour qu'ils pussent se reconnaître dans l'obscurité et partit de Marquise au milieu de la nuit. Le reste de l'armée devait se mettre en mouvement le matin pour le seconder. Les troupes qui donnaient la camisade, c'est ainsi qu'on nommait ces expéditions en chemises, n'eurent aucune peine à entrer dans la ville basse. Montluc vit dans une prairie au-dessous de la Tour d'Ordre toute l'artillerie qu'Henri y avait laissée, avec 30 barriques de corselets qu'il avait fait venir d'Allemagne pour armer ses soldats et un grand convoi de vivres ; mais les partis français qui entrèrent dans la ville en plusieurs divisions s'y égarèrent et ne surent pas se réunir. Une pluie effroyable qui tomba au point du jour les déconcerta et empêcha l'armée du dauphin de s'avancer à leur secours. Les Italiens et les Gascons entrèrent dans les maisons et commencèrent à piller. De Tais, blessé au commencement de l'attaque ne donna aucun ordre, ni pour placer un corps de troupes entre la ville haute et la ville basse, ni même pour retenir quelques compagnies de piquet sur la place d'Alton. Les Anglais s'en apercevant, descendirent de la ville haute, avec 5 ou 6 enseignes seulement, et attaquèrent les Français dont le nombre était plus que double du leur, mais qui s'étaient dispersés. Ils en tuèrent un grand nombre, firent les autres prisonniers et détruisirent presque en entier le corps qui était entré dans la ville. Montluc qui se signala dans cette expédition, reçut quatre flèches dans ses armes « *lesquelles,* dit-il, *pour mon butin je portai à mon logis.* » Le dauphin, piqué de cet échec, voulait faire le siège de Boulogne dans toutes les règles, mais la saison avancée, les pluies, le défaut de vivres causé par les dégâts qu'avaient faits les Anglais dans tout le Boulonnais jusqu'au Ponthieu, et qui auraient obligé de faire venir des provisions d'Abbeville, tout le détourna de cette entreprise. Il se contenta de laisser dans Montreuil une forte garnison, pour resserrer celle de Boulogne et revint à Saint-Germain-en-Laye.

En 1545, deux corps d'armées commandés par le roi et les princes vinrent, l'un camper sur les bords de la Liane, l'autre fut destiné à ravager la terre d'Oye et le Calaisis. Le but du premier était de reprendre Boulogne. On avait compris qu'on l'attaquerait inutilement du côté de la terre si le port restait libre et si la place pouvait être ravitaillée sans obstacle du côté de la mer. On résolut alors de bâtir une grande citadelle pour le dominer. Le maréchal du Biez fut chargé de veiller à cette construction et de couvrir les travaux. Il fit d'abord la faute, au lieu de s'établir à l'embouchure de la Liane à la pointe qui est vis-à-vis la Tour d'Ordre, de choisir un endroit plus éloigné nommé Outreau qui laissait l'entrée du port parfaitement libre, puis de se servir d'un ingénieur italien qui conçut et exécuta si mal son plan, que les travaux, après avoir langui longtemps et avoir coûté beaucoup, finirent par être presque inutiles, et qu'il fallut les recommencer. Du Bellay, envoyé par le roi, pour examiner leur état d'avancement, eut mission expresse de dire au maréchal, en plein conseil, que le temps pressait, que la saison s'avançait, qu'il était temps de prendre un parti ou d'attaquer Boulogne, ou de chasser les Anglais de la terre d'Oye pour affamer Guines et resserrer Calais. Le maréchal répondit qu'il avait des avis certains, que les vivres manquaient dans Boulogne, que les Anglais se disposaient à partir de Calais pour marcher au secours de la ville, que son intention était d'abandonner le fort d'Outreau où il laisserait seulement 3 ou 4,000 hommes pour défense et de se porter entre Boulogne et Calais pour couper la communication de ces deux places. Sur cet avis, il s'éleva dans le conseil un cri général d'improbation. Comment se persuader que la mer et le port de Boulogne étant libres, les Anglais aimassent mieux tenter la chance d'une bataille pour atteindre leur but quand un seul navire pouvait apporter plus d'aide que mille chariots. Malgré les raisons si fortement dites par les officiers dans le conseil, le maréchal ne répliqua rien, mais il n'abandonna pas son projet et décampa sans prendre avis de personne pour aller se poster sur le mont Lambert. Les nouveaux mouvements du maréchal paraissant annoncer une bataille prochaine, toute la jeune noblesse se rendit à son camp. Il n'y eut point de bataille, parce qu'en effet les Anglais ne sortirent pas de Calais pour secourir une place qui se secourait d'elle-même par son port, mais comme l'armée française était campée aux portes de Boulogne, il n'y avait pas de jours qui ne fut marqué par une escarmouche très vive entre les deux partis. Dans l'une d'elles, le comte d'Aumale, François de Lorraine, depuis duc de Guise, voyant le combat inégal de quelques Français contre un corps nombreux d'infanterie anglaise, y courut presque seul contre tous sans examiner s'il était suivi par les quelques gentilshommes qu l'accompagnaient. Il reçut un coup de lance dans la tête entre le nez et l'œil; le fer tout entier, la douille et deux doigts du bois y restèrent enfermés. Dégagé et ramené dans sa tente, les chirurgiens ne doutèrent point qu'il n'expirât dans l'opération violente qu'on allait faire pour arracher ce tronçon si profondément enfoncé. Ambroise Paré, depuis chirurgien des rois Henri II, François II, Charles IX et Henri III fut le seul qui n'osa pas désespérer entièrement. Son adresse et la fermeté du comte firent réussir l'opération, car il ne poussa pas un seul cri, ne fit pas un mouvement. « Il sembla, dit Du Bellay, qu'on lui eût tiré un cheveu. » Porté en litière à Picquigny, pendant quatre jours, on désespéra de sa vie; au cinquième on aperçut des symptômes favorables, bientôt la guérison fut entière et sans retour fâcheux. Il ne resta au comte d'Aumale qu'une cicatrice également glorieuse pour lui qui y gagna le surnom de Balafré et pour Ambroise Paré dont l'habileté avait accompli ce miracle.

Pendant toutes ces mauvaises opérations du maréchal du Biez, et en attendant qu'on pût assiéger Boulogne, que le roi voulait prendre en personne, François Ier s'arrêtait successivement dans les provinces voisines, dans la Picardie, dans la Normandie, visitant soigneusement toutes les places. L'Allemagne envoyant encore aux Anglais 4,000 hommes de cavalerie et 10,000 aventuriers lansquenets, le roi craignant que ces troupes se répandissent dans la Thiérache et dans les environs d'Aubenton, de Vervins et de Guise, prit le parti de marcher au-devant d'elles jusqu'à la Fère pour être à portée de pourvoir à la sûreté des frontières de ce côté, envoyant l'ordre au maréchal du Biez de faire le dégât dans la terre d'Oye, où il supposait qu'on voulait mettre les Allemands en quartiers d'hiver, s'ils parvenaient à faire leur jonction avec les Anglais. La terre d'Oye était un canton d'environ quatre lieues de longueur sur trois de largeur, ayant pour limites, au nord la mer, au levant Gravelines, au midi Ardres et Guines, au couchant Calais et ses dépendances. Le terrain, coupé de canaux, fertile en herbages, d'où les garnisons anglaises tiraient leurs subsistances, formait une espèce de camp retranché, défendu par des fossés profonds, remplis d'eau, par des remparts garnis de forts et de redoutes bien gardées et pleines de troupes. Vers le milieu était un gros bourg nommé Marck où les Anglais entretenaient garnison. La communication entre tous les forts était sûre et rapide. Dès que l'alarme était donnée à un de ces postes, soldats et habitants, tous prenaient les armes et couraient vers le lieu d'où partait le bruit. Occuper ce territoire était une expédition qui promettait de la gloire, et tous les jeunes seigneurs voulurent en être, entr'autres le comte d'Enghien, le Balafré qui avait déjà oublié sa blessure, le duc de Nevers, le comte de Laval, etc., etc.

Mais faute de ponts pour franchir les fossés, faute de routes praticables, arrêtés par une pluie abondante, ils furent obligés de revenir sur leurs pas. Le roi, ayant eu avis de cet insuccès, envoya ordre au maréchal de retourner devant Boulogne, d'en presser plus que jamais le blocus et de camper entre Boulogne et le fort d'Outreau pour en protéger les travaux qu'il recommandait de hâter de tout son pouvoir. En effet, les Anglais, mal bloqués dans Boulogne, insultaient journellement le fort d'Outreau. Quoique ce fort leur laissât la liberté du port, il ne laissait pas d'incommoder beaucoup la ville basse vis-à-vis de laquelle il était situé. Ayant remarqué des endroits qui étaient encore tout ouverts, d'autres où on pouvait aisément monter avec des échelles sans être aperçu, ils passèrent la nuit à gué la petite rivière de Liane où à mer basse, on n'avait de l'eau que jusqu'aux genoux et se présentèrent une heure avant le jour devant le fort. Mais la vigilance des commandants, la garde exacte qu'ils faisaient faire partout et principalement dans les endroits faibles, firent manquer l'entreprise. Tous les Anglais qui descendirent dans les fossés ou qui parvinrent à monter sur les remparts furent tués. Le reste fut mis en fuite. Après cette rude épreuve de la vigilance et de la valeur de la garnison d'Outreau, les Anglais ne songèrent plus à s'emparer du fort ni par escalade ni par surprise, mais les deux garnisons continuèrent à s'entre-gêner pour les vivres, à s'enlever des convois, à s'insulter sans cesse. Les maladies contagieuses se mirent dans Outreau et y firent un tel ravage que d'environ 4,000 hommes qui y avaient été laissés, à peine en resta-t-il 8 à 900. Il mourait quelquefois jusqu'à 120 soldats par jour. Les vivants ne suffisaient pas pour enterrer les morts dont ils s'attendaient à partager le sort à tout moment.

La garnison de Boulogne souffrait encore davantage du fléau. En Angleterre, cette ville était considérée comme un cimetière d'Anglais, autant que comme un épuisement des finances. Les soldats se refusaient obstinément à faire partie de l'armée d'occupation ; il fallait souvent employer la force, les lier et les charger de coups pour leur faire passer la mer et les amener à Boulogne dont les environs mêmes, suivant le témoignage d'un contemporain, étaient putréfiés et corrompus par les exhalaisons et les vapeurs qui sortaient des corps morts.

Le duc d'Orléans, fils de François Ier fut une des victimes de cette épidémie. Le roi avait son camp entre Abbeville et Montreuil, à Forestmontiers. Arrivé dans cette localité, le duc d'Orléans ne fut pas content, dit-on, du logis qui lui avait été marqué ; il en trouva un qu'on avait laissé vide et qui lui plut davantage. On l'avertit que deux ou trois personnes venaient d'y mourir d'une maladie épidémique qui faisait alors de grands ravages en Picardie. « Bon, bon, dit-il, jamais fils de France n'est mort de la peste, » et, ajoutent quelques récits, il prit plaisir, en manière de bravade, d'éventrer les matelats et de secouer les plumes qu'ils renfermaient. Il y gagna la contagion maligne dont il mourut, à l'âge de 23 ans, dans les bras de son père éploré.

Après l'expédition de la terre d'Oye, le premier soin du maréchal du Biez, revenu par ordre exprès du roi, autour de Boulogne et à portée du fort d'Outreau fût de jeter des hommes et des vivres dans ce poste. La contagion y avait enfin cessé ses ravages, les renforts y entrèrent sans obstacles ; quant au convoi, Jean de Monchy, sieur de Senarpont, son lieutenant, chargé de le conduire avec 60 hommes d'armes seulement, rencontra 300 chevaux anglais postés sur sa route pour lui fermer passage ; malgré son infériorité il les attaqua, les dissipa et introduisit heureusement son ravitaillement dans le fort, n'ayant perdu que cinq hommes de sa troupe, dont deux tués et trois prisonniers. Au retour, il eut à essuyer un choc plus rude : 760 hommes de cavalerie et 400 arquebusiers à pied étaient sortis de Boulogne, placés en embuscade sur la route où il devait passer. Senarpont, rejoint par un léger renfort, attaqua la cavalerie anglaise, alors séparée des arquebusiers. Après un combat assez vif, les Anglais, mis en fuite, laissèrent sur la place environ 100 cavaliers, 75 prisonniers, tous vêtus de casaques de velours chamarrées d'or et d'argent, soit que cet habit magnifique fût l'uniforme de cette troupe, soit un habit de distinction qui annonçât des officiers considérables. Trois semaines après, le maréchal du Biez, alors aussi occupé de la défense d'Outreau qu'il avait paru la négliger d'abord, prépara un second convoi qu'il voulut conduire lui-même. Il se heurta à un corps de 6,000 Anglais, commandé par lord Surrey. Le combat fut assez long et assez vif et du Biez, dont la cavalerie avait été dispersée, dut mettre pied à terre, prendre la pique d'un soldat et se mettre à la tête de ses fantassins. Les Anglais obligés de plier, se retirèrent sous un petit fort. Du Biez, animé par sa première victoire, alla les y attaquer et parvint à les y forcer. Les Anglais perdirent 7 à 800 de leurs meilleurs soldats, on leur fit plus de 200 prisonniers, la perte des Français fut légère.

Cette action fut la dernière de cette guerre. Henri VIII, fatigué d'une lutte qui lui causait beaucoup de dépenses sans lui acquérir aucune gloire, voyait les Français déterminés à reprendre Boulogne à quelque prix que ce fût. Il n'avait plus l'Empereur, son allié, pour l'échauffer et le seconder. François Ier de son côté, soupirait après le repos que ses infirmités lui rendaient nécessaire. Ces dispositions, rapprochant François Ier et Henri VIII, la paix fut conclue entre Ardres et Guines entre les plénipotentiaires l'amiral Claude d'Annebaut, Pierre Remont, Guillaume Bochetel, sieur de Sacy, secrétaire d'Etat, président du Parlement de Rouen, et Milord Dudley, grand amiral d'Angleterre, lord William Paget, et Nicolas Wotton. L'objet de cette négociation était simple et sans aucune complication d'intérêts. Henri VIII devait garder Boulogne huit ans, pendant lesquels François paierait au roi d'Angleterre une somme de 2,000,000 d'écus pour le prix de Boulogne et de ses dépendances qui seraient fidèlement remises à la France au dernier paiement à faire en 1554. Le délai imposé par ce traité pour la reddition de Boulogne était bien long, aussi François Ier chercha-t-il en vain à se libérer le plus tôt possible de cette dette et déjà les pourparlers engagés à cette occasion, menaçaient de rouvrir à nouveau entre les deux cours l'ère des luttes sanglantes, quand Henri VIII mourut le 29 janvier 1547. Deux mois après, François Ier le suivait dans la tombe.

Après son couronnement à Reims, le premier soin d'Henri II, son successeur, fut de visiter ses bonnes villes de Picardie. Le 15 août, il fit son entrée dans la ville d'Amiens, accompagné d'Anne de Montmorency, de François Olivier chancelier de France, du légat du pape, du cardinal de Lorraine, du duc d'Enghien, des ducs de Guise, de Nevers, d'Aumale, etc., etc. Un dais lui fut porté, de velours mi-partie à ses couleurs, blanc et noir, semé de croissants d'argent. Les privilégiés allèrent au-devant de lui, vêtus chacun de leur sayes, les anciens mayeurs portant le dais, couverts de robes de livrées de damas noir ; les échevins de taffetas. Des mystères composés par les rhétoriciens Antoine Lemaire et Jean Obry qui reçurent pour récompense 40 livres, furent représentés à la porte Montrescu et dans les rues où passa le cortège royal.

Toujours préoccupé de la reprise de Boulogne, le nouveau roi attribuait au maréchal du Biez et à son gendre Vervins les fautes qui avaient fait manquer le succès du siège de cette ville. Sa reddition et le traité de Crespy qui en avait été la suite, avaient laissé à Henri de profonds ressentiments. Vervins, traduit en jugement le 21 juin 1549, fut exécuté aux halles de Paris et son corps, coupé par quartiers, exposé aux portes de quatre maîtresses villes de Picardie : Ardres, Corbie, Doullens et Montreuil. Le procès du maréchal se prolongea plus longtemps. On l'accusait d'avoir commis des concussions, d'avoir touché de l'argent de l'ennemi, et volontairement traîné les opérations militaires en longueur. Les charges étaient assez difficiles à établir ; néanmoins, il fut condamné à son tour le 26, et son office donné à Robert de la Marck, gendre de la favorite Diane de Poitiers. Le roi, cependant, qui avait reçu l'ordre de la chevalerie des mains du vieux maréchal, lui fit grâce d'une vie qui survécut peu à cette commutation. Vingt-cinq ans après, sous Henri III, le fils de Vervins, par l'appui des cardinaux de Bourbon et de Guise, obtint la réhabilitation de son père et de son aïeul, et plusieurs personnes furent alors condamnées à mort comme ayant porté contre eux de faux témoignages. Ce qu'on retrouva des restes de Coucy fut inhumé avec respect. Henri IV, alors roi de Navarre, le cardinal de Bourbon, le duc de Guise se firent représenter à la pompe funèbre qui eut lieu dans l'église de Vervins, où on éleva à sa mémoire un magnifique mausolée en marbre avec cette inscription :

Vixi non sine gloria, migravi non sine invidia.

Henri II, profitant des dissensions qui déchiraient en ce moment l'Angleterre, où Thomas Seymour disputait la régence à son frère, le duc de Sommerset, rassembla au mois de juillet 1549, ses gens d'armes et sa noblesse à Paris sous le prétexte des fêtes du couronnement de la reine Catherine de Médicis, puis tout à coup partit pour la Picardie et vint mettre le siège devant Boulogne. Il fit élargir le fort trop étroit du maréchal du Biez, y logea une bonne garnison, fit bâtir par Gaspard de Coligny, seigneur de Chatillon, colonel-général de l'infanterie française, gouverneur d'Outreau, un autre fort qui commandait la rade et qui reçut le nom de Châtillon, sous lequel l'emplacement qu'il occupait est encore actuellement connu, ruina les fortifications dont les Anglais avaient couvert ce petit pays, s'empara d'Ambleteuse et du fort Grisnez, et contrarié par la mauvaise saison et les pluies torrentielles qui rendaient tout campement impossible, leva son camp de Wimille et laissa la ville bloquée pendant l'hiver, persuadé que les troubles qui agitaient alors la cour de Londres, lui fourniraient bientôt les moyens de la recouvrer au printemps sans coup férir. Le calcul était juste. En effet, les succès des Français en Ecosse décidèrent à traiter de la paix. La rançon de Boulogne fut réduite au prix de 400,000 écus soleil, et les Anglais s'engagèrent à rendre, moyennant une somme d'argent, les châteaux et les villes qu'ils occupaient encore en Ecosse. Le traité fut signé entre Outreau et Boulogne, à Capécure, par Coligny, André Guillard, membre du Conseil privé, le seigneur de Sacy et les plénipotentiaires anglais, le comte de Bedford, William Paget, William Petre et John Mason, le 24 mars 1550. Avant d'évacuer la ville, suivant leur habitude, les Anglais la dévastèrent, comblant les puits, renversant les fontaines, dégradant les édifices, démolissant des maisons. Le 15 mai, jour de l'Ascension, Henri II fit son entrée dans Boulogne et alla aussitôt remercier Dieu dans une chapelle faite de toiles et de cordages qu'on avait élevée à la hâte sur le lieu même où était autrefois celle de la Vierge. Il offrit à cette occasion de riches présents à la patronne des Boulonnais, notamment une grande image de Notre-Dame dans un bateau, le tout en argent massif, du poids d'environ 120 marcs, pour mettre en place de celle qui avait été transportée en Angleterre. Peu de temps après, par l'entremise de Louis de La Trémouille, prince de Talmont, l'un des ôtages donnés à l'Angleterre comme garant du traité de Capécure, l'image miraculeuse elle-même fut rendue aux Boulonnais et ramenée en triomphe ; les pèlerinages recommencèrent à Notre-Dame et de magnifiques présents lui eurent bien vite rendu sa splendeur primitive. Une délibération de l'échevinage décida que chaque année, le 25 avril, fête de saint Marc, jour de l'évacuation qui avait permis aux Boulonnais fugitifs de rentrer dans leurs foyers par la porte Gayole à la suite de Montmorency et de Coligny une procession solennelle perpétuerait la mémoire de cette délivrance.

En 1552, les prétentions de Charles-Quint à la domination universelle et ses agissements envers les princes d'Allemagne firent juger à Henri II que le moment d'intervenir était arrivé pour la France. Une alliance s'était conclue entre lui et les princes protestants d'Allemagne, et bientôt le successeur de François Ier ajoutait au territoire les trois évêchés de Metz, Toul et Verdun. Cette nouvelle guerre allait déchaîner sur la Picardie une nouvelle et plus cruelle invasion. Le comte de Rœulx y conduisit, au mois d'avril 1553, l'armée impériale et épousant les ressentiments de son maître, signala son passage par les plus horribles dévastations, réduisant en cendres Noyon, Nesles, Roye, Chauny, le magnifique château de Folembray que François Ier avait fait construire et plus de 700 villages. « J'ai ouï raconter, dit Brantôme, que la principale occasion qui
» amena le plus la reine de Hongrie à allumer ses beaux feux vers la Picardie et autres
» parts de la France ce fut à l'appétit de quelques insolents bavards et causeurs qui par-
» laient ordinairement de ses amours et chantaient partout

» Au Barbanson de la Reine de Hongrie,

» chanson grossière pourtant et sentant à pleine gorge son adventurier ou villageois. »
Les Français prirent leur revanche l'année suivante, rendant aux Pays-Bas leurs représailles, œil pour œil, dent pour dent, et brûlant la maison de plaisance de Marie de Hongrie à Marimont et le palais de Binche où elle s'était plue à réunir la plus riche collection d'antiquités que lui avaient rapportée d'Italie les soldats de Charles-Quint, son frère. Après cette campagne d'Artois et le combat de Renty, l'armée française se replia de nouveau sur la Canche du côté de Montreuil, et le prince de Savoie fit attaquer son avant-garde. Vendôme qui la commandait se retira sur l'Authie et vint s'établir à Dompierre (1554). Il avait envoyé quelque cavalerie pour disputer le passage de cette rivière aux Impériaux et ses troupes avaient été repoussées. L'ennemi menaçait à la fois Abbeville et Doullens. Vendôme jeta des forces dans ces deux places, et le 1er septembre, il vint en personne au pont Remy où il fit élever des retranchements pour défendre le passage de la Somme.

Le canton que les Français avaient abandonné, fut par l'ennemi livré aux flammes et au pillage. Les Impériaux s'avancèrent ensuite vers Saint-Riquier, et le duc d'Enghien avec la cavalerie légère et 300 hommes d'armes reçut l'ordre de les contenir. Le jour de son arrivée, il enleva plusieurs charriots dans lesquels on ne trouva que du pain cuit sous la cendre et de mauvaises pommes, ce qui fit penser que les ennemis manquaient de vivres et qu'ils ne tiendraient pas longtemps la campagne. En effet, ils rétrogradèrent vers l'Authie, ravageant sur leur route, Machy, Machiel, Dompierre, Dourier, Maintenay et plusieurs autres villages ; ils se portèrent de là sur le vieil Hesdin, ruiné de fond en comble en 1553, où ils prirent position et s'occupèrent à rebâtir la ville moderne d'Hesdin-fert sur l'emplacement du Maisnil, au confluent de la Canche et de la Ternoise. Le duc de Savoie qui savait le fâcheux état dans lequel l'armée française se trouvait réduite par suite de ses fatigues et de ses cantonnements insalubres dans les marais de Pont-Remy, crut l'occasion favorable pour s'emparer de la ville de Rue, mais le duc de Vendôme donna ordre au régiment du Rheingrave et à plusieurs compagnies de gens à pied de se rendre dans cette place à marches forcées, tandis que Nemours, à la tête d'un corps de cavalerie légère se porterait au devant de l'ennemi pour le harceler et lui faire croire que l'armée française avait reçu des renforts. Nemours rencontra sur sa route les Impériaux qui se dirigeaient sur Rue. Quoique très inférieur en nombre, il n'hésita point à les charger et se replia en bon ordre jusqu'à la côte de la Justice, près d'Abbeville, où sa troupe, après plusieurs engagements se mit encore en bataille et attendit de pied ferme ses adversaires qui n'osèrent point venir le troubler. Cette belle retraite d'une poignée d'hommes en face d'un ennemi si nombreux, fut regardée par les plus habiles capitaines comme un des plus brillants faits d'armes d'une campagne souvent malheureuse.

Le duc de Savoie, prévenu dans sa tentative contre Rue dut renoncer à s'emparer de cette place par surprise et longeant la Somme, il s'avança jusqu'à Noyelles afin de se porter dans le Vimeu. Cette fois encore, d'habiles mesures firent échouer ses projets. 16 bateaux armés de canons de petit calibre gardaient le passage de Blanquetaque et appuyaient les troupes françaises en bataille sur l'autre rive. Le général ennemi, déconcerté, marcha vers le pont Remy où de nouveaux obstacles le contraignirent à rétrograder jusqu'à Picquigny, brûlant et dévastant sur son passage, tout ce qui était encore entier ou à demi consumé. N'ayant pu réussir à s'emparer du Pontbieu, le duc de Savoie s'y ménagea des intelligences avec un nommé Danvoile ou Anvoelle, capitaine du château d'Abbeville qui avait eu de vifs démêlés avec le mayeur. Danvoile promit de livrer la place aux Impériaux, moyennant 30,000 livres. La lettre qui lui était adressée par le gouverneur d'Hesdin et dans laquelle on fixait le jour et l'heure de l'exécution du complot, fut remise au mayeur qui la communiqua au maréchal de Saint-André. Danvoile, mandé chez le maréchal, s'y rendit sans défiance et on l'arrêta au sortir de l'hôtel. Le peuple attroupé voulait l'égorger, on eut grand'peine à le conduire dans la prison où il mourut des suites des coups qu'il avait reçus dans le tumulte. Plusieurs de ses complices furent pendus. La même peine frappa les auteurs d'une autre conspiration analogue, ourdie dans les murs du Crotoy.

Des propositions d'accomodement s'étaient produites au milieu de ces hostilités indécises; mais Henri réclamait le Milanais, Charles-Quint la Bourgogne, on ne put s'entendre. Lassé de cette lutte interminable et succombant sous le poids de l'âge et des infirmités, Charles-Quint abdiqua, se retirant dans le monastère de Yuste, laissant le sceptre et la couronne de l'Empire à son frère Ferdinand nommé depuis longtemps roi des Romains, et la monarchie espagnole à son fils Philippe II qui portait le titre de roi d'Angleterre par son mariage avec la sanglante Marie Tudor. La trêve de Vaucelles près Laon (5 février 1556), qu'il signait le jour même de son abdication, devait permettre à la France de respirer cinq ans; elle dura seulement quelques mois. Cette fois la guerre vint du Pape, Paul IV, l'apôtre ordinaire de la paix. Poussé par l'influence de Diane de Poitiers et des princes lorrains de Guise qui s'essayaient déjà au rôle important qu'ils devaient jouer plus tard, le faible Henri II s'associa aux desseins inexécutables qu'avait conçus Jean-Pierre Caraffa dans son ressentiment contre les Espagnols. La trêve de Vaucelles fut rompue, et la guerre recommença à la fois en Italie et dans les Pays-Bas.

Dès le mois de janvier 1557, l'amiral de Coligny, gouverneur de Picardie avait déjà ravagé l'Artois et failli enlever par escalade la ville de Douai. L'Angleterre, entraînée par Marie Tudor dans le parti de Philippe II, lui envoya 10,000 hommes qui vinrent se joindre aux 60,000 du duc de Savoie Philibert Emmanuel, réunis auprès de Charlemont. Ce prince, ayant passé la Meuse, tint par ses marches et contre-marches, les généraux français indécis sur ses intentions, quand tout à coup il tourna du côté de Guise, campa devant cette ville trois jours, puis détachant subitement sa cavalerie légère, l'envoya investir Saint-Quentin et la suivit aussitôt après. Cette ville se trouvait dégarnie au profit de l'armée et des places de Champagne que commandait Montmorency. Coligny, qui était à la Fère, reçut du connétable, l'ordre de marcher vers Saint-Quentin. A son arrivée à Ham, il rencontra un messager du capitaine Breul, gouverneur de Saint-Quentin qui réclamait du secours, la ville était en danger. Coligny résolut de se jeter de sa personne dans la place, où il arriva, dans la nuit du 2 au 3 août vers une heure du matin, avec les trois quarts de sa gendarmerie, suivi peu après et le jour suivant, par environ 250 fantassins des bandes des capitaines Saint-André et Rambouillet. L'ennemi avait déjà occupé le boulevard extérieur du faubourg d'Isle, commencé à passer la Somme et distribué ses quartiers autour de la place, Coligny prit toutes les mesures nécessaires avec vigueur et célérité, et l'assemblée communale présidée par le mayeur, Louis Varlet sieur de Gibercourt, promit que la ville ne faillirait point à sa propre défense et au salut de l'état. Mais il était impossible de trouver une place en plus mauvais état que Saint-Quentin. Le boulevard était sans parapet, le fossé commandé par des maisons ; des plantations d'arbres du côté de la porte Saint-Jean en facilitaient l'approche, et un grand pan de murailles de sept à huit pieds de haut au plus, était coupé de deux grandes brèches bouchées seulement par des clayonnages et des balles de laine. Coligny mit tous ses soins à réparer cette situation. Il fit fermer les brèches, couper les arbres qui masquaient l'ennemi, brûler les maisons qui dominaient les murs, rassembler les vivres cachées ; il en soumit la distribution à une inspection sévère. Lui-même, du haut du clocher de l'église collégiale, observait les positions des ennemis et les sentiers qu'il pouvait indiquer au connétable pour lui faire passer des renforts. Une sortie fut tentée le 3, au soir, pour essayer de reprendre le faubourg d'Isle ; elle fut repoussée. Reconnaissant l'impossibilité de le tenir plus longtemps, on l'abandonna après l'avoir incendié. Le péril croissait ; Coligny redoubla d'énergie, enrôla les gens du pays les plus habitués aux armes, sous les ordres de deux gentilshommes du Vermandois, Caulaincourt et d'Amerval. Il n'y avait pas 50 bons arquebusiers dans la garnison. Il fallait du secours à tout prix. Montmorency chargea d'Andelot de conduire ces secours à son frère. Il s'agissait de faire descendre des bateaux le long de la rivière, de traverser les marais et de venir aborder à une place que Coligny garnissait la nuit d'un faux plancher qu'il enlevait le matin. Le 10 août, au point du jour, Montmorency partit de La Fère avec l'armée française, c'est-à-dire seulement à l'heure où, comme il avait été convenu, le secours aurait dû être déjà arrivé. Il ne parut devant Saint-Quentin qu'à 9 heures du matin et vint se mettre en bataille sur les hauteurs du faubourg d'Isle. Pour détourner l'attention de l'ennemi, il se mit à canonner les tentes du duc de Savoie qu'il força à se retirer sur les quartiers du comte d'Egmont. Dandelot, à la faveur de cette diversion aborda enfin au point désigné avec ses braves soldats, après qu'on eût perdu deux heures à faire venir les bateaux qu'on avait laissés à la queue de l'armée. Mais au point du jour, suivant son habitude, Coligny avait retiré son faux plancher qui aurait signalé à l'ennemi le passage à attaquer ; il fallut se jeter dans les boues profondes du marais. D'Andelot réussit à les traverser avec 450 soldats ; ceux que les bateaux ramenèrent ensuite ne purent plus aborder à ce passage que le piétinement des hommes qui les avaient précédés avaient transformé en une effroyable fondrière. Se jetant ou plus haut ou plus bas, ils tombèrent presque tous dans les mains de l'ennemi. Montmorency jouissait du succès de sa canonnade, malgré les représentations de ses officiers qui lui remontraient qu'il courait risque de se faire envelopper, s'il n'occupait pas une chaussée qui traversait le marais, et un moulin qui la défendait et par laquelle toute l'armée ennemie, fort supérieure à la sienne, pouvait en quelques heures arriver sur lui. En effet, le duc de Savoie dirigeait ses troupes sur la chaussée à laquelle il ne pouvait aborder qu'après avoir fait le tour de la ville, et se trouvait déjà derrière l'armée française. Malgré les avis de ses capitaines, Montmorency s'obstinait à rester pour protéger la troupe de d'Andelot, il comptait sur un gué qui devait arrêter la marche de l'ennemi et qui était défendu par un corps de cavaliers allemands, de ceux nommés alors pistoliers parce qu'ils étaient armés de pistolets. Le comte d'Egmont les enfonça du premier choc, et bientôt toute la cavalerie d'Emmanuel se répandit dans la plaine et marcha droit aux Français. Le connétable, sentant alors sa faute, s'adressa au capitaine d'Oignon qui était lieutenant dans sa compagnie d'hommes d'armes (c'est de lui, dit-on, que vient le proverbe : *Ranger en rangs d'oignons*). « Bonhomme, dit-il, que faut-il faire. — Je n'en sais rien, répondit brusquement le vieux soldat, mais il y a deux heures, je le savais bien. Toutefois Montmorency commença sa retraite sur la Fère au petit pas, faisant si bonne contenance que l'ennemi n'osait l'attaquer. Il n'était plus qu'à une heure de chemin d'un bois où il pouvait se jouer de leur poursuite, quand une terreur panique s'empara des vivandiers et des goujats qui marchaient pêle-mêle avec les bagages au milieu des bataillons. Ils se jetèrent en désordre au milieu des rangs qu'ils rompirent. D'Egmont ayant saisi l'instant favorable, chargea aussitôt l'arrière-garde avec les arquebusiers à cheval de Brunswick et les gendarmes du comte de Horn, et la dispersa tout entière. Le connétable, demeuré seul avec son infanterie tint bon jusques entre Essigny et Liserolles, mais là il fut rejoint par l'artillerie du duc de Savoie qui mit ses carrés en pièces. Lui-même, entouré de toutes parts et blessé à la hanche, fut obligé de se rendre et l'ennemi s'empara du maréchal de Saint-André, des ducs de Longueville et de Montpensier, de 300 gentilshommes et de 4,000 soldats. Quatre mille soldats et 600 gentilshommes étaient restés sur le champ de bataille ; Jean, duc d'Enghien et le vicomte de Turenne périrent dans cette journée. Tout le matériel de l'armée, drapeaux, bagages, munitions, tomba au pouvoir du vainqueur. Deux pièces de canon furent seules sauvées par le sire de Bourdillon. La perte des Espagnols montait seulement à 80 hommes.

« Mon fils est-il à Paris, demanda Charles le Quint, quand le bruit de la bataille pénétra dans sa retraite, et sur la réponse négative, il s'était écrié : Rien de fait. » Philippe II qui à la nouvelle de cette journée aussi désastreuse pour la France que Crécy et Azincourt était arrivé de Cambrai devant Saint-Quentin ne permit pas au duc de Savoie de tirer parti de sa victoire en le forçant à continuer le siège de la ville. L'héroïque défense de Coligny allait permettre à la France de faire face au danger. En effet, pendant que Saint-Quentin arrêtait l'effort de l'ennemi, le roi n'avait pas perdu de temps pour remédier au mal. Le duc de Nevers avait reçu les pouvoirs de lieutenant général. Il était à Laon pour rassembler tout ce qu'il pouvait de Français et d'étrangers. Le prince de Condé qui était avec lui avait la charge de la cavalerie légère. Anne de Montmorency était à Soissons, de Bourdillon à La Fère, le comte de Sancerre à Guise, M. d'Humières à Péronne.

Mais dans toutes ces places, il n'y avait ni forces ni vivres excepté à Péronne. Le lieutenant général fit tant de diligence qu'en moins de 10 jours, elles étaient toutes garnies de vivres. On y envoya en garnison, les débris des vaincus de Saint-Quentin et des bandes qui se rendaient au camp et celles qu'on fit venir de Champagne. On faisait des levées partout, on fabriquait des corselets, des morions, des arquebuses. On créa 10 nouvelles compagnies de gendarmes de 50 lances qu'on donna à MM. d'Elbeuf, d'Amville, de Randan, de la Trémouille, Deschevets, de Beauvoir Nangis, le comte de Charny MM. d'Humières, de Chaulnes, de Morvilliers.

Bientôt l'armée du roi vint camper près d'Amiens le long de la rivière de Somme. Henri II arriva dans cette ville avec sa cour le 23 août 1557 ; les désordres que ses soldats commirent le déterminèrent à leur enjoindre de rester au camp sous leurs cornettes ou enseignes sous peine de la hart. La veille de la Saint-Michel, il fit une promotion brillante de chevaliers de cet ordre dans l'église des Célestins. Christian, roi de Danemarck, Gustave, roi de Suède, Antoine de Bourbon, roi de Navarre, les princes de la Roche-sur-Yon, de Salerne et de Ferrare, les ducs de Montpensier, de Guise, de Bouillon et de Nemours, les comtes de Nivernais et de Montgomery, les seigneurs de Lorges, de Tavannes, François de Montmorency et Louis de la Fayette y reçurent le collier.

L'ennemi était arrivé devant Saint-Quentin, le 2 août ; jusqu'au 21 il n'avait fait que des travaux d'approche et de retranchements. Le 21, il commença à battre en brèche les murailles depuis le moulin à vent près la porte Saint-Jean jusques à la tour à l'Eau. Le 23 ou 24 une nouvelle batterie de 10 à 12 pièces placée dans l'abbaye d'Isle foudroya la ville de ce côté. Malgré ce feu, Coligny déclara qu'il jetterait par-dessus les murailles quiconque parlerait de capituler, invitant qu'on le traitât de même en pareil cas. On croyait que la maçonnerie des remparts et des tours était beaucoup plus forte qu'elle ne l'était, parce que le parement était de grès et l'épaisseur suffisante, mais les matières étaient si mauvaises que dès que le dessus était entamé le reste tombait de lui-même. Au bout de dix jours, toutes les tours et les courtines étaient ruinées. Quand le 27 août se leva, onze brèches semblaient appeler de toutes parts l'ennemi qui s'avançait à l'assaut général. Huit cents soldats les gardaient ; les gens de la ville étaient postés sur les remparts où il n'y avait pas de brèches pour empêcher qu'on escaladât par échelles. Une seule brèche fut forcée, mais dès lors tout fut perdu. Les citoyens et les soldats qui défendaient les remparts combattirent longtemps encore après que l'ennemi fût derrière eux dans le cœur de la ville. Il fallut les envelopper de toute part. Une foule de citoyens, trois chanoines de la ville, Jean de Flavigny, Jean de Ville, Roland le Comte moururent les armes à la main ; le couvent des Jacobins fut presque tout entier passé au fil de l'épée. Saint-Quentin subit toutes les horreurs du sac et du pillage ; les habitants échappés à la première furie des vainqueurs s'enfuirent à la faveur du désordre de la nuit et s'il faut en croire la tradition, excepté les vainqueurs et les prisonniers, il ne resta dans la ville de vivant qu'un bourgeois et un prêtre. Les dépouilles de Saint-Quentin allèrent enrichir les palais et les églises des Pays-Bas, de l'Espagne et de l'Angleterre. Les riches tapisseries qui décoraient l'intérieur du chœur de son église ornèrent plus tard l'Escurial, ce royal monastère en forme de gril que Philippe II édifia en l'honneur de saint Laurent, en mémoire de la bataille du 10 août 1557, jour de la fête de ce saint. Elles ont péri dans un incendie en 1730.

Coligny s'était rendu à un soldat espagnol ; le duc de Savoie fit conduire l'amiral dans sa tente. Son frère d'Andelot qui avait été fait prisonnier se sauva la nuit même qu'il fut pris, pour avoir su parler bon espagnol, et passant au travers d'un marais où il pensa se noyer, ayant de l'eau jusqu'à la gorge, il vint retrouver le roi Henri II à Amiens.

Les succès des Espagnols s'étaient bornés à Saint-Quentin et à la prise des quelques petites places environnantes. L'hiver approchant, Philibert-Emmanuel se vit forcé de battre en retraite. Les Allemands se mutinèrent faute de paie, les Anglais demandaient à grands cris à retourner dans leur pays, menacé par les Ecossais. Philippe II congédia ces alliés peu zélés.

Pendant que Philippe II s'amusait à prendre le Catelet, Ham, Noyon et Chauny, Henri II avait eu le temps de réunir une armée, les bourgeois de Paris avaient offert des dons gratuits, la noblesse s'était présentée de toutes parts, des sommes considérables avaient été envoyées en Suisse pour y lever des troupes. Déjà le roi se trouvait en mesure de tenir de nouveau tête à l'ennemi. Mais Philippe II se retira à Bruxelles.

Pendant ce temps, le duc de Guise rétablissait l'honneur de la France par un acte d'une rare audace, en enlevant aux Anglais, Calais, sur une des portes duquel ils avaient inscrit ce distique insultant :

Les Français à Calais viendront planter le siège
Quand le fer et le plomb nageront comme liège.

Guise, rappelé d'Italie et nommé lieutenant-général du royaume, averti par le gouverneur de Boulogne, Jean de Senarpont, de l'état de dénûment de cette ville et du peu de solidité de ses fortifications, résolut d'en faire le siège. Pour détourner les soupçons, une partie de son armée marcha vers le Luxembourg, d'où elle avait l'ordre de se rabattre sur sa gauche à la hauteur de Calais. Lui-même, avec le reste de ses troupes vint s'établir dans les marécages qui entouraient la place. Au moyen de claies serrées, on établit un chemin à droite et à gauche et on arriva ainsi le 1er janvier 1558 jusqu'aux forts de Nieulay et du Risban qui protégeaient la ville de ce côté. Ils furent enlevés en deux ou trois jours. Les murs du château étaient en très mauvais état, mais à la marée haute, la mer qui venait les baigner en rendait les approches impossibles. Guise le fit attaquer au moment du reflux par Grammont et d'Andelot à la tête de 1,500 fantassins, armés de piques et d'arquebuses ; lui-même commanda l'assaut et se jeta le premier dans le fossé, ayant de l'eau jusqu'à la ceinture. Une batterie de quinze gros canons fut dressée sur la plage et le battait en brèche à marée basse. A la mer haute, il fallait l'abandonner, mais ces pièces et leurs gabionnades étaient si bien liées et maintenues par des ancres et des pieux, que la mer ne les ébranlait nullement. La brèche faite, les Français montèrent à l'assaut, passèrent la garnison au fil de l'épée et s'établirent dans l'ouvrage dont ils n'étaient plus séparés de la ville que par un simple fossé. Quand vint le flux, d'Aumale et d'Elbeuf furent laissés dans la citadelle pour tenir tête à l'ennemi qui, après avoir dressé une batterie de six canons à la porte de la ville s'acharna toute la nuit à les débusquer. Le lendemain, les flots en se retirant livrèrent passage à l'armée du duc. Le gouverneur, lord Wenworth demanda alors à capituler, et des vaisseaux anglais sortis de la Tamise ne parurent devant le port que pour voir arborer le drapeau blanc. La prise du château avait eu lieu le six janvier jour des Rois, comme le prophétisaient des placards que l'on trouva affichés au coin d'une rue quelques jours avant le siège :

> *Le vent est nord,*
> *Talbot est mort.*
> *Calais est aux Anglais*
> *Il sera aux Français*
> *Avant qu'il soit les Rois.*

Il fut arrêté par cette capitulation que les hommes auraient la vie sauve, que l'honneur des femmes serait respecté, que 50 des principaux officiers, ainsi que le gouverneur resteraient prisonniers de guerre et que le reste de la garnison se retirerait en Angleterre, mais en laissant entre les mains des vainqueurs les armes, les drapeaux, l'artillerie et les vivres. Le lendemain, les Anglais évacuèrent la place.

Les mêmes conditions furent accordées à la garnison de Guines, moyennant l'évacuation du château de Ham que les Anglais évacuèrent du reste d'eux-mêmes. La France rentra en 22 jours, en possession de la terre d'Oye. Ce petit pays regardé par le gouvernement d'Angleterre comme la ressource de la garnison de Calais était parfaitement cultivé et plein de bestiaux. L'armée s'y reposa pendant trois mois dans l'abondance.

Dans le premier enthousiasme, les Etats rassemblés à Paris votèrent 3,000,000 d'écus d'or pour poursuivre la guerre. Leurs membres, dans l'ivresse de la joie, firent dire au roi que si la somme qu'ils votaient ne suffisait pas à ses besoins, ils en fourniraient de nouvelles. Il y eut de grandes réjouissances à Paris ; le roi y voulut assister avec sa cour et vint souper en grande pompe à l'hôtel-de-ville. Le clergé fit des processions, les historiens écrivirent *la Prinse de Calais*, Buchanan, Turnèbe, Dorat, le Chancelier de l'Hospital composèrent des vers latins, Du Bellay un poème, le peuple chansonna les Anglais. C'est qu'en effet, Edouard III n'avait pris Calais que par la famine, tandis que le duc de Guise l'avait emporté en 7 jours à la pointe de l'épée ; il y avait 210 ans que les Anglais l'occupaient.

La prise de Thionville par Guise, celle de Dunkerque, de Bergues Saint-Winox par le maréchal de Thermes fut suivie de la défaite de Gravelines (13 juillet).

Cette alternative de succès et de revers lassait à la fin les deux partis. Dans l'énivrement de leur ovation populaire, les Guises crurent pouvoir négliger la favorite, leur ancienne alliée. Ils s'étaient unis à la reine Catherine de Médicis, et le vainqueur de Calais avait osé se permettre sur le compte de Diane de Poitiers quelques paroles piquantes. Diane pour se venger fit cause commune avec Montmorency qui tout prisonnier qu'il fût, n'avait rien perdu de son influence sur Henri II. Dans une entrevue qu'il eut avec lui au camp d'Amiens, Henri, impatient de le revoir, alla bien loin à sa rencontre, le serra tendrement dans ses bras, et pour ne rien perdre du temps qui lui était donné (Montmorency avait obtenu sur parole quelques jours de liberté), lui fit partager sa chambre et son lit. Montmorency s'ennuyait de sa captivité. Avant tout, il désirait la fin des hostilités qui donnait tant d'importance aux Guises, ses rivaux. Le roi se laissa entraîner par sa maîtresse et son ami. Les négociations s'entamèrent.

Le 17 octobre, une suspension d'armes fut signée à Amiens entre Henri II et Philibert de Savoie. Un mois après, la reine d'Angleterre mourut. La perte de Calais avait été un coup terrible pour Marie Tudor ; quelques instants avant d'expirer elle avait dit que si après sa mort, on ouvrait son corps on trouverait le mot Calais gravé sur son cœur.

Le traité de Cateau-Cambrésis, signé le 3 avril 1559 entre la France et l'Angleterre, laissait Calais à son possesseur avec toutes ses dépendances pour huit ans ; il fut stipulé qu'au bout de ce terme, Henri rendrait la ville aux Anglais ou bien qu'il leur paierait 500,000 couronnes pour la solde desquelles sept ou huit maisons de commerce non françaises devaient donner caution. Après le paiement des 500,000 couronnes, les droits de Calais restaient à l'Angleterre dans toute leur intégrité, si le roi de France ou ses alliés violaient la paix ; si la rupture venait de la part des Anglais, Henri II était délié de tous ses engagements, c'est ainsi qu'en effet, il éluda le paiement de la somme convenue. Chaque prince rendait ses conquêtes, ainsi Saint-Quentin, Ham et le Catelet rentraient à la France. Henri II vint en grande pompe visiter Calais ; il donna au duc de Guise le bel édifice qu'Edouard y avait fait bâtir pour les marchands de l'étape et fit relever les fortifications délabrées par le siège. Les habitants de Thérouanne que les guerres avaient ruinés vinrent en grand nombre s'y fixer, et le roi rendit des règlements pour y régulariser la police et l'administration. Ces règlements datés du 14 février 1559, furent en partie calqués sur ceux qui régissaient Boulogne. Des commissaires furent en outre désignés pour la répartition des maisons et des terres entre tous les sujets français qui viendrait habiter le pays reconquis.

A Saint-Quentin, les citoyens que le vainqueur avait emmenés en captivité ou qui restaient exilés volontairement pour ne pas subir la domination étrangère, rentrèrent en foule dans leurs foyers dévastés. Ils travaillèrent avec courage et persévérance à effacer les traces de leurs calamités, tout en gardant un culte pieux à la mémoire des guerriers et des citoyens morts pour la défense de la cité et du royaume. Afin de perpétuer le souvenir de ce siège, sous Louis XV, le corps municipal fit graver en lettres d'or sur une plaque de marbre noir, incrustée dans la façade de l'hôtel-de-ville, ces vers latins composés par le chanoine Santeul pour célébrer le généreux dévoûment des Saint-Quentinois :

Civicæ fidei stimulus

Bellatrix I Roma ! tuos nunc objice muros !
Plus defensa manu, plus nostro hæc tincta cruore,
Mœnia laudis habent, furit hostis et imminet urbi ;
Civis murus erat, satis est sibi civica virtus.
Urbs, memor audacis facti, dat marmore in isto
Pro patria cæsos æternum vivere cives.

Santolinus Victorinus

Poni curavit J. B. Houlier, præses et præpositus
Urbis an° MDCCXVIII, sui majoratus II°,
Ædilibus J. Maulert, D. de la Marlière, N. Godefroy
J. de Chalvoix, E. Fizeaux, V. Fontaines
Procur. fisc Ant. Ferot.

La dernière clause du traité de Cateau-Cambrésis était le mariage de Philippe II d'Espagne, veuf de Marie Tudor, avec Elisabeth de France, fille aînée de Henri II. Ce fut au milieu des fêtes de ce mariage que le 30 juin au soir, le roi de France fut tué par accident par Montgomery, capitaine de sa garde écossaise, au tournoi du faubourg Saint-Antoine.

Henri II laissait pour successeur son fils aîné, le dauphin François II, prince maladif, sous la tutelle de Catherine de Médicis. C'est du court règne de ce monarque qu'il faut dater les premiers essais de résistance à main armée du parti protestant, par la conjuration avortée d'Amboise.

XI

Déjà en 1512, cinq ans avant que Luther affichât ses célèbres thèses à la porte de l'église de Witemberg, un Picard, Lefèvre d'Etaples, « petit bout d'homme et de fort

» basse naissance, mais un bon esprit, soutenu de beaucoup d'érudition, » n'avait pas craint en pleine Université, d'exposer dans son Commentaire sur les épîtres de saint Paul, la doctrine de la justification par la foi. Relégué à Meaux, près de l'évêque Briçonnet, secret partisan des idées nouvelles, qui le fit son grand vicaire en 1523, Lefèvre, dès 1522, y publia une traduction française des livres saints. Comme Lefèvre, Jean Calvin, de Noyon devait être un des premiers apôtres de la Religion Réformée. Mais le rôle immense que joua Calvin dans la grande œuvre de la réformation n'eut point pour théâtre son pays natal, mais la Suisse et l'église de Genève. Quel qu'ait été son importance, il ne peut donc entrer dans le cadre de notre récit.

La Réforme ne paraît s'être introduite en Picardie qu'en 1527. Un gentilhomme d'Artois, Louis de Berquin, savant, instruit, ardent pour les convictions religieuses de la nouvelle doctrine, en fut le premier martyr. Jeté deux fois déjà dans les prisons de Paris, à l'instigation de la Sorbonne, arraché deux fois des mains de ses persécuteurs par la protection de François Ier, retiré à Amiens, il continua à y dogmatiser et à répandre autour de lui les préceptes de la foi réformée. L'évêque François de Halwyn se hâta de se rendre à Paris pour dénoncer le novateur. Erasme, son ami, l'avait vainement supplié de ne se point trop fier à la protection royale, et d'aller attendre au-delà des frontières la fin de l'orage qui le menaçait. Arrêté de nouveau, Berquin fut cette fois, par sentence du Parlement, brûlé sur la place de Grève le 6 avril 1520. Quatre ans après, c'est un membre du clergé, Jean Morand, natif de Vraignes, près Hornoy, docteur en théologie, chanoine et vicaire général de l'évêque, qui, chargé de prêcher l'Avent dans l'église Saint-Leu d'Amiens, ne craint pas d'émettre des propositions hardies, contraires aux enseignements de l'Eglise romaine. Arrêté, traduit devant les commissaires délégués du Parlement et l'inquisiteur de la foi, il fut excommunié pour avoir été trouvé possesseur des écrits de Luther et d'autres livres hérétiques qui furent brûlés devant le portail de la cathédrale. Morand, qui s'était rétracté fut interdit pendant 10 ans et relégué dans un monastère à Montdidier. Un religieux Augustin, Richard de Vauvillers, quelques années après, en 1547, dut renoncer à prêcher par suite des opinions qu'il affichait. C'est à Montdidier, qu'en 1557, le lieutenant-général du bailliage, Antoine de Bertin, devait allumer le Jeudi-Saint, le premier bûcher pour le premier martyr du protestantisme dans la province. Michel de la Grange, natif des environs de Meaux, d'où la religion réformée avait pris son essor, en revenant de Genève où il était allé se confirmer dans la pratique des nouvelles doctrines, distribua aux Montdidiens des livres de piété et de controverse. Arrêté et condamné, il mourut dans les flammes en chantant avec fermeté les louanges du Seigneur. Mais comme aux premiers temps du Christianisme, les terribles édits de François Ier et de Henri II, portant la peine de mort contre quiconque, publiquement ou secrètement, professerait une religion contraire à la religion catholique, apostolique et romaine, loin d'éteindre le protestantisme lui gagnaient journellement de nouveaux adhérents, et sous François II, leur successeur en 1560, les protestants formaient déjà un parti puissant dans les prinpales cités. A Amiens, en 1560, on comptait près de 500 réformés vivant sous la protection de la police locale, de Pierre du Gard, maire, et de son successeur Firmin le Cat, tous deux partisans des idées nouvelles. A Abbeville, ils s'assemblaient pour célébrer nocturnement leur culte, dans l'ancien château de Charles-le-Téméraire, auprès du Pont-Rouge. A Beauvais, déjà le sang avait coulé pour les querelles de religion. En 1562, un prêtre *mal sentant de la foi* ayant insulté la procession, avait été mis en pièces aux portes du palais épiscopal vers lequel il s'enfuyait. L'évêque de la ville, le cardinal Odet de Châtillon, frère de Coligny et de Dandelot, embrassait ouvertement la Réforme, et célébrait la Cène calviniste, en communiant sous les deux espèces dans la chapelle de l'évêché. Cité par les commissaires inquisiteurs, excommunié par Pie IV, rayé de la liste des cardinaux, dont il avait reçu la pourpre de la main de Clément VII en 1533, Odet de Châtillon épousa publiquement et en robe rouge, au château de Montataire, Elisabeth de Hauteville, demoiselle de Normandie, attachée à la personne de la duchesse de Savoie, qui fut présentée à la cour, où on la nommait indifféremment Madame la Cardinale ou la comtesse de Beauvais. Odet avait pris le titre de comte de son évêché qu'il continuait d'occuper en dépit de son excommunication. Il parut même, en habit de cardinal, avec sa femme, à la déclaration de majorité de Charles IX. Il consentit enfin à se démettre du titre de ses bénéfices en en conservant le revenu, arrangement que l'amitié de Catherine de Médicis lui facilita, et après la paix de Longjumeau, craignant pour sa sûreté, se réfugia, déguisé, en Angleterre, où il mourut empoisonné par l'un de ses valets de chambre. On comptait déjà, en France, à cette époque, plus de 2,000 églises réformées. A la convocation des Etats-Généraux à Orléans, les cahiers des états de la sénéchaussée de Ponthieu et les remontrances des états d'Amiens et de Beauvais réclamèrent en termes énergiques contre l'avarice et la simonie des prélats et des curés. Arrivé à ce point, les luttes à main armée n'allaient point tarder à éclater entre les sectateurs des deux cultes. La nuit du 21 septembre 1561, des soldats calvinistes parcourent les rues d'Abbeville, lançant des pierres, insultant les catholiques et jetant à l'eau le crucifix du pont de Talance. Les jours suivants, le clergé et les officiers royaux le firent reporter en grande pompe dans l'église des Cordeliers, avec de solennelles cérémonies expiatoires. Le 8 mars à Amiens, les réformés célèbrent publiquement leur culte au nombre de 80 chez un peintre, Guillaume Coppin. Ces réunions sont le sujet de séditions, de querelles et de débats quotidiens. A Montdidier, les protestants sont jetés en prison pour délit d'assemblées religieuses. A Soissons, l'on crut venir à bout de l'hérésie par des mesures de rigueur, on ferma le prêche, on emprisonna le ministre et les fidèles; l'on eut trois ans de tranquillité. L'on essaya des processions, au besoin des miracles pour raviver la ferveur des catholiques. En 1561, les huguenots reparaissent plus forts et malgré le refus des catholiques, rentrent dans la place et y célèbrent la Cène.

A Amiens, en 1561, à la suite d'une nouvelle émeute, défense est faite aux habitants de se réunir à plus de quatre, de sortir le soir, de porter des armes et de s'entretenir des sermons prêchés dans les églises. Il est défendu sous peine de mort, de se traiter réciproquement de papistes et de huguenots. Trois mois après, on invite l'évêque Nicolas de Pellevé à faire cesser les processions d'enfants qui, par troupes de 200, vont le soir par les rues portant croix et autres ornements de plomb, chantant « *aucun saluts des* » *quels ne pouvait en suivre que divisions et séditions.* » Le 4 décembre enfin, l'échevinage invite l'évêque à faire respecter par les prédicateurs, l'édit du mois de juillet, et à les inviter à prêcher sans invectives et provocations. Mais le conflit va bientôt éclater. Les Calvinistes tenaient publiquement leur prêche chez une demoiselle Marcet, à l'angle de la rue du Puits-Vert, devant l'église et le couvent des religieux Augustins; les catholiques détruisent la maison de fond en comble. Le deuxième dimanche de l'Avent, 7 décembre 1561, les protestants à leur tour, entrant en armes dans ce couvent, une lutte s'engage, le sang teint le pavé. L'évêque suffragant, Jacques le Doux, évêque d'Hébron, est obligée de réconcilier l'église contaminée. Le jour même de cette réconciliation (8 décembre), les Huguenots tentent un coup de main plus hardi. Ils envahissent la cathédrale ; le tocsin sonné par le bourdon appelle les catholiques à la défense des autels. Une nouvelle lutte recommence, le sang coule de nouveau, et l'évêque Nicolas de Pellevé dut réconcilier la cathédrale comme l'avait été la chapelle du couvent. Le même jour, par représailles, le peuple brûla la chaire et pilla les meubles du prédicateur. Ces scènes se renouvellent par le sac de la maison du baron de Dammartin. Jean de Monchy, seigneur de Senarpont, lieutenant-général du prince de Condé, gouverneur de Picardie, calviniste comme son chef immédiat, arriva à Amiens pour porter aide à l'autorité locale, impuissante à maintenir la paix entre les deux partis qui divisaient la commune. Il prit connaissance des instructions, mit en liberté le ministre, rétablit le prêche, fit emprisonner ceux qui avaient attaqué les Huguenots et menaça la population de l'arrivée du prince de Condé. En présence de ces mesures énergiques, l'échevinage reprend courage, admet à prêter serment un ministre protestant, et les nouveaux échevins refusent de porter, suivant l'usage, la châsse de saint Firmin-le-Martyr.

Le massacre de Vassy en Champagne, 1er mars 1562, exercé par les domestiques du duc de Guise sur une population inoffensive fut le signal d'une prise d'armes du parti protestant. Mais Condé, par cette levée de boucliers mal préparée, ne fit que fortifier le pouvoir des Guises. Charles IX retira le 5 mai la mairie et les clefs de la ville d'Amiens à Firmin le Cat, accusé d'entretenir des intelligences avec le prince, bien que ce mayeur, fidèle à son serment communiquât au roi toutes les lettres qu'il recevait de Condé. François de Canteleu qui donnait des gages plus certains à l'Eglise catholique, fût nommé en sa place. Antoine d'Ardres remplaça le prévôt Guillaume le Grand, qui était allé joindre à Orléans la réunion des Huguenots. Pour s'assurer l'obéissance de l'échevinage, on ajouta aux 24 échevins en exercice, 10 nouveaux membres que le roi choisit lui-même à l'instigation de l'évêque Antoine de Créqui qui exige le renvoi des prédicants et des maîtres d'école de la nouvelle religion. Les Réformés s'étant refusés à tendre leurs maisons les jours des procession de l'Ascension et de la Fête-Dieu, l'exaltation des catholiques augmenta. Les bibles, les psaumes, les livres religieux saisis dans les maisons signalées comme suspectes sont solennellement brûlés sur la place du Marché par la main du bourreau. Le lendemain, la foule assaille la maison du vidame Louis d'Ailly, où se tenait le prêche, enlève la chaire et la brûle publiquement. Des maisons de religionnaires sont pillées et abattues. Des maisons, on passe aux individus, et des meurtres sont commis au nom de la religion. Le cardinal de Bourbon fut envoyé dans la ville pour pourvoir à ces troubles dangereux pour le pays, à raison de la proximité d'Amiens avec la frontière. Ce prince de l'Eglise, cardinal-archevêque de Rouen qui devait être plus tard le roi Charles X de la Ligue, arrivé le 21 juillet, ordonna, sous peine d'être pendu, aux protestants de vider la ville et la banlieue, dans les 48 heures, faute par eux de rentrer dans le giron de l'Eglise et de faire leur déclaration de foi devant l'évêque ou ses vicaires, et fit défense en même temps aux bourgeois catholiques de se réunir en troupes et de les insulter. Malgré cette dernière injonction, les meurtres et les dissensions continuèrent. De malheureux prisonniers, notamment, retenus comme soupçonnés de l'assassinat d'un cordelier au bourg de Conty, réfugiés sur des gargouilles du beffroi pendant l'incendie de cet édifice le 1er août, y furent arquebusés par de zélés catholiques. Que ne pouvait-on faire ? Partout les armes du parti protestant éprouvaient des revers et se voyaient enlever Poitiers et Bourges.

Abbeville venait aussi de montrer son dévoûment à la religion catholique par le meurtre de son gouverneur, Robert Saint-Delis d'Haucourt qui partageait les idées des novateurs et les protégeait ouvertement, malgré les magistrats municipaux enclins à la rigueur. De ces conflits journaliers avec eux, naissaient des provocations et des excitations qui se terminaient par des troubles. Le 6 juillet 1562, la populace assaillit et pilla la maison d'un apothicaire calviniste. D'Haucourt appelé à l'hôtel-de-ville par l'échevinage pour rétablir l'ordre, après une violente querelle avec l'un des échevins, sortit l'épée à la main, fit évacuer la cour et s'éloigna avec son escorte, disant qu'il allait sous peu d'heures châtier les vilains. Mais les rassemblements s'étaient grossis en armes ; ils le forcèrent à rentrer dans l'hôtel-de-ville dont ils enfoncèrent les portes et dispersèrent la garde. D'Haucourt saisi sur un toit par lequel il s'évadait, blessé de plusieurs coups, jeté en bas, traîné dans la boue fut achevé à coups de pierres et de bâtons sur le seuil d'une auberge d'un faubourg où quelques personnes l'avaient par pitié transporté. Quelques protestants furent comme lui victimes de cette échauffourée dont les magistrats abbevillois cherchèrent à atténuer l'horreur. On accusait d'Haucourt, qui effectivement avait reçu un renfort d'environ 100 soldats calvinistes, d'avoir introduit ces gens d'armes dans la ville pour la livrer ensuite au prince de Condé.

A Soissons, les Calvinistes n'étaient pas mieux traités. Après la prise d'Orléans, le gouverneur, Joachim de Roucy les somma d'évacuer la ville et vendit leurs biens qui ne leur furent rendus qu'avec répugnance après l'édit de pacification de 1563. Mais avec eux, la peste rentra dans Soissons et cette coïncidence servit encore les passions du parti catholique, malgré l'exemple et la tolérance de l'évêque Charles de Roucy, dont la conduite fut digne de tout éloge durant la disette qui en 1565 vint encore frapper la cité, qui deux ans après devait si malheureusement pour elle tomber aux mains des religionnaires affamés de vengeance. A Saint-Quentin, l'autorité expulsait les prédicants qui, plus heureux dans les campagnes, faisaient de nombreux prosélytes, notamment chez beaucoup de gentilshommes, comme les de Mouy et les d'Hangest. En 1563, à Calais, trente Calvinistes pendus aux fenêtres de l'hôtel-de-ville, paient ainsi le complot qu'ils avaient formé, avec leurs co-religionnaires assez nombreux, de massacrer le gouverneur et les catholiques et de livrer la ville aux Anglais.

Malgré le traité d'Amboise (19 mars 1563), malgré la réconciliation en 1566 entre les Chatillons et les Guises, les Huguenots durent reprendre les armes en 1567. Charles IX, surpris par eux, à Meaux, ne put gagner sa capitale que grâce au dévouement des Suisses de sa garde qui, formés en bataillon carré, résistèrent, pique basse aux cavaliers de Condé. En Picardie, deux chefs hardis, François de Cocqueville, gentilhomme picard, l'un des acteurs les plus déterminés de la conjuration d'Amboise en 1560, et Saint-Amand, son lieutenant, se mirent à la tête des Réformés et firent la guerre en véritables aventuriers, ravageant les abbayes, pillant les églises, les châsses, les reliquaires, abattant les croix et mutilant sans pitié les prêtres lorsqu'ils tombaient en leur pouvoir. Avec 600 arquebuses et 200 chevaux, Cocqueville, le 29 octobre 1567, s'empara de la citadelle de Doullens, dont il avait été autrefois Major et s'y maintint six mois durant, comme dans un repaire inaccessible. L'édit de pacification ou paix de Longjumeau vint mettre un terme aux ravages qu'il exerçait et le contraindre à se retirer momentanément à Lucheux auprès de son frère, prieur de ce bourg.

La cause des Protestants des Pays-Bas, menacée de s'éteindre dans le silence de la mort, sous le terrible gouvernement du duc d'Albe et de son Conseil de Sang, était trop intimement liée à celle des religionnaires de France, pour qu'ils n'aidassent pas à sa résistance. Condé fit séjourner en Picardie, Cocqueville, Saint-Amand et Vaillant avec leurs Huguenots pour soutenir, s'il y avait lieu, le prince d'Orange et le duc de Nassau dans leurs luttes contre le duc d'Albe. Celui-ci qui veillait sur les mouvements de cette troupe, fit inviter Charles IX à ne point permettre que les possessions espagnoles fussent attaquées par des Français, au milieu de la paix. Charles IX, de son côté, qui venait de recevoir la nouvelle de la prise de Saint-Valery par Cocqueville et les plaintes du Ponthieu, demanda au prince de Condé si ces pillages se faisaient par ses ordres. Sur la réponse négative du prince, qui cependant avait dit à Cocqueville de ne point se hâter de passer en Flandre, mais de se retirer en quelque ville de la Picardie, le maréchal de Brissac, gouverneur de cette province, reçut ordre d'agir. Cocqueville avait bien, en conséquence des instructions de Condé, choisi pour sa retraite Doullens, comme l'année précédente, mais cette fois, les Protestants, aussi peu désireux que les Catholiques de recevoir un pareil hôte, le repousseront sous la conduite de La Chapelle, leur gouverneur. Ainsi relancé, il prit Auxy-sur-l'Authie, y séjourna quinze jours, exerçant au dehors ses ravages ordinaires sur les abbayes, notamment sur celles de Dommartin, puis se jeta sur Saint-Valery qu'il enleva par surprise et livra au pillage. Au moment où il en sortait avec son butin, Brissac arrivait en hâte à la tête de ses troupes, le forçait à rebrousser chemin, investissait la place et abattait un mur avec les canons qu'Amiens lui avait prêtés. Tandis que Cocqueville et Saint-Amand s'efforçaient de réparer la brèche, les habitants ouvrirent les portes aux troupes royales. Brissac, passa au fil de l'épée les aventuriers étrangers et fit grâce à la majeure partie des Français, n'épargnant Cocqueville et ses lieutenants que pour les faire décapiter quelques jours après, le 27 juillet 1568, sur le Grand-Marché d'Abbeville. Leurs têtes, envoyées à Paris y furent attachées à une potence en place de Grève.

Nous avons suivi Cocqueville jusqu'à sa mort pour ne pas entraver notre récit, il nous faut remonter maintenant à d'autres événements importants, antérieurs à la paix de Longjumeau. Malgré des avis donnés, la veille même encore de l'événement, à la municipalité réunie dans un festin, que les Réformés s'attroupaient dans les campagnes autour de Soissons, l'on ne tint nul compte de l'avertissement et l'on s'endormit tranquille. Dans la nuit du 26 au 27 septembre 1567, les Huguenots s'introduisirent dans la cité, traîtreusement ouverte, et le lendemain quand le peuple s'éveilla, ils occupaient les rues, les murs, les tours, tout Soissons enfin. M. de Genlis, leur chef, resta pendant deux jours dans la ville qui fut livrée au pillage, puis il y laissa une garnison. Alors durant six mois, s'organisèrent le désordre et la dévastation en règle ; rien n'échappa, si ce n'est les personnes, généralement épargnées et par une faveur spéciale, l'abbaye de Notre-Dame, grâce à ce que son abbesse, Catherine de Bourbon, était sœur du prince de Condé. Les églises, les abbayes s'écroulèrent sous la hache des vainqueurs, après avoir livré tous leurs trésors à leur cupidité, les choses saintes à leurs profanations. Les habitants épouvantés s'enfuirent. Quand tout fut pris, les vainqueurs voulurent encore imposer à la ville ruinée une taille pour l'entretien de leurs gens de guerre. Le corps municipal s'y refusa avec courage, répondant que la taille était interdite, que les riches s'étaient enfuis et qu'officiers du peuple, si l'on prétendait les mettre dans le cas d'être pendus plus tard, ils préféraient l'être de suite. Fortifiés dans Soissons, les Huguenots avaient successivement livrés au pillage les abbayes de Prémontré, Saint-Nicolas-au-Bois, Valsery, Longpont, la Chartreuse de Bourg-Fontaine. La garnison enlevait successivement Wailly, Coucy, Chauny, Braine, la Fère, Cœuvres, Vic-sur-Aisne. Le 10 novembre un corps considérable surprit Bruyères, vint sommer Laon et ne se retira qu'après avoir incendié le faubourg d'Ardon. L'introduction du calvinisme dans cette dernière ville datait de 1560, et là comme partout, le Parlement avait dû sévir contre quelques magistrats accusés d'une tolérance secrète. Ce fut à Laon que pour frapper les esprits de quelque spectacle extraordinaire, le clergé avait donné au peuple la ridicule comédie de Nicole Obry, la possédée de Vervins. Amenée à Laon, le 24 janvier 1566, exposée sur un échafaud devant la cathédrale, le diable parlant par sa bouche, désignait tous les hérétiques ou ceux soupçonnés tels, comme ses meilleurs amis. Quoique très zélé catholique, le maréchal de Montmorency, gouverneur de l'Ile-de-France, invita l'évêque, Jean Debours, à étouffer un éclat qui n'était, disait-il, d'aucune édification. La délivrance de Nicole fut opérée en grand apparat et toute l'émotion causée par cette exhibition finit par s'éteindre, sans que des tentatives analogues répétées par d'autres possédées, pussent avoir le même retentissement et la même influence. Onze ans plus tard, en 1577, cette visionnaire essaya de se refaire une nouvelle célébrité à Amiens, où atteinte de cécité absolue, elle recouvra subitement la vue en baisant le reliquaire qui renfermait le chef de saint Jean. L'évêque Geoffroy de la Marthonie, qui assistait à ce miracle, crut cependant prudent d'ouvrir une enquête sur son authenticité. Les médecins consultés à ce sujet ne se compromirent pas beaucoup en formulant l'avis que cette guérison pouvait être naturelle comme aussi elle pouvait être advenue par miracle. L'évêque s'abstenant de se prononcer d'une manière formelle, se contenta d'ordonner une procession générale en actions de grâce pour remercier Dieu de la grâce qu'il avait faite à Nicole, qui à partir de cette époque retomba dans son obscurité première.

La paix de Longjumeau (23 mars 1568), rendit Soissons au roi. Les Réformés allèrent vendre aux paysans les verrières et les cloches de leurs églises, et furieux de ne pouvoir exiger une semblable rançon de la ville où il n'y avait plus rien à racheter, tentèrent un dernier effort pour saccager ses ruines avant de rendre, 29 mars 1568, au gouverneur catholique La Chapelle des Ursins, les clefs d'une place où, suivant un procès-verbal authentique, il ne restait que des pierres et un peu de bois.

Comme Cocqueville, Genlis reprit bientôt les armes, battant la campagne sans obstacles, brûlant les églises, notamment celles de Crécy, Pouilly, Nouvion-l'Abbesse, Dercy, Disy, etc. Repoussé d'une nouvelle tentative sur Soissons par le nouveau gouverneur, M. de Saint-Preuve, pour se venger de cet échec, il ruina son château, puis voulut s'ouvrir un passage par les Ardennes et pénétrer dans le pays de Liège pour se réunir au prince d'Orange. Refoulé par le duc d'Albe, il saccagea les environs de Saint-Quentin, Ribemont et Crespy, dévasta les églises de Liesse et de Corbeny et rejoignit enfin le prince avec lequel il fit sa jonction, fait qui explique l'absence des forces protestantes picardes à la bataille de Jarnac qui vit avec la défaite des Calvinistes, l'assassinat de sang-froid, après la victoire, du prince de Condé par Montesquiou, capitaine des gardes du duc d'Anjou ; mais peu après Genlis mourut, le 14 février 1569, d'une fièvre qu'il avait gagnée en allant rendre visite au duc des Deux-Ponts.

A la fin d'avril 1568, Boulogne-sur-Mer rentrait également aux mains du roi. La réputation de Boulogne comme ville religieuse n'avait fait que croître. Malgré les entraves apportées par les novateurs, les pèlerins accouraient en foule aux pieds de l'image de Notre-Dame, restituée par les Anglais. A la sollicitation de Charles IX, Pie V dans le désir de placer vis-à-vis de la protestante Angleterre une sentinelle avancée du catholicisme, avait, par suite de la division de l'ancien évêché de Thérouanne, érigé Boulogne en siège épiscopal au profit de Claude-André Dormy. Jusqu'alors malgré les conflits habituels entre catholiques et protestants, Boulogne était restée vierge de troubles ; la création d'une confrérie du Saint-Sacrement fut considérée par les religionnaires comme un acte de menace de leurs adversaires. Le gouverneur Morvilliers était notoirement de leur parti. Le 12 octobre 1567, au matin, en venant à la messe, les fidèles s'aperçurent avec stupeur que l'image de la sainte Vierge avait disparue. Malgré toutes les recherches on ne put découvrir ni les auteurs du vol ni le sort de la statue, vol nécessairement attribué aux parpaillots. Que se passa-t-il depuis cet événement ? Nous en avons vainement cherché trace. Les propos tenus à cette occasion, surexcitèrent-ils à ce point les passions ? Toujours est-il que le 2 novembre, les Huguenots courant aux armes, envahirent, profanèrent la cathédrale, l'abbaye Notre-Dame, l'église Saint-Nicolas, massacrèrent plusieurs prêtres, pillèrent la basse ville, enlevèrent sans coup férir le château, sans opposition de la part de Morvilliers, renouvelant en un mot, en les dépassant, toutes les horreurs commises par les Anglais en 1544, racontent les deux historiens les plus récents de cette ville. La présence des troupes royales en 1568, amena le départ de Morvilliers et de ses adhérents, et la rentrée en foule des catholiques qui recherchaient inutilement le Palladium de leur cité jeté au fonds d'un puits où on ne le retrouva qu'au bout de 40 ans. Sous le gouvernement du seigneur de Caillacq, qui avait remplacé Morvilliers, le premier évêque de Boulogne vint s'installer dans sa ville épiscopale le 3 avril 1570.

Toutefois la défaite de Jarnac, si douloureuse qu'elle eût été, n'avait point abattu le parti protestant, grâce à l'énergie de Coligny, auquel la reine de Navarre n'avait pas hésité à amener son jeune fils, Henri de Bourbon. La paix de Saint-Germain-en-Laye (août 1576), donnait aux religionnaires des places de sûreté, l'admission à tous les emplois et le rétablissement de l'exercice libre de leur culte par toute la France, excepté à Paris et à la cour. Le parti était trop puissant, il entrait dans la politique catholique de l'endormir jusqu'au terrible réveil de la Saint-Barthélemy.

L'horrible massacre du 24 août 1572, coûta à la Picardie deux illustres victimes, Ramus et Lambin. Ramus (Pierre la Ramée) né dans le Vermandois, fils d'un gentilhomme liégeois réfugié dans cette province, et y vivant de l'exploitation d'une charbonnerie, avait fait presque sans maître au collège de Navarre, où il était entré comme simple domestique, de grands progrès dans les langues et les littératures de l'antiquité. Ses leçons contre la logique d'Aristote, lui valurent les attaques de tous les partisans de la routine qui le dépeignirent comme un impie et un séditieux, préludant, par ses attaques contre le maître indiscuté, au renversement des sciences et de la religion. Ramus avait trop d'ennemis parmi ses collègues de l'Université, et notamment le vindicatif Charpentier de Clermont en Beauvaisis, qui s'était fait par son servilisme auprès des Guises, nommer recteur à l'âge de 25 ans et qui avait acheté une chaire de mathématiques au collège de France pour l'explication d'Euclide, bien que ne sachant, il l'a dit lui-même, ni grec ni mathématique, pour ne pas être une des victimes du massacre. Des assassins gagés par Charpentier vinrent l'égorger dans son logement du collège de Presles. Denis Lambin, l'un des plus savants philologues du xvi° siècle, natif de Montreuil-sur-Mer, dont la lenteur proverbiale au travail, a doté la langue française des mots : *lambin et lambiner*, à la nouvelle de l'assassinat de Ramus, son ami, bien qu'il ne partageât pas ses opinions religieuses, ne put résister à l'impression terrible qu'il en ressentit, et succomba à sa douleur, un mois après le massacre de Paris.

Le contre-coup du massacre, malgré l'effervescence de l'exaltation ne se fit point sentir en Picardie, grâce aux ordres donnés par le duc de Longueville, gouverneur de la province, aux capitaines des villes, afin d'y éviter semblable émotion que celle advenue à Paris par la mort de l'amiral Coligny. Avant d'avouer hautement l'attentat, comme on le fit plus tard, il était de la politique de la cour de France de faire passer la Saint-Barthélemy pour une querelle particulière des Guises et des Châtillons. A Abbeville, à Amiens, dans toutes les autres cités picardes, on se contenta d'emprisonner les Calvinistes pour les mettre à l'abri des velléités sanguinaires des plus fanatiques. Partout il y eut des arrestations, partout la terreur régna, mais il n'y eut point de meurtres.

A Charles IX, mort le 30 mai 1574 vomissant le sang, ne voyant dans son délire que du sang autour de lui, plein de remords et de troubles des souvenirs de la Saint-Barthélemy, succéda Henri III qui abandonna en fugitif sa royauté de Pologne, pour venir prendre la couronne de France. Ce Sardanapale, roi femme ou homme reine, suivant l'énergique expression de d'Aubigné, se vit dès les premiers jours aux prises avec les difficultés des partis qui se déchiraient le pays. Placé entre les Guises, défenseurs du catholicisme, de Rome et de la politique sanglante de Philippe II, entre les Calvinistes reconnaissant pour chefs Henri I" de Condé, alors réfugié en Allemagne et les Politiques du tiers parti ayant à leur tête son propre frère le duc d'Alençon, le premier acte du nouveau roi fut, après d'infructueux efforts pour maintenir son pouvoir, de signer, le 6 mai 1576, la paix de Château-Landon dite de Monsieur. Elle accordait au duc d'Alençon, outre les apanages dont déjà il jouissait, l'Anjou, la Touraine, le Berry ; au roi de Navarre le gouvernement de la Guyenne ; au prince de Condé, celui de la Picardie ; aux Protestants le libre exercice de leur religion par tout le royaume, excepté à Paris ; en Picardie, comme places de sûreté, Péronne et Doullens, la liberté des synodes et des écoles, dans les Parlements, des Chambres mi-parties. Par cette paix, le catholicisme était trahi et la Saint-Barthélemy inutile et désavouée, le parti protestant restauré. Le parti catholique songea alors à former sa ligue comme les Protestants avaient fait la leur, ligue de la nation contre l'hérésie, décidée à se débarrasser par tous les moyens possibles d'une dynastie avilie et incapable et à soutenir la lutte contre ses adversaires jusqu'à leur entière extinction.

La ville de Péronne, où les sentiments religieux étaient excessivement développés ne consentit pas à recevoir dans ses murs le prince de Condé, appuyée dans sa résistance par son gouverneur, d'Humières, tout dévoué aux Guises, catholique ardent et qui craignait surtout de se voir dépouillé de son gouvernement. Doullens suivit l'exemple de Péronne.

On a généralement fait à d'Humières l'honneur d'avoir été l'inventeur et le propagateur de la ligue. L'idée vient de plus haut. Des essais d'associations de ce genre avaient été clandestinement tentés de 1565 à 1572, mais la ligue provinciale de Picardie fut la plus complète de toutes et servit de modèle aux autres ligues. C'était un projet que les Guises nourrissaient depuis l'époque de leur triumvirat avec Montmorency et Saint-André sous la minorité de Charles IX. Ils se servirent pour la propager des Jésuites, qui furent partout les rédacteurs de ces actes d'union et firent de l'entraînement populaire exploité par eux avec l'habileté habituelle de leur ordre, une combinaison politique d'une haute portée, mais qui devait perpétuer pour la France, la guerre civile et les misères et les horreurs qu'elle entraîne à sa suite. La ligue est datée de Péronne le 13 février 1577, mais ce fut un jeune gentilhomme, Nicolas d'Amerval seigneur d'Happlincourt, qui se chargea de la faire signer dans son château par tous les seigneurs de la province. L'acte original suivant la tradition aurait disparu des archives de la ville, par l'infidélité d'un employé qui l'aurait vendu 150 livres au P. Maimbourg, qui, dans son Histoire de la Ligue, prétend l'avoir eu en sa possession. Le texte de ce pacte rapporté par cet auteur et par d'Aubigné engageait ses signataires à des obligations dont on ne peut méconnaître l'importance. Il débute ainsi :

« Au nom de la saincte Trinité et de la communication du précieux corps de J.-C., avons
« promis et juré sur les SS. Evangiles, et sur nos vies, honneurs et biens, d'ensuivre et garder
« inviolablement les choses ici accordées et par nous soubsignez soulz peine d'être à jamais dé-
« clarez parjures, infâmes et tenus pour gens indignes de toute noblesse et honneur.

« Premièrement estant congneu d'un chacun les grandes pratiques et conjurations faictes
« contre l'honneur de Dieu, la saincte Eglise catholique et contre l'Etat et Monarchie de ce
« royaulme de France, tant par aulcuns des subjects d'iceluy que par estrangers et que les
« longues et continuelles guerres et divisions civiles ont tant affoibli nos rois et iceulx réduits à
« telle nécessité qu'il n'est plus possible que d'eulx mêmes ils soutiennent la dépense convena-
« ble et expédiente pour la conservation de nostre religion ne qu'ils puissent par cy après nous
« maintenir souz leur protection en seureté de nos personnes, familles et biens auxquels par
« cy devant nous avons receu tant de pertes et dommaiges.

« Avons estimé très nécessaire et à propos de rendre premièrement l'honneur que nous de-

« vons à Dieu, à la manutention de nostre religion catholique et même pour nous montrer plus
« affectionnez à la conservation d'icelle que les devoyez de la bonne religion ne sont à l'advan-
« cement d'une nouvelle et faulse opinion, et à cet effect jurons et promettons de nous employer
« de toutes nos puissances à remettre et maintenir l'exercice de nostre dicte religion catholique,
« apostolique et romaine en laquelle nous et nos prédécesseurs avons esté nourri et voulons
« vivre et mourir.

Après des promesses de fidélité à la personne royale il continuait ainsi :

« Et d'autant que par la bonté et la prudence de nostre dict roy et souverain seigneur il lui
« a pleu tant faire de biens à tous ses subjects de son royaulme que de les convocquer à une
« assemblée générale de tous ordres et de tous Estats d'iceluy pour entendre les plaintes et
« doléances de ses dicts subjects et faire bonne et saincte réformation des abus et désordres
« qui ont continué dès longtemps par ce dict royaulme espérons que Dieu nous donnera quelque
« résolution pour une si saincte et grande assemblée.

« Promettons et jurons d'employer nos moyens et vies pour l'entière exécution de la résolu-
« tion prise par les dicts Estats en ce qui dependra notamment de la manutention de nostre reli-
« gion catholique, apostolique et romaine, conservation de la grandeur et auctorité du roy, bien
« et repos de nostre patrie, le tout néanmoins sans préjudice de nos libertez et franchises
« anciennes lesquelles entendons estre toujours pleinement et entièrement conservées.
« Et à l'effect encore que dessus nous soubsignez promettons de nous tenir prests, bien
« armez, montez et accompagnez selon nos qualités pour incontinent que nous serons ad-
« vertis, exécuter ce qui nous sera commandé par le roy nostre dict souverain seigneur et par
« ses lieutenants généraulx ou aultres ayant pouvoir de luy et auctorité, tant pour la conserva-
« tion de nostre dicte province que pour ailleurs s'il est besoing pour la conservation de nostre
« dicte religion et service de Sa Majesté sans qu'il soit permis ni loisible aux gentilshommes de
« prendre parti ou charges soubz aultres cornettes que celles des chefs ou des bailliages aux-
« quels ils seront receus si ce n'est avec la permission et congié du roy ou de son lieutenant ou
« bien du chef esleu de la dicte association qui est M. d'Humières auquel nous promettons ren-
« dre tout honneur et obéissance.

La clause comminatoire suivante visait à son tour les tièdes qui se seraient refusés à entrer dans l'Union.

« Et se aulcuns des dicts catholiques de la dicte province, après avoir été requis d'en-
« trer en la présente association faisoient difficultez ou usassent de longueur, attendu que ce
« n'est que pour l'honneur de Dieu et service du roy, bien et repos du royaulme et de la patrie
« *seront estimez en tous pays ennemis de Dieu et deserteurs de leur religion, rebelles à leur*
« *roy, traistres et proditeurs de leur patrie et d'un commun accord et consentement de tous*
« *les gens de bien habandonnez de tous et délaissez et exposez à toutes injures et oppressions*
« *qui leur pourraient survenir sans qu'ils soient jamais receus en compagnie, amitié et*
« *alliances des susdites associez et confédérez qui tous ont promis amitié et intelligence en-*
« *tre eulx pour la manutention de leur religion, service du roy et conservation de la patrie,*
« *de leurs personnes, biens et familles.* »

Parmi les 187 signataires de la noblesse que cite le P. Maimbourg se voient les noms des seigneurs d'Humières, de Poix, de Chaulnes, de Monchy, d'Estourmel, de Bouflers, de Rouvroy, de Baynast, de Calonne, Lameth, d'Ailly de Croy, d'Amerval, de Belleval, de Forceville, de Rambures, de Créquy, de la Vieuville, de Saveuse, de Mouy, d'Happlincourt, de Biencourt, etc. Deux jours après, d'Humières accompagné de 2 à 300 chevaux avec bon nombre de noblesse picarde entra dans Amiens à dessein d'en forcer les habitants à signer la ligue, mais voyant le peuple ameuté et prêt à repousser la force par la force, il dut se retirer ; l'heure n'était pas encore sonnée pour cette ville de se déclarer pour l'Union.

Toutes les ligues provinciales correspondirent bientôt entre elles et n'en formèrent plus qu'une seule, terrible, menaçante à ses ennemis comme à la royauté, avec une armée toute organisée, des finances abondantes, un chef sans nom, mais que tout le monde désignait, le duc de Guise, en faveur duquel on parlait déjà des droits de sa famille au trône, comme descendant de Charlemagne. Henri III averti de la ligue et de ses projets, comptait pour les déjouer sur les Etats-Généraux, croyant que les élections comme celles de 1560 se feraient dans un sens modéré, mais la ligue était déjà toute puissante et les élections travaillées avec ardeur par les prédicateurs et les pamphlétaires, furent faites dans un sens si catholique que toutes les instructions données aux députés se résumaient par ce mandat impératif : UN DIEU, UNE FOI, UNE LOI, UN ROI. Les Etats s'ouvrirent à Blois, le 6 décembre. Le Tiers-Etat n'y avait pour représentant aucun magistrat ou savant distingué, si ce n'est le député du Vermandois, Jean Bodin, né à Angers, profond jurisconsulte et procureur à Laon, père de la science politique en France, auteur des six livres de la République dans lesquels, examinant les différentes sortes de gouvernement, sans en condamner aucun, hormis ceux excessifs comme la tyrannie ou l'anarchie, il laissait voir son penchant pour ce qu'il nomme la monarchie royale ou la monarchie tempérée par les lois. Dans l'assemblée, Bodin fut le seul représentant de la modération et il conclut au maintien des édits de pacification faisant valoir que l'intolérance était un sûr moyen de rallumer la guerre civile. Mais ses propositions pour l'inaliénabilité du domaine royal qui contrariaient les vues intéressées des courtisans lui firent bientôt perdre la bienveillance du roi, quoique Henri III eut cependant répondu aux dénonciations de ses adversaires : *c'est l'opinion d'un homme de bien.*

Subissant malgré ses résistances, les volontés nettement exprimées par les députés, le 12 décembre, Henri III signant à son tour l'acte d'Union, se déclarait chef de la Sainte Ligue, le fit signer à son frère d'Alençon et à tous les gouverneurs de province. Mais cette démonstration de zèle intéressé n'émut pas les États qui décrétèrent à l'unanimité que le roi serait supplié de ne souffrir qu'une seule religion ; il déclara aussitôt qu'il révoquait son dernier édit rendu par force et contre le serment prêté à son sacre. Les Huguenots reprirent immédiatement les armes. Cette guerre civile se termina par la paix de Bergerac.

En 1579, une nouvelle guerre éclata, c'est la guerre dite des Amoureux. La reine-mère, Catherine, s'était flattée de ramener les mécontents par des concessions, mais Henri, en habile politique crut devoir perdre sa sœur Marguerite aux yeux d'Henri de Navarre son époux, en lui dévoilant ses liaisons avec le vicomte de Turenne. Le roi de Navarre ne fut pas dupe du machiavélisme de son beau-frère, crut ou feignit de croire à la pureté de la conduite de sa femme mais réclama alors sa dot impayée et s'empara de Cahors. L'aventureux Condé s'était emparé de La Fère, ville de son gouvernement de Picardie, par surprise, et s'y était fortifié malgré le roi. Le 20 avril 1580, une partie de cette garnison qui se souvenait du refus qu'avait fait Doullens, de recevoir le prince de Condé, tenta à l'aide de calvinistes amiénois une inutile escalade contre cette ville. Les clameurs du peuple décidèrent Henri III à faire attaquer La Fère pour que les Huguenots n'eussent pas un lieu aussi fortifié près de Paris ; il chargea le maréchal de Matignon de ce siège qu'on nomma le siège de Velours, parce qu'on pensait dans l'armée qu'il ne présentait ni difficultés ni dangers. Condé qui était allé recruter des lansquenets en Allemagne et qui après mille dangers était parvenu à se mettre à la tête des Calvinistes du Languedoc, avait laissé le commandement à de Muy et les Huguenots ne pouvaient espérer aucun secours. Matignon commença ses opérations le 20 janvier, mais le gouverneur de la ville lui opposa une valeureuse résistance secondée surtout par les fièvres de ce pays marécageux ; au mois d'août, l'armée royale avait perdu 2,000 soldats, les Huguenots 800. De Muy n'ayant plus autour de lui que 40 gentilshommes et 330 soldats, se décida le 31 août à capituler à des conditions honorables. Le traité de Fleix fit cesser les hostilités et confirma la paix de Bergerac. (26 novembre 1580).

Le traité de Fleix avait rendu la paix à la France, mais non l'autorité à Henri III. Plusieurs des gouverneurs des grandes provinces s'étaient tellement ancrés dans leurs gouvernements qu'il n'avait point le pouvoir de les leur reprendre. Le duc de Guise était maître absolu dans son gouvernement de Champagne, son frère Mayenne, en Bourgogne, le duc d'Aumale, en Picardie. Ni les traités ni les ordres précis du roi n'avaient pu donner cette province à Condé qui, en revanche, dominait dans le Poitou, quoiqu'il n'en eût pas été nommé gouverneur. Un événement inattendu vint donner une force nouvelle à la Ligue. Le duc d'Alençon, frère unique du roi venait de mourir à Château-Thierry le 10 juin 1584 sans laisser d'enfants ; la couronne, conformément aux lois du royaume, devait fatalement échoir par la suite au roi de Navarre, premier prince du sang, en sa qualité de chef de la maison de Bourbon. Hérétique et relaps, il fut solennellement excommunié par le fougueux pape Sixte Quint. En présence de cette éventualité si redoutable pour leur ambition, les Guises ne négligèrent rien pour exciter la frayeur du peuple. Les prédicateurs et notamment les Jésuites dans leurs sermons ne parlaient que des dangers que courait l'Eglise si l'hérétique Henri de Navarre, parvenait à la couronne. Les porches des églises étaient placardés d'écrits, de relations, de gravures représentant les supplices prétendus que les Calvinistes vainqueurs réservaient aux Catholiques. Un comité-directeur siégeant alternativement à la Sorbonne, au collège de Fourtat, au couvent des Jésuites de la rue Saint-Antoine, dans la maison des principaux conjurés était le point central d'où partaient les plans d'opérations pour les autres villes. C'était de là qu'allaient sortir les Seize et leur faction. Les processions des Flagellants redoublaient partout de zèle pour émouvoir les populations. Les processions blanches de Senlis parcouraient l'Ile-de-France. Le 10 novembre 1583, 3,000 pénitents blancs de Breteuil et des environs, psalmodiant des prières arrivent à Amiens et sont reçus par le clergé et l'évêque Geoffroy de la Marthonie à la porte de Beauvais, conduits à la cathédrale et logés et hébergés par les pieux bourgeois.

Jusques alors c'étaient les Protestants qui avaient toujours donné le signal des guerres civiles. Cette fois, ce furent les Catholiques, sûrs de l'appui de Philippe II et des subsides de l'Espagne. Dans un traité secret signé au château de Joinville, le 16 janvier 1585 par les ducs de Guise et de Mayenne stipulant aux noms du cardinal de Guise, des ducs d'Aumale et d'Elbeuf, les commandeurs Tassis et Moreo représentants de Philippe II, François de Roncherolles, sieur de Maineville, représentant le cardinal de Bourbon, et agent principal du duc de Guise auprès du conseil secret de la Ligue à Paris, les parties contractèrent union perpétuelle afin d'extirper les sectes et hérésies de la France et des Pays-Bas et d'exclure du trône de France, les princes hérétiques ou qui permettraient impunité publique aux hérétiques. Ce parti livrait l'intérieur à l'ultramontanisme, l'extérieur et les frontières à l'Espagne. Prêt à lancer contre l'Angleterre son invincible Armada, Philippe II voulait se faire donner le port de Boulogne pour s'y réfugier en cas d'échec. Les vents et les flots se chargèrent de défendre les côtes britanniques et Boulogne ne fut pas livré à l'Espagne quand deux ans plus tard la tentative en fut faite (13 mars 1587).

Le 31 mars, le cardinal de Bourbon faisait publier à Péronne un manifeste, véritable déclaration de guerre des Ligueurs, rappelant leur serment de tenir la main forte et armée à ce que la sainte Eglise fût réintégrée dans sa dignité et en la seule et vraie religion catholique, que la noblesse jouit, comme elle devait, de sa franchise toute entière, le peuple soulagé des nouvelles impositions et toutes crues ôtées depuis le règne de Charles IX. Le 1ᵉʳ avril 1585, Guise, Mayenne, le cardinal de Bourbon prirent les armes. Les Ligueurs essayèrent de s'emparer de toutes les villes du royaume. Le 6 avril, le sieur de Saveuse arriva à Amiens pour communiquer avec le maire Jean d'Ippre, mais l'échevinage voulut connaître les intentions du roi qui, le 17, défendit de lier aucun commerce avec le duc d'Aumale, « *associé avec ceulx qui sont auteurs des*
« *remuements d'armes qui se font en plusieurs endroits de nostre royaulme à nostre*
« *grand regret et qui ont ja saisy quelques-unes de nos villes, contre nostre auctorité et*
« *de le recevoir quand il se contenteroit d'y entrer avec ung seul cheval, lui, ni prince ou*

« *seigneur qui ce fut, sinon M. de Crévecœur, son lieutenant général en Picardie.* » Il ne fut pas plus heureux à Abbeville. Gribeauval, baron de Chepy, l'un de ses plus dévoués partisans s'était emparé de Pont-Remy et avait contraint les paysans de plus de cinq lieues à la ronde de venir fortifier ce poste. Le 17 avril à sept heures du matin, le duc d'Aumale lui-même se présenta sous les murs d'Abbeville à la tête d'un corps considérable de cavalerie, mais on était sur ses gardes et là comme à Amiens, on avait reçu des ordres précis du roi de ne pas le laisser entrer dans la place. Il fallut se retirer. Presque en même temps, les Calvinistes surprirent le château de Rambures. Tandis que les Ligueurs marchaient contre eux et mettaient le siège devant ce château, les Abbevillois mettaient ce temps à profit pour élever des fortifications nouvelles et rasaient les plantations qui se trouvaient aux abords et pouvaient gêner la vue du guetteur du clocher de l'église Saint-Georges. Repoussé de ce côté, d'Aumale se rejeta vers l'autre extrémité de la province. Vers la fin de mai, il voulut se rendre maître de Laon où commandait Rocourt, dont il était sûr, et s'en approcha à la tête d'un gros détachement. Rocourt, sorti sous prétexte d'une reconnaissance avec quelques hommes, se laissa prendre aux environs de Liesse et revint après avoir conféré, feignant de s'être échappé, mais il avait compté sans la vigilance du parti des Royalistes ou des Pacifiques comme on les nommait. Un avocat, Jean Martin, avait pénétré ses vues, il en instruisit les principaux membres. D'Aumale vint vainement camper le 25 mai sous les murs de Laon. Après être demeuré trois jours sans la moindre communication de Rocourt étroitement surveillé, il dut se retirer sans espoir de succès. Malgré ces échecs en Picardie, Guise et le cardinal de Bourbon marchèrent sur Paris avec 12,000 cavaliers. Le traité de Nemours (1585) jeta Henri III consterné dans les bras de la Ligue. L'interdiction du culte protestant, l'expulsion de ses ministres, la reddition des places de sûreté des religionnaires, la suppression des Chambres mi-parties, la solde des troupes des Ligueurs à la charge du roi, des places de sûreté à leurs principaux chefs, Soissons au cardinal de Bourbon, Saint-Esprit de Rue au duc d'Aumale, etc., etc., tels furent les résultats de la septième guerre civile.

Par cette prétendue paix la France retomba dans une huitième guerre civile, la guerre des Trois Henri. Outre les tentatives auxquelles les villes étaient journellement exposées, en 1586, vint se joindre la famine. Le duc de Nevers à qui le roi avait l'année précédente donné le gouvernement de la Picardie déploya le plus grand zèle pour en atténuer les effets, obligeant les riches à contribuer à une aumône générale, et distribuant lui-même pendant plusieurs jours à sa porte des secours à 3 ou 400 nécessiteux. De riches marchands d'Amiens avaient fait acheter des blés à Dantzick et d'autres villes du Nord, mais les vaisseaux qui les apportaient, contraints de relâcher à Calais, à Boulogne, à Saint-Valery, à Abbeville y étaient retenus par les habitants souffrant aussi de la faim et ne purent arriver à Amiens, malgré le crédit et les sollicitations du gouverneur qu'en laissant dans ces diverses villes une partie de leur chargement.

Un gentilhomme des environs de Beauvais, le sieur de Saint-Sanson, fit l'aumône à tout venant avec une générosité telle, que pendant plusieurs mois, les pauvres du pays qu'il appelait ses blattiers, trouvèrent dans son château la nourriture de la journée. Au milieu de cette détresse, l'on se battait partout. Le duc d'Aumale s'était emparé de Doullens.

Au mois de mars 1587, les Ligueurs surprirent le Crotoy, de leur côté les royalistes reprirent le Pont-Remy qu'ils furent presque aussitôt contraints de rendre aux troupes du duc d'Aumale qui s'efforçait toujours par les intelligences qu'il pratiquait avec les Ligueurs d'Abbeville de pénétrer dans cette place. Sans l'énergie et le sang-froid de Du Bernet, lieutenant du duc d'Epernon colonel général de l'infanterie et gouverneur du Boulonnais, Boulogne tombait aux mains de l'Union désireuse de livrer ce port aux vaisseaux de l'invincible Armada que son allié Philippe II lançait contre la protestante Angleterre. Raymond Roger Dubernet, officier plein de courage et de résolution, avait été revêtu en outre (mai 1586) des hautes fonctions de lieutenant général en l'amirauté du Boulonnais. Vétus, prévôt de la maréchaussée de Picardie s'était chargé de l'exécution de ce coup de main. Sous prétexte de rechercher quelques criminels, il se dirigea vers Boulogne, mais le complot avait été révélé et Dubernet averti, qui se trouvait entre les deux portes comme Vetus entrait, fit baisser les herses sous prétexte de réparations à y faire, le privant ainsi de toute communication ultérieure avec le dehors. Vetus étant allé trouver l'évêque Dormy et le maire Guillaume Du Blaisel, les mit au courant de ses instructions et convint pour le soir d'une réunion au palais épiscopal avec les principaux Ligueurs de la ville. Du Bernet endormit la confiance des conjurés en adressant à Vetus une lettre supposée qui lui conseillait de ne rien tenter ce jour-là et d'attendre au lendemain pour des raisons de la dernière importance, puis faisant cerner les hôtelleries où s'étaient dispersés ses adhérents, il les mit en état d'arrestation. Le lendemain le duc d'Aumale, Jean de Rambures, Louis de Monchy, seigneur d'Inxent et Robert de Monchy, son frère, seigneur de Cavron, s'avancèrent à la tête des troupes qui devaient compléter l'œuvre, mais Du Bernet fit tirer le canon du château et sortir par la porte Gayole, une partie de la garnison. Le duc d'Aumale tombé dans une embuscade où périt un certain nombre de ses soldats regagna avec peine le gros de ses forces et après deux ou trois heures d'attente dispersa ses troupes dans les villages voisins et repartit pour la Picardie. L'évêque Dormy et le mayeur compromis se hâtèrent d'aller s'installer à Montreuil où la Ligue comptait un grand nombre de partisans, cherchant toujours par tous les moyens à préparer les voies d'un retour possible. L'envoi des Gardes Françaises sous le commandement de Crillon, arrêta un instant dans cette partie les succès de la Ligue en reprenant beaucoup de châteaux que les Ligueurs avaient enlevés ou que les seigneurs leur avaient livrés.

L'année 1588 était destinée à voir la fin du règne des Valois. Dès le commencement de l'année, les Guises s'étaient réunis à Soissons, devenu leur place d'armes pour y concentrer leurs dernières mesures et qu'un parti allemand découvert au moment où il faisait ses préparatifs d'escalade, avait cependant failli leur enlever le 27 mars de l'année précédente. C'est Soissons que la duchesse de Montpensier, leur sœur, portant à sa ceinture les ciseaux avec lesquels elle devait donner à Henri de Valois, sa troisième couronne, la tonsure, avait choisi pour la prison du roi de France si l'on parvenait à s'emparer de sa personne. C'est à Soissons que devaient être tenus les Etats de la Ligue. C'est à Soissons que le commandeur Morio vint de la part de Philippe II, sommer Guise d'agir, et lui offrir au nom de ce prince contre Henri III, ce que Philippe avait refusé l'année précédente contre les Protestants : un secours de 6,000 lansquenets, de 1,200 lances et de 300,000 écus. Pressé par le roi d'Espagne et par la démagogie parisienne, Guise céda et malgré la défense formelle que lui en avait fait faire le roi par Bellièvre, fit son entrée à Paris le 9 mai 1588, aux acclamations de la population entière sous une pluie de fleurs et de rameaux. Le 12 avait lieu la journée des Barricades et Henri III sortait de sa capitale devant l'émeute victorieuse, jurant qu'il n'y rentrerait que par la brèche. Il ne devait plus y rentrer.

La Ligue régnait triomphante ; la situation des provinces était peu satisfaisante pour le roi. Partout où se présentaient les chefs du mouvement, le peuple des villes se soulevait en leur faveur. En Picardie, le duc de Nevers qui, malgré des correspondances suspectes avec les princes ligués, ne se séparait pas du parti royal, maintenait à grand peine, Amiens, Abbeville, Péronne et les places voisines, dans une apparente obéissance, mais ces villes qui avaient assuré les Parisiens de leur concours étaient prêtes à éclater si les négociations ouvertes entre le roi et la sainte Union venaient à se rompre. Il n'y avait guère que Saint-Quentin, Boulogne et Calais sur lesquelles on put compter. Déjà le 20 mai, sous la présidence du mayeur Jean de Collemont, les Amiénois avaient adhéré à la Ligue et des échanges de communications se faisaient entre les différentes villes, malgré les efforts du duc de Nevers.

Guise vainqueur, préférait devoir le trône aux députés de la nation plutôt qu'à un soulèvement populaire ; il consentit à traiter avec le roi. Le roi céda. Le traité de la Ligue et d'Henri de Valois fut publié sous forme d'édit à Rouen le 19 juillet, à Paris le 21, Henri consentait à réunir les Etats Généraux du royaume à Blois, à combattre les Huguenots jusqu'à entière extirpation, déclarait rebelles et criminels de lèse-majesté les particuliers, les villes et les corporations qui refuseraient de signer l'Union, enfin il nommait Guise lieutenant général du royaume. A la nouvelle de cette capitulation de la royauté, le duc d'Aumale se hâta d'abandonner le siège de Boulogne pour rejoindre ses frères.

Le duc d'Aumale en effet poursuivait pendant ce temps en Picardie son rêve de se mettre en possession effective de son gouvernement. De son quartier général de Pont-Remy, il écrivait aux magistrats municipaux d'Abbeville, se disant leur entièrement bon voisin et ami, pour obtenir l'autorisation d'entrer dans la ville. Sur leur refus, les

Ligueurs abbevillois formèrent le projet de lui livrer la place, malgré leurs magistrats. Henri III averti, fit savoir au maire qu'il allait lui envoyer quelques compagnies d'infanterie pour déjouer les projets des séditieux. Cette infanterie n'était plus qu'à une journée de marche, lorsque le 17 mars à midi, d'Aumale vint s'établir dans le faubourg de Rouvroy pour lui barrer le passage. Une députation lui fut adressée pour l'inviter à se désister de son entreprise. Il répondit qu'il crèverait plutôt lui et ses gens que de laisser entrer aucune garnison royaliste. Le maire Leroy donna alors l'ordre de tirer le canon pour le déloger. Roncherolles, gouverneur d'Abbeville, ardent partisan des Guises, éluda cet ordre, prétextant qu'on détruirait le faubourg. Ce prétexte réussit et le duc continua d'occuper paisiblement Rouvroy. Des négociations s'entamèrent. Le roi rappela ses troupes. Les Abbevillois s'engagèrent à défendre eux-mêmes leurs murailles et à ne molester aucun Ligueur, et le 28 mai, sûr que la ville ne recevrait aucune garnison royale, le duc évacua Rouvroy, après 70 jours d'occupation. Sa présence était nécessaire devant Boulogne. Dès le 4 mai, en effet, Jean de Rambures, son lieutenant, était venu camper au fort de Châtillon et peu après s'était, avec la connivence des Ligueurs, emparé de la basse ville de Boulogne. L'énergique Du Bernet retiré dans la ville haute résistait avec succès dans cette étroite enceinte aux attaques mûrement combinées des assiégeants. Le duc d'Aumale, après son entreprise avortée sur Abbeville, rejoignit avec le gros de ses troupes Rambures, ramenant avec lui l'évêque Dormy et le maire, du Blaisel commença les travaux du siège en faisant ouvrir des tranchées dans la direction de Saint-Martin et du chemin de Calais. Des sorties vigoureuses chassèrent l'assiégeant de toutes ses positions à Brecquerecque, la Waroquerie, Saint-Martin et Beaurepaire. La nouvelle des événements de Paris ranima le courage des assaillants qui les célébrèrent par des processions aux Cordeliers et à l'église Saint-Nicolas. Du Bernet sommé le 18 mai par un trompette du duc d'Aumale répondit qu'on ne connaissait dans la place d'autre maître que le roi et ceux qui y commandaient pour lui ; qu'ainsi il pouvait se retirer et faire savoir à celui qui l'envoyait quelle était la disposition des esprits. Un coup de main hardi du capitaine La Serre (25 mai) sur le camp au bas de la montagne Saint-Martin justifia, par les pertes des Ligueurs, par leurs retranchements bouleversés et par les dépouilles déposées en trophées sur l'autel de Notre-Dame de Boulogne, la fière réponse du gouverneur. Après des attaques successives toujours vigoureusement repoussées comme les propositions de capitulation, Du Bernet reçut le 10 juillet le secours de 300 hommes d'élite que lui amenait le chevalier Noir Michel Patras de Campaigno, gouverneur d'Etaples, débarqué à Calais, culbuta les Ligueurs surpris, combla leurs tranchées, renversa leurs barricades et les força de se retirer dans leur camp pour y préparer leur retraite. Le duc d'Aumale avait quitté l'armée, nous l'avons dit, par suite des éventualités nouvelles que le traité d'Union accepté par Henri III venaient de faire naître. Le 14, Meigneux, gouverneur de Montreuil, rentré dans la basse ville pour faire embarquer l'artillerie, fut trop heureux de se retirer avec précipitation, favorisé par un épais brouillard, abandonnant 7 pièces de canon, 3 sacs de poudre, 132 boulets, 600 échelles de bois ferré, 1,200 gabions et quantité de bagages. Pendant plusieurs jours, les fêtes succèdèrent aux fêtes, de solennelles actions de grâces eurent lieu en reconnaissance de la levée du siège.

Les élections pour les Etats Généraux se firent partout sous la pression du comité des Seize qui avaient fait circuler dans les provinces un écrit intitulé : *Articles pour proposer aux Etats et faire passer en loi fondamentale du royaume.* C'était le mandat impératif qu'il fallait accepter si l'on voulait obtenir les suffrages des bons catholiques. L'opinion modérée n'était même plus tolérée comme en 1576 et les plus fougueux Ligueurs seuls y réprésentaient les trois Etats. C'étaient pour Amiens l'évêque Geoffroy de la Marthonie, l'ancien mayeur François Bigand, le lieutenant général Vincent Leroy, l'avocat Scorion, pour Abbeville, le mayeur de Maupin, pour Boulogne l'évêque Dormy, Louis de Monchy, seigneur d'Inxent, Thomas du Wicquet, seigneur de Dringhen, pour Laon, Geoffroy de Billy abbé de Saint-Vincent, le lieutenant général de Fer, le conseiller Legras.

Par une unique exception, les députés beauvaisiens Claude Gouin, grand vicaire de l'évêque Fumée, le grand bailli d'épée Adrien de Boufflers, Eustache Chauffelard, étaient peut-être les seuls hommes de modération dévoués au roi.

Le cœur avait manqué à Henri III, le 9 mai pour se défaire du duc de Guise lors de son audacieuse entrée à Paris. La hauteur du duc dont l'influence sur les Etats était toute puissante, arracha au plus timide des hommes, une résolution violente. Le 23 décembre, le duc fut par son ordre, assassiné par dix ou douze des quarante-cinq gentilshommes de sa garde. Son frère, le cardinal de Lorraine immédiatement arrêté, fut mis à mort. Le lendemain on arrêta les députés de Paris et Vincent Leroy, lieutenant général et député d'Amiens qui passaient pour les Ligueurs les plus influents du Tiers-Etat.

Après ce coup d'Etat, le roi entra dans la chambre de sa mère, alors malade, et lui demanda comment elle se trouvait. — Mieux, dit-elle. — Moi aussi, reprit Henri, car ce matin, je suis redevenu roi de France, ayant fait mourir le roi de Paris. — Dieu veuille, lui répondit Catherine, que vous ne soyez bientôt roi de néant.

Les prévisions de la vieille florentine étaient justes. La nouvelle de l'assassinat des Guises fut le signal de l'explosion universelle ; partout à la nouvelle de cet événement, l'on tendit de noir les églises, on y éleva des chapelles ardentes où l'on voyait les portraits des princes assassinés. Le peuple prit le deuil, les prédicateurs fulminèrent en chair contre le vilain Hérode, anagramme de Henri de Valois ; la Sorbonne déclara le peuple délié de son serment d'obéissance. A ces deux questions : le peuple du royaume de France peut-il être libéré et délié du serment de fidélité et d'obéissance prêté à Henri III ? En pleine conscience, le même peuple peut-il s'armer, s'unir, lever des deniers et s'associer pour la défense de la religion catholique et romaine dans le royaume contre les conseils néfastes et les entreprises du roi, elle répondit affirmativement par la voix de 90 docteurs après une faible résistance de son doyen Jean Lefebvre. Le conseil général de la sainte Union nomma le duc de Mayenne, lieutenant général du royaume. Toutes les villes de Picardie se prononcèrent alors ouvertement pour la Ligue. Le 20 décembre un délégué des Parisiens, Nivelle, annonça l'assassinat des Guises aux membres de l'Echevinage d'Amiens. Bientôt les délégués du chapitre prièrent les magistrats municipaux d'aviser à la défense de la religion et d'arrêter les suspects, ce qui fut fait. Comme le peuple s'assemblait tumultueusement dans les rues, et comme l'on craignait une sédition, l'on prit les plus sévères précautions militaires pour la fermeture régulière des portes et la conduite de l'artillerie sur les remparts. La mère du duc de Longueville nouvellement nommé gouverneur de Picardie, en survivance du duc de Nevers son beau-père, sa femme, son frère le comte de Saint-Pol et ses trois sœurs furent arrêtés comme otages des mouvements que pouvait faire le duc fidèle à la cause royale et conduits à l'hôtel des Cloquiers où siégeait l'Echevinage. Le procureur fiscal fut envoyé en poste à Paris pour conférer avec le prévôt des marchands et tenir l'Echevinage au courant des événements. Le 29, la guerre fut solennellement déclarée au roi, à son de trompe dans tous les carrefours d'Amiens. On avait accepté la veille, l'offre transmise par Vetus, de Balagny, fils naturel de l'évêque Montluc, gouverneur de Cambrai, de secourir Amiens si l'on jugeait à propos d'employer ses services. Le 31 enfin, vu les nombreuses affaires dont l'Echevinage était chargé, on y décida la création d'une Chambre du Conseil composée d'ecclésiastiques, de nobles, de gens du Tiers-Etat, chargée de délibérer sur les affaires générales de la Picardie et l'on arrêta qu'on écrirait aux villes catholiques et confédérées de la province pour envoyer des députés à cette assemblée qui prit plus tard le nom de Chambre des Etats de Picardie. Claude Heu, avocat, fut envoyé à Beauvais pour provoquer cette ville à se confédérer et y échauffer les esprits. En même temps des lettres de l'Hôtel-de-Ville de Paris et du duc d'Aumale furent apportées par le mayeur d'Abbeville faisant appel aux sentiments catholiques des Beauvaisiens et les conjurant d'entrer dans la sainte Union. Le 21 janvier, le chanoine théologal Guillaume Luquin, émissaire des Seize qui, depuis plusieurs jours, prêchait dans la cathédrale, se surpassa ce jour-là et après son discours véhément l'Union fut signée d'enthousiasme par toute la milice urbaine beauvaisienne. Le lendemain une procession solennelle célébra l'unanimité des opinions de la cité. Les armes royales qui décoraient les torches portées devant le présidial et les emblèmes royaux sculptés sur les portes de l'évêché furent arrachées par le peuple. Dès ce moment, l'église supprima les prières pour le roi et pria pour les princes chrétiens. Dès lors les villes lèvent chacune des armées, et commence une succession interminable de prises et de reprises de châteaux sur les partisans du roi.

L'évêque Nicolas Fumée qu'on savait mal disposé pour la Ligue, insulté par la populace excitée par les meneurs du parti dut, sur l'avis que lui donna le duc d'Aumale, quitter au milieu de l'année 1589, sa ville épiscopale et se retirer secrètement avec son grand vicaire Claude Gouin, dans son château de Bresles. Le 20 novembre 1590 les bandes ligueuses envahirent sa retraite et leurs chefs après avoir pillé et s'être approprié la vaisselle, les tapisseries, les meubles, l'argent, non-seulement de l'évêque, mais de ceux de ses amis qui avaient cru mettre leurs objets les plus précieux en sûreté chez lui, butin estimé à plus de 100,000 livres, le ramenèrent captif à Beauvais d'où il fut ensuite transféré à Noyon. Ce ne fut que grâce aux observations de Mayenne et du vice-légat du pape, qu'il obtint moyennant une rançon de 900 écus au capitaine Desmasures qui l'avait arrêté, d'être remis en liberté et de se retirer d'abord à Mantes puis à Chartres. Cet homme de bien ne fut pas témoin du succès de ce qui était devenu l'unique pensée de sa vie et à laquelle il avait employé tous ses soins, la réconciliation de l'Eglise avec son cher Béarnais. N'ayant pu résister aux orages qui l'avaient éprouvé il succomba à ses chagrins, après s'être démis de ses fonctions et avoir prié Henri IV d'agréer pour son successeur René Potier, aumônier ordinaire du roi.

Dans le Ponthieu, Saint-Valery, Gamaches, entraînés par l'exemple d'Abbeville, adhérèrent à la ligue, Mme de Belloy, femme du gouverneur du Crotoy livra cette place sous la condition que les biens de ses parents et amis seraient placés sous la sauvegarde des Abbevillois.

Le duc d'Aumale, lieutenant général de Picardie, vint visiter ses principales villes, Amiens et Beauvais, afin d'y entretenir le zèle des populations et de résister au parti royaliste, dont la force s'appuyait sur les résistances de Saint-Quentin, de Senlis et de Compiègne restées fidèles à Henri III, comme l'étaient Boulogne et Calais. Laon demeuré longtemps en suspens sur les conseils de Jean Bodin si favorable à la royauté, si opposé au fanatisme religieux, s'était le 17 février 1589, à l'instigation de l'abbé de Saint-Vincent et des principaux meneurs de la ligue, soustrait à la domination d'*un monarque hypocrite et perfide*, mais Saint-Quentin, le 20 février 1589 avait signé une contre-ligue des principaux citoyens qui juraient d'une part, d'employer leurs biens et leurs vies à l'extirpation des hérésies et à l'extermination des hérétiques et de l'autre de se maintenir sous l'obéissance du roi très chrétien. Le doyen et une partie du chapitre qui ne voulurent pas souscrire à cet engagement furent expulsés de la cité et le corps de ville fit frapper des quarts d'écus avec la devise *pro Christo et rege*. Compiègne avait fait assurer le roi de son obéissance, enfin Senlis le 17 mai 1589 infligea aux armes de la Ligue une sanglante défaite.

Dès le mois de janvier (le 27), Beauvais avait convié Senlis à s'unir à elle ; les Senlisiens royalistes au fond, avaient éludé la proposition, déclarant se référer à l'édit de juillet 1588 qu'ils avaient juré. Le plus fougueux ligueur de Senlis était l'évêque Guillaume Rose qui journellement proférait en chaire les déclamations les plus furibondes contre le roi et son autorité. Par sa connivence, un gentilhomme des environs Rasse de Saint-Simon s'introduisit dans la cité, sous prétexte de communiquer à l'Hôtel-de-Ville des lettres qu'il venait de recevoir du duc d'Aumale, s'empara du gouverneur d'Humerolles et des principaux notables. Maîtres de la ville, les ligueurs se livrèrent sans contrainte à toute la fougue de leur zèle et contraignirent les notables à prêter serment à la sainte Union, Rose signa le premier, écrivant après son nom : *utinam qui præit sacramento antecedat et martyrio* et ordonna processions sur processions, y assistant vêtu lui-même d'un linge blanc, la tête découverte, les pieds nus, psalmodiant les psaumes de la pénitence.

Mais les principaux bourgeois et le bailliage étaient en secrète intelligence avec le château de Chantilly. Le 26, le sire de Montmorency-Thoré, accompagné des sires de Bouteville et de Warty, s'empara de la porte Saint-Rieul qu'on lui livra. De Rasse, se méfiant des sentiments des Senlisiens avait fait barricader quelques-unes des rues centrales et les abords de l'Hôtel-de-Ville ; mais il fut pris au moment où arrivé à la porte appelé par le bruit du toscin qui annonçait la venue d'un corps de troupe, il pensait y rencontrer la garnison ligueuse qu'il voulait faire entrer dans la ville. Suivi de 40 cuirasses, aidé des bourgeois qui l'attendaient, Montmorency culbuta facilement les premiers obstacles. L'on se battit surtout à la barricade de l'Etape-au-Vin, derrière le Beffroi et à celles de la Commanderie de Saint-Jean et de la rue de Paris. Deux fauconneaux pris au Montauban sur le rempart de la porte de Creil, furent braqués contre elles du haut du clocher de Sainte-Geneviève et firent taire le feu. Après deux heures de combat Montmorency prit possession de la ville.

La surprise de Senlis fut vivement sentie par le conseil de l'Union. La possession de cette place importait à ses communications avec les villes liguées de Picardie et de la Flandre Espagnole. Aussi dès le 29 avril, trois jours après l'entrée de Montmorency, une avant-garde de 800 Parisiens commandés par Maineville venait-elle s'emparer des faubourgs de Senlis et détourner le cours de la Nonette pour affamer la cité. Les habitants aidés de la garnison, se hâtèrent de réparer leurs murailles, Montmorency, la pioche en main, leur donnait l'exemple ; les femmes elles-mêmes mettaient la main à l'œuvre. Le 2 mai, le duc d'Aumale arrivait à la tête du gros de l'armée à laquelle Balagny amena dix jours après un renfort de 4,000 Picards ou Wallons. Le 16 mai, la brèche fut ouverte, battue de 980 coups de canon. Les assiégés repoussèrent victorieusement l'assaut mais dénués de munitions ils allaient capituler, lorsque le duc de Longueville et le brave capitaine protestant Lanoue dit Bras de Fer apparurent à Montepiloy à la tête de 3,000 hommes. Le duc d'Aumale bien supérieur en nombre, abandonna le siège pour courir à leur rencontre croyant avoir facilement raison de cette petite armée. Mais Lanoue par une ruse de guerre, avait caché son artillerie au centre de ses bataillons carrés. Les ligueurs avaient laissé leurs canons en batterie dans les tranchées. Foudroyée par l'artillerie, renversée du premier choc par la cavalerie royaliste, attaquée par une sortie de la place, l'infanterie parisienne et picarde se débanda en pleine déroute. Maineville ne voulut pas fuir et alla se faire tuer sur ses batteries de siège. Dix pièces de canon, tout le bagage furent la proie des vainqueurs. La poursuite dura jusques à Louvres. Balagny s'enfuit jusqu'à Paris, et le duc d'Aumale à Saint-Denis ; les moqueries ne leur manquèrent pas, et les vers suivants de la Satire Ménippée retracèrent plus tard la honte de la déroute de Senlis.

> *A chacun nature donne*
> *Des pieds pour le secourir*
> *Les pieds sauvent la personne*
> *Il n'est tel que bien courir.*
> *Le vaillant prince d'Aumale*
> *Pour avoir fort bien couru*
> *Quoiqu'il ait perdu sa malle*
> *N'a pas la mort encourue.*

Un contingent de Saint-Quentinois avait fait partie de la petite armée du duc de Longueville et prêté deux couleuvrines, dont l'une fut depuis baptisée la *Chasse Ligue*. Avant de se retirer, le duc de Longueville et Lanoue ravitaillèrent la place et Lanoue engagea sa terre de Plessis-les-Tournelles pour garantie des dépenses nécessaires, disant ces nobles paroles : « Tant que j'aurai une goutte de sang et un arpent de terre, » je l'emploierai pour la défense de mon pays. » Puis il alla emporter, après une résistance opiniâtre, Pont Saint-Maxence dont la position sur la rivière était d'une grande importance et qui ne résista pas au canon, et peu après Clermont. La ville de Senlis décida qu'une fête serait célébrée chaque année en commémoration de sa délivrance et qu'on y prierait pour le roi et pour le brave Lanoue, bien qu'il fût protestant. On fêta longtemps cet anniversaire et l'on pria pour Lanoue même après sa mort glorieuse.

Cependant Henri III et le roi de Navarre réconciliés depuis la réunion de Tours, menaçaient Paris où le plus grand découragement régnait depuis l'affaire de Senlis. 35,000 combattants pressaient la capitale dont l'attaque avait été fixée au 2 août. Henri III ne vit pas se lever le soleil de ce jour. Un religieux dominicain, fanatique visionnaire, surexcité par les prédications de la Ligue et par les circonventions de la duchesse de Montpensier lui plongeait à Saint-Cloud, son couteau dans le bas-ventre. L'assassin fut massacré sur place par les Quarante-Cinq, accourus au cri du roi. La blessure, regardée d'abord comme légère était mortelle. Le dernier des Valois expira le 2 août 1589 entre 2 et 3 heures du matin, à l'âge de 38 ans.

Bonnes nouvelles, bonnes nouvelles mes amis, le tyran est mort, il n'y a plus d'Henri de Valois en France, criaient les duchesses de Nemours et de Montpensier, parcourant les rues de Paris dans leurs carrosses, distribuant partout des écharpes vertes en signe d'allégresse. Des acclamations et des feux de joie saluèrent l'assassinat qui délivrait Paris et la Ligue. On célébra dans les chaires le bienheureux Jacques Clément. On le chanta dans les rues, on l'invoqua comme un saint martyr ; ses images furent placées dans les maisons, dans les lieux publics, dans les églises, jusque sur les autels. On fit venir à Paris sa vieille mère, et l'on montra comme une merveille, celle dont le sein avait porté le libérateur de l'Eglise. Tandis qu'une faible partie des catholiques royaux reconnaissaient conditionnellement Henri de Navarre comme leur prince légitime, suivant les lois fondamentales du royaume, la Ligue proclamait sous le nom de Charles X, le vieux cardinal de Bourbon qu'après l'assassinat des Guises, Henri III avait fait renfermer dans le château de Fontenay-le-Comte.

XIII

Sentant l'impossibilité de se maintenir devant la capitale par suite des défections des seigneurs catholiques qui se refusaient à servir un roi huguenot, Henri IV se résolut d'organiser fortement le parti royal dans le Nord de la France, et décampa le 8 août, emportant avec lui les restes mortels de son prédécesseur qu'il ne voulait point abandonner aux outrages du peuple de Paris, remonta l'Oise, s'emparant en passant de Clermont et de Creil, et alla déposer dans l'abbaye de Saint-Corneille de Compiègne, suivant son désir, exprimé à son lit de mort, le corps de Henri III qui y demeura 21 ans, et ne vint reprendre sa place dans les sépultures royales de Saint-Denis que le 22 juin 1610, après l'attentat de Ravaillac. Divisant les 20,000 combattants qui lui restaient en trois corps, il se dirigea à la tête de l'un d'eux vers la Normandie, laissant les gentilshommes picards tenir le champ dans leur province sous les ordres du duc de Longueville.

La ville de Beauvais trembla un instant. Henri IV, revenant de Compiègne, se trouvait avec son armée le 19 août au pont de Hermes ; le maire, Nicolas Godin, l'un des premiers et des plus ardents fauteurs de la Ligue, fit impitoyablement raser tout ce qui, autour des remparts pouvait gêner la défense ou servir d'abri aux royalistes, et prendre toutes les mesures nécessaires pour la résistance. L'orage passa et Godin résolut de profiter de l'exaltation qu'avaient occasionnée ces préparatifs pour se débarrasser d'un dangereux voisinage. A l'est de Beauvais tout le pays tenait pour le roi, à l'ouest Gisors, Neufchâtel, Gournay, Gerberoy avaient des garnisons royalistes. Les communications avec Amiens étaient interceptées par le marquis de Bonnivet, maître de Breteuil et du château de Conty, d'où il faisait des courses continuelles. La surprise de Breteuil fut résolue. Toutes les troupes de Beauvais au nombre de 500 hommes, sous la conduite du marquis de Maignelay, cousin germain et ennemi personnel de Bonnivet, munis d'échelles, escaladèrent vers le milieu de la nuit la malheureuse ville. L'incendie vint accidentellement ajouter ses horreurs à celles du pillage ; à peine quelques maisons restèrent-elles debout. Quand Bonnivet apprit que son cousin commandait l'expédition, il s'écria qu'il était un homme mort. Il fut tué, en effet, à l'instant où il cherchait à se sauver dans un grenier à foin de l'hôtellerie du Lion, près l'église. Sa tête fut coupée, ses oreilles et ses doigts pour en avoir les pendants et les bagues ; sa tête, rapportée à Beauvais fut promenée dans les villages environnants pour montrer aux paysans, la mort de ce fléau de la contrée. Le château de Conty fut repris le 23 décembre et l'échevinage d'Amiens s'empressa de le faire immédiatement raser pour l'empêcher de servir de refuge à une garnison qui venait faire le coup de feu jusques aux portes de la ville.

Vainqueur à Arques, le 21 septembre 1589, Henri IV profitant de ce que Mayenne se dirigeait vers les bords de la Somme afin d'aller au-devant des renforts que lui avait promis le duc de Parme, marcha rapidement sur Paris et enleva les faubourgs de la rive gauche. Cependant Mayenne avait appris à Amiens, la marche du roi et accourait au secours de la capitale. Henri avait pensé à lui fermer le passage en ordonnant à Montmorency-Thoré de couper le pont de Pont Saint-Maxence, Montmorency, malade à Senlis, ne put exécuter lui-même cet ordre. Mayenne rétablit le pont imparfaitement détruit, et le lendemain de la prise des faubourgs, l'avant-garde ligueuse entrait dans Paris. L'opération était manquée ; Henri IV dut rétrograder sur Etampes, renvoyant Longueville et Lanoue en Picardie pour arrêter les progrès des Ligueurs qui avaient surpris La Fère.

Le samedi 30 septembre, Madame d'Estouteville, prisonnière à Amiens depuis la fête de Noël 1588, s'échappa déguisée en paysanne de la prison où on la retenait. Sa fuite avait été précédée de celle du comte de Saint-Pol qui arriva sans encombre au château de Conty encore occupé par les royalistes. La duchesse s'était retirée au village de Revelle où elle attendait Claude Gauguier et le chirurgien Dignaucourt qui avaient favorisé son évasion et qui devaient la conduire de là en lieu de sûreté. Reconnue par des paysans, elle fut arrêtée par eux, mise avec Dignaucourt et Gauguier sur une charrette à fumier sans couverture et ramenée à Amiens, au milieu des huées et des insultes de la populace insensée dont les plus furieux lui jetèrent de la boue au visage. Le mayeur ne pouvant faire autrement, fut obligé de leur livrer le malheureux Dignaucourt qu'ils assommèrent à coups de pierre et de bâtons et qu'ils traînèrent ensuite aux fourches patibulaires. Quant à Gauguier il eût eu le même sort s'il n'eût été proche parent du maire ; mais il fut arrêté et condamné à être pendu. Il ne fallut rien moins que l'intervention toute puissante du duc de Mayenne pour empêcher l'exécution de la sentence, malgré l'appel interjeté de cette condamnation au Parlement de Paris. Madame d'Estouteville, après être restée gardée toute la journée à l'hôtel-de-ville pour être protégée contre la fureur de la multitude, fut à la nuit renfermée dans le Logis-du-Roi dans une prison séparée de Madame de Longueville et des princesses, ses sœurs. Ce ne fut qu'au mois de janvier 1590, que ces princesses furent remises en liberté à la sollicitation du duc de Mayenne.

L'année 1590 se passa en Picardie en alternatives de revers et de succès. Le 2 février, Vervins attaqué par le duc de Montpensier, capitula après six jours de siège. Vainqueur à Ivry, Henri IV revint mettre le siège devant Paris (7 mai). Sur ces entrefaites, l'on apprit dans la capitale le décès du roi de la Ligue. Le cardinal de Bourbon était mort de la pierre, le 8, au château de Fontenay-le-Comte, âgé de 66 ans. Charles X, prisonnier, n'avait jamais été pour l'Union qu'un drapeau à l'effigie duquel on avait battu quelques monnaies ; on en battit même encore après son décès, puisqu'il existe des pièces portant les millésimes de 1593 et 1595. Paris remit aux futurs États-Généraux, toujours promis, le soin de choisir le successeur de Charles X et ne songea plus qu'à se bien défendre. Le 31 mai, jour de l'Ascension, à la suite d'une procession solennelle, l'on renouvela sur le maître-autel de Notre-Dame le serment de mourir plutôt que de se rendre au roi de Navarre. Mayenne qui écrivait aux Parisiens de nombreuses lettres où il leur promettait du secours, était à Péronne où il s'était arrêté au retour d'une conférence à Condé avec le duc de Parme, généralissime des forces espagnoles dans les Pays-Bas. N'osant aspirer ouvertement au trône ni ne voulant pas le céder à un autre, il se préoccupait de prolonger l'interrègne et d'ajourner les États-Généraux, ce à quoi la guerre le servait en les rendant impossible. Toutefois il rendit un grand service à la France, en refusant aux Espagnols les principales villes de la Somme qu'ils réclamaient comme places de sûreté pour leurs troupes, s'appuyant habilement sur les répugnances d'Amiens et des autres cités picardes à l'entrée des garnisons étrangères. Le duc de Parme n'insista pas trop de peur de dépopulariser Philippe II parmi les catholiques français, mais dans la nécessité où il se trouvait de défendre la Belgique où Maurice de Nassau relevait les armes des Réformés, il déclara, malgré l'ordre de Philippe de conduire ses principales forces en France, qu'il ne pouvait marcher au secours de Paris avant deux mois, donnant seulement, à titre de renfort provisoire, 3 ou 4,000 hommes que Mayenne amena du Hainaut à Péronne et de cette ville sur les frontières de Champagne. Il faillit être enlevé en chemin par Henri IV lui-même, qui, à la tête de 2,000 cavaliers d'élite avait fait 11 lieues d'une traite pour le surprendre. Mayenne n'eut que le temps de gagner les faubourgs de Laon (20 juin 1590), où le roi, désespérant de le forcer, retourna devant Paris qui, réduit par la famine ne fut sauvé que par l'arrivée enfin du duc de Parme. Henri IV dut lever le siège le 30 août, circonstance qui, jointe à la prise de Lagny, le força d'abandonner la campagne à l'ennemi. Il munit de bonnes garnisons les places de l'Ile-de-France, renvoya les grands, fatigués, dans leurs gouvernements et se retira en Beauvaisis avec Biron, ne gardant avec lui qu'une espèce de camp volant. Pour Parme, qui avait rempli sa mission en débloquant Paris, les périls des Pays-Bas espagnols le rappelaient ; il y repartit au commencement de novembre. Le château de Senlis où Henri IV venait de faire conduire sa nouvelle maîtresse, la jeune abbesse de Montmartre, Marie de Beauvilliers, devint la fréquente résidence du roi vert-galant. De cette ville qui, le 3 juillet, avait failli être enlevée par une surprise qui coûta la vie à 28 des conjurés pendus sur la place du Pilori (les échelles de bois préparées pour cette escalade furent conservées plus de 60 ans dans la cour du château), Henri vint mettre le siège devant Clermont, presqu'aussitôt rendu qu'attaqué, par la connivence du gouverneur qui se sauva à Pontoise, abandonnant aux portes de Beauvais sa troupe qu'on incorpora dans les milices beauvaisiennes. Pendant 17 jours, Clermont fut livré au pillage. L'adjonction de ces nouveaux soldats inspira aux Beauvaisiens l'audacieuse idée de reprendre Clermont par surprise. Dans la nuit du 20 octobre ils tentèrent une escalade déjouée par la vigilance du sieur de Beauvoir, gouverneur de la ville, et qui n'aboutit qu'au pillage du faubourg Saint-Laurent, d'où les Beauvaisiens rapportèrent quelques prisonniers et une enseigne portant ces mots *Pro Christo et Henrico*, qui demeura longtemps suspendue à la voûte de la cathédrale Saint-Pierre de Beauvais comme trophée de cette expédition. En même temps qu'Henri IV s'emparait de Clermont, d'Humières, son lieutenant, dans la nuit du 17 au 18 novembre faisait une tentative sans succès sur Laon dont il essaya de renverser les portes avec le pétard.

Tandis que le duc de Parme rentrait en Belgique. Henri IV avait tourné vers la Somme et fait le 10 décembre son entrée dans Saint-Quentin qui l'accueillit avec les plus vifs transports d'allégresse. Il y reçut la nouvelle de la surprise de Corbie faite la veille par d'Humières, et qui lui assurait un excellent poste au milieu de la Picardie centrale. Malheureusement dans cette occasion, la célèbre bibliothèque de l'abbaye, si riche en manuscrits de l'époque carlovingienne acheva d'être pillée et dispersée. Dans une de ses nombreuses missions politiques, l'historien de Thou l'avait visitée deux ans auparavant (1588), « elle avait déjà été pillée plusieurs fois, dit-il dans ses Mémoires,
» mais il y avait encore de fort bons manuscrits et des fragments authentiques. Il en
» mit à part plusieurs qu'il espéroit retrouver à la fin des troubles et dont il prétendoit
» enrichir la république des lettres. La fatalité des guerres civiles ne le permit pas.
» Corbie fut ruinée quelques années après et le respect dû à l'église où l'on conservoit
» ces précieux monuments n'empêcha pas la disparition de ce trésor. Quand il y
» retourna depuis pour les chercher, quoique le gouverneur que le roi y avait mis fût un
» des parents de sa femme, quoiqu'il l'aidât de toute son autorité, il ne trouva plus rien
» dans les coffres où on les avoit enfermés, ni sur les tablettes. Il en vit seulement les
» débris, des planches renversées ou brisées, et les couvertures de ces rares manus-
» crits dispersées de tous côtés. Voilà les fruits de nos guerres civiles, ajoute mélancoli-
» quement de Thou, qui plaisent tant à ces dangereux esprits qu'un zèle indiscret de
» religion transporte, tels sont les effets que produit une piété fanatique qui ne respire
» que massacre et incendie. »

L'hiver ne ralentissait pas les hostilités. Henri ayant réuni ses capitaines entre Senlis et Saint-Denis faisait de nouveau sur Paris (19 janvier), l'infructueuse tentative connue sous le nom de Journée des Farines. Cette journée malheureuse eut pour résultats l'introduction dans la capitale de la garnison espagnole si souvent demandée par l'ambassadeur d'Espagne et les Seize et à laquelle cette fois le corps de ville, le Parlement et Mayenne furent contraints d'accéder. Une perte sensible priva à cette époque le roi d'un de ses plus fidèles et dévoués lieutenants en Picardie. Du Bernet qui, depuis longtemps désirait faire le siège d'Etaples, quartier-général de la Ligue dans ces parages et menace toujours armée contre Boulogne, était déjà en mesure de battre cette place en brèche quand le 31 janvier, il fut frappé à mort d'un coup de fauconneau. Cet accident jeta le trouble dans les bataillons royalistes qui, repoussés par une vigoureuse sortie des assiégeants durent effectuer leur retraite immédiate sur Boulogne sous les ordres du chevalier Noir, Michel Patras de Campaigno, ramenant le corps du vaillant capitaine qui depuis si longtemps tenait la Ligue en échec et dont la dépouille mortelle fut inhumée dans la cathédrale de Boulogne au milieu des marques de douleur de la population entière. Jusqu'en 1793 l'on put lire sur une table de marbre noir placée au-dessus de sa sépulture, l'épitaphe suivante, échantillon du mauvais goût et de la boursouflure de la poésie à cette époque.

Ce jour malencontreux que la Parque mutine
Décocha la fureur de ses traits envieux
Sur ce grand Du Bernet qui brave et glorieux
Alet eternisant sa vaillance herculine
Son âme qui etoit de céleste origine
Soudain qu'elle eut quitté le fardeau ennuieux
Qui l'arretoit ici s'envola dans les cieux
Pour jouir à souhait de la gloire divine
Son corps appesanti du plus grave élément
Ne pouvant se guinder dessus le Firmament
Demeura renfermé dedans ce mauseole ;
N'etant reste de lui que le lot non pareil
De ses rares vertus qui comme un beau soleil
Darde ses clairs rayons de l'un à l'autre pôle.

Etaples ne tarda pas à rentrer aux mains du duc d'Epernon accouru à Boulogne avec le neveu de Du Bernet qui succéda au commandement de son oncle.

Dans le courant de juillet, Henri IV vint assiéger Noyon dont la garnison incommodait fort les places royalistes du Vermandois et du Valois. Mayenne, quoique renforcé de 4 à 5,000 hommes que lui envoyait le duc de Parme, n'osa pas risquer la bataille et Noyon capitula le 17 août presque sous ses yeux. Henri, durant ce siège, avait sans succès, tenté de surprendre La Fère dont le gouverneur Maignelay, le cousin germain de Bonnivet, venait d'être récemment assassiné par l'ordre de Mayenne qui le soupçonnait, non sans raison, de vouloir livrer la place au roi. Un lieutenant des gardes de Mayenne, Colas sénéchal de Montélimart, assisté de huit soldats déterminés le tua au sortir de l'église.

Dans le Ponthieu, le duc d'Aumale accusait également Roncherolles, gouverneur de la ville et du château d'Abbeville d'entretenir des intelligences avec l'ennemi qui s'était emparé de Rue et de Saint-Valery. Il le fit arrêter en présence du maire, ainsi que son frère Huqueville, commandant du Crotoy, puis se rendit à l'hôtel-de-ville pour expliquer sa conduite, disant que les troupes royales s'approchaient de la ville qui leur était vendue et qu'il fallait à tout prix s'assurer du château. De Frames, lieutenant de Roncherolles refusant d'en ouvrir les portes, on fit avancer des troupes et du canon pour le battre en brèche. Il se rendit cependant sur l'ordre écrit de Roncherolles. Deux jours après, le duc se transporta de nouveau à l'hôtel-de-ville, y protesta de son amour du bien public disant que pour confondre ses ennemis qui l'accusaient de vouloir livrer le château à une garnison espagnole, il était prêt à le faire démolir et à donner lui-même le premier coup de pioche, montrant cette pioche qu'un de ses officiers tenait cachée sous son manteau. D'immenses acclamations accueillirent ces paroles et le duc, armé de cet instrument qu'on avait décoré de velours et de galons d'argent, sortant avec ses gentilshommes suivis d'une foule de peuple, l'on commença la démolition du château construit par Charles-le-Téméraire en 1471, et dont la position permettait de voir et de tirer sur la ville (décembre 1591).

Cependant les populations se lassaient de ces guerres sans fin et de la misère générale. Les Seize et les plus exaltés ligueurs pour lesquels le Parlement était suspect à cause de ses opinions modérées, firent pendre, le 5 septembre, le premier président Brisson et les conseillers Larcher et Tardif et épurèrent les autorités municipales. Mayenne à cette nouvelle accourut à Paris avec des troupes d'élite, usa d'une grande modération, puis sûr de ses mesures, se mit en possession de la Bastille, fit arrêter et pendre sans forme de procès quatre des plus audacieux des Seize dans une salle basse du Louvre et par une circulaire adressée à toutes les villes de l'Union, leur exposa les motifs de la rigueur qu'il avait déployée, du nouveau serment qu'il avait exigé des Parisiens de lui obéir jusqu'à l'élection d'un roi et de respecter les autorités légales. La bourgeoisie ressaisit par cet acte énergique le pouvoir que lui avait un instant enlevé la démagogie, mais la victoire de Mayenne n'en fut pas moins fatale à son parti. La chute des Seize marqua l'affaiblissement de la Ligue qui ne montra plus depuis la même ardeur et le même enthousiasme.

Pendant que Mayenne, absent de son armée, s'occupait à rétablir l'ordre dans Paris, Henri attaquait Rouen avec vigueur; le secours de l'Espagne devenait plus nécessaire que jamais. Mayenne et Parme se réunirent à Guise dans la deuxième quinzaine de décembre. Le gouverneur des Pays-Bas avait reçu l'ordre de tout sacrifier au succès des affaires de France. L'établissement de l'Infante sur le trône de saint Louis, comme la plus proche héritière des Valois, absorbait toutes les pensées de Philippe II. La question des places de sûreté fut d'abord posée. Mayenne fut obligé de consentir à livrer La Fère pour servir de magasin et de dépôt à l'armée auxiliaire. La question des droits de l'Infante fut ensuite à La Fère, l'objet de longues conférences entre le duc de Guise, fils du Balafré, échappé récemment de sa prison de Tours et devenu, comme son père, l'idole des Parisiens, le comte de Vaudemont, le comte de Chaligny, frère du duc de Mercœur et les négociateurs de Philippe II. Les chefs de la Sainte-Union parurent résignés à ce que pour cette fois on fit bon marché de la Loi Salique, moyennant que l'Infante se mariât avant un an de l'avis des princes et des grands officiers de la couronne et des Etats, que les princes gouverneurs et capitaines de la Ligue fussent satisfaits et récompensés, les libertés du royaume garanties et que Philippe s'engageât à donner 10,000,000 écus d'or en deux ans afin de réduire le royaume sous l'obéissance de l'Infante. Les Espagnols insistaient sur la convocation immédiate des Etats pour leur faire reconnaître la nouvelle souveraine et n'offraient que 2,400,000 écus et 5,200 hommes de troupes étrangères soldées pour deux ans. Mayenne, comme à son ordinaire, ne cherchait qu'à reculer les engagements définitifs. Son but secret était la couronne de France qu'il espérait tenir des Etats. Cette négociation n'aboutit donc à rien et le péril de Rouen pressant, contraignit le duc de Parme pour la plus grande gloire de Dieu et la défense de la religion catholique à se porter en avant sans avoir rien obtenu de positif. L'armée de l'Union, réunie à La Fère s'avança lentement vers la Picardie centrale sous la conduite des ducs de Parme, de Mayenne, de Guise, d'Aumale. Ce fut seulement vers la fin de janvier 1592 qu'on marcha sérieusement en avant par l'Amiénois et le Ponthieu, et qu'après divers combats et des manœuvres nombreuses, Henri IV dut le 19 avril lever le siège de la cité normande. Le duc de Parme, blessé au siège de Caudebec regagna presque mourant les Pays-Bas après avoir, au grand déplaisir de Mayenne et des princes lorrains fatigués de la guerre et opposés au couronnement de l'Infante, jeté dans Paris une garnison de 1,500 Wallons.

Enfin les Etats de la Ligue si longtemps annoncés et toujours remis s'ouvrirent à Paris le 26 janvier 1593 dans la grande salle du Louvre. Ces Etats se composaient de 55 députés du clergé, de 27 de la noblesse, de 55 du Tiers, mais par suite de doubles élections, ce chiffre se réduisait en réalité à 128 personnes. Le Laonnais, la Picardie, le Vermandois y étaient représentés par la fine fleur de la Ligue qui avait déjà figuré aux Etats de 1588. C'étaient pour le clergé les évêques Geoffroy de la Marthonie d'Amiens, Jérôme Hennequin de Soissons, Rose de Senlis, l'abbé de Saint-Vincent de Laon, Billy, Guillaume Luquin, l'orateur beauvaisien, les docteurs en théologie Martin et Ricard de Senlis, Saguier, chancelier de la cathédrale d'Amiens, de l'Espinay, prieur claustral de l'abbaye de Saint-Jean de la même ville ; pour la noblesse, de Pipemont sieur de Pont-Sainte-Maxence, Louis de Saint-Simon sieur de Sandricourt, de Paillard sieur de Choqueuse, de Monchy sieur de Cavron. Le Tiers ne comptait que cinq représentants : Claude Legras de Laon, François Pepin, bailli de la juridiction temporelle de l'évêché de Soissons, Charles-le-Bègue, échevin de Beauvais, François Castelet, ancien mayeur d'Amiens, Jean Maupin, conseiller en la sénéchaussée de Ponthieu. Outre Amiens, l'évêque de la Marthonie était encore l'élu pour son ordre, de Boulogne, de Montreuil et du Ponthieu qui avaient aussi proclamé pour député François Castelet. Mayenne, assis sur le trône royal comme représentant de la royauté absente y prononça d'une voix mal assurée devant une assemblée qui comptait à peine 60 membres dont nul de la noblesse, un discours où il se tint dans des généralités vagues, sur la grandeur du rôle réservé aux États de donner à la France un roi catholique. Le 8 février Mayenne quitta Paris pour aller au-devant du duc de Feria, ambassadeur extraordinaire d'Espagne, venant muni des pleins pouvoirs de Philippe II, auprès des Etats-Généraux, avec quelques troupes aux ordres du comte de Mansfeld qui avait remplacé dans le gouvernement des Pays-Bas, le duc de Parme, mort le 2 décembre. L'entrevue à Soissons n'ajouta que la froideur aux intérêts rivaux qui se débattaient. Mayenne trouva chez les Espagnols forces révérences, grandes espérances, peu de forces et moins d'argent. Les rodomontades espagnoles faillirent rompre la conférence. Mayenne ne pouvant obtenir que l'Espagne lui accordât le trône de France, au prix de la Provence et de la Picardie, promit d'appuyer la candidature de l'Infante, moyennant la conservation de sa lieutenance générale, l'hérédité du gouvernement de Bourgogne, la Picardie sa vie durant, et d'énormes avantages pécuniaires, accord plâtré et de peu de bonne foi de part et d'autre. Feria et Mayenne se séparèrent sur cet arrangement, le premier pour se rendre à Paris, le second pour aller assiéger Noyon avec Mansfeld peu soucieux de s'éloigner de la frontière avec les quelques mille hommes (5 à 6), qu'il avait sous ses ordres. Le 30 mars Noyon capitula après vingt-trois jours, mais la petite armée ligueuse, à demi ruinée par le siège, l'indiscipline et la misère, fut hors d'état de rien entreprendre en présence de Henri IV accouru à Compiègne et Mansfeld repassa la frontière.

Les députés picards ne s'étaient pas pressés de venir remplir leur mandat, puisqu'avant son départ, Mayenne avait dû, le 5 février, faire savoir à son frère d'Aumale, *que les députés de Picardie étant arrivés à Paris, on commencerait à pouvoir travailler aux Etats, toutes choses par leur retardement étant tenues en suspens, bien que l'ouverture en ait été faite depuis douze jours.* Après d'innombrables discussions où l'opinion anti-espagnole finit enfin par prévaloir, après l'énergique et nationale protestation du Parlement, par l'organe du président Le Maistre et du conseiller Du Vair, déclarant, par voie de sentence, tous traités faits ou à faire pour l'établissement de prince ou princesse étrangère, nuls et de nul effet comme conclus au préjudice de la loi salique et des autres lois fondamentales du royaume, les Etats finirent, malgré le duc de Feria par ajourner comme périlleuse pour la religion et le royaume, la création d'une royauté en un temps où l'on était si peu fortifié d'hommes et de moyens, se réservant d'en délibérer plus avant lorsqu'ils verraient une armée prête à soutenir leurs résolutions. Une suspension d'armes avait été conclue entre Mayenne et Henri IV. Le Béarnais jugea qu'il était temps de faire le saut périlleux, comme il l'écrivait à sa maîtresse, et que *Paris valait bien une messe*. Le 25 juillet 1593 il faisait son abjuration dans l'église de Saint-Denis entre les mains de l'archevêque de Bourges et rentrait dans le giron de l'Eglise catholique.

La nouvelle de la conversion du roi fut accueillie dans les pays catholiques royaux avec ivresse, par les populations ligueuses avec une joie que combattait encore un reste de défiance et de préjugé. L'absolution du pape était le dernier retranchement derrière lequel pouvaient se réfugier les dernières résistances. Les soumissions partielles commencèrent et ne s'arrêtèrent plus. Meaux, Orléans, Lyon, Bourges, s'étaient ralliées. Sacré à Chartres le 27 février 1594 par l'évêque Nicolas de Thou, Henri IV entrait le 22 mars dans Paris.

Les redditions de Rouen et du Hâvre entraînèrent Abbeville. Les Abbevillois lassés de leurs malheurs et qui avaient constamment refusé de se laisser imposer une garnison étrangère, désiraient ardemment la paix. Mais les prédicateurs, augmentés de quelques jésuites et se servant des plus séditieux, fermaient encore la bouche aux pacifiques, jusqu'à ce que Nicolas Lefranc, d'Abbeville, secrétaire de la Chambre de Henri IV, et de Thory que le roi y avait envoyés, firent chasser les prédicateurs et crier vive le Roi. Le mayeur de Maupin, lui-même, jadis ardent ligueur prêta la main à ce changement. Le 23 avril quatre notables furent députés pour supplier le roi de leur pardonner et de leur maintenir leurs anciennes franchises. Montreuil, à l'instigation de son gouverneur Meigneux, suivit l'exemple d'Abbeville.

Amiens et Beauvais n'étaient maintenus qu'à grand'peine par le duc d'Aumale. Mayenne était à Soissons où il avait emmené sa femme et ses enfants, mais Henri IV n'était pas homme à s'endormir dans le succès et tout en négociant avec les chefs ligueurs, il marchait en Picardie où les Espagnols venaient de s'emparer de la Capelle, et investissait Laon, pour s'opposer aux nouvelles tentatives de Philippe II qui visait à démembrer le royaume qu'il n'avait pu s'approprier. Le 25 mai 1594, au matin les Laonnais ne se découvrirent pas sans surprise, entourés par son armée, forte de 15,000 hommes. Il fit aussitôt enlever les faubourgs et occuper l'abbaye de Saint-Vincent. La ville avait été si brusquement investie que beaucoup de gens de la campagne attirés ce jour-là par le marché ne purent en sortir. Il s'en fallut peu que Mayenne n'y fût lui-même enfermé. Il en sortit avec 200 chevaux et courut à Bruxelles solliciter des secours de l'archiduc Ernest. Ce voyage faillit lui être funeste. Feria et d'Ibarra l'accusèrent d'avoir seul empêché l'élection de l'Infante et d'un roi catholique, d'avoir perdu volontairement la cause de la Ligue et livré à Henri Paris et Lyon, et pressèrent l'archiduc de faire arrêter ce traître. Cependant on assoupit ces récriminations, et l'archiduc donna ordre au comte de Mansfeld de secourir Laon, moins par désir d'être agréable à Mayenne que pour l'importance de la place. Le roi se hâta de distribuer ses troupes autour de la ville, de placer son artillerie à Saint-Vincent et de faire soigneusement garder toutes les routes par où l'ennemi pouvait arriver, confiant à d'Humières, qui commandait du côté de Compiègne, le soin de lui faire parvenir des vivres. L'on battait la ville en brèche, quand des avis reçus firent connaître que l'armée espagnole s'avançait sur Laon, cotoyant l'Oise, et se rapprochait de la Fère dont l'archiduc avait gagné le gouverneur, ainsi que celui de Ham qui tous deux avaient pris l'écharge rouge et prêté serment au roi d'Espagne. Henri transporta son quartier-général à Cerny, et envoya à la découverte Givry avec 300 chevaux, qui, après trois jours d'estrade, revint assurant que rien ne paraissait en-deça de l'Oise. Le roi se reposant sur ce rapport, par une de ces imprudences dont sa carrière offre tant d'exemples, fit la partie de plaisir d'aller dîner à Saint-Lambert, maison de plaisance du domaine de Navarre, qu'il avait fréquentée dans sa jeunesse. Il faillit y être surpris par l'armée de Mansfeld et de Mayenne qui débouchait du côté de Cessières, forte de 7 à 8,000 hommes de pied et de 1,200 chevaux. Repoussés dans un premier combat, le 15 juin, ayant vu leurs convois de vivres enlevés aux portes même de La Fère et de Ham par le duc de Longueville et Biron, Mansfeld et Mayenne durent rétrograder sur La Fère sans avoir pu ravitailler Laon. Après la retraite de l'armée de secours, Laon se défendit longtemps encore. Mayenne en avait confié la garde à Charles Emmanuel, comte de Sommerive, son second fils, et au gouverneur Dubourg, l'un de ses meilleurs officiers, encouragé encore par les énergiques exhortations du président Jeannin, député aux Etats de Blois, président au Parlement de Dijon. Jeannin était l'homme du duc de Mayenne, son conseiller politique et son ami intime. Le roi voulut conférer en personne avec lui et le détacher de Mayenne, à l'exemple de son ami Villeroi, qui membre du conseil de l'Union et l'un des principaux agents des nombreuses négociations qu'Henri IV avait essayés de nouer depuis 1589, venait de faire sa paix avec lui. Jeannin fut inébranlable. « *Votre opiniâtreté pourra vous coûter cher*, dit le roi.— *Sire*, répondit le président, *je sais ce que Votre Majesté veut dire, mais je ne lui donnerai pas le moyen de venir jusque-là, je mourrai sur la brèche, la pique à la main.* » Le siège fut long et l'on attribua cette longueur au peu d'ardeur de Biron, mécontent de n'avoir pas la promesse du gouvernement de Laon, dont Henri avait déjà disposé en faveur de Claude de l'Isle, seigneur de Marivault. Laon, toutefois, après trois assauts chaudement repoussés n'attendit pas l'assaut général où Jeannin disait vouloir mourir, et la ville, malgré les conseils de résistance à outrance donnés par le chanoine Jacob, Legras et son beau-père et son beau-frère Innocent et Jean La Biche, s'engagea à capituler si elle n'était pas secourue avant le 2 août. Le secours ne vint pas, et le roi fit son entrée dans sa nouvelle conquête, le lendemain, par la porte Royer. Mais le siège avait malheureusement coûté la vie à plusieurs officiers de distinction, entr'autres au brave Givry, tué dans la tranchée de Saint-Just d'une arquebusade. C'était le premier des capitaines royalistes qui, à la mort de Henri III avait donné le signal de l'obéissance à son successeur légitime. Les poètes célébrèrent à l'envi la prise de Laon. Nous citerons seulement ce quatrain qui eut alors beaucoup de vogue, bien que ce ne fut qu'un détestable calembourg :

> *Le roi Numa par sa prudence*
> *Composa l'an de douze mois*
> *Mais notre roi par sa vaillance*
> *Le reduisit à moins de trois.*

Jean Bodin qui, pour se justifier d'avoir à son tour signé la Ligue, avait professé hautement qu'en révolution l'on doit s'attacher à la majorité, fidèle à cette prudente maxime, était repassé du côté du roi dès les premiers jours d'avril 1594 avec le lieutenant particulier Despinois. Une conversion non moins rapide fut celle du fougueux Billy qui, prévoyant la ruine d'un parti qui n'offrait plus d'avantages à son ambition, ne tarda pas à les suivre, et dont Henri IV récompensa la défection par l'évêché de Laon, après la mort de l'évêque Valentin Duglas, en 1598. Il se montra, du reste, aussi bon pasteur qu'il avait été violent ligueur, et mourut le 28 mars 1612, après avoir appelé dans sa ville épiscopale les Minimes pour leur confier l'instruction de l'enfance fort négligée par les curés qui en avaient la charge. L'évêque de Senlis, Guillaume Rose, lui aussi, qu'à la fameuse procession de la Ligue on avait vu marcher derrière le légat du pape, portant l'esponton et le crucifix, avait par ordre du roi reparu sur son siège le 17 septembre 1596. Mais si, peu repentant de ses anciennes opinions, l'impossibilité où il se trouvait de mettre en pratique ses maximes, le résignèrent à administrer son diocèse, ce ne fut toutefois pas sans se permettre de fréquentes sorties contre Henri IV surtout au sujet de l'édit de Nantes qui le forcèrent par arrêt du Parlement du 5 septembre 1598, à faire devant toutes les Chambres réunies, une rétractation complète de ses principes anti-royalistes.

La conquête de Laon fut suivie d'autres succès moins sanglants. Peronne, Roye et Montdidier changèrent la trêve qu'elles avaient conclue en une soumission définitive et avant de quitter Laon où il laissait à Marivaux l'ordre de construire une citadelle, le roi reçut d'heureuses nouvelles des Amiénois qui voyaient enfin que la Ligue n'était plus qu'un vain mot et qu'il fallait opter d'être Espagnols ou Français. L'annonce de l'entrée d'Henri IV à Paris y avait exaspéré les Ligueurs. Le maire et les échevins avaient fait décider le 26 mars qu'on écrirait de nouveau aux villes de la province pour déclarer leur résolution de ne jamais reconnaître le roi de Navarre, quelque prospérité que put lui advenir, avant qu'il fût absous par le Saint-Père. En vain Henri, par une lettre du 30 avril, les engageait-il à reconnaître son autorité, les échevins refusèrent à d'Humières de répondre à ses communications et à celles du roi. Tel était l'état des choses, quand un nouvel incident donna lieu le 25 juin à des troubles assez graves. Le bruit s'étant répandu que Mayenne, d'accord avec l'échevinage, allait introduire dans la ville une garnison espagnole, la bourgeoisie courut aux armes, éleva des barricades et finit par attaquer les Ligueurs. Un marchand drapier de la rue des Vergeaux, Mathieu Certain, qui se rendait en armes à l'hôtel-de-ville fut tué d'un coup d'arquebuse ; d'autres, blessés. Pour apaiser le désordre qui dura jusqu'à la nuit, les magistrats durent ordonner aux bourgeois de se retirer dans leur logis et de défaire les barricades sous peine de vie. Le lendemain, le duc de Mayenne se présenta à la porte de Beauvais avec 200 chevaux, on n'en voulut laisser entrer que 50, de peur que se sentant en force, il ne cherchât à vexer les habitants. Cette défiance n'était que trop fondée, car s'étant rendu à l'évêché avec le duc d'Aumale, il y attira par ruse plusieurs notables qu'il retint prisonniers jusqu'à la nuit et qu'il expulsa de la ville, malgré les représentations de l'échevinage. Le 24 juillet, on convoqua par ses ordres à l'hôtel-de-ville une assemblée générale pour signer la nouvelle formule de serment qu'il avait envoyée. Pour se venger de l'opposition des dissidents, Mayenne exigea un second exil d'une trentaine de citoyens. Le corps de ville ayant eu la lâcheté de condescendre à cette sommation, le duc tenta, enhardi par cette docilité, de faire entrer des troupes. En vain l'échevinage lui représenta-t-il l'indignation de la population en présence de cette intention, le duc répondit fièrement qu'il voulait être obéi ou sinon qu'il planterait son guidon au milieu du marché et mettrait la ville à feu et à sang. Lassé de cette tyrannie, l'échevinage rappela les exilés, ordonna aux capitaines de quartier de faire prendre les armes aux compagnies bourgeoises afin de s'opposer à l'entrée des troupes de Mayenne et de chasser de la ville celles qui y avaient pénétré. Mais cette fermeté n'eut pas de suite, les séditieux persuadèrent aux soldats de ne pas obéir, et malgré les ordres donnés, on les laissa dans leurs logements jusqu'au départ de Mayenne qui eut lieu le 2 août. C'était le 8 que cette situation tendue devait se dénouer. Averti par la sourde fermentation, précurseur ordinaire des orages populaires, qu'une tentative devait être faite pour le contraindre à reconnaître le roi, l'échevinage fit publier à son de trompe l'ordonnance habituelle de ne pas s'assembler plus de quatre ensemble sous peine de vie. Nonobstant cette injonction, le 8 au matin, les ouvriers sayeteurs au nombre de 500 se portèrent tumultueusement à l'hôtel des Cloquiers, disant qu'ils mouraient de faim et qu'ils voulaient la paix. Vers midi, ils rentrèrent chez eux, portant des fleurs blanches à leurs chapeaux et criant : Vive le Roi. Quelques bouchers essayèrent de les dissiper, ils furent mis à mort. Le soir arrivé, ils allèrent chercher leurs armes et se saisirent d'une pièce de canon qu'ils braquèrent contre la porte de l'hôtel-de-ville. Le vidame d'Amiens, le seigneur de Saisseval et plusieurs gentilshommes prirent alors la tête du mouvement. Ils rangèrent les sayeteurs en bataille devant les Cloquiers, faisant élever des barricades au coin de la rue Saint-Martin, au Grand-Marché, au pont de Saint-Leu et à la place de la Belle-Croix. Le duc d'Aumale que l'échevinage avait appelé à son secours, n'ayant pu franchir les barricades, fut contraint de se retrancher sur le parvis de Notre-Dame avec 250 chevaux.

Vers la nuit, le seigneur de Mautcaurel lui proposa d'attaquer avec 50 cuirassiers la barricade de Saint-Martin, mais en approchant, il cria lui-même : Vive le Roi et se rangea du côté des bourgeois. Furieux de cette trahison, le duc d'Aumale se précipita alors sur les royalistes, mais il fut repoussé avec perte. Privés de tout secours, le maire et les échevins prièrent l'évêque Geoffroy de la Marthonie, le pénitencier de la cathédrale, le lieutenant-général du bailliage et le seigneur de Saisseval de se rendre auprès d'eux afin d'aviser ensemble aux mesures à prendre dans ces circonstances critiques. Le lieutenant-général rappela les causes de la guerre civile dont le sujet cessait par suite de l'abjuration du roi, fit lecture des lettres que ce prince avait adressées à la ville, de son camp de Laon le 24 juillet, confirmant ses franchises et ses immunités et accordant amnistie générale, et représenta au maire Antoine de Berny et aux échevins le danger qu'ils couraient s'ils se refusaient plus longtemps à satisfaire aux désirs de la population. Ces remontrances produisirent leur effet. A deux heures du matin, le maire et les échevins s'avancèrent sur le parvis de l'hôtel-de-ville et y jurèrent fidélité à Henri IV. A cette nouvelle, les Ligueurs qui se tenaient dans le Grand-Marché et contre lesquels le vicomte de Béhencourt s'apprêtait à marcher avec les habitants armés se dispersèrent, mettant bas les armes et se ceignant à leur tour de leurs plus belles serviettes blanches. Le duc d'Aumale, toujours aux environs de la cathédrale, se voyant abandonné de tous et cerné par la foule triomphante, demanda la permission de quitter la ville avec ses gens, vie et bagues sauves. On la lui accorda à condition qu'il paierait ses dettes et celles de ses hommes. Il sortit le 10 à 9 heures du matin par la porte Montrescu qu'on referma aussitôt sur lui. On écrivit immédiatement à d'Humières alors à Corbie, qui vint prendre possession comme lieutenant-général du roi en Picardie, et l'on envoya une députation à ce prince pour le prier de faire son entrée dans sa bonne ville d'Amiens. Les députés le rencontrèrent à Cambrai où il s'était rendu afin de recevoir en personne le serment de Balagny, auquel les chefs du Chapitre archiépiscopal et les corps de cette ville venaient de confier les droits de souveraineté qu'il avait usurpés de fait depuis longtemps.

Henri IV fut magnifiquement accueilli à Amiens le 15 août. Le seul acte de rigueur qu'il exerça fut l'obligation de sortir de la ville imposée au prévôt, à cinq des échevins, et à quelques habitants des plus compromis, jusqu'à des temps plus calmes. Il accorda des lettres de noblesse aux principaux bourgeois en considération des services qu'ils lui avaient rendus par leurs efforts pour assurer la reddition de la ville, et confirma les privilèges de la cité, suivant les promesses de ses lettres de Laon. Dès qu'ils le surent dans Amiens, Doullens et Beauvais députèrent vers lui. La députation de Beauvais fut présentée à Henri IV par le seigneur de Saisseval, gouverneur de Beauvais. Ainsi que leur illustre compatriote, le magistrat Antoine Loisel, qui, l'année suivante devait publier son livre intitulé : *Amnistie ou de l'oubliance des maux faits ou reçus pendant les troubles*, il avait conseillé aux Beauvaisiens de profiter des dispositions conciliantes du roi et leur avait garanti de bonnes conditions et le maintien de leurs privilèges, Henri ratifia ces promesses. Quant à Saisseval, à la différence de la plupart des gouverneurs des villes, il n'avait point fait ses conditions personnelles, disant qu'il ne voulait pas qu'on pût lui reprocher d'être de ceux qui avaient vendu au roi son propre héritage. A la suite de cette composition, les troupes espagnoles cantonnées au faubourg Saint-Quentin quittèrent Beauvais. L'ex-maire Godin, les deux frères Luquin les suivirent seuls dans leur retraite, emportant avec eux le venin de la Ligue, dont ils avaient été si longtemps l'âme et le bras. Guillaume Luquin finit ses jours en Flandre, pourvu d'un canonicat de Tournai qui était à la nomination du roi d'Espagne. Godin, auquel Henri IV avait offert la charge de maître des comptes à Rouen ou le gouvernement de Moulins, mourut à Bruxelles, âgé de 78 ans, vivant d'une pension de 12,000 livres que lui faisait Philippe II. De la terre d'exil il écrivait à l'un de ses gendres et à ses principaux amis les priant de ménager son retour et de lui assurer la protection de MM. de l'hôtel-de-ville, mais il craignait ses ennemis qui, disait-il, *n'étaient des plus petits ni en petit nombre et qui n'en voulaient rien moins qu'à sa vie*. Mais les haines qu'avait soulevées sa dictature avaient laissé trop de souvenirs, et le vieux ligueur descendit dans la tombe, oublié de l'Espagne, maudissant l'ingratitude des partis et ne regrettant à son lit de mort que d'avoir été trop indulgent pour les lâches politiques qui, suivant lui avaient tout perdu. Le 7 septembre les représentants de la ville de Beauvais prêtèrent serment au roi devant Saisseval et le sieur de Pontcarré, conseiller d'Etat. Henri IV termina cette glorieuse campagne par la reddition de Noyon.

Cette même année (1594), Rieux, capitaine de Pierrefonds, fils d'un maréchal-ferrant, ancien petit commis des vivres, pillard de profession, connu par sa bravoure audacieuse dans les armées de la Ligue, surpris dans une de ses courses par la garnison de Compiègne, fut pendu dans cette ville comme voleur, devant l'hôtel-de-ville. Après la prise de Noyon dans laquelle, connaissant à merveille le pays, il avait trouvé moyen d'entrer avec 50 cavaliers portant chacun un arquebusier en croupe, et dont il s'était, sur le refus de se voir par le roi comprendre dans la capitulation, évadé à l'aide de la nuit et d'un déguisement, il avait été, sur l'ordre d'Henri IV assiégé dans sa forteresse par le maréchal de Biron. Biron commença l'attaque par une terrible canonnade, mais de 800 coups de canon tirés, il n'y eut que cinq boulets qui portèrent jusqu'aux tours, le reste ne fit que blanchir les murailles de la terrasse, tandis que Rieux avec son artillerie foudroyait les assiégeants. Biron dut lever le siège. Fier de ce succès, il tenta peu après d'enlever Henri IV, au retour d'une visite que ce prince était venu faire à Gabrielle d'Estrées, sa nouvelle maîtresse. Saint-Chamand, successeur de Rieux, comme la plupart des capitaines de la Ligue, vendit sa place à beau prix d'argent.

Il ne restait plus à l'ennemi en Picardie que Soissons, Ham et La Fère. Henri voulut alors visiter les villes frontières de l'Artois et de la Flandre ; le 17 décembre 1594, après avoir séjourné à Amiens, il arriva en bateau à Pont-Remy, où il coucha. Le lendemain

il fit son entrée à Abbeville. « Votre ville, répondit-il au compliment du mayeur, est
» la première de la province qui s'est soumise, dès lors j'ai désiré la visiter, mais les
» soucis de l'Etat m'ont retenu ailleurs. Deux motifs m'ont déterminé à entreprendre
» ce voyage : ma qualité premièrement et parce que j'ai été engendré à Abbeville (sa
» mère, Jeanne d'Albret étant devenue enceinte dans la campagne de 1552 en Picardie
» où elle avait suivi son mari, Antoine de Bourbon), je reconnais que je devais voir les
» habitants des premiers, je leur serai bon roi, qu'ils continuent de m'honorer et de
» m'aimer. »

Avant de revenir de Picardie, il écrivit aux Etats provinciaux d'Artois et de Hainaut, que si avant la fin de janvier, ils n'obtenaient du roi d'Espagne la retraite de l'armée qu'il tenait sur leur territoire et ne renonçaient à toute hostilité contre la France et le Cambraisis, il déclarerait la guerre à ce prince et à tous ses sujets. Elle le fut le 17 janvier 1595.

Tandis qu'Henri IV triomphait des Espagnols à Fontaine-Française, dans la Bourgogne et la Franche-Comté, le comte de Fuentès, renforcé de vieilles bandes venues d'Italie, se voyant à la tête de 15,000 hommes de bonnes troupes avait conçu le projet de reconquérir Cambrai. Ne voulant laisser derrière lui aucun passage facile à l'armée française ou voulant la tromper sur ses intentions, il parut inopinément devant Lucheux, dont un coup de main heureux lui donna le château. A cette nouvelle, le duc de Longueville, gouverneur de la Picardie partit d'Amiens avec quelque cavalerie et arriva au château de Doullens pour en examiner l'état (5 avril 1595). Son premier soin fut de destituer le gouverneur, Antoine de Bloffetières, dont il ordonna l'arrestation, soit que le duc ne crût pas à sa loyauté, soit qu'il ait voulu, comme le laissent entendre quelques auteurs, se venger du dommage que cet ancien ligueur, maintenu par le roi dans son poste en récompense de son abandon de la Sainte-Union, avait causé durant les guerres à la forêt de Lucheux, propriété de Madame d'Estouteville sa belle-mère. Comme vers les neuf heures du soir, il descendait du château pour visiter la ville à cheval, causant avec l'ingénieur Ramel et que les soldats de la garnison le saluaient d'une décharge d'escopetterie, il fut grièvement atteint d'une balle à la tête. Etait-ce accident ou assassinat ? L'histoire n'a pu éclaircir cette question. Il succomba des suites de sa blessure, trois semaines après dans son hôtel du Logis-du-Roi, rue des Trois-Cailloux à Amiens. Sa femme à la première nouvelle de cet événement était prématurément accouchée d'un fils à qui Henri IV qui voulut en être le parrain donna avec son nom, la survivance du gouvernement de Picardie, dont son oncle le comte de Saint-Paul devait exercer l'intérim jusqu'à sa majorité.

Après cette apparition aux portes de Doullens, Fuentès était allé assiéger le Catelet (10 juin 1595). Le duc de Bouillon et le comte de Saint-Pol qui s'étaient joints à Saint-Quentin, au lieu d'aller secourir cette ville, marchèrent sur Ham où une garnison étrangère avait été introduite du consentement du duc d'Aumale. Le château était occupé par un gentilhomme picard, de Moy de Gomeron qui l'année précédente avait fait sa soumission à Philippe II, mais négociait alors avec le roi. Les Espagnols, instruits de cette duplicité, lui proposèrent de racheter son gouvernement et sous ce prétexte l'attirèrent à Bruxelles, puis signifièrent à sa mère et à son beau-frère d'Arvilliers de livrer la place s'ils ne voulaient qu'on leur envoyât la tête de Gomeron. D'Arvilliers répondit à cette injonction par un traité secret avec les généraux français, promettant de leur ouvrir les portes, à condition que les chefs de la garnison serviraient d'ôtages pour son beau-frère. Dans la nuit du 20 juin, les Français entrèrent dans Ham. La garnison, forte de plus de 1,500 hommes d'élite fut prise ou massacrée presque entière pour venger la mort de d'Humières, tué dans la lutte d'un coup de mousquet à la tête. « Je donnerais Ham et bien d'autres places pour un homme de ce mérite, dit Henri IV en apprenant cette perte. Charles d'Humières, bien que fils du promoteur de la Ligue en Picardie, était l'un des premiers sujets qui, avec Givry avaient reconnu Henri IV après la mort de Henri III et l'avaient suivi avec le plus de fidélité. Gomeron porta la peine de la prise de Ham. Quelques officiers prisonniers dont la vie répondait de la sienne, étant parvenus à s'évader, Fuentès le fit pendre en vue du château à un arbre, appelé l'arbre Gomeron. A la suite de ces événements, le duc d'Aumale qui avait livré Ham aux Espagnols ne combattait même plus au nom de la Ligue, mais au nom de l'Espagne dont il portait l'écharpe rouge. Le Parlement de Paris le déclara *ipso facto*, déchu du privilège de la pairie, le condamna par contumace à être tiré à quatre chevaux, ses membres exposés aux quatre principales portes de Paris, sa tête fichée au bout d'une pique sur la porte Saint-Denis, ses châteaux abattus et ses bois rasés (6 juillet 1595).

Le Catelet s'était rendu le 25 juin. Le feu ayant pris au magasin à poudre et détruit les approvisionnements de défense, il fallut capituler, la garnison sortant avec armes et bagages, tambour battant, enseignes déployées. Fuentès jugea l'attaque de Cambrai imprudente en présence de l'armée française animée par le succès de Ham et faisant tourner tête à ses troupes, il vint mettre (14 juillet), le siège devant Doullens. Saint-Pol et Bouillon renforcés par l'amiral de Villars accouru de Normandie n'attendirent pas l'arrivée du duc de Nevers que le roi envoyait en Picardie pour prendre le commandement de l'armée. Ils essayèrent d'introduire de vive force un secours dans la place (24 juillet). Ces chefs s'entendaient mal entre eux, ils se firent battre. Villars et Saisseval prisonniers furent massacrés de sang-froid par les Espagnols comme ayant trahi la Ligue. Le combat de Doullens coûta à la France plus de vaillants hommes que les trois grandes batailles de Coutras, d'Arques et d'Ivry. Le soir même le duc de Nevers rejoignit Bouillon et Saint-Pol, il s'entendit encore moins avec eux que le malheureux Villars et ne réussit pas à ravitailler la ville que, le 31 juillet, Fuentès emporta d'assaut. Une foule d'assiégés fut passée au fil de l'épée ; c'étaient pour les Espagnols les représailles de Ham. Le soir, le feu prit, dévora une partie des édifices publics et le pillage couronna la journée. Le comte de Saint-Pol et Bouillon allèrent alors couvrir le

Boulonnais, le duc de Nevers, Amiens. Fuentès n'ayant plus à redouter l'armée française laissa Doullens à la garde d'un de ses capitaines qui avait le premier franchi les brèches, Hernando Tello Porto Carrero. Après six semaines de siège, il entra le 20 octobre dans Cambrai dont les habitants révoltés contre la tyrannie et l'avarice de leur prince Balagny, se soulevèrent et ouvrirent leurs portes, tandis que la garnison française était occupée sur les remparts.

Henri IV rappelé en Picardie par ces échecs successifs jugea utile de relever l'esprit public par quelque entreprise ; il entama dès le mois de novembre le blocus de la Fère. Dès le 8, il en occupait toutes les avenues et établissait son quartier à Travecy. Ce fut là que le 12, il reçut l'avis que le Saint-Père, passant sur toutes les difficultés et les oppositions que formaient les Espagnols, lui avait enfin le 16 septembre donné la bénédiction et l'absolution.

Cette absolution faisait tomber les dernières excuses des derniers Ligueurs. Mayenne de plus en plus mécontent des Espagnols ayant gagné Gabrielle d'Estrées, en lui promettant de soutenir les intérêts de son fils et des autres enfants qu'elle aurait du roi, si Henri les appelait au trône, fit à son tour sa soumission. Les négociations depuis longtemps pendantes, rompues puis reprises par l'intermédiaire du président Jeannin aboutirent enfin aux conditions les plus avantageuses pour le lieutenant général de l'Union et le traité qui mettait définitivement fin à la Ligue fut signé dans le courant de janvier 1596, au château de Folembray, près de Coucy. Trois places de sûreté, Soissons, Châlons et Seurre lui furent laissées pour six ans. Ses adhérents devaient être remis en possession de leurs biens et charges confisqués et conserver les emplois et offices qu'ils tenaient de lui. Le roi suspendit aussi les effets de l'arrêt rendu contre le duc d'Aumale, mais celui-ci resta et mourut Espagnol à Bruxelles en 1631 âgé de 77 ans. Henri IV reconnut qu'il n'existait aucune charge contre les princes et les princesses de Lorraine relativement à l'assassinat du feu roi. Il acquittait, pour 350,000 écus, les dettes contractées par Mayenne pour le service de son parti, mettant à la charge de l'Etat les sommes dues par le lieutenant général aux Suisses, reîtres, lansquenets et autres étrangers. Enfin par des articles secrets, il donnait avec les honneurs de grand chambellan au fils aîné de Mayenne le gouvernement de l'Ile-de-France moins Paris. La création d'un présidial et d'un bureau de finances à Soissons en septembre et novembre 1595, attestent qu'à cette date déjà les pourparlers étaient bien près d'aboutir. Le 31 janvier 1596, Mayenne accompagné de six gentilshommes seulement vint à Monceaux, chez Gabrielle, baiser les mains du roi qui, pour toute vengeance, prit un malin plaisir à essouffler son gros et pesant adversaire en lui faisant parcourir son jardin à grand pas.

Le siège de la Fère continuait. On s'avisa pour barrer la rivière d'Oise et submerger en moins de quinze jours les points les plus élevés de la ville, de construire, malgré les avis de Sully, une digue travail long et dispendieux que la crue de la rivière contrariait en enlevant les terres des remblais. Profitant de l'absence du roi, parti pour le mariage de Diane d'Estrées sœur de la belle Gabrielle avec Jean de Balagny, dans les derniers jours de janvier, les assiégés firent une sortie parvinrent à rompre le barrage et à faire écouler les eaux. On recommença les travaux. Le 14 avril, de fâcheuses nouvelles forcèrent Henri à s'éloigner de nouveau en hâte et à laisser la direction du siège au connétable. Philippe II venait de dépêcher dans les Pays-Bas l'archiduc Albert qu'on surnommait le Cardinal-Infant, parce qu'il avait reçu le chapeau rouge, sans être encore dans les ordres. Il apportait 4,000,000 de ducats pour les besoins de la guerre, et bien que ses avances de paix eussent été repoussées par les Hollandais, il dirigea d'abord ses efforts contre la France. Devant la Fère, on s'attendait à un grand choc pour la délivrance de cette place. Le cardinal ne commit pas cette imprudence. Il avait pour maréchal de camp, un Français renégat, l'ex-maréchal de Rosne à qui Fuentès avait dû ses succès l'année précédente. Au lieu de marcher sur la Fère, on marcha sur Calais. De Rosne savait que cette place si importante n'était gardée que par sa réputation et qu'elle était aux mains d'un gouverneur incapable. Le 9 avril, l'armée espagnole avait enlevé le pont de Nieulay et le fort de Risban qui en commandaient les abords, l'un du côté du marais, l'autre du côté de la mer, et pressait vivement le corps de la place. Le roi partit en toute hâte avec l'élite de sa cavarie et ses plus lestes fantassins ; il arrivait le 18 à Abbeville, en repartait le même jour pour Saint-Valery, mais à mesure qu'il avançait les nouvelles devenaient plus graves. Le comte de Saint-Pol et Jean de Montluc qui voulaient jeter du secours dans la ville, avaient été contraints par la tempête de relâcher à Boulogne. Henri s'embarqua lui-même à Saint-Valery. Les vents contraires le rejetèrent dans le port du Crotoy.

Le faubourg du Port avait été enlevé le 15 et le 17 le gouverneur Bidossan après un premier assaut, abandonna la ville et se retira dans le château promettant de se rendre dans six jours, s'il n'était secouru. Henri IV s'avança enfin jusqu'à Boulogne après avoir dépêché Sancy à Londres pour conjurer la reine Elisabeth de faire descendre sur la côte de France l'armement préparé à Douvres contre l'Espagne, mais Elisabeth exigeait Calais pour prix de ce service. « J'aime mieux, répondit Henri, être » dépouillé par mes ennemis que par mes amis. » Cependant la reine céda et donna l'ordre à d'Essex de mettre à la voile ; il était trop tard. Le chevalier noir, Michel Patras de Campaigno était parvenu à entrer dans Calais avec 250 hommes d'élite. Bidossan rachetant sa faiblesse, refusa de rendre le château à l'expiration du délai fixé et se fit tuer à son poste. Après trois assauts consécutifs, le château mal fortifié fut emporté le 24 avril et 900 bourgeois y périrent glorieusement les armes à la main. Après avoir muni de bonnes garnisons Boulogne, Montreuil et Ardres, Henri IV retourna au siège de la Fère que le connétable de Montmorency avait continué de presser en son absence, rompant la chaussée, plus utile à la défense qu'à l'attaque, puisque l'inondation ne permettait pas d'approcher de la place. Le 13 mai, le roi se décida à entrer en pourparlers avec le capitaine albanais Demetrio Capusamato envoyé par Alvar Ozorio, gouverneur de la Fère. La négociation traîna en longueur par suite d'un second voyage que le roi avait dû faire à Amiens, mais à son retour le 16, la capitulation fut signée, la garnison sortit tambours battants, mèche allumée, enseignes déployées. Ces conditions avantageuses étaient dues à la connaissance qu'avait acquise Henri IV que la Fère était encore approvisionnée de 600 setiers d'avoine et de 120 de blé suffisants pour nourrir la garnison deux mois encore. Après y avoir établi comme gouverneur le marquis d'Estrées le roi se mit en marche pour secourir Ardres, mais par la lâcheté de Belin, lieutenant général de Picardie, elle venait de capituler (23 mai), malgré le gouverneur et la garnison. Le cardinal-infant peu soucieux d'en venir à une affaire générale mit Calais et Ardres en bon état de défense et rentra en trois marches sur le territoire de Saint-Omer. Henri IV, de son côté, après avoir renforcé les garnisons de Ham, Saint-Quentin, Abbeville, Péronne, Montreuil et Boulogne, et laissant Biron avec 3,000 fantassins et 600 chevaux pour surveiller la ligne de la Somme, partit pour aller au-devant du légat du pape. Le 8 octobre 1596, Henri fit pour la première fois son entrée à Beauvais.

Cependant, malgré ses bonnes intentions et la sagesse de Sully qu'il venait de mettre à la tête des finances, il était de plus en plus impopulaire surtout à Paris ; un coup de foudre mit fin aux reproches de cette population mal intentionnée et rendit au roi son ancienne énergie émoussée par ses amours avec Gabrielle d'Estrées. Amiens où Henri avait rassemblé les armes et les munitions qu'il voulait employer au siège d'Arras avait été surpris par les Espagnols. L'ennemi était à 30 lieues de la capitale, mécontente et prête à la révolte. Ce fut au milieu des fêtes du baptême du fils du connétable de Montmorency qu'arriva la nouvelle de la surprise d'Amiens.

Le vieux levain de la Ligue n'était point encore tout-à-fait éteint dans cette ville, et l'on avait dû en exiler, au nombre des fanatiques, les anciens mayeurs, Antoine Castelet, François Gauguier, Antoine de Berny. La guerre, la famine, la peste y avaient exercé leurs ravages. Cette maladie emporta en un an plus de 25,000 âmes. La mortalité moyenne était d'environ 120 personnes par jour. Le duc d'Aumale y avait encore conservé de secrètes intelligences avec les esprits prévenus contre la sincérité de la conversion du roi, et déjà l'on avait dû supplicier quelques traîtres prêts à livrer Amiens aux Espagnols. Après les prises d'Ardres et de Calais, Henri IV avait essayé de mettre une garnison dans la ville. Ni ses craintes, ni ses prières, ni l'exemple de Péronne, de Boulogne, de Montreuil, d'Abbeville qui avaient consenti à cette sage prévoyance, ne purent déterminer les Amiénois, fiers de leurs privilèges de se garder eux-mêmes à ouvrir leurs portes à des troupes royales. Un corps de 800 Suisses qu'on y voulait introduire fut, sur leur refus, cantonné à Boves et à Picquigny. En vain un véritable patriote, Claude Lemâtre, seigneur d'Hédicourt, l'un des échevins, avait proposé des mesures de précaution propres à empêcher la ville de tomber au pouvoir de l'ennemi. On ne tint nul compte de ses sages avis. Le gouverneur de Doullens, Hernan Tello, ayant appris par un traître nommé Du moulin, le refus de garnison des habitants, et la garde inexacte qui se faisait à cause de la contagion, conçut le projet de se rendre maître d'une place de cette importance. Un historien contemporain a forgé le ridicule roman d'une passion amoureuse pour expliquer le motif déterminant de cette entreprise hardie. Le cardinal-infant approuva ce dessein et mit à la disposition du vaillant capitaine 5,000 hommes de pied et 700 chevaux. Pour ôter tout soupçon de ce qui se tramait, on feignit de réunir ces troupes sous prétexte de mettre à la raison la garnison de Saint-Pol qu'on avait fait révolter. A la faveur de ce bruit, les troupes espagnoles se réunirent à Orville, près Doullens, et marchèrent sur Amiens. La ville fut prise par un vieux tour de guerre toujours jeune. Trente ou quarante soldats déguisés en paysans sous la conduite du sergent Larco, menant trois charriots, s'arrêtèrent sous la porte Montrescu, tandis qu'un soldat qui suivait le charriot arrêté sous la herse, laissa tomber le sac de noix qu'il portait. La garde composée de malheureux artisans, se jeta sur cet appât, mais les Espagnols, tirant leurs armes cachées sous leurs jaquettes, firent main-basse sur elle, et s'emparèrent du corps de garde. La sentinelle du haut de la porte, au bruit qu'elle entendit coupa la corde de la herse, dont le jeu ne put s'opérer arrêté qu'il fut par un des charriots disposé à cet effet. Cependant quelques citoyens du voisinage étaient accourus pour repousser l'ennemi ; le capitaine Dugnano et cinq de ses soldats étaient déjà tombés sous leurs coups, lorsque le cadet de Panuce et le capitaine Bastoc, Irlandais, arrivèrent avec un corps de Wallons et d'Irlandais et assurèrent la conquête de la porte. Hernan Tello s'avança alors avec sa troupe en bon ordre, occupant les différentes places militairement, de façon à ce que ses postes pussent se prêter un appui mutuel. Un effort de résistance s'était cependant organisé au Bloc, l'échevin François de Blayrie, Claude Lemâtre, le trésorier Brisset et plusieurs autres bourgeois (120 personnes environ y périrent les armes à la main). Le comte de Saint-Pol n'imita pas ce noble exemple, il s'enfuit à Corbie. Tello était déjà maître des principaux points d'Amiens, quand, à huit heures du matin, la population qui assistait au sermon sortit de la cathédrale et demeura frappée de stupeur à la vue des écharpes rouges. Toute résistance était inutile. Par ordre du vainqueur, la bourgeoisie fut désarmée et les armes réunies en monceaux noyées d'eau pour les mettre hors d'état de service ; on n'excepta de cette mesure que les traîtres heureux de la surprise de la ville. Le pillage dura trois jours et les Espagnols rançonnèrent à leur guise les bourgeois chez lesquels ils logeaient. Le mayeur Pierre de Famechon étant allé saluer Tello, *desideravi*, lui dit-il, *hoc pascha manducare tecum*. La destitution de ses fonctions fut la seule récompense de cette bassesse et Tello nomma comme maire en son remplacement, Claude Pecoul, bailli du chapitre de la cathédrale et du duc d'Aumale pour sa terre de Boves.

« Ho ! mon ami, quel malheur ! Amiens est pris, » dit Henri IV à Sully. Le zèle et l'expérience du ministre suppléèrent à toutes les mesures indispensables que réclamait ce grave événement. Biron envoyé en hâte, avec l'avant-garde de l'armée qu'on reformait, prit hardiment poste à la Madeleine fermant les passages entre Amiens et les possessions espagnoles d'où pouvait arriver du secours, tandis qu'Henri IV confiant dans la ressource d'argent que Sully lui promettait, rassurait la frontière en se rendant successivement à Beauvais, à Montdidier, à Corbie pour y relever le courage des habitants par la promesse de reprendre bientôt Amiens.

Tello bloqué plutôt qu'il ne le supposait, prit les mesures les plus énergiques pour défendre la place, forçant même Biron d'évacuer la Madeleine qu'il ruina avec son artillerie, et envoya le sergent Larco au cardinal à Bruxelles pour réclamer des secours immédiats. Don Juan de Guzman expédié de Cambrai avec quatre compagnies d'arquebusiers et 700 chevaux, ayant commis la rodomontade de faire sonner ses trompettes, au moment où après avoir endormi la surveillance de Biron, il allait s'introduire dans la ville, fut en grande partie battu et n'y pénétra que grâce à l'aide que lui apporta la garnison. Biron ayant à son tour reçu des renforts, notamment de 4,000 Anglais qu'envoyait la reine Elisabeth se décida alors à camper devant Amiens et en faire le siège dans toutes les formes. Une ligne de circonvallation de 40,000 toises de longueur s'étendant du pont de Camon au pont de Longpré et défendue par 7 forts pentagones munis d'artillerie enserra la ville de son étreinte. Les travaux qu'interrompaient souvent les sorties des assiégés n'étaient point encore terminés quand, le 7 juin, Henri IV traînant à sa suite Gabrielle d'Estrées arriva au camp, et se logea avec sa cour dans l'église de la Madeleine ; le connétable, le duc de Mayenne, le duc d'Epernon et le prince de Joinville occupaient les forts. A cette époque, l'armée était forte de plus de 18,000 hommes. Toute la noblesse de France s'était rassemblée autour du roi. Un arrêt du Parlement notait d'infamie les gentilshommes qui ne voleraient pas au secours de l'Etat en danger par la prise d'Amiens. Le 25 juin, les batteries élevées par le grand-maître de l'artillerie, François d'Espinay, seigneur de Saint-Luc, commencèrent à foudroyer la ville.

Ce fut vers ce temps que se trama une conspiration destinée à remettre Amiens dans les mains du roi. Un capitaine bourguignon, officier hardi, Sireuil s'y était introduit déguisé en religieux et avait fait rassembler dans le couvent des Augustins les outils nécessaires pour ouvrir les portes de la ville. Averti par des traîtres : le poissonnier Leroux et le frère de Laboulle, Hernan Tello se saisit des conjurés et en fit pendre sept sur la place du Marché aux Herbes. Les remontrances du marquis de Monténégro, chef de sa cavalerie, l'empêchèrent seules de faire passer au fil de l'épée le reste des habitants. Henri IV, informé de ces exécution voulait s'en venger sur 20 capitaines espagnols, prisonniers au château de Picquigny, mais Sireuil leur sauva la vie et fut échangé contre eux.

Les Espagnols continuaient toujours de faire de fréquentes sorties. Don Juan de

Guzman fut tué dans l'une d'elles. Celle du 18 juillet fut la plus meurtrière ; 900 Français restèrent sur le carreau. C'en était fait des redoutes et de l'artillerie, si Henri n'était descendu de cheval et n'avait ranimé le courage de ses troupes en combattant à pied à leur tête, la pique à la main ; le prince de Joinville sauva la vie au maréchal de Biron, et Mayenne parvint à repousser l'ennemi jusqu'à la contrescarpe.

Une lettre interceptée d'Hernan Tello vint fournir à la date du 14 août des détails précis sur la situation de la ville. « Nous travaillons jour et nuit, écrivait-il au cardinal
» Albert, à fortifier le ravelin ; l'artillerie de la ville est presque hors d'état de servir,
» quand nous levons une batterie, elle est aussitôt démontée par celle des assiégeants ;
» ils ont emporté le chemin couvert et dans peu, ils seront au pied des remparts. La
» garnison réduite à 2,000 hommes de pied et à 800 chevaux par les maladies, la peste
» ou le fer suffirait à peine à contenir les habitants et à garder les ouvrages. Les se-
» cours humains sont faibles, notre espérance est en Dieu et en la pressée venue de
» Votre Altesse pour donner bataille ou la recevoir. » A cet appel pressant, l'archiduc se mit en marche, expédiant en avant le commissaire général de l'armée, Contreras, avec 700 chevaux. Le roi, averti de son approche, accompagné de Biron et de 600 chevaux le rencontra à Pont-Noyelles, le mena battant jusqu'à la rivière d'Ancre où il le chargea vigoureusement, lui prit deux cornettes et le poursuivit pendant plusieurs heures,

Hernan Tello n'eut pas la satisfaction de voir arriver le secours si longtemps promis. Le 4 septembre au milieu d'une attaque vivement repoussée, au moment où il passait sur un pont près de la porte Montrescu pour relever le moral de ses troupes qui commençaient à plier, il fut tué d'une arquebusade tirée sur une toile, tendue sur le côté de ce pont, derrière laquelle un soldat français avait aperçu son ombre. Le marquis de Monténégro lui succéda dans le commandement. Quatre jours après, le 8, les assiégeants éprouvaient une perte non moins sensible ; le grand-maître de l'artillerie, Saint-Luc, était à son tour frappé d'une balle, en faisant élever une batterie. Sa charge fut, aux sollicitations importunes de l'ambitieuse Gabrielle, donnée à son père Antoine d'Estrées, malgré le désir qu'éprouvait Henri d'en gratifier dès ce moment Sully.

Le cardinal Albert partit d'Arras le 13 septembre à la tête de 4,000 chevaux et de 15,000 hommes de pied. Dix-huit pièces de canon, six cents charriots enchaînés destinés à servir de retranchements, suivaient ses troupes. Avec lui marchait l'élite des officiers d'Espagne ; le duc d'Aumale, le duc d'Arscot, le prince d'Orange, l'Amirante de Castille, Ernest de Mansfeld. Il parut le 15 à la vue de Longpré. Les vivandiers qui se tenaient de ce côté effrayés de son approche prirent la fuite semant la panique parmi les Français. Les capitaines espagnols, voyant ce désordre, criaient déjà victoire quand les ducs de Nevers et de Montpensier arrêtèrent leur marche en faisant tirer sans relâche l'artillerie sur les masses qui se présentaient pour franchir les retranchements et donnèrent ainsi le temps au maréchal de Biron de ramener les soldats. Henri IV qui revenait de la chasse, ou plutôt d'une visite à la belle Gabrielle, voyant l'ébranlement de ses troupes et le bel ordre de l'armée d'Espagne douta du succès de la journée. Appuyé sur l'arçon de sa selle, les yeux levés au ciel et le chapeau bas : « Seigneur, » dit-il, c'est aujourd'hui que tu veux me punir comme mes péchés le méritent ; » j'offre ma tête à ta justice, n'épargne pas le coupable, mais, Seigneur, par ta sainte » miséricorde, prends pitié de ce pauvre royaume et ne punis pas le troupeau par la » faute du berger. »

Les péchés du roi, c'étaient ses intempestives amours avec Gabrielle. Déjà lorsque Henri était arrivé au camp avec elle, Biron n'avait pu s'empêcher de dire tout haut que c'était là le bonheur que le roi portait avec lui et la prospérité de ses armes. En effet, l'on voyait avec peine dans l'armée, les assiduités du prince près de sa maîtresse et Sigogne, poëte satyrique, bien que son écuyer d'écurie, à cette dernière occasion, fit cette épigramme :

> *Ce grand Henri qui souloit estre*
> *L'effroi de l'Espagnol hautain*
> *Fuyt aujourd'hui devant un prestre*
> *Et suit le c...l d'une p.....*

Les paroles du roi rendirent le courage aux Français. L'archiduc voyant leur contenance assurée craignit d'attaquer et se retira auprès de Longpré, après un échange de canonnade qui tua l'un des chevaux de sa litière et le contraignit d'en descendre pour monter à cheval. En même temps, Mayenne empêchait le comte de Bucquoy de passer la Somme pour jeter une partie de l'armée dans la place. Le peu de succès de cette tentative décidèrent les officiers espagnols à engager le cardinal à renoncer à son entreprise. Le 16, au matin, il reprenait en bon ordre la route de Doullens, brûlant sur son passage Argœuves et Vignacourt. Henri IV le suivit jusque-là, avec 4,000 chevaux et 12,000 fantassins, mais sur l'avis de son conseil qu'il ne fallait rien hasarder et que c'était assez d'avoir empêché le secours, de l'avoir suivi avec le canon à plus de 3 lieues de la ville qui ne pouvait manquer maintenant de retourner sous son obéissance, il laissa le cardinal regagner tranquillement Doullens et rentra au camp.

Immédiatement sommé de se rendre, Monténégro promit de capituler si l'archiduc le trouvait bon. Une suspension d'armes de six jours fut conclue, et les officiers qu'il avait expédiés étant revenus avec les pouvoirs nécessaires, la garnison espagnole évacua Amiens le 25 septembre, mèche allumée, tambours battants, étendards déployés, avec ses chevaux et ses bagages, pour se rendre à Doullens, ainsi que les habitants qui voulurent la suivre. Le marquis de Monténégro, couvert de superbes armes, le bâton de commandement en main, monté sur un beau cheval, fut conduit par le connétable, le maréchal de Biron et le duc de Montbazon jusques au lieu où le roi se trouvait avec les princes de Conti, de Joinville, les ducs de Montpensier, de Nevers, de Nemours, les maréchaux de France, la cornette blanche, 1,700 chevaux et 500 Suisses rangés en bataille. Monténégro mit pied à terre, baisa la botte de ce prince et lui dit en italien qu'il rendait la place entre les mains d'un Roi soldat, puisque le roi, son maître, n'avait point trouvé bon de la faire secourir par des Capitaines soldats. Le roi l'accueillit avec bonté et lui répondit dans la même langue qu'il lui devait suffire d'avoir défendu la place en soldat et de la rendre maintenant en homme d'honneur à son roi légitime. Il ajouta d'autres paroles flatteuses pour les principaux officiers qui s'inclinaient avec respect en défilant devant lui.

A une heure de l'après-midi, il entra dans Amiens avec 1,000 gentilshommes à cheval, se rendit à la cathédrale où les habitants s'étaient rassemblés et où l'on chanta un *Te Deum* d'actions de grâces. Comme il sortait de l'église il remarqua un grand tableau placé par les Espagnols à l'un des piliers du chœur, vis-à-vis la sépulture d'Hernan Tello portant une inscription en lettres d'or en l'honneur de ce capitaine ainsi qu'une autre inscription en son honneur que les bourgeois s'étaient empressés de faire mettre auprès croyant lui faire plaisir, mais Henri ordonna de les faire enlever toutes deux, avec les armes d'Hernan dont l'exiguité surprit tous les Français car elles étaient si petites qu'on les eût prises pour l'armure d'un enfant. Aux termes de l'article premier de la capitulation, le roi jugea que ces épitaphes et ces trophées étaient attentatoires à la dignité de la France.

Henri ne resta que deux heures dans Amiens, à cause de l'épidémie qui y exerçait encore de grands ravages. Il retourna dans son camp, y laissant pour gouverneur, Dominique Devic, avec une garnison de 20 compagnies de gens de pied et de 3 de cheval. Le lendemain, un violent incendie éclata dans le camp. Le dommage fut peu considérable ; la majeure partie des troupes l'ayant quitté quelques instants auparavant, et le roi s'étant mis en marche avec le reste pour saluer les remparts d'Arras de quelques volées de canon. Au retour de cette expédition, il s'arrêta devant Doullens dans le dessein d'assiéger cette ville, mais le temps devint pluvieux et lui-même étant fatigué remit l'exécution de ce projet à l'année suivante.

Tandis que les beaux esprits du temps faisaient à l'envi des pièces de vers sur la glorieuse reprise d'Amiens, qu'on frappait des médailles commémoratives de cet événement, que la joie de la France se traduisait de toutes parts, la sévérité royale s'exerçait sur la ville. Le 3 octobre, l'intendant Caumartin, cassait de leurs fonctions les notaires, juges et autres officiers publics qui avaient exercé leurs charges au nom du roi d'Espagne ; les jugements rendus et les actes passés durant l'occupation furent déclarés nuls comme émanés de personnes sans autorité et les biens des bourgeois qui s'étaient retirés avec les ennemis furent confisqués et donnés aux soldats de la compagnie des chevau-légers blessés durant le siège. Le clergé qui avait adressé des prières au ciel pour le succès des armes espagnoles paya une contribution de 14,180 écus. Enfin l'édit du 25 novembre 1597 établit dans la ville un gouverneur auquel le mayeur et les échevins investis jusqu'alors d'un pouvoir à peu près absolu, durent obéir comme à la propre personne du roi, et les bourgeois furent dépouillés de leurs anciens privilèges, notamment de celui dont ils étaient si fiers de se garder eux-mêmes et dont ils s'étaient si peu montrés dignes. Désormais Amiens dut avoir une garnison. Evrard de Bar-le-Duc y traça le plan de la citadelle qui devait répondre de la sûreté de la capitale de Picardie.

La reprise d'Amiens devait être le terme des hostilités. La France et l'Espagne avaient également besoin de repos. Philippe II épuisé par les infirmités bien plus que par l'âge, sentait que son fils ne serait point de taille à poursuivre le rêve de monarchie universelle à laquelle il avait usé son règne. Déjà des négociations s'étaient entamées, quand Henri était devant Doullens, entre Villeroi et Jean Richardet, président du conseil du roi catholique aux Pays-Bas par la médiation du cardinal Alexandre de Médicis auquel le pape avait adjoint comme conseil le P. Catalagironne, général de l'ordre de saint François. L'on convint que des plénipotentiaires se réuniraient à Vervins. Ce furent pour la France : Pomponne de Bellièvre et Bruslard de Sillery conseiller d'Etat ; pour l'archiduc Albert, mandataire de Philippe II : Richardet et Tavin secrétaire et trésorier du Conseil d'Etat. Ouvertes au milieu de février 1548, les négociations se terminèrent le 2 mai par la signature du traité de Vervins. Il restituait à la Picardie, Calais, Ardres, le Mont Hulin, Doullens et les autres places que les Espagnols y détenaient encore. Les otages qui, d'après les stipulations, devaient être donnés à la France jusqu'à leur remise, le cardinal d'Arragon, le duc d'Arscot, le comte d'Aremberg, François de Mendoza et don Luis de Velasco passèrent à Amiens où ils furent reçus magnifiquement à la nouvelle porte Saint-Pierre qu'on déboucha exprès pour cette circonstance. Le lendemain 7, la paix fut lue et publiée au jubé de la cathédrale, en présence du cardinal Alexandre de Médicis, de six évêques qui l'accompagnaient, du connétable, du comte de Saint-Pol et du duc de Chaulnes.

La paix de Vervins, en rendant la tranquillité à la Picardie, laisse son histoire dénuée d'événements importants jusqu'à l'assassinat d'Henri IV, maintenant occupé avec son ministre Sully à cicatriser les plaies de la guerre. En 1599, la mort étrange de Madame de Beaufort, Gabrielle d'Estrées, à la suite d'un dîner chez le financier Lucquois Zamet, faisait cesser la crainte de voir Henri, après la cassation qu'il sollicitait auprès de la cour de Rome de son mariage avec Marguerite de Valois, poser la couronne de France sur la tête de cette maîtresse ambitieuse. Son union avec Marie de Médicis contractée bientôt après, assurait la perpétuité de la dynastie des Bourbons, par la naissance du dauphin, depuis Louis XIII, le 28 septembre 1601, et par celle en 1603 du duc d'Orléans, second fils de France. Les cérémonies faites en réjouissance de ces événements, les voyages d'Henri à Boulogne et à Calais en 1601 et 1607, enfin l'image miraculeuse de Notre-Dame de Boulogne retrouvée dans le puits du château d'Honvault où les Protestants l'avaient jetée en 1567 sont à peu près les seuls faits à mentionner.

La sainte image fort dégradée, fut déposée dans l'église de Saint-Vulmer et sa réintégration dans la cathédrale de Boulogne n'eut pas lieu sans incidents nombreux, sur lesquels l'historien de Notre-Dame, le chanoine Antoine Le Roy, garde un prudent silence. Rapportée dans cette ville par un ermite de la forêt de Desvres et un prêtre boulonnais, son état de délabrement empêchait de l'exposer aux regards des fidèles à l'endroit où elle était auparavant ; on la relégua dans un coin de la sacristie. Les prêtres de Saint-Vulmer placèrent alors dans leur église une image qu'ils prétendirent être celle enlevée de la cathédrale. Le 29 septembre 1610 le grand vicaire Fourcy Vaillant, assisté d'un chanoine et de deux autres ecclésiastiques, sur les onze heures du matin vinrent à Saint-Vulmer, montèrent à l'autel, y enlevèrent la fausse image et chassèrent tous ceux qui y étaient venus faire leurs dévotions. De grands débats s'élevèrent à l'occasion de cette statue et la Sorbonne fut consultée pour savoir si c'était bien celle trouvée au logis de M. d'Honvault. L'évêque Victor Boutillier voulant mettre fin à ces discussions irritantes opina pour la faire brûler. La Sorbonne décida qu'elle serait replacée dans la cathédrale et qu'il la fallait reconnaître pour l'ancienne et miraculeuse image de Notre-Dame de Boulogne. Ce fut aussi l'avis des Pères Jésuites d'Amiens. On la retailla pour lui donner une forme plus humaine et de ses recoupes on fit trois petites statues données aux Picpus de Paris, aux Ursulines de Bourges et aux Sœurs noires de Saint-Omer. La restauration de la statue de Notre-Dame de Boulogne se fit avec la plus grande solennité le Samedi Saint 30 mars 1630 par l'évêque Boutillier en présence du chapitre, des magistrats et des notables de la ville et ne quitta plus le sanctuaire, où accouraient de nouveau des pèlerins de tout âge et de toute condition. La Vierge de Boulogne fut enfin définitivement jetée au feu le 28 décembre 1793 sur la place de la Haute-Ville avec d'autres images par les ordres du représentant André Dumont et en sa présence. « La célèbre et très incompréhensible la très sainte Vierge noire « que les Anglais n'avaient pu brûler fut dans la plus belle fête qui se puisse célébrer, « écrivait-il le 8 nivose an 2 à la Convention Nationale, jetée dans le bûcher et réduite « en cendres sans miracles. »

XIV

Le poignard de Ravaillac, en privant la France du seul roi dont le peuple ait gardé la mémoire, avait laissé le pays au pouvoir nominal d'un enfant de 9 ans, sous la tutelle d'une étrangère, faible et superstitieuse. Dans la difficile situation où la jetaient les embarras suscités par les grands, Condé, Mayenne, Longueville, Vendôme, Bouillon et

Nevers et par les Huguenots que la puissante main du feu roi avait eu tant de peine à contenir, Marie de Médicis déclarée régente par le Parlement, quelques heures après la mort d'Henri IV, prit pour mentor et pour guide de sa politique Concino Concini. Ni la grandeur du rang, ni l'éclat des services rendus, ne justifiaient un tel choix. Cet homme, naguère obscur, florentin de naissance, après une existence précaire et vagabonde, était parvenu à entrer, en qualité de gentilhomme servant, dans la maison de Marie de Médicis à l'époque où son mariage venait de se conclure avec Henri IV. Marie avait auprès d'elle, comme femme de chambre, sa sœur de lait, Léonora Dori. Cette fille, de basse naissance, mais adroite, plus connue sous le nom de Galigaï qu'elle avait choisi, suivant un usage admis à Florence, qui permettait de s'approprier à prix d'argent le nom d'une famille éteinte, avait bientôt su prendre sur sa crédule maîtresse un empire sans bornes. Concini, qui ne manquait pas d'esprit, s'attacha à cette femme, sut lui plaire et l'épousa bientôt malgré le mécontentement qu'Henri IV avait toujours manifesté contre cette union. Le roi mort, la Galigaï ne tarda pas à gouverner entièrement la reine, et par sa femme, Concini régna sur la France en maître absolu.

Parvenu ainsi au faîte du pouvoir et pour faire oublier sa fortune rapide et sa basse extraction, Concini se fit appeler le marquis d'Ancre, du nom de cette terre qu'il avait achetée en Picardie au prix de 330,000 livres. Il se qualifia du titre de lieutenant général des villes de Montdidier, Péronne et Roye, charge que lui avait cédée le marquis de Créqui pour 120,000 livres, puis de premier gentilhomme de la chambre du roi, fonction qu'il avait acquise du duc de Bouillon pour 200,000 livres. Il obtint en outre les gouvernements d'Amiens, de Dieppe, du Pont-de-l'Arche et de Bourg-en-Bresse. Enfin, premier ministre, il se décerna le bâton fleurdelysé de maréchal de France. Anciennement, ceux qu'on honorait de cette dignité, se faisaient présenter au Parlement par un avocat qui, dans une audience, disait tout ce qui était de plus considérable en eux et leurs prédécesseurs. On eut soin cette fois de ne pas se conformer à cet antique usage. Concini n'avait jamais porté les armes.

Pour apaiser les mécontents qui murmuraient contre cette fortune soudaine, Concini leur ouvrit d'une main libérale les coffres du trésor public. Tout fut pour le mieux dans le meilleur des mondes possible, tant que l'argent dura, mais aussitôt la curée terminée, quand les épargnes que le feu roi avaient amassées à grand peine pour soutenir la guerre qu'il avait projetée contre l'Autriche, eurent passées dans le gouffre insatiable des poches toujours béantes de MM. les princes, ceux-ci sentirent renaître en eux leurs velléités d'ambition, et la guerre civile déjà un instant suspendue par le traité de Sainte-Menehould, le 15 mai 1614, recommença de nouveau.

Le 3 octobre 1611 le vieux duc de Mayenne était mort à Soissons. Depuis son accomodement ayant besoin d'un repos que son âge, sa pesanteur de corps et sa goutte lui commandaient, il habitait cette ville de préférence, dans un splendide hôtel qu'il avait fait construire, vaste et massif selon le goût de Ducerceau, dans la rue de Guise à laquelle son séjour a laissé ce nom longtemps cher aux Soissonnais, et où il eut toujours une espèce de cour et de train royal, passant la belle saison dans sa maison de plaisance de Vauxbuin ou de Chevreux. Fidèle à Henri IV qui l'estimait et le consultait dans toutes les circonstances graves malgré son éloignement de la cour, il avait continué cette même fidélité au jeune roi Louis XIII qu'il conduisit au sacre de Reims, et dès les premiers troubles de la Régence en donnant à la reine-mère de sages conseils et en modérant par sa présence à Fontainebleau où il s'était fait transporter malgré ses incommodités, la chaleur et la fougue des jeunes princes et des seigneurs. Il fut inhumé avec sa veuve Henriette de Savoie qui ne lui survécut que de onze jours, dans un petit caveau de la cathédrale près du maître-autel et son cœur déposé dans l'église des Minimes.

En 1614 son fils aîné Henri de Lorraine qui portait maintenant le titre de duc de Mayenne, avait pris part à cette levée de boucliers avec Condé, Nevers, Bouillon, Longueville et les autres mécontents. Bien qu'ayant dans les premiers temps suivi l'exemple de fidélité de son père, il allait encore jouer un rôle des plus actifs dans ces nouvelles dissensions.

La Picardie avait alors pour gouverneur Henri d'Orléans, duc de Longueville et d'Estouteville, pair de France, comte souverain de Neufchâtel et de Valengin en Suisse, comte de Dunois, de Chaumont et de Tancarville, et connétable héréditaire de Normandie. Il s'était empressé, dès le 19 août 1614, de prendre possession de ce gouvernement qu'il avait reçu au berceau, à la mort de son père tué à Doullens, et qu'avait jusqu'alors exercé provisoirement, en son nom, son oncle paternel, François d'Orléans, comte de Saint-Pol. De son côté, Concini voulant s'assurer du poste important de la citadelle d'Amiens qui, en cas de revers de fortune, pouvait lui servir de refuge et lui permettre au besoin de gagner facilement la frontière, s'était emparé du pont des Becquerelles, qui la séparait de la ville, et y avait fait placer un pont-levis. Se rendre maître de la citadelle était le rêve du duc de Longueville. Pour arriver à ce but, il chercha à gagner à sa cause de nombreux partisans et flatta adroitement toutes les classes de la société et principalement les vanités de la bourgeoisie riche et indépendante.

Un tel projet, du reste, ne devait rencontrer que sympathie dans le cœur des Amiénois. Ils n'oubliaient pas que le boulevard élevé contre l'Artois, par Evrard de Bar-le-Duc, était un monument insultant de la perte de leurs antiques franchises, de l'anéantissement de leurs plus glorieux privilèges. Sûr de leur appui moral, et, au besoin, d'un concours plus efficace encore de leur part, Henri d'Orléans se résolut enfin à tenter l'enlèvement de la citadelle à main armée. Suivi de plusieurs de ses gentilshommes et de la compagnie d'infanterie de Lierville, qui gardait alors la porte Saint-Pierre, il se rendit au couvent des Célestins, sous le prétexte d'y entendre la messe et envoya trois de ses gentilshommes assistés de serruriers, afin de rompre les chaînes du pont. Du Thiers, attaché au maréchal d'Ancre, se promenait par hasard sur l'esplanade. Voyant ce qui se passait, il accourut au pont et représenta aux agents du duc de Longueville qu'ils entreprenaient sur l'autorité du gouverneur. Ceux-ci répondirent avec hauteur que leur maître n'avait point de compte à rendre de ses actions à Concini. Du Thiers mit alors l'épée à la main, appela à son aide les soldats de la citadelle et chassa ses adversaires. Le bruit de ce débat s'était répandu de tout côté. Les boutiques et les maisons de la ville se ferment, la milice bourgeoise prend les armes. Le canon des bastions est braqué sur le couvent des Célestins. Cette menace, loin d'intimider le duc, ses soldats et les habitants qui se sont joints à lui pour cette expédition, ne fait que porter leur animation au comble ; une lutte est imminente. Cependant, avant d'en venir aux mains, de nouveaux pourparlers s'engagent entre Henri d'Orléans et Hauteclocque, lieutenant du maréchal d'Ancre. Hauteclocque, pressé par les arguments chaleureux du duc et de ses partisans, allait leur procurer une victoire facile en consentant à la destruction du pont, quand du Thiers, qui ne l'avait pas quitté, répondit qu'il était plutôt prêt à mourir que de le voir jeter bas. Cette obstination mit fin à l'incident. Hauteclocque supplia à son tour le duc de ne rien tenter, celui-ci, cédant à sa faiblesse naturelle, y consentit enfin et reprit le chemin de la ville. Mais du Thiers, craignant encore quelque entreprise de la part des bourgeois, resta ferme à son poste, s'y fit apporter à manger et ne l'abandonna de sa personne, qu'après en avoir confié la garde aux soldats italiens de la garnison, tout dévoués à leur puissant compatriote. Le commandement de la compagnie des chevau-légers du roi récompensa bientôt ce gentilhomme de son attachement au maréchal.

Ce différent eut cependant pour effet d'augmenter la mésintelligence qui régnait déjà entre les habitants et les soldats italiens qui baptisèrent ironiquement le pont, cause première de la querelle, du nom de Pont Dolent, ou du Débat et de donner lieu à des actes de violences réitérés de la part de ces derniers.

Une nuit quelques-uns d'entr'eux se portent sur l'hôtel de l'Ecu de Bretagne, à l'angle de la rue de Beauvais et des Capucins où logeait le marquis de Bonnivet, l'un des partisans les plus déclarés de la faction des princes et tentent sans succès de l'incendier à l'aide du pétard.

Durant le carnaval de 1615, le duc de Longueville se livrait, sur la grande et belle terrasse du couvent des religieux Augustins, au plaisir de la course du faquin. Quelques bourgeois qui assistaient à ce spectacle se prirent à dire en matière de raillerie plus picarde que prudente, que ce n'était point la tête d'un faquin mais bien celle d'un maréchal. Informé de ces propos, Hauteclocque envoya quérir le premier échevin, Antoine Pingré, et lui fit des plaintes amères à ce sujet, demandant la punition sévère de telles impertinences. Ce magistrat ne donna aucune suite à l'affaire. Pour se venger, Hauteclocque envoya une nuit vers deux heures du matin, 12 soldats qui, dans le dessein d'assassiner Pingré ou tout au moins de le maltraiter, vinrent frapper à la porte de sa maison. L'un d'eux répondit à la servante qui s'enquérait du but de cette visite nocturne, qu'il venait de la part de Madame la duchesse de Longueville pour parler d'affaires importantes. Cette réponse n'eut d'autre effet que de faire naître le soupçon dans l'esprit de cette femme et dans celui du premier échevin ; la porte demeura close et après avoir inutilement tenté d'en faire sauter les ferrements à coups de pistolets, les assaillants s'enfuirent avec précipitation voyant leurs projets avortés.

Enfin, un soldat ayant donné un gros chapelet à parfumer à un apothicaire de la rue des Vergeaux, au coin de la rue des Jeunes-Mâtins, accusa ce dernier de lui en avoir détaché une dizaine de grains. Une discussion s'engagea, le soldat tira son coutelas, en blessa son interlocuteur à la tête, prit la fuite, et, serré de près par les bourgeois qui le poursuivaient, se réfugia dans l'église Saint-Firmin-en-Castillon. Sans s'inquiéter de la sainteté du lieu, ils l'arrêtèrent dans l'église même et le livrèrent au lieutenant-criminel, qui sur le champ fit instruire son procès. Quelques jours après, le meurtrier était pendu comme coupable de contravention aux ordonnances qui défendaient aux soldats, sous peine de mort, de mettre l'épée à la main. Cet acte de vigueur, loin d'imposer un frein salutaire à leurs excès, ralluma dans toute leur effervescence les mauvaises passions des Italiens. Ne pouvant s'en prendre au lieutenant-criminel, ils résolurent de faire retomber les coups de leur vengeance sur la personne du sergent-major de la citadelle, coupable à leurs yeux de ne s'être pas opposé énergiquement à l'exécution de leur camarade. C'était alors Pierre de Prouville, gentilhomme picard, seigneur de Prouville et de Hangard, vieux compagnon d'arme du roi Henri, et qui avait été amputé au siège d'Amiens d'une jambe fracassée d'un coup de boulet.

Le jour de la Magdeleine, 22 juillet 1615, sur les dix heures du matin, comme Prouville rentrait de la citadelle et passait sur le pont Dolent, il fut rencontré par le chef du complot, nommé Alphonse, qui le salua militairement. Comme Prouville se mettait en devoir de répondre à cet acte déférence, l'Italien se jeta brusquement sur lui, lui porta deux coups de poignard et s'enfuit précipitamment dans la citadelle. Prouville obligé de descendre de cheval avec l'aide de quelques personnes qui se trouvaient là par hasard, ne tarda pas à expirer dans leurs bras. La justice se rendit sur les lieux pour dresser procès-verbal, faire enlever le corps et réclamer l'assassin, mais Hauteclocque refusa de le livrer, Alphonse n'étant point comme soldat selon lui justiciable du lieutenant-criminel et dit vouloir en référer à la cour et au maréchal d'Ancre, pour savoir quelle conduite il devait tenir en cette occurrence ; que selon la réponse qu'il recevrait, il livrerait le coupable au prévôt des maréchaux ou à tous autres qu'il appartiendrait et qu'au surplus c'était sans préméditation et pour insulte personnelle qu'Alphonse avait tué M. de Prouville. Cette réponse n'avait pour but que de gagner du temps. Deux jours après le crime, le roi de France écrivait aux habitants d'Amiens une lettre par laquelle il leur mandait de ne prendre aucune mesure extraordinaire, leur promettant une punition exemplaire de l'assassin.

Mais cette punition sévère ne devait pas recevoir son exécution. Dès que M. de Nerestan que la Cour envoyait pour prendre des informations, fut sur le point d'accomplir sa mission, Hauteclocque rompant les portes de la prison où était détenu Alphonse, sortit avec lui sous l'escorte de trois ou quatre soldats par la porte de secours de la citadelle qu'il laissa ouverte et gagna la Flandre à cheval. Les officiers de la citadelle élurent provisoirement le sieur de Meigneux pour le remplacer.

L'impunité du meurtre de Prouville faillit amener de nouveaux troubles dans Amiens. Les habitants n'ayant plus assez de plaintes pour exhaler leur haine contre le Maréchal d'Ancre, que l'opinion publique accusait d'être l'instigateur du crime, résolurent d'attaquer la citadelle et d'en expulser les Italiens. Le duc de Longueville qui était réuni à Coucy-le-Château avec les princes confédérés, s'empressa de revenir, sur l'appel secret qui lui avait été fait, pour prendre la direction du mouvement. Mais le 3 août, Nérestan qui avait reçu de nombreux renforts, fit mander les échevins à la citadelle et après les avoir fait passer entre la haie compacte de toute sa garnison sous les armes, leur communiqua des ordres du roi, qui leur défendaient expressément et sous peine de la vie de recevoir dans la ville aucun des princes rebelles. La situation était délicate ; le duc de Longueville était déjà arrivé à Amiens. Il avait le jour même assisté à la messe à la cathédrale, ainsi qu'à la procession qui l'avait suivie. Ce fut seulement après son dîner qu'il apprit ce qui se passait à son sujet. Il sortit aussitôt du Logis-du-Roi pour s'informer de ce qui se faisait à l'hôtel-de-ville. Rencontré en route par plusieurs de ses partisans qui le supplièrent de quitter la ville, Henri d'Orléans répondit qu'il ne voulait pas qu'à son occasion Amiens fût exposé à quelque danger ; il se retira à pied à la porte de Noyon dont quelques amis s'étaient assurés et où on lui amena son cheval qu'il monta immédiatement et sur lequel il se retira à Corbie.

Les mêmes désordres régnaient à Abbeville où des rixes sanglantes éclatèrent le 10 octobre 1615 entre les soldats du marquis d'Ancre et les habitants qui appelèrent et reçurent avec de grandes démonstrations de joie le duc de Longueville qui s'y installa. Chacun des princes s'efforçait de s'établir dans des villes importantes. Condé se retira dans le château de Clermont et le garnit de soldats. Le maréchal d'Ancre qui restait à Amiens pour tenir tête à ses adversaires, s'avança pour le reprendre le 25 octobre 1615 et s'en empara après cinq jours de siège.

Le traité de Loudun, 6 mai 1616, amena un rapprochement entre les princes et la cour. La Reine-Mère donnait à Condé cinq places de sûreté et à ses partisans de nouvelles dignités. Condé, maître du gouvernement, accorda alors à ses amis toutes les places, les provinces et les finances du royaume. Concini, retiré en Normandie, et conseillé, dit-on, par l'évêque de Luçon Richelieu, décida la reine à un acte de vigueur. Condé fut arrêté au Louvre et conduit à la Bastille le 1er septembre 1616. Mayenne, Bouillon, Longueville, Vendôme, avertis à temps, s'enfuirent de Paris, renouèrent leur ligue provinciale, levèrent des impôts et des soldats, demandèrent la liberté de Condé, l'expulsion dumaire du palais Concini revenu à la cour plus puissant et s'aliénant de plus en plus tout le monde par son luxe, ses concussions et son insolence, l'exécution enfin du traité de Loudun. Deux arrêts du Conseil et du Parlement les déclarèrent rebelles, coupables de lèse-majesté, déchus de leurs biens et de leurs dignités. Trois armées furent envoyées en Picardie, en Champagne, et les poussèrent vivement. Comme en 1615, les mécontents, c'est ainsi qu'on nommait les princes confédérés, s'étaient assurés de Soissons, de La Fère, de Coucy et de Laon. Le duc de Longueville échoua le 6 septembre dans la tentative qu'il avait faite pour s'emparer aussi de Saint-Quentin. Le duc de Guise qui avait accédé à la ligue signée entr'eux dans une ferme des environs de Soissons, ne tarda pas à se laisser gagner par la cour et à prendre rang dans les armées royales. En 1617, les confédérés mettent garnison dans Chauny et parviennent à occuper Saint-Quentin ; ils attaquent et enlèvent près de Marle, Jean de Récourt avec sa compagnie et l'emmènent blessé à La Fère où il est traité en criminel. Le duc de Guise leur enlève Rosoy à la fin de mars. Le 1er avril, il tente la nuit de surprendre Laon et se retire après avoir brûlé le faubourg de Vaux. Le 8, le comte d'Auvergne éprouve de la part du duc Mayenne un échec auprès de Villers-Cotterets, mais le 10, il investit Soissons où s'était renfermé Mayenne, et en presse vivement le siège. Un événement inattendu allait mettre un terme à la lutte.

Le 24 avril 1617, un long cri de joie traversait la Picardie et les Amiénois, en signe d'allégresse, paraient à l'envi leurs chapeaux de feuilles vertes de lauriers. Le maréchal d'Ancre avait été de l'ordre exprès du roi, tué par Vitry, capitaine des gardes, sur le pont tournant du Louvre. Jamais victoire remportée sur l'Anglais ou l'Espagnol ne fut célébrée avec plus d'enthousiasme que ne le fut l'assassinat de sang-froid qui inaugura le premier acte de la volonté de Louis-le-Juste. Paris retentit d'immenses acclamations, des feux brillants illuminèrent les rues et les carrefours. Le lendemain matin, les laquais des grands seigneurs, entraînant à leur suite la lie de la populace, se portèrent à l'église Saint-Germain-l'Auxerrois dans laquelle l'on avait en cachette, sous les orgues, inhumé le maréchal d'Ancre ; ils déterrèrent son cadavre, le traînèrent par la ville avec des huées et des clameurs obscènes dans lesquelles le nom de la reine-mère était mêlé et finirent par mettre en pièces et par brûler ses restes. Un forcené, vêtu de rouge fit rôtir le cœur du maréchal et le dévora. Après les saturnales sanglantes de la rue vinrent les saturnales plus basses encore des beaux esprits du temps. *La Mort du faquin de Concini, la Complainte du Gibet de Montfaucon, la juste Punition du Lycaon florentin* et un déluge de pièces de vers, de chansons, de pamphlets satyriques et orduriers sous des titres analogues, célébrèrent à l'envi la chute du favori et l'émancipation du roi.

Devant Soissons, l'on apprit la mort de Concini le jour même où un assaut général devait être donné à la place. Cet événement mit fin à la guerre civile et Mayenne fit alors porter au roi les clefs de la ville qui n'eut plus qu'à réparer les désastres de la guerre.

« Sire, dit le comte de Suze, chargé de cette mission, Soissons n'a jamais été fermé
» qu'à un estranger que la voix publique avait déclaré ennemy de l'Estat et contraire à
» la paix ; mais puisque sa mort donne le repos à vos sujets, il est juste que la ville qui
» estoit la première dans l'oppression, soit aussi des premières à vous reconnaître pour
» son libérateur, car enfin ce coup hardy de votre justice qui a sauvé le Soissonnais et
» la liberté qui leur est rendue vous a acquis plus de gloire que n'eust faict la prise de
» plusieurs places ny la suite de plusieurs victoires. Par cette seule action, exécutée
» avec autant de bonheur que de générosité, vous triomphez des cœurs, au lieu que par
» la force, si on se fait assujettir les biens et les personnes, on n'eust pu gagner les
» affections ni réguer sur les volontés. Quel plus merveilleux effet de votre authorité
» souveraine que de voir en un instant un tel changement dans les provinces où la paix
» se fait sans avoir traité et où ceux qui estoient prêts à combattre mettent les armes bas
» sans y estre contraints que par le désir de vous témoigner leur obéissance. Sire, cela
» s'est vu particulièrement à Soissons ou à même temps qu'on eut appris la nouvelle
» de ce qui se fit hier au Louvre il n'y eut plus de différend entre les assiégeants et les
» assiégés. Tous sans distinction donnèrent mille louanges à Votre Majesté pour cette
» exécution qu'ils prirent pour un présage de sa grandeur et de leur félicité. Mais les
» princes dont les pensées sont plus nobles et plus généreuses que celles du peuple et
» des soldats en ont des sentiments qu'ils ne pourront faire connaître que par des ser-
» vices réels et des occasions importantes. Sur tous, le duc de Mayenne en a d'extraor-
» dinaires qu'il serait venu vous expliquer lui-même s'il n'avait été prié d'attendre les
» ducs de Vendosme et de Nevers. Tous trois ont une passion de se voir aux pieds de
» Votre Majesté afin de l'informer de leurs intentions pour le passé et de l'assurer de
» leur fidélité pour l'avenir. Il resterait une chose pour les mettre au plus haut point du
» bonheur. c'est qu'on reconnust qu'ils n'ont armé que pour le bien du royaume et le
» service de Votre Majesté. Et en effet, sire, ils se sont proposé cette fin, jointe pourtant
» à la nécessité de sauver leur honneur et de mettre à couvert leurs personnes. Pour les
» Soissonnais sur qui est tombé le fardeau de la guerre, ils supplient très-humblement
» Votre Majesté qu'elle leur fasse goûter la douceur de la paix, avec le reste de la
» France, et qu'elle retire l'armée des environs de la ville pour y rétablir le commerce
» et la tranquillité. »

Un autre favori, Luynes, devait succéder à Concini. Simple maître du cabinet des oiseaux du roi, grâce au goût de ce prince pour la chasse au vol, il avait su prendre sur Louis XIII un grand ascendant et lui arracher la résolution de faire arrêter Concini et de le faire tuer en cas de résistance. Comme lui d'origine italienne, de Luynes, malgré l'arrêt du Parlement qui les confisquait au trésor, s'appropria toutes les dépouilles du maréchal d'Ancre, faisant part à ses deux frères, De Brandt et Cadenet, de ses richesses et de sa puissance. L'un de ses premiers soins fut d'engager Louis XIII à faire un voyage en Picardie afin d'être mis par le roi lui-même en possession du gouvernement de Calais et de faire ériger son marquisat d'Ancre en duché d'Albert, nom sous lequel cette ville est restée connue, perdant ainsi sa vieille dénomination.

Depuis cette époque jusqu'en 1635, date de la déclaration de guerre de la France à l'Autriche, l'histoire de la Picardie ne compte guère que quelques faits locaux peu intéressants. Nous nous contenterons de citer le passage à travers cette province d'Henriette de France, sœur du roi Louis XIII qui, le 11 mai 1624, avait été mariée au roi d'Angleterre, Charles Ier. La nouvelle reine d'Angleterre, accompagnée de sa mère, Marie de Médicis, de sa belle-sœur la reine Anne d'Autriche, des ducs de Chevreuse et de Buckingham favori de Charles Ier qui l'avait épousée par procuration, au nom de son maître, entourée d'une cour nombreuse et brillante, fut reçue à Amiens le 8 juin. Ce fut durant ce séjour des trois reines dans cette ville que le duc de Buckingham épris de la reine Anne et favorisé par la connivence de la duchesse de Chevreuse, surintendante de sa maison osa un soir dans les jardins de l'évêché où cette princesse était logée, lui déclarer sa passion et chercha, dit-on, à lui dérober quelques légères faveurs. Le 16, Henriette s'arrêtait à Abbeville où elle était reçue avec les mêmes honneurs et la même pompe qu'on avait déployée à Amiens et vint s'embarquer à Boulogne pour passer en Angleterre, la peste qui régnait alors à Calais l'ayant contrainte de choisir ce lieu d'embarquement. Ce fléau régnait dans une grande partie de la Picardie et la ville de Laon y perdit alors, dit un de ses historiens, un tiers de sa population.

L'année suivante, la ville de Roye vit naître dans ses murs une secte d'Illuminés désignés sous le nom de Guérinets de celui de Pierre Guérin, leur fondateur, curé de la paroisse Saint-Georges. Ils professaient un souverain mépris pour tout dogme et pour tout culte tant intérieur qu'extérieur. On pouvait faire ce que l'on voulait, la seule loi, selon eux, était l'inspiration envoyée par Dieu et l'on était impeccable. Le cardinal de Richelieu et son bras droit le capucin Joseph, se hâtèrent d'arrêter l'expansion de ces doctrines par les poursuites du bras séculier.

Malgré l'union d'Henriette de France, la paix ne tarda pas à être rompue avec l'Angleterre et cette puissance prit les armes pour donner appui au parti protestant dont Richelieu poursuivait le complet anéantissement en venant mettre le siège devant La Rochelle, sa dernière forteresse. En 1628 une flotte anglaise parut dans la Manche destinée à jeter sur les côtes une armée de débarquement qu'un traître nommé Duparcq devait introduire dans Calais ; mais le complot ayant été découvert et Duparcq ayant payé de sa tête son complot, les Anglais n'osèrent rien tenter, de même qu'ils ne firent aucune tentative sérieuse en faveur des Rochelais.

Deux ans après en 1630, c'est un autre aventurier, le baron de Saint-Pierre qui, poussé par les ennemis du cardinal alors malade se présente devant Laon, menaçant de la piller si on tardait à lui en ouvrir les portes. Les habitants, après l'avoir amusé assez de temps pour se préparer à la résistance, parurent en armes sur les remparts et repoussèrent l'attaque. L'aventurier déçu décampa la nuit.

En 1634, à Montreuil-sur-Mer des scènes scandaleuses amenèrent l'interdit sur cette ville. L'évêque d'Amiens, Mgr Lefèvre de Caumartin ayant, à la demande des habitants de Rue, jaloux de posséder une relique de leur patron saint Wulphy, et du consentement des moines de Saint-Sauve qui en étaient dépositaires, détaché de la châsse du saint sa mâchoire inférieure et deux parcelles des ossements de sa jambe, une véritable insurrection éclata chez les habitants exaspérés de ce qu'ils regardaient comme un sacrilège larcin. Assailli par la populace qui brisait les vitres du couvent, l'évêque ne trouva contre sa violence et ses sévices qu'un refuge à la citadelle dont il s'esquiva nuitamment à la faveur d'un déguisement. De l'avis de son Chapitre, dix jours après cette émeute, l'évêque d'Amiens lança l'interdit sur les Montreuillois et Louis XIII chargea M. de Miromesnil et le procureur du présidial d'Abbeville d'instruire contre les principaux coupables. Le prélat oubliant les injures dont on l'avait abreuvé, consentit, sur les supplications des habitants les plus honorables à suspendre cette mesure et à implorer du roi le pardon des mutins contre lesquels la justice avait prononcé de sévères condamnations. Le 28 septembre 1635, les délégués de l'assemblée générale du clergé vinrent recevoir la soumission des Montreuillois et l'église de Rue s'enrichit alors, sans nouveaux troubles, des parcelles de reliques qu'elle convoitait, et dont la possession coûta en définitive aux Montreuillois une amende de 1,600 livres et un amoindrissement de leurs franchises municipales.

L'Allemagne était depuis 1619, le théâtre de l'interminable et sanglante guerre connue sous le nom de Guerre de Trente-Ans, lorsque Richelieu jugea à propos de faire intervenir plus directement la France dans cette lutte à laquelle elle n'avait jusqu'alors pris part que par les subsides qu'elle payait à la Suède, renouvelant ses traités antérieurs avec le chancelier suédois Oxenstiern, venu exprès à Compiègne pour ces négociations. Le 26 mars 1635, il déclara la guerre à la maison d'Autriche. Peu de jours après le commencement des hostilités, Crécy était attaqué et ruiné, plus de cinquante villages et grosses fermes des environs étaient au mois d'août 1635 entièrement pillés, ravagés, brûlés par l'ennemi, les habitants, prisonniers, mis à rançon, ceux qui osaient résister étaient passés par les armes. Les troupes françaises, sous les ordres du duc de Chaulnes, du maréchal de Châtillon, de Rambures, en traversant différentes fois ces mêmes villages y avaient fait de leur côté de si grands dégâts et tant de ruines qu'il n'y était resté choses quelconques. Pendant ce temps, le comte de Bucquoy mettait à la tête de ses Croates tout à feu et à sang dans le Ponthieu. Rambures surprit les Croates à Frévent. Leur colonel se sauva en chemise, tout son équipage fut pris et sa maîtresse tuée au moment où elle montait en carrosse. Mais tous ces maux n'étaient rien en comparaison de ceux qu'allait déchaîner l'année suivante : *l'Année de Corbie* comme l'appela la génération contemporaine. Les malheureuses victimes de ces invasions étaient néanmoins emprisonnées pour le paiement de la taille qu'elles ne pouvaient acquitter et adressaient au roi d'inutiles réclamations.

A Amiens, le 1" avril éclata une émeute des sayetiers à propos du nouvel impôt d'un sou par livre établi sur les produits de leurs métiers. Le duc de Chaulnes qui essaya de l'apaiser dut la charger à la tête de sa cavalerie, assailli qu'il avait été à coups de pierres par les mutins.

Le 2 juillet 1636 deux armées ennemies sous les ordres du prince Thomas de Savoie, de Jean de Werth et de Piccolomini envahirent la Picardie, mal gardée et sans défense. La Capelle investie le 2, capitula le 6, Vervins n'opposa le 7 aucune défense ; le château de Surfontaine fut pris et brûlé le 9. Dans Guise, attaqué le 12, le maréchal de Guébriant fit une si héroïque résistance qu'il détermina le prince Thomas à lever le siège. Le 15, le brave Jean de Récourt défendit avec succès le passage de la Serre. L'ennemi fut plus heureux à Bohain, à Etreun, enfin au Catelet qui se rendit après deux jours d'investissement. Les Espagnols brûlent Bray, franchissent la Somme à Cerisy, malgré le comte de Noyon qui se réfugie à Soissons et la défense désespérée du régiment de Piémont, qui s'y fit tailler en pièces. Le 2 août, Jean de Werth et Piccolomini investissaient Corbie. Bien que Richelieu eût fait faire l'année précédente la visite des places fortes de la frontière par Sublet de Noyers, sous-secrétaire d'Etat de la guerre, celle-ci était faible et mal approvisionnée. Son gouverneur, Maximilien de Belleforière, seigneur de Soyecourt, comte de Tilloloy, lieutenant-général du gouvernement de Picardie, devait montrer la même pusillanimité que les gouverneurs de la Capelle et du Catelet. Les énergiques représentations d'un officier de fortune, nommé Saint-Preuil, que la cour y avait envoyé et qui était parvenu à entrer dans la ville à la nage, ne purent triompher de son abattement. Soyecourt capitula le 15 août, après 13 jours de siège, sans attendre même que l'assiégeant eût atteint le pied de la contrescarpe. Le 8 août, Jean de Werth s'était emparé de Roye, mais Montdidier qu'il somma en vain par deux fois, refusa de lui ouvrir ses portes. Le maire, Antoine de Fevin encouragea la résistance des habitants par ces paroles : *Aut mors aut vita decora.*

La reddition de Corbie jeta l'épouvante et la consternation dans Paris ; les partis espagnols couraient librement le pays. Après avoir incendié les villages aux portes d'Amiens, ils étendirent leurs maux dans toute la région comprise entre la Somme et l'Oise, brûlant les maisons, les fermes, les villages, renversant les édifices, faisant mourir les hommes à petit feu, déshonorant les femmes, écrasant les enfants contre les murs, massacrant et violant les religieuses, pillant les autels, emportant les ornements sacrés, ouvrant les châsses, jetant au vent les saintes reliques. Dans le Ponthieu, la garnison d'Auxi-le-Château se livrait à de si affreux ravages qu'on ne trouvait dans la campagne, à deux lieues de Saint-Riquier, ni terre labourée ni semée. Les habitants s'étaient retirés dans les bois. Ceux de Maison-Roland furent obligés non-seulement de cesser leurs labours, mais de faire de grands frais pour se creuser des carrières afin de se mettre en sûreté. Les souterrains refuges si nombreux en Picardie ne virent jamais en aucun temps de populations plus nombreuses. Mieux que toutes descriptions, le réalisme du crayon de Callot, dans ses Misères et Malheurs de la guerre, montre les déprédations et les excès que commettait la soldatesque dans les villages, et ce n'étaient point seulement des Polaques ou des Croates de Jean Werth, qui commettaient ces horreurs, mais aussi les soldats de Gassion, de Rantzau et de la Meilleraye. Le paysan avait autant à redouter le soldat qui devait le défendre que le plus farouche des ennemis.

Tout trembla devant cette agression si imprévue, le cardinal de Richelieu lui-même. Il fallut toute l'énergique insistance du P. Joseph, son confident, pour le décider à se montrer dans les rues de Paris à cheval, escorté de cinq ou six gentilshommes seulement, lui qui ne sortait habituellement qu'accompagné de deux cents gardes. Ce courage dans l'adversité ranima le courage de chacun. Les bourgeois s'armèrent, les laquais furent incorporés dans l'infanterie. On monta l'artillerie et la cavalerie avec les chevaux de luxe ; chaque maison fournit un soldat équipé et les débris des armées de Hollande et de Franche-Comté formèrent bientôt une nouvelle armée de 40,000 hommes ayant à sa tête le roi, le cardinal et le duc d'Orléans. Roye et le château de Moreuil étaient repris sur l'ennemi, et Corbie, le 29 septembre, fut étroitement serrée par l'armée royale, commandée par le comte de Soissons, sous l'autorité nominale du duc d'Orléans, lieutenant-général du royaume. Pendant le siège, le roi habitait le château de Demuin, et le cardinal de Richelieu se logea dans l'hôtel des Trésoriers de France, rue Saint-Denis à Amiens. Le roi se rendait exprès à Amiens pour présider les Conseils qui se tenaient chez le cardinal. La facilité avec laquelle on approchait de Richelieu fit concevoir à ses ennemis le projet de l'assassiner. Un jour qu'il reconduisait le roi, Saint-Ibal et Montrésor, gentilshommes attachés au parti de Monsieur, devaient le poignarder à un signal convenu, mais le trouble et l'hésitation de Gaston d'Orléans qui n'osa le donner, par le scrupule, assure-t-on, qui lui serait venu de faire tuer un prêtre et un cardinal, sauvèrent Richelieu du plus grand danger qui eût jamais menacé ses jours.

Le siège de Corbie se poursuivit avec vigueur. Le 6 octobre, douze Amiénois prirent part à l'expédition dirigée par le sieur de Beaufort et le colonel du régiment de Saintonge sur le moulin de Fouilloy, qui fut incendié et priva ainsi la garnison espagnole de ses facilités d'alimentation ; Jean Pie, l'un d'eux, se conduisit avec tant de vaillance en cette occasion, que Louis XIII l'exempta lui et ses descendants de taille, logement, garde et autres charges publiques. Le 14 novembre 1636, la place rentrait par capitulation, faute d'être secourue à ce jour, sous la domination française. « Tout le feu qu'a
» produit cette grande et victorieuse armée, écrivait Voiture dans une lettre célèbre, a
» été de prendre Corbie pour la remettre entre les mains du roi avec une contrescarpe,
» trois bastions et trois-demi lunes qu'elle n'avait pas. S'ils avoient pris encore dix
» autres de nos places avec un pareil succès, notre frontière en serait en meilleur état
» et ils l'auraient mieux fortifiée que ceux qui jusques ici en ont eu commission. »

Le jour même de cette reddition, Louis XIII qui avait quitté l'armée pour aller résider à Chantilly, déclarait Corbie déchue de ses privilèges, octrois, franchises et grâces, dépouillée de ses privilèges, de son échevinage, de sa mairie, ses habitants et les religieux qui se trouveraient avoir adhéré à l'ennemi coupables au premier chef de lèse-majesté. Les religieux surent excuser leur conduite, mais deux des principaux habitants les plus compromis, pour avoir contribué à la capitulation, furent exécutés dans la ville d'Amiens. Déjà les gouverneurs de la Capelle et du Catelet avaient été condamnés par contumace à être tirés à quatre chevaux. Soyccourt qui s'était enfui en Angleterre fut également condamné à être décapité et écartelé, ses châteaux rasés, son écusson effacé, ses biens confisqués au profit du roi, ses bois de haute futaie coupés à deux pieds de terre. Mailly, gouverneur de Corbie ne fut condamné qu'à un bannissement de trois ans de la cour, privé de son gouvernement et déclaré incapable de tenir pendant dix ans aucune fonction publique. Par contre, Montdidier vit annoblir son maire et reçut l'octroi de deux foires et de francs-marché, et Saint-Preuil qui avait inutilement et au péril même de sa vie essayé d'empêcher la reddition de Corbie, obtint pour récompense le gouvernement d'Ardres.

A toutes ces calamités étaient venus encore se joindre les ravages de la peste devenue endémique en Picardie. A Saint-Quentin elle enlevait 3,000 personnes, dans la petite ville de Marle plus de 400, à Abbeville, 6,000 en moins de 17 mois. Une grande partie des habitants allaient se réfugier sous des tentes au milieu des champs aux abords de la porte du Bois. L'on permit alors aux ecclésiastiques d'administrer l'extrême-onction à l'aide d'une longue baguette à l'extrémité de laquelle ils attachaient de l'étoupe et du coton trempés dans les saintes huiles. La capitale de la province n'était pas plus épargnée, et l'échevinage d'Amiens fit vœu d'offrir à Notre-Dame de Liesse une image de la Vierge en argent qui, par suite des malheurs des temps ne fut transmise à sa destination que vers 1659.

La guerre de 1637 fut purement défensive de la part des Espagnols sur la frontière du Nord. Louis XIII qui avait à cœur de reprendre les places qu'ils lui avaient enlevées, se rendit à Abbeville au commencement de juillet. Ce fut pendant ce voyage que le 15 août jour de l'Assomption, il voua son royaume à la Vierge dans l'église des Minimes. Une magnifique procession que suivirent le roi, sa cour, le cardinal de Richelieu et plusieurs prélats, marqua cette cérémonie, que Louis ordonna de renouveler tous les ans le 15 août à Notre-Dame de Paris et dans toutes les villes du royaume. En Thiérache, Turenne avait ouvert la campagne par la prise d'Hirson. La Capelle attaquée le 1er septembre, se rendit le 12. On perdit à ce siège Bussy Lameth dont les services distingués allaient être récompensés par le bâton de Maréchal de France. Le Catelet, la seule place qui restait aux Espagnols de l'invasion de 1636 ne fut emporté d'assaut que le 14 septembre 1638, après 25 jours de siège.

L'armée française se réunit de nouveau à Abbeville en 1638 pour faire le siège de

Saint-Omer. Ce rassemblement fut pour le pays l'occasion de nouvelles misères. Malgré les menaces de mort, les excès des soldats égalèrent les ravages qu'aurait pu faire l'ennemi. Non-seulement ils volaient, mais ils coupaient les blés pour nourrir leurs chevaux et se chauffaient avec les meubles, les portes et les fenêtres de leurs logis. Louis XIII qui était venu à la fin de juillet habiter l'abbaye de Saint-Pierre, espérant par sa présence et la rigueur des châtiments remettre ses troupes en meilleur état et surveiller de plus près la conduite de ses généraux qui venaient d'être obligés de lever le siège, repartit le 16 août. Le cardinal de Richelieu, qui l'avait accompagné dans ce voyage, partit aussi le même jour avec sa suite et s'arrêta au Pont-Remy où il devait coucher. Tandis qu'on préparait son souper, le feu prit à la cuisine et le château fut entièrement consumé, Une des tours qui contenait de la poudre sauta avec une explosion terrible et porta le feu dans différentes maisons du bourg.

Louis XIII, en 1640, résolut d'enlever Arras aux Espagnols. Amiens devint alors le quartier-général de l'armée. Le roi et Richelieu y séjournèrent durant cette campagne. C'était de Doullens que partaient les convois destinés à ravitailler l'armée de siège commandée par les maréchaux de Chaulnes, de Châtillon et de la Meilleraye, assiégée elle-même dans ses lignes de circonvallation par l'armée du cardinal Infant qui l'avait suivie à pied et la tenait étroitement bloquée. Richelieu se rendit à Doullens et vint s'installer à l'hôtel-de-ville pour suivre de plus près les opérations militaires. Les trois maréchaux avaient fait demander au Cardinal s'il fallait sortir des lignes pour livrer bataille à l'armée de secours : « Lorsque le Roi, leur répondit-il, vous a confié le com-
» mandement de ses armées, il vous a cru capables ; il lui importe peu que vous sortiez
» ou non, mais vous répondrez de vos têtes si vous ne prenez pas la ville. » Enfin un grand convoi partit de Doullens, sous la conduite de Du Hallier et sous l'escorte de 16,000 hommes. Au lieu de courir au convoi, les Espagnols s'acharnèrent sur les lignes françaises en y laissant 1200 morts. Le 10 août 1640, Arras capitula.

Saint-Preuil nommé gouverneur de la nouvelle conquête ne devait pas jouir longtemps de cette dignité, récompense de ses nombreux services militaires. Le 9 novembre 1641, il était, à la suite d'un jugement rendu par une commission présidée par l'Intendant de Picardie, Lemaistre de Bellejamme, décapité sur la place de l'hôtel-de-ville d'Amiens. Le prétexte apparent de cette condamnation était la méprise qu'il avait faite de charger la garnison prisonnière de Bapaume. Le motif réel fut la rigueur avec laquelle il se conduisit dans la ville d'Arras contre les ordres très précis qu'il avait de faire le contraire et les concussions que lui reprochait son acte d'accusation. « Ce gentilhomme eut cet
» avantage, dit la *Gazette de France*, d'avoir été regretté du roi et de Son Éminence
» qui eût fait grandes instances pour sa grâce si les considérations de l'Etat ne préva-
» laient toujours en lui sur ses affections particulières. » Ce fut l'avant-dernière répression de la justice du cardinal, avant le supplice de Cinq-Mars et de Thou.

Le cardinal de Richelieu mourut le 4 décembre 1642. Louis XIII qui, pour toute oraison funèbre avait dit de lui : « Voici mort un grand politique » ne survécut que cinq mois au rouage qui le faisait agir, laissant le trône à Louis XIV, âgé à peine de cinq ans, sous la régence nominale d'Anne d'Autriche dont le cardinal Mazarin dirigeait par son influence toute la conduite.

Après des succès balancés, le traité de Westphalie dont les négociations avaient commencé le 10 avril 1643 et ne s'étaient terminées à Munster et à Osnabruck que le 24 octobre 1648, avait mis fin à la longue et sanglante guerre de Trente-Ans. Cette paix n'était point encore venue assez à temps pour empêcher le Ponthieu d'être ravagé par la guerre. Comme les habitants de Maison-Roland, ceux d'Hiermont durent à leur tour se construire une carrière refuge. La guerre étrangère finie, commençait sans interruption la guerre civile causée par les troubles de la Fronde.

A la paix, le mécontentement des grands avait éclaté contre le cardinal Mazarin. Ils s'allièrent au Parlement et commencèrent ce qu'on nomma la Fronde. Le peuple les soutint quelquefois, mais sans rien à gagner à ces querelles de quelques ambitieux turbulents qu'un surcroît énorme de misères dont le beau livre de M. Feillet (La Misère au temps de la Fronde et de saint Vincent de Paul) donne fidèlement le trop saisissant et trop réel tableau. Ces misères, Vincent de Paul avait pu les voir de ses propres yeux en Picardie, alors que précepteur des enfants de Philippe Emmanuel de Gondi, il établissait sur les vastes domaines de cette famille, sa première mission pour la prédication des pauvres paysans (janvier 1617), dans l'église de Folleville, l'une des plus remarquables de la province où l'on conserve encore religieusement la chaire du haut de laquelle il prêchait la parole divine. Les factions n'étaient que des coteries ; on riait, on chansonnait, on faisait des jeux de mots en se battant. Le maréchal d'Hocquincourt, épris des charmes de Madame de Montbazon lui écrivait, en se déclarant contre Mazarin : *Péronne est à la belle des belles.*

Dans ces troubles, un prélat ambitieux et intrigant, le cardinal de Retz, coadjuteur de son oncle, l'archevêque de Paris, jouait le rôle de tribun du peuple. C'était l'élève de Vincent de Paul, mais le saint confesseur d'Anne d'Autriche n'avait pu former, à sa guise, ce caractère peu évangélique et comme on l'a remarqué spirituellement, il en fit un saint, à peu près comme les Jésuites firent de Voltaire un dévot. Condé, mécontent de la cour, l'abandonna à son tour. Mazarin le fit arrêter, puis relâcher, et voyant l'orage grossir sur sa tête, se réfugia auprès de l'électeur de Cologne. Malheureusement, l'Espagne devait profiter de ces dissensions pour remettre les pieds en France. L'archiduc Léopold, gouverneur des Pays-Bas envoya une sorte d'ambassadeur au Parlement pour lui déclarer que le roi d'Espagne le reconnaissait pour arbitre de la paix, le conviait à nommer des députés à un congrès et lui annonçait qu'il faisait avancer des troupes sur la frontière pour l'appuyer au besoin. Turenne enfin s'était aussi déclaré ouvertement pour le Parlement contre Mazarin, et la Picardie redevint tout à la fois le théâtre de la guerre civile et de la guerre étrangère. En mai 1649, l'archiduc Léopold s'était arrêté sous Laon avec 40,000 hommes, avait attaqué et emporté le faubourg de Vaux, mais sans oser entreprendre le siège de la ville. Crépy et les villages voisins furent pillés deux fois par les troupes étrangères au service de la France. Le 14 mai 1650, le Catelet tomba au pouvoir des Espagnols. Le 2 juin, Aubenton est pris et pillé, le 16, ils investissent Guise, l'emportent le 27. Les habitants et la garnison se retirent dans le château et le manque de vivres des assiégeants les force à lever le siège. Le 17 juillet ils investissent La Capelle qui se rend le 3 août, et s'emparent successivement d'Hirson et de Vervins. Turenne en même temps partait de Réthel pour aller délivrer Condé et les princes prisonniers à Vincennes ; il avait passé l'Aisne et avait atteint déjà la Ferté-Milon, lorsque la translation des prisonniers à Marcoussis fit manquer son projet. Braine, l'abbaye de Vauclair, Montcornet, Rosoy, Vervins, Marle, Coucy, Chauny, Château-Thierry, Laon, l'abbaye de Thenailles, etc., furent de 1650 à 1652 en proie à toutes les horreurs des invasions, des sièges et du pillage. C'est de cette époque que date la ruine du château de Coucy. Son gouverneur Hébert ayant refusé de rendre, suivant les ordres de Mazarin la place aux mains du maréchal d'Estrées, gouverneur de Laon, le siège y fut mis le 12 mai 1652 et la ville et le château se virent contraints de capituler (14 septembre). Le cardinal fit immédiatement démanteler les fortifications; le sieur Metezeau, fils de l'ingénieur qui construisit la digue de La Rochelle y fut envoyé pour consommer cette œuvre de destruction. Au moyen de la mine il fit sauter la partie antérieure de la chemise du donjon et la plupart de celles des autres tours, incendia les bâtiments du château et le rendit inhabitable. Jusqu'à sa restauration le gigantesque donjon montra la large fissure qu'y avait faite la mine sans pouvoir le renverser.

Turenne, enfin dégoûté de la guerre civile et dont la famille avait reçu toutes les satisfactions qu'elle exigeait, s'était rallié à la cour. Ce dégoût chacun l'éprouvait, l'anarchie de Paris lassait la bourgeoisie de la capitale. Condé qui avait essayé en vain de négocier eut beau vouloir ranimer dans cette ville l'ardeur des premiers jours de la Fronde, il ne reçut que des injures et se décidant alors à se jeter complètement dans les bras des Espagnols plutôt que de subir les vengeances royales, se retira en Champagne (18 octobre 1652). Louis XIV, supplié par la bourgeoisie de rentrer dans sa capitale, y revint sans résistance trois jours ensuite. Trois mois après le retour du roi, Turenne y ramenait à son tour Mazarin triomphant. L'affaissement politique était complet et les premiers actes de Mazarin ne tendirent qu'à faire oublier le passé. Il y avait partout besoin de repos, de travail, de stabilité. Le dernier soupir des libertés municipales et des résistances féodales s'était exhalé! La royauté absolue commençait ; le jeune roi fit entendre son premier mot en entrant botté, éperonné, le fouet à la main dans la grande Chambre du Parlement et en lui interdisant à l'avenir toute délibération sur l'enregistrement des édits.

La guerre continua donc avec l'Espagne seule. En 1653, Condé avec 30,000 hommes envahit la Picardie, ravageant tout sur sa route, s'empara de Chaulnes, Nesles, Roye, mit Montdidier à contribution, menaça les faubourgs d'Amiens où il ne fallut rien moins que la présence du roi, de la reine-mère, du duc d'Anjou, de Monsieur et du cardinal de Mazarin pour calmer l'inquiétude de la population. Turenne qui n'avait que 8,000 hommes à lui opposer, tint par ses habiles manœuvres son rival en échec, l'arrêtant pendant deux mois et le força à repasser la Somme après avoir perdu les deux tiers de son armée. Réthel, Rosoy, Ribemont, La Capelle, le Catelet de 1653 à 1657 subirent tour à tour les maux de la guerre. Les habitants de Laon, insultés chaque jour par la garnison espagnole de Rocroy se décidèrent à lui offrir un tribut pour s'en débarrasser. Le pouvoir royal était encore si faible que Louis XIV les y autorisa formellement à condition que ce traité purement individuel ne serait pas ratifié au nom du roi, mais en celui de la cité. La contribution fixée le 29 août 1656 entre la municipalité et le gouverneur de Rocroy à 340 pistoles d'or pur, ne cessa d'être acquittée qu'après la signature de la paix des Pyrénées. Mazarin, dont la politique froide et égoïste était toute d'intérêts et non de principes, n'avait pas hésité à conclure un traité d'alliance avec le lord protecteur d'Angleterre, malgré les répugnances qu'excitaient à la cour des relations avec le successeur de Charles Ier et le représentant de la Révolution anglaise qui, pour prix de son concours exigea tout d'abord de la France de renoncer à donner asile au fils du monarque décapité. L'alliance de Cromwell rendit la campagne de 1657 décisive. Les 6,000 vieux soldats puritains qu'il envoyait pour secours, mis en garnison à Abbeville, s'y livrèrent à mille excès. On les vit entrer dans les églises, allumer leurs pipes aux cierges, vociférer et quelquefois danser durant les offices, car ils n'ignoraient pas que leurs coreligionnaires étaient persécutés par le clergé de la ville. Malgré ces indécences, il fallut souffrir leur conduite jusqu'au jour où ils allèrent renforcer l'armée de Turenne et se distinguer à la bataille des Dunes. La veille de cette glorieuse journée pour les armes françaises, l'ex-gouverneur de Péronne, le Maréchal d'Hocquincourt qui suivait la fortune de Condé et des Espagnols fut tué de cinq coups de mousquet en faisant une reconnaissance devant les lignes de Dunkerque. Charles de Monchy d'Hocquincourt, dont on n'a jamais connu bien sérieusement les motifs de défection, les uns ayant attribué cette trahison à l'influence de Madame de Montbazon, à celle de Madame de Chatillon, d'autres à ses démêlés avec les gens de la gabelle à cause d'une de ses terres de Picardie était, suivant Madame de Motteville, un homme vaillant et de grand cœur, un franc Picard, un bon ami, mais léger, facile à dégoûter et surtout incapable de maîtriser son penchant pour les femmes.

Les soins de ces campagnes de Flandre amenèrent souvent en 1657 à Amiens et à Abbeville, Louis XIV et la cour. Cette année les Espagnols au nombre de 4,000 d'infanterie et de 1,200 cavaliers se présentèrent inopinément devant Calais et forcèrent l'entrée de la basse-ville, mais le mayeur, Gaspard Molliens ayant rassemblé les compagnies de milice bourgeoises opposa une résistance si vigoureuse que l'ennemi fut obligé de battre en retraite en abandonnant ses morts. L'année suivante, Louis XIV qui s'était rendu dans cette ville pour être plus près des opérations de Turenne, tomba dangereusement malade. Il fut guéri par un médecin d'Abbeville, nommé Dusaulsoy avec du vin émétique qu'on regardait alors comme un remède dangereux. Ce brave homme, peu fait aux manières de la cour, s'asseyait sans façon sur le lit du roi et disait : Voilà un garçon bien malade, mais il n'en mourra pas. Ses prévisions se réalisèrent, le purgatif fit son effet et Louis fut sauvé. Dusaulsoy obtint pour récompense une pension de 1600 livres et le brevet de médecin particulier du roi. Amiens et Abbeville furent de nouveau l'année suivante le quartier général de Turenne. La paix des Pyrénées, signée le 7 novembre 1659 mit fin aux hostilités par le mariage de Louis XIV avec l'Infante Marie-Thérèse. Le cardinal de Mazarin ne survécut que seize mois à ce traité.

Louis XIV prit alors en main les rênes de l'Etat. Parmi les principaux ministres que Mazarin avait laissés, le surintendant Fouquet tenait les finances. Accusé de malversation, disgrâcié et enfermé à Pignerol, la charge de surintendant fut abolie et l'on créa un conseil des finances dont Colbert eut la direction sous le nom de contrôleur-général. Né à Reims et fils d'un drapier, Colbert s'était élevé par son propre talent et depuis 1648, il était devenu l'homme de confiance et l'intendant de Mazarin : « Je vous dois » tout, sire, avait dit au roi le cardinal expirant, mais je crois m'acquitter envers vous » en vous donnant Colbert. » En effet, un honnête homme, par hasard, était sorti de la plus sale maison de France. Jusque cette époque, les affaires publiques et les fonctions administratives avaient été laissées au caprice des hommes et des circonstances. Sully et Richelieu avaient bien tenté de débrouiller quelques parties de ce chaos, mais sous Mazarin, le gouvernement était retombé dans les errements du passé. Colbert s'attacha durant son ministère à réformer les finances, à réprimer les vols des traitants, mettant l'ordre dans les prodigalités inutiles. « Il faut, disait-il au roi, épargner 5 sols » aux choses non nécessaires et jeter les millions quand il est question de votre gloire. » Pour que le gouvernement devînt riche, il fallait augmenter les sources de la richesse de la nation ; il s'appliqua avec la plus attentive persévérance à rendre l'industrie et le commerce de la France les premiers du monde en y développant la marine et en introduisant les industries florissantes à l'étranger dont le pays était tributaire. En 1664, il fonda à Beauvais la manufacture royale des tapisseries et en donna le premier privilège à Louis Hinard, maître tapissier et bourgeois de Paris. En 1665, il fait venir à Abbeville un habile négociant de Middlebourg, Josse Van Robais avec 50 ouvriers hollandais pour y établir une manufacture royale de draps fins destinée à faire concurrence aux produits similaires que l'on était obligé auparavant de tirer d'Angleterre et de Hollande. En 1667, un autre Hollandais, Philippe Leclerc introduisit dans cette ville la fabrication des moquettes. En 1665, il avait concédé le privilège exclusif de la fabrication des glaces à Paris et à Saint-Gobain ; il régénéra le commerce des toiles de Picardie. Enfin il conçut l'idée et fit dresser les premiers plans du canal de Picardie destiné à unir l'Oise à la Somme et dont l'exécution ne fut accomplie que de longues années ensuite.

Mais l'œuvre du grand ministre, malgré sa ténacité, devait rester stérile, ses fruits étant annihilés par les dilapidations du roi dans les gigantesques constructions de Versailles et dans les frais des guerres incessantes où la politique de Louvois entraînait sans cesse son maître. Colbert mourut découragé voyant naître la ruine publique, et presque délaissé par l'ingratitude de Louis XIV. « Si j'avais fait pour Dieu ce que j'ai fait pour cet homme, disait-il à son lit de mort, je serais sauvé. » La postérité, plus juste que Louis XIV et jugeant l'œuvre sur la grandeur de la volonté, a équitablement placé le nom de Colbert à côté de celui de Sully.

Trois mots, a dit un historien, résument l'histoire de la monarchie : la guerre, la peste, la famine. La peste passée, nous l'avons vu à l'état endémique, reparut à Amiens avec une nouvelle violence au mois de mai 1668. Elle enleva en deux ans, dit le P. Daire, plus de 20,000 personnes. Cette calamité fit tomber tout à coup le commerce et réduisit à la mendicité 8,000 ouvriers qui ne furent aidés que par la charité des particuliers. Le service divin fut interrompu dans l'église Saint-Germain, située au centre du quartier le plus éprouvé ; les jours de fête l'on célébrait le saint sacrifice pour les paroissiens sur un autel improvisé sous le porche de la Poissonnerie. L'évêque François Faure, le capucin Blasset qui paya de sa vie son dévouement, le curé de Saint-Leu, le chapelain des Carmélites doivent être cités parmi les ecclésiastiques qui, avec les autorités civiles firent preuve d'abnégation dans ces douloureuses circonstances. La Maladrerie de la Madeleine fut consacrée à l'enterrement des nombreuses victimes de l'épidémie. Le 1er novembre à l'instigation de l'évêque, le corps de ville fit vœu d'ériger dans la cathédrale, afin d'obtenir la cessation du fléau, une chapelle sous l'invocation de saint Jean-Baptiste.

Introduite, dit-on, à Soissons, où elle enleva en quatre mois 600 victimes, par un des régiments anglais qui revenait de Flandre, l'épidémie ne tarda pas à gagner les villes de Reims et de Laon, où elle fit d'horribles ravages ; dans cette dernière, elle avait été apportée de Ham par un meunier. Les malades étaient renfermés dans les souterrains des retranchements. Tandis qu'une foule d'habitants cherchaient à se dérober au danger par la fuite, l'évêque César d'Estrées, auquel Laon doit la fondation de son séminaire et de son hôpital, accourut de Paris pour se dévouer à la consolation de son troupeau. Sa présence donna une nouvelle activité au zèle des magistrats que vint aussi animer de sa présence Dorieu, intendant de la province. Malgré les libéralités de l'évêque qui vendit son argenterie et dont l'exemple fut suivi par les plus riches citoyens, l'affolement des paysans qui repoussaient à main armée les personnes chargées de l'approvisionnement de la ville, réduisit la population à se nourrir quelquefois de la chair des animaux domestiques. Les gelées calmèrent enfin la fureur du fléau et son entière cessation fut célébrée le 10 février 1669. Pour obtenir du ciel la délivrance de cette épidémie, la ville avait fait hommage à Notre-Dame de Liesse d'une figure en argent du poids de 24 marcs, représentant la Vierge, assise sur une chaise et tenant sur un genou l'enfant Jésus avec cette inscription : *Ex voto civitatis laudunensis ob cives ab peste servatos anno 1668*. La peste de 1668 fut la dernière épidémie que Laon eut à subir jusqu'au choléra de 1832.

En se rendant en Flandre en 1680, Louis XIV accompagné de la reine, du dauphin, de la dauphine et de toute sa cour, visita le 20 juillet Ambleteuse où le ministre de la marine Seignelay l'avait précédé pour examiner la côte. A la suite de cette visite Ambleteuse parut destiné à devenir le port militaire du détroit. Les plans des travaux à exécuter furent tracés par Vauban, mais au bout de cinq ans ces travaux déjà poussés avec activité furent abandonnés et le port et la ville envahis par les sables devinrent une sorte de désert.

Outre les ravages des épidémies, une autre cause de dépopulation de la Picardie fut l'impolitique et désastreuse révocation de l'édit de Nantes. Depuis la chute de La Rochelle, les Protestants n'existaient plus comme parti ; la liberté de conscience et l'exercice de leur culte seuls leur étaient restés. Le roi très chrétien, le fils aîné de l'Eglise, mit son honneur à étouffer les restes de l'hérésie. L'on commença par acheter les conversions, puis, fort de l'appui des ultra-catholiques, approbateurs toujours dévoués de l'intolérance religieuse, l'on procéda contre les religionnaires par des mesures de plus en plus sévères et rigoureuses. En 1662, on défend leurs inhumations de jour, en 1663 l'on décharge les nouveaux convertis de leurs dettes envers eux, les enfants de mariage mixte seront baptisés ; en 1665, on admet les enfants protestants, les garçons à 14 ans, les filles à 12, à déclarer qu'ils embrassent la foi orthodoxe et à exiger de leurs parents une pension proportionnelle à leurs besoins ; en 1681, ils peuvent se convertir dès l'âge de 7 ans. Comme dernier moyen de conversion, on emploie enfin les Dragonnades. Louis XIV, élevé par sa mère dans les idées du bigotisme espagnol, et dont la conscience cherchait peut-être à expier les royales amours et les adultères scandaleuses, poussé par Mme de Maintenon et par ses confesseurs Jésuites, signa enfin le 2 octobre 1685, la révocation de l'édit rendu par son aïeul.

Partout les prêches nombreux que les Protestants avaient encore dans le Laonnais et la Thiérache, à Crespy, à Rouy, à Nogentel furent détruits. Le temple de la Ferté-Saint-Riquier, près Abbeville fut rasé jusque dans ses fondements. Chaque religionnaire reçut des dragons dans son domicile, et malgré les mesures sévères prises pour empêcher l'émigration, les Protestants les plus riches et les plus industrieux refusant de se convertir, allèrent chercher loin du sol de la patrie, un refuge à l'étranger. « Le peuple
» a été plus nombreux qu'il ne l'est aujourd'hui dans le département de Picardie, dit
» l'intendant Bignon dans les Mémoires sur cette province rédigés pour l'instruction
» du duc de Bourgogne, petit-fils de Louis XIV, d'une douzième partie environ. Cette
» diminution vient de la guerre et de l'infertilité des années 1693 et 1694 qui produisit
» beaucoup de mortalité. Il y avait dans l'élection d'Abbeville avant la révocation de l'édit
» de Nantes 160 religionnaires, il en est sorti 80, dans l'élection d'Amiens sur 2,000,

» 1,600 ont déserté, dans l'élection de Montdidier il n'en reste pas plus de 60, dans les
» élections de Péronne et de Saint-Quentin, il en reste actuellement 12 dans le village
» d'Herly, à Bernes 3, à Zinchy 1, à Heudicourt 12, à Templeux-le-Guérard 18, 3 à Vil-
» lers Saint-Christophe, à Ugny-l'Equipée 3, à Argicourt 13, à Yoncourt 60, dans la
» ville de Saint-Quentin, 126 personnes. Il y avait dans l'élection de Doullens 100 reli-
» gionnaires, il en sortit 60 ; dans le gouvernement de Montreuil 3 familles, une est
» éteinte, une a abandonné le pays. La troisième est restée. Dans le Boulonnais 40 fa-
» milles, à présent 12 ; dans les gouvernements de Calais et d'Ardres, 3,000 familles, à
» présent 300. »

Le triomphe de la vraie religion sur l'hérésie peupla la Hollande, l'Angleterre, la Prusse de fabricants qui y portèrent nos industries les plus florissantes, de militaires qui y introduisirent notre discipline et notre tactique. Les nombreux émigrés picards joints à ceux du Cambrésis et de Tournay s'établirent pour la plupart en Ecosse, à Edimbourg, dans un quartier qui porte encore le nom de quartier de Picardie. Les 50,000 familles qui préférèrent l'exil, la misère, plutôt que de renoncer à la religion de leurs pères étaient l'élite morale de la France. Du jour de cet acte inique le soleil de Louis XIV s'obscurcit.

En vain, effrayé cependant de cette dépopulation, le gouvernement envoya-t-il successivement en Angleterre et en Hollande le marquis de Bonrepeaus pour persuader aux réfugiés de retourner en France. « La conversion des hérétiques, disaient les instruc-
» tions secrètes données à cet agent étant une des choses qui tiennent le plus au cœur de
» Sa Majesté et désirant avec passion de faire revenir à l'église ceux de ses sujets que le
» malheur de leur naissance en a séparés et de rappeler en France ceux qui *par un caprice*
» *de religion* en sont sortis, le sieur de Bonrepeaus apportera tous les soins possibles tant
» par lui-même que par les personnes dont il jugera à propos de se servir pour connaître
» tous les François et après avoir examiné leur conduite et pénétré leurs intentions, *il*
» *tachera de les engager avec adresse à revenir dans leurs maisons en leur facilitant les*
» *moyens et proposant à chacun les choses auxquelles ils seront plus sensibles et qui pour-*
» *ront le plus contribuer à leur faire prendre le parti d'écouter avec docilité les raisons*
» *qu'il y a à leur dire pour les engager à se convertir.* Il doit faire entendre à tous en
» général que le bruit que l'on fait courir dans les pays étrangers *de prétendues persé-*
» *sécutions que l'on fait en France aux religionnaires n'est pas véritable.* Sa Majesté ne
» se servant que de *la voie des exhortations* qu'elle leur fait donner pour les réunir à
» l'Eglise de laquelle ils ne sauraient disconvenir qu'ils ont été séparés sans fondement.
En vain Bonrepaus, secondé par le roi Jacques II mit-il tout en œuvre pour répondre à l'attente du gouvernement français, ni les belles promesses, ni l'argent ne purent l'emporter sur la conscience des réfugiés. Les deux seuls auxquels le roi avait offert de demeurer à Paris et à sa cour avec leurs biens et la secrète liberté de leur religion dans leur maison, le maréchal de Schomberg et Ruvigny, marquis de Mailly-Raineval, refu-

sèrent noblement cette faveur. Ce furent les réfugiés protestants français qui formaient la plus grande partie de l'armée du prince Guillaume d'Orange, quand en 1688 il vint en Angleterre arracher ce pays aux tendances catholiques de son beau-père, Jacques II. Prince sans habileté et sans bonne foi, Jacques II, abandonné de ses sujets, de ses troupes, de ses propres filles, après un dernier semblant de résistance sans énergie, quitta nuitamment l'Angleterre, prit terre à Ambleteuse le 3 janvier 1689 et se rendit à Saint-Germain où se trouvaient déjà sa femme et son fils, le prince de Galles. Louis XIV entoura son allié fugitif d'une pompe toute royale, mais le destin avait prononcé et malgré toute la puissance qu'il avait déployée pour sa restauration, la dynastie des Stuarts ne devait plus régner sur la libre et protestante Angleterre.

Les conquêtes de Louis XIV, en reculant les bornes des frontières eurent du moins cet avantage de mettre la Picardie un peu plus à l'abri des incursions qui l'avaient si souvent ravagée et inondée de sang. L'histoire de cette province n'est plus dorénavant jusqu'à la fin du siècle qu'une série d'actes locaux de peu d'importance pour l'histoire générale du pays. *Te Deum*, feux de joie en réjouissance des conquêtes du roi, constructions et agrandissements de couvents, passages de grands personnages, fêtes locales, tels sont à peu près les seuls événements qu'enregistrent les annales des villes et parmi lesquels on peut à peine glaner quelques faits isolés méritant d'être mentionnés.

On l'a vu, l'intendant Bignon rejetait sur l'infertilité de 1693 et 1694, les causes de la dépopulation. Dans ces années, en proie à la disette, un grand nombre d'habitants de la Bretagne et de la Normandie abandonnèrent ces provinces et vinrent chercher refuge dans le Ponthieu où les récoltes étaient plus abondantes. Il en descendit une telle quantité à Abbeville que les auberges furent bientôt encombrées. La plupart de ces malheureux, réduits à se nourrir de chair de chevaux et de chiens, restèrent sans asile. Exténués de faim et de froid, ils périrent presque tous, malgré les secours charitables, mais insuffisants des Abbevillois. Les cimetières, disent les manuscrits du temps suffirent à peine pour leur donner la sépulture. Le blé avait été cher les années précédentes. Au milieu de l'été 1694, il coûtait encore à Amiens 10 livres le septier.

Cette année 1694 et l'année suivante la flotte anglaise chercha sans grand succès à bombarder les ports du littoral de la France et fit plusieurs tentatives sur Calais, dont les corsaires faisaient essuyer à leur commerce des pertes considérables. Louis XIV qui avait visité cette ville en 1677 et 1680 n'avait rien négligé pour en assurer la défense et par ses ordres, le célèbre ingénieur Vauban y avait exécuté d'importants travaux. En 1694, les Anglais ne réussirent dans leur première attaque qu'à endommager trois maisons. L'année suivante, ils jetèrent 600 bombes dans la ville ; cette fois le dommage fut plus considérable ; toutefois ils ne purent même incendier un fort de bois qui défendait le port. En 1696 troisième tentative inutile. Les corsaires calaisiens se vengèrent de ces agressions en pillant les côtes anglaises dont ils rapportèrent un riche butin.

Une solennité militaire qui eut lieu en 1698, occupa l'attention de la France et de l'Europe. La paix de Ryswick avait été signée en septembre et octobre 1697. Le 7 septembre 1698, Louis XIV réunit à Compiègne un camp de 60,000 hommes, formé de l'élite des troupes françaises sous le commandement nominal du duc de Bourgogne, alors âgé de 16 ans, qu'on voulait initier à la direction des armées, mais dont le véritable commandant était le maréchal de Boufflers qui établit son quartier-général à Coudun, sur la rivière d'Aronde, au pied du mont Ganelon. Rien ne saurait donner idée de la magnificence déployée dans ce camp de plaisance et des profusions désastreuses du roi, du maréchal de Boufflers, même des simples officiers et dont les gazettes et les mémoires du temps se sont complus avec une servilité courtisanesque à retracer les moindres détails. Après les manœuvres faites en présence de toute la cour, le roi en quittant Compiègne le 22, fit donner en partant 600 livres de gratification à chaque capitaine de cavalerie ou de dragons, 300 livres à chaque capitaine d'infanterie. Il fit au maréchal un présent de 100,000 livres. Cette libéralité qui coûtait cher, ne fut pour chacun qu'une goutte d'eau. Il n'y eut pas un régiment qui n'en fut ruiné pour bien des années, corps et officiers. Pour le maréchal de Boufflers, je laisse à penser, dit le duc de Saint-Simon ce que ce fut que 100,000 livres à la magnificence dont il épouvanta l'Europe. » Mais ce qui étonna sans doute plus l'Europe que toute cette pompe, ce fut de voir le Roi Soleil, chapeau bas, faisant les honneurs du camp à la veuve Scarron, Mme de Maintenon. Le duc de Saint-Simon, dans ses Mémoires, a retracé d'un style inimitable ce curieux et grotesque épisode.

Ç'avait été aussi pour initier le duc de Bourgogne aux détails de l'administration du royaume que Louis XIV avait demandé aux intendants des mémoires sur l'état général de toutes les provinces de France, dont le marquis de Boulainvillers résuma les principaux extraits dans son livre sur l'État de la France. Nous empruntons au Mémoire de Jérôme Bignon, intendant de Picardie, le tableau qu'il trace du naturel des Picards, parce qu'après environ deux siècles écoulés, ce tableau est encore ressemblant aujourd'hui dans la plus grande partie de ses détails.

« Il y a généralement parlant, disait ce magistrat, plus de bon sens et de solidité d'es-
» prit que de raffinement et de vivacité, quelques personnes se distinguent comme par-
» tout ailleurs. Cette province a donné des sujets en plus d'un genre de mérite, mais le
» caractère le plus commun, le plus ordinaire est la lenteur et l'inaction. Une grande
» partie des habitants de la campagne et le petit peuple dans les villes ne travaillent
» que par la nécessité d'avoir leur subsistance, ils vivent de peu. A peine trouve-t-on
» des ouvriers lorsque des moissons abondantes mettent le bled à un bas prix. Ils pré-
» fèrent une vie oisive à des commodités qui leur coûteroient de l'action et de la peine.
» Très laborieux néanmoins lorsque les besoins et les contraintes pour le paiement des
» impositions les y obligent, la nécessité réveille leur industrie, ils ne sont pas incapa-
» bles des arts. Ils excellent dans quelques manufactures, mais peu de personnes se
» tirent de leur situation naturelle et font une sorte de fortune, ils ne sont ni assez pa-

» tients ni assez souples, nullement susceptibles des inquiétudes qui mettent en mou-
» vement pour augmenter des biens acquis qu'ils ne risquent jamais. Une possession
» tranquille et sûre les touche plus qu'un gain incertain ; il arrive rarement que l'acti-
» vité et le désir de s'avancer les déterminent à sortir de leur pays. Ils restent dans
» l'état où ils se trouvent sans s'élever au-dessus de la condition où ils sont nés. Leur
» principale attention se porte à une parcimonie exacte qui soutient les familles nom-
» breuses en enfants. Quoique les esprits ne soient ni vifs ni aussi raffinés ils voient aussi
» surement, aussi droit à leurs intérêts que les plus subtils qui seroient assez embaras-
» sés d'en avoir à démesler avec eux, ils sont fidèles, sincères, libres et brusques, atta-
» chés à leurs opinions, fermes dans leurs résolutions, les insinuations trouvent peu
» d'accès auprès d'eux, ils vivent sans une grande liaison aussi sans inimitiées, l'intérêt
» les unit et les sépare, mais le retour est moins facile, quoique leur avantage les y in-
» vite. »

» Lorsqu'ils ont pu tenir quelque temps dans le service de la guerre, il y a peu
» d'hommes plus propres pour les armées, peu de provinces qui aient fourni de meil-
» leurs soldats surtout dans la cavalerie.

» Presque toute la noblesse est dans l'emploi. Les plus languissants s'honorent du
» moins de quelques campagnes avant que de s'abandonner à leur naturel. On ne peut
» dire combien il se trouve de droiture, de probité dans la plus grande partie des gen-
» tilshommes et ce qu'on en peut attendre lorsqu'une heureuse éducation et le com-
» merce du monde a cultivé des qualités qui par elles sont saines, sages et modérées. »

Compiègne revit plus tard, deux fois, mais dans des proportions moindres, ces solennités militaires. Ce furent les camps de 1739 et 1766, à ce dernier brilla la Du Barry.

Ces fêtes militaires de Compiègne étaient un dernier éclat de l'astre de Louis XIV. En acceptant le testament de Charles I⁰ʳ et la couronne d'Espagne pour son petit-fils, le duc d'Anjou, proclamé roi sous le nom de Philippe V, le vieux monarque déchaîna contre lui la formidable coalition de la Grande-Alliance, conclue entre l'Autriche, l'Angleterre, la Hollande, la Prusse et le Hanovre. Blenheim, Ramillies, Oudenarde, Lille, marquèrent le désastre de nos armées et la Picardie revit de nouveau l'ennemi. Au mois d'août 1708 une flotte anglaise commandée par l'amiral Byng parut le 13 devant Wimereux et croisant jusques à Étaples obligea de mettre sur pied les milices boulonnaises et la bourgeoisie de cette ville. Voyant la côte bien gardée par ces troupes, elle remit à la voile le 19 sans oser rien tenter après avoir inutilement menacé Boulogne dans la nuit du 17, et regagna l'Angleterre après avoir débarqué en Flandre les 5,000 hommes de troupes qu'elle portait et qui par un singulier jeu de la fortune, battus et faits prisonniers à Lessingue furent amenés en captivité dans ce même Boulogne qu'ils menaçaient trois mois auparavant. L'année 1709 compta au nombre des plus malheureuses de cette époque.

Les troupes liguées de l'ennemi poussaient des pointes jusques aux portes d'Abbeville ; 500 hussards brûlèrent Lucheux, puis Doullens et la ferme de Bouquemaison. Les populations effrayées se réfugièrent en foule à Amiens emmenant avec elles leurs vaches, leurs bestiaux et ce qu'elles avaient de plus précieux.

L'hiver de 1709, l'un des plus rigoureux depuis 60 ans, au dire des anciens, vint encore ajouter à la détresse générale. Dans la nuit du 5 au 6 janvier, la gelée commença et devint si violente que la Somme fut prise. Quatre jours après, en quelques endroits, la glace avait jusqu'à 5 pieds d'épaisseur. De gros arbres se fendirent. Dans la nuit du 24 au 25, le dégel commença, mais le 3 février, il reprit avec violence accompagné d'une neige abondante et consécutive, telle qu'on ne se souvenait point en avoir vu depuis longtemps si grande quantité. A Boulogne, la circulation fut interrompue deux jours par ces avalanches. Les alternatives continuelles de gel, de dégel et de neiges ruinèrent les biens de la terre. Le blé pourrit ; la récolte de l'hospice de Saint-Riquier qui était annuellement de 500 setiers de blé ne produisit cette année que 20 gerbes de seigle. Le septier qui à Amiens se vendait 50 à 60 sols monta au prix exorbitant de 11 à 12 livres ; l'on mangea du pain d'avoine et de pamelle. Faute de travail, les fabricants mirent leurs ouvriers sur le pavé. Il fallut que le Parlement rendît les arrêts les plus sévères et les plus vexatoires pour obtenir les blés nécessaires à l'alimentation de l'armée. Des taxes furent établies pour le soulagement des pauvres. Dans les églises, l'on disait les prières de Quarante Heures. La misère et la famine entraînèrent après elles des désordres que la justice était impuissante à réprimer. Des bandes affamées couraient les campagnes. Un arrêté de l'intendant de Bernage montre dans toute sa nudité l'horreur de la situation. C'est l'injonction faite aux communautés tant en Artois, Picardie, Boulonnais, que pays reconquis de tenir garde suffisante dans les clochers pour faire des signaux soit par des feu la nuit, soit par le toscin le jour, lorsqu'il venait des attroupements de gens inconnus, armés, de plus de six de jour, et de deux de nuit, d'arrêter les bandits attroupés, de les conduire aux prisons des villes les plus voisines, et même de faire main-basse sur eux en cas de résistance de leur part.

La bataille de Malplaquet perdue (25,000 hommes des deux partis étaient restés sur le terrain dans cette sanglante boucherie), couronna cette triste année (11 septembre 1709). L'année suivante, la France perdit encore Douai, Béthune, Saint-Venant, Aire. Après le siège de cette dernière place l'armée française vint prendre position entre la Canche et l'Authie. La maison du roi se logea à l'abbaye de Saint-Josse. Maître de la campagne, l'ennemi étendit ses ravages dans le Ponthieu. Il menaçait Abbeville dont la garnison y compris la milice bourgeoise fut portée à 19,000 hommes. Villars alors construisit des lignes qui s'étendaient de Montreuil à la Meuse, et qu'il nommait le *nec plus ultra* des puissances coalisées. La victoire de Denain, 24 juillet 1712, remportée par le maréchal sauva la France. Les puissances alliées avaient exigé de Louis XIV la renonciation de Philippe V au trône de France. Louis XIV tout en répondant fièrement qu'une telle renonciation était contraire aux lois du royaume, que Dieu seul pouvait abolir, finit par engager son petit-fils à consentir à cette condition humiliante. Usé dans sa santé, atteint cruellement par les pertes de ses enfants, le vieux roi pleurant avait dit à Villars : « Pour moi, je sais que des armées aussi considérables ne sont jamais assez défaites pour que la plus grande partie de la mienne ne puisse se retirer sur la Somme, rivière très difficile à passer, je compte aller à Péronne ou à Saint-Quentin, y ramasser tout ce que j'aurais de troupes, faire un dernier effort avec vous, et périr ensemble ou sauver l'Etat. » C'est là peut-être le jour de sa vie où Louis mérita le mieux le surnom de Grand, si la vraie grandeur est surtout dans la force du caractère aux jours de l'adversité. La victoire de Denain venait à temps. L'insolence des partis ennemis n'avait plus de bornes et les villes de la Somme du côté de l'Artois, étaient réduites comme Laon en 1636, à payer des contributions régulières à l'ennemi. On jugera de la hardiesse de ces pillards par ce seul fait. Un partisan hollandais, Groswinsten, à la tête de 3,000 chevaux avait envahi la Thiérache et le Laonnais. Passant l'Oise le 6 juin, il parcourut et mit successivement à contribution Froissy, la Ferté-sur-Poron, Crécy, Mortiers, Cohartelle, Verneuil-sur-Serre, Chandrud, Grandlud, Marle, Pierrepont, Cuirieux, Machecourt, Goudelancourt, Vervins, Sissone, Berry-au-Bac. Liesse résista et le pillard n'osa perdre de temps à une attaque sérieuse.

La paix d'Utrecht, le 11 avril 1713, amena la cessation des hostilités entre la France, l'Angleterre, la Hollande, la Prusse, le Portugal et la Savoie. Une dernière campagne de Villars décida le 7 mars 1714, le traité de Radstadt entre la France et l'Autriche. Le 1er septembre 1715, Louis XIV s'éteignait laissant les manufactures languissantes, les campagnes désertes, les champs en friches, le crédit épuisé. La France monarchique semble près de finir avec son vieux roi.

Au point de vue de la morale publique, le triste règne de Louis XV est encore plus déplorable pour la France que celui de son aïeul. Au bigotisme des dernières années du grand roi succèdent le dévergondage des mœurs, aux cantiques pieux de saint Cyr les orgies de la Régence, le désastreux système de Law, le ministère du cardinal Dubois, successeur de Fénélon sur le siège archiépiscopal de Cambrai. Nous n'écrivons pas heureusement l'histoire de France, mais celle de la province de Picardie. Enumérons donc brièvement les quelques faits saillants qui se présentent au milieu des annales locales.

Le 5 mai 1717, un grand personnage, sur les ordres du régent, Philippe d'Orléans, est reçu à Abbeville avec les honneurs dus aux têtes couronnées. C'est le czar de Russie, Pierre le Grand, qui après avoir traversé Calais, Boulogne et Montreuil, repart le lendemain pour Amiens, se rendant à Paris. L'année suivante, 1718, la suette se déclare dans Abbeville et le nombre des malades (80 succombent en trois jours), jette la panique au sein de la population dont le tiers émigre. Dans les campagnes, l'on refuse à main armée l'entrée des villages. Le 29 mars 1712, la foudre tombe sur le dortoir de l'abbaye de Saint-Riquier, réduit en cendres l'abbaye, sa riche bibliothèque et son chartrier. L'église seule échappe au désastre.

En 1728, sous le ministère du cardinal de Fleury, Soissons fut le théâtre d'un congrès destiné à régler tous les différends qui existaient entre les puissances. Il devait d'abord avoir lieu à Aix-la-Chapelle. On le transféra à Soissons par égard pour le vieux cardinal qui avait pris en personne, les fonctions de premier plénipotentiaire français. Presque tous les Etats européens s'y firent représenter. Le haut rang et le nombre de plénipotentiaires ne rendirent pas le congrès plus fructueux. Il dura un an sans résultat.

L'hiver de 1740 fut des plus rigoureux. En Picardie la Somme gela, des voyageurs moururent de froid sur les routes, les blés périrent ; à Abbeville, le dénombrement des pauvres de la ville et des faubourgs constata qu'ils étaient 4,960, auquel la ville dut distribuer du pain jusqu'au mois de l'année suivante.

Au mois de septembre 1744, Louis XV qui était allé à Metz pour se mettre à la tête de ses armées de Flandre et d'Alsace y tomba dangereusement malade. A la nouvelle de cet événement, dans le royaume entier des prières publiques furent dites, et les populations remplissaient en foule les églises pour demander au ciel le rétablissement du monarque. Aussitôt qu'on apprit la guérison, l'on passa de la consternation à la joie la plus vive, et aux réjouissances les plus pompeuses. Administré par l'évêque de Soissons, Fitz-James, son premier aumônier, il avait, sur les injonctions sévères de son confesseur, qui mettait à ce prix l'administration des sacrements, rompu avec la duchesse de Chateauroux, sa maîtresse, malgré les efforts des courtisans intimes, tout dévoués à la favorite.

Louis XV, poussé à l'amour de la table, du jeu et de la chasse, éveillé par quelques galanteries de passage, avait commencé en 1735, cette carrière de libertinage qui devait se terminer par les scandaleuses promiscuités du Parc au Cerf. C'est au duc de Richelieu qu'appartint, il paraît, l'honneur d'avoir excité les passions du maître et d'avoir joué le rôle de proxénète de ce prince.

Madame de Mailly, l'aîné des cinq sœurs de la maison de Nesles, toutes remarquables soit par la beauté, soit par les avantages de l'esprit, fut la première maîtresse en titre du roi ; la seconde, la marquise de Vintimille, la troisième, la duchesse de Lauraguais, ne tardèrent pas à partager la position de leur sœur. Il semblait que Louis ne connût plus de plaisir sans l'assaisonnement de l'inceste, a dit un de nos historiens modernes. Une quatrième sœur devait prendre un empire absolu sur le monarque et sur le royaume. Demeurée veuve à 23 ans, Madame de Tournelle, bien supérieure à ses aînées (1742), passa à son tour dans les bras du roi, un an après la mort de Madame de Vintimille morte en couches. Elle stipula d'abord le renvoi de sa sœur Madame de Mailly, se fit nommer dame du palais de la reine, et duchesse de Chateauroux avec le brevet d'une pension de 80,000 livres. Le 14 août 1744, aprè l'administration des sacrements, elle dut, avec sa sœur de Lauraguais, quitter la cour au milieu des imprécations populaires et des menaces des populations des campagnes de tout temps ennemies des favorites. Richelieu n'eut pas honte de faire alors les plus brillantes promesses à la cinquième sœur, Madame de Flavacour, pour remplir à son tour le lit royal. « Voilà » donc tout, M. de Richelieu, répondit-elle à ses avances ; hé bien, je préfère l'estime » de mes concitoyens. » Rentrée en faveur après quatre mois de disgrâce la duchesse de Chateauroux ne jouit pas longtemps de ce retour de fortune, elle mourut au mois de décembre, non paraît-il sans soupçon de poison. C'est un fait digne de remarque que les maîtresses royales furent généralement picardes ; nous avons déjà vu, avant les demoiselles de Nesles cette province fournir aux annales de l'histoire galante des rois, Mademoiselle d'Heilly et la belle Gabrielle.

C'est Vadé, un Picard de Ham, poète réaliste de bas étage, auteur de chansons et de contes poissards, qui s'avisa de surnommer le roi : *Louis le Bien aimé*. La France adopta ce surnom avec enthousiasme, ce qui n'empêcha pas trente ans après, l'opinion publique, bien alors revenue de ce bel amour, de se traduire sur le compte de l'amant de la Pompadour et de la Dubarry, sur le passage précipité et avec un dénuement presque absolu de cérémonial du convoi royal, par ces mots d'ivrognes attablés dans un cabret et qu'on rappelait en vain aux sentiments de la décence. « Hé quoi ! Il nous a fait crever de faim pendant sa vie, il veut encore nous faire mourir de soif après sa mort. » Plus poli, l'abbé de Sainte-Geneviève répondait à de jeunes philosophes qui le raillaient sur l'inefficacité de l'exposition de la châsse de sa sainte dans la maladie du roi : « Que voulez-vous de plus ? Est-ce qu'il n'est pas mort ? »

La nuit du 8 au 9 août 1765, un crucifix de bois placé sur le Pont Neuf d'Abbeville fut mutilé par un instrument tranchant. La même nuit, un autre au cimetière Sainte-Catherine fut couvert d'immondices. Le procureur du roi informa, l'évêque d'Amiens Mgr de la Motte d'Orléans publia un monitoire pour découvrir les auteurs de ces profanations et, tout plein d'un saint zèle, se rendit processionnellement accompagné de douze missionnaires pieds nus, la corde au cou devant les croix insultés. Plus de 100 témoins appelés à déposer des faits relatifs à la mutilation, parlèrent seulement de discours impies tenus par des jeunes gens de la ville. Ces jeunes gens étaient le chevalier de la Barre, Moisnel, Gaillard d'Etallonde, Dumaisniel de Saveuse et Douville de Maillefeu. Ces deux derniers se dérobèrent par la fuite à l'action de la justice. D'Etallonde parvint à s'échapper et trouva un refuge en Prusse auprès du roi Frédéric II. La Barre et Moisnel furent seuls arrêtés. L'acte d'accusation dressé par Duval de Soicourt, lieutenant particulier, relevait contre les accusés d'avoir récité une ode de Piron, chanté des couplets obscènes, parlé contre le dogme de l'Eucharistie, profané les cérémonies de l'Eglise en les parodiant devant des ouvrages impurs. Mais nul dans la ville n'avait vu commettre la mutilation. On suspectait seulement La Barre d'y avoir pris part. Soicourt avait eu avec les familles de quatre des accusés de fâcheux démêlés, et s'il faut en croire Voltaire, serait devenu à 60 ans, amoureux de la tante du chevalier, l'abbesse de Villencourt, qui, fatiguée de ses importunités, avait fini par l'exclure de sa société. Le 28 février, le présidial d'Abbeville condamna La Barre à un supplice atroce, dont le souvenir reste comme une indélébile tâche sur la mémoire du tribunal qui l'ordonna. Le présidial ressortissait au Parlement. La Barre fut transféré à Paris. La sentence fut confirmée le 5 juin 1766, à l'instigation du chancelier Maupeou qui combattait alors les Jésuites et qui fut persuadé que, le meilleur moyen de se mettre à l'abri du reproche de les persécuter par irréligion, était de condamner La Barre que défendait le parti philosophique. Ramené à Abbeville par des routes détournées, de crainte que des mains généreuses tentassent de l'arracher au supplice, La Barre subit la question, fit amende honorable devant le portail de Saint-Vulfran, fut décapité par le bourreau de Paris aux applaudissements de la foule stupide, puis son cadavre brûlé, sur le bûcher, avec le dictionnaire philosophique de Voltaire et quelques autres ouvrages. Comme les assassinats juridiques de Calas et de Servin, ce supplice fut un des spectacles les plus affreusement célèbres du règne de Louis XV. Voltaire, dans ses écrits, a dénoncé et à jamais stigmatisé de sa plume indignée, la barbarie des juges d'Abbeville.

Huit ans après, le 2 novembre 1773 à quatre heurs du soir, le moulin à poudre du bastion Marcadé de cette ville qui renfermait 46,000 livres de poudre, sauta. 967 maisons furent plus ou moins endommagées, 67 entièrement détruites, près de 150 personnes tuées, 130 blessées. Tel est le funèbre bilan de cette catastrophe dont la cause est demeurée inconnue ; le garde d'artillerie qui était entrée dans ce magasin ayant péri des premiers. La secousse produite par l'explosion fut si violente qu'on la ressentit sur divers points d'un cercle de 70 lieues de diamètre depuis Dieppe jusqu'à Noyon, Villers-Cotterets, la Fère et Laon. Quand en 1776, l'avocat Elie de Beaumont, intendant des finances du comte d'Artois, vint dans cette ville prendre au nom de ce prince possession du comté de Ponthieu qui venait de lui être accordé en apanage, les magistrats municipaux lui présentèrent un mémoire pour lui rappeler l'insuffisance des secours accordés par le gouvernement aux victimes, car les pertes pécuniaires seules montaient à plus d'un million.

En somme, le seul grand fait utile du règne de Louis XV pour la province fut l'établissement du canal de Picardie. En 1724, un citoyen patriote, Paul Henri Caignart de Marcy, doyen des conseillers du bailliage royal de Saint-Quentin obtint pour lui d'abord en 1724, et ensuite en 1727 pour une compagnie dont il était le chef, le privilège d'ouvrir un canal de la Somme à l'Oise depuis l'étang de Saint-Quentin jusqu'à la Fère et de canaliser l'Oise de Sissy à Chauny en passant par la Fère, et la Somme depuis Saint-Quentin jusqu'à Picquigny. Ce projet établi d'après les études faites par l'ingénieur en chef des provinces de Picardie et de Soissonnais, approuvé par les intendants de ces deux provinces, Chauvelin et Turgot, devait coûter 5,681,800 livres. Les travaux pour lesquels le roi avait accordé les bras de 4,000 hommes de troupe, commencèrent sous la direction de l'ingénieur en chef M. de Regemorte, directeur du canal du Louin, et d'un ingénieur en second M. de Préfontaine, ingénieur au département de Cambrai. La compagnie ne put soutenir le fardeau de cette entreprise et le 4 juin 1732 l'un des douze associés qui la composaient, M. Antoine Crozat, marquis du Chatel commandeur des ordres du roi se fit subroger au privilège de M. de Marcy. Mais en renouvelant la concession, le gouvernement changea la direction des travaux, en prescrivant un canal latéral à la Somme, de Saint-Quentin à Saint-Simon. Le canal de la Somme à l'Oise fut exécuté, et a pris les noms de canal de la Fère et de canal Crozat. Mais Crozat n'exécuta pas le canal de la Somme au-delà de Saint-Simon. L'Etat lui racheta alors sa concession, et en 1767, il reprit les travaux pour son propre compte, sur les plans du célèbre ingénieur Laurent que le duc de Chaulnes avait fait agréer à la cour. Laurent continua le canal latéral à la Somme au sud-ouest vers Ham et Péronne, au nord vers Cambrai afin de joindre la Somme à l'Escaut et d'établir ainsi la communication par eau entre les Flandres et la France centrale, entre l'Escaut, la Seine et la Loire. Déjà Caignard de Marcy, vingt ans auparavant, avait proposé ce projet et avait été autorisé à en faire dresser les plans et devis ; la dépense avait été évaluée 2,097,000 livres : on jugea alors que les avantages de cette voie ne compenseraient point la dépense. Les plateaux élevés qui séparent les sources de la Somme et de l'Escaut opposaient les plus grands obstacles à la réalisation de l'œuvre. Laurent, en ingénieur de génie, entreprit de percer ce massif par un souterrain de 7,000 toises de long, éclairé et aéré par 70 puits. Ce magnifique ouvrage ne fut point achevé dans son ensemble tel que l'avait conçu son auteur. Les travaux furent interrompus en 1775 par le mauvais état toujours croissant des finances publiques. Lorsqu'en 1781, l'empereur d'Autriche, Joseph II, visita le canal, il trouva à sa grande surprise, les travaux toujours suspendus. « Je suis fier d'être homme, dit ce monarque, quand je vois qu'un de mes sem- » blables a su concevoir et exécuter une entreprise aussi hardie. » A la mort de Laurent, la direction des canaux de Picardie, de la Somme, de navigation de l'Escaut et de la Sensée avait été donnée à son neveu Laurent de Lionne. En 1783 après la proposition qui en avait été faite sept années auparavant, de nouvelles lettres patentes autorisèrent la famille Laurent à faire continuer le canal, la chargeant de fournir la moitié des fonds nécessaires, et lui accordant pendant 108 ans la perception des droits à établir sur la navigation. Le Parlement refusa de vérifier ces lettres, à cause des péages qui furent regardés comme préjudiciables au commerce de la province, et la suspension des travaux continua. Ce ne fut que sous le Consulat qu'il furent repris et terminés avec de grandes modifications au projet primitif par l'ingénieur Devic. La partie souterraine fut réduite à moitié de ce qu'elle devait être d'après les plans primitifs de Laurent.

Le roi Louis XVI, malgré ses intentions honnêtes, n'était point doué d'assez d'énergie et de sens politique pour remplir l'abîme qu'avait creusé les gouvernements de Louis XIV et de Louis XV, et où devait fatalement s'engloutir l'antique monarchie. Ce fut en vain que les meilleures volontés, que les efforts les plus dignes de succès, s'efforcèrent de remédier aux maux incurables, héritages de ses prédécesseurs. Après Turgot et Necker, de Calonne prend à son tour la direction des affaires. En 1786 il n'est plus possible de nier le déficit. Le malheureux traité de commerce avec l'Angleterre, signé le 26 septembre aggrava encore la situation. Si la Guyenne et le Languedoc y applaudirent, la Normandie et la Picardie en gémirent. Les propriétaires de vignes, d'oliviers, les fabricants d'articles de goût à Paris étaient en fête, pendant que les manufacturiers fermaient leurs ateliers en se ruinant. En somme, l'Angleterre importait chez nous deux fois plus de marchandises qu'elle n'en tirait. Aussi le cahier des doléances, plaintes et remontrances de l'ordre du Tiers-État du bailliage d'Amiens en 1789 réclamait-il avec énergie que pour le cas où il y aurait trop d'inconvénients pour rompre ce traité, il fut mis des droits additionnels sur les étoffes des fabriques anglaises et qu'il fut apporté à leur circulation en France les mêmes entraves que les Anglais mettaient chez eux à l'introduction et à la circulation intérieure des étoffes françaises, et que le roi fut supplié de ne plus faire à l'avenir de traité qu'après avoir consulté les états provinciaux, et les chambres consulaires et de commerce.

Nous touchons à l'époque où la nation française, après une longue suite d'efforts soutenus dans l'intérêt de l'unité et de la liberté civile, va renverser d'un seul coup l'édifice des vieilles institutions de la monarchie qui s'écroule. Louis XVI, se rendant au vœu général, poussé par la nécessité, engagea la couronne dans la voie des grandes réformes, et dota tous les pays d'élections, d'institutions représentatives en créant les assemblées provinciales. Ces assemblées que les notables réunis à Versailles demandaient aux ministres de Louis XVI furent établies, en vertu d'un édit du 22 juin 1787, sur le rapport de Necker, revenu au pouvoir, après avoir été déjà par forme d'essai tenues dans le Berry et la Haute-Guyenne. Elles devaient se composer originairement des trois ordres élus par des assemblées de district, et avoir un président temporaire choisi dans la noblesse ou le clergé. Ces assemblées, renouvelables par quart tous les ans, avaient pour délégués chargés de l'exécution de ses arrêtés, des syndics élus dans les paroisses. Elles étaient sous l'autorité du roi et de son conseil chargées de la répartition de l'impôt, et pouvaient faire toutes les représentations qui leur semblaient utiles à la province et au royaume en général. Les assemblées provinciales de Picardie et du Soissonnais furent réunies en août, novembre et décembre. L'assemblée de Picardie, en vertu d'un règlement du conseil du 8 juillet, se composait de 36 membres, 18 nommés directement par le roi et chargés d'élire les 18 autres appelés à les compléter, présidée par M. le duc d'Havré et de Croï ; elle eut pour députés :

Ordre du clergé : l'Evêque d'Amiens, de Lestocq doyen de la cathédrale abbé de

Clerfay, l'abbé de la Ville de Mirmont, doyen de l'église royale de Saint-Quentin abbé de Noaillé, l'abbé Mellier, doyen de Saint-Vulfran d'Abbeville, l'abbé Dargnies, archidiacre de Ponthieu, l'abbé De La Coarret Casamayor, chancelier, chanoine de l'église royale de Péronne, dom Matthieu, bénédictin de Corbie, M. Fasquel, curé d'Ardres, M. Paulinier, prieur de Saint-Marc-lès-Roye.

Pour la noblesse : le duc de Villequier, le comte d'Herlye, le comte de Crécy, le duc de Mailly, le prince de Poix, le marquis de Lameth, le vicomte de Bethizy. M. le chevalier du Roux de Varennes, commandeur de Saint-Maulvis, M. le marquis de Caulincourt.

Pour le tiers : M. Dufresne de Marcelcave, lieutenant-général du bailliage d'Amiens, Le Caron de Choqueuse, maire d'Amiens, MM. Duliège d'Yzancourt, Delahaye, propriétaire à Amiens, Douville de Maillefeu, maire d'Abbeville, Dequen de Beauval, lieutenant particulier de la sénéchaussée de Ponthieu, Maillart, procureur du roi à Montdidier, Prévôt, avocat du roi au bailliage de Roye, Triboulet fils, maître des postes à Montdidier, Le Vaillant de Brule, lieutenant-général au bailliage de Péronne, Torchon de Lihu, avocat au Parlement, Margerin, lieutenant-criminel et ancien maire de Saint-Quentin, Fouquier d'Hérouel, seigneur et propriétaire d'Hérouel, Couleau de Boisserand, prévôt royal, lieutenant-général de police, ancien maire de Doullens, Bernault, cultivateur à Septenville, de Behague, maire de Calais, Mouron, ancien échevin central à Calais. Les procureurs généraux syndics étaient, pour le clergé et la noblesse, M. le comte de Gomer, pour le tiers, M. Boullet de Varennes, avocat au Parlement et au bailliage d'Amiens, le secrétaire général M. Berville.

Le Boulonnais n'était pas représenté dans l'assemblée de Picardie. Un arrêt du roi, du 9 octobre 1787, avait prononcé sa distraction, à cause de sa constitution originaire de pays d'Etat, et parce qu'il retirait de son administration particulière, les mêmes avantages que les autres provinces de leurs assemblées. Sous la dénomination de Corps d'administration par la régie de l'octroi et des autres affaires communes du comté et gouvernement de Boulonnais, il jouissait, depuis 1756, grâce à la haute protection du duc d'Aumont son gouverneur, d'une institution qui le rétablissait dans son droit séculaire de s'administrer lui-même.

L'assemblée provinciale du Soissonnais présidée par le comte d'Egmont comptait comme membres du clergé : l'abbé général de Prémontré, l'abbé d'Aigreville, vicaire général de Soissons, de Montazet abbé de Chésy, d'Humières, abbé de Genlis, de Fourmestraux, prieur de Bulles, de Vrevins, vicaire général de Laon, le prieur de Longpont, Dubois, vicaire général de Soissons, Doyen, doyen de l'église collégiale de Guise ; la noblesse : le duc de Liancour, les marquis de Puységur et de Causans, les comtes de Barbançon, de Lanouc, MM. de l'Amirault, de Noircourt et de Bouverot, d'Alanjoye, le vicomte de la Bédoyère ; le Tiers-Etat pour les villes : MM. Laurent, conseiller au bailliage de Vermandois et siège présidial de Laon, Godart de Clamecy, maire de Soissons, Margerin, greffier au bailliage de Noyon, de Pinterel de Louvencourt, lieutenant-général du bailliage au siège présidial de Château-Thierry, Laurens, maire de Crespi-en-Valois, de Sessevalle, maire de Clermont, de Viefville, maire de Guise, Dubuf, procureur du roi de la ville de Vervins ; pour les campagnes : Menesson, trésorier de France à Soissons, Brayer, lieutenant général de police de Soissons ; Pottier, seigneur du fief de la Mairerie, paroisse de Sacy-le-Petit, Bernier, père de Marizy-Sainte-Geneviève, Lemaire, maître des postes de Vertefeuille, Bourgeois de Guiscard, Huet de la Croix de Nogentel, Bauchat, fermier à Courjanels-le-Bas, Raux, maître de forges à la Neuville-aux-Joutes. Les procureurs syndics étaient pour le clergé et la noblesse : le comte d'Allonville ; pour le tiers : M. Blin de la Chaussée, avocat ; le secrétaire-greffier, M. Byéter.

Des diverses questions traitées par l'assemblée de Picardie, nous n'en citerons qu'une seule parce qu'elle nous fait connaître des usages et des mœurs particuliers à cette province, c'est celle des suites des *dépointements* dans les bailliages de Péronne, Roye, Saint-Quentin et dans une partie de celui de Montdidier. Se prévalant d'un soi-disant droit, connu sous le nom de droit de marché, dont l'on n'a point encore découvert l'origine, et dont l'exercice, malgré ses atténuations n'est point encore aujourd'hui tombé en désuétude, les fermiers du Santerre se perpétuaient par toutes sortes de voies illicites, et contre le gré des propriétaires dans la jouissance des biens qui leur avaient été affermés, vendant à d'autres fermiers la faculté de les exploiter, la donnant en dot à leurs enfants, ou la leur laissant en partage dans leurs successions. Les fermiers dépointés, c'est-à-dire dépossédés par un propriétaire jaloux de faire respecter ses droits se livraient à toutes sortes d'excès contre le propriétaire ou ceux qui avaient la hardiesse de leur succéder dans l'exploitation de leurs marchés jusqu'à devenir assassins et incendiaires, sûrs d'une impunité que malgré les édits royaux de 1679, 1707, 1714, 1724, 1764 et les poursuites de la justice, leur assurait le mutisme intéressé de témoins disposés à faire de même en pareille occasion. De 1775 à 1788, d'après le relevé au greffe criminel du seul bailliage de Péronne, il ne s'était pas produit moins de vingt-cinq délits causés par les dépointements, tous plus criminels les uns que les autres. L'assemblée supplia le roi de renouveler la déclaration de 1764 et de recommander au ministère public d'en assurer l'exécution exacte.

Mais ni l'assemblée des notables, ni les assemblées provinciales n'étaient des éléments d'administration suffisants pour améliorer la situation. Il fallut recourir à des mesures plus radicales, la convocation des Etats-Généraux du royaume qui n'avaient point été réunis depuis 1614. Sous la pression toujours croissante de l'opinion publique, une ordonnance royale accorda au Tiers-Etat, une représentation égale à celle des deux autres ordres privilégiés. Les élections commencèrent. Les assemblées primaires eurent le soin de consigner leurs plaintes et les réformes à opérer dans des cahiers confiés à chacun de leurs mandataires, cahiers dont la lecture est un des documents les plus instructifs, des aspirations légitimes de ce tiers qui n'était rien, et qui voulait devenir quelque chose. Le 5 mai 1789, les députés des Etats-Généraux se réunirent pour la première fois dans la grande salle des Menus Plaisirs à Versailles. Nous citerons ici les noms des députés qui représentaient la Picardie, car ils montrent avec quel soin judicieux et quelle sage indépendance, les électeurs picards avaient su choisir pour leurs mandataires les hommes les plus capables et les plus recommandables de la province pour travailler à la réorganisation de l'Etat ruiné et sombrant déjà de toutes parts.

C'étaient pour le clergé : l'abbé Bucaille, curé de Frethun, bailliage de Calais et d'Ardres, Delaplace, curé, bailliage de Péronne, Dupuis, curé d'Ailly-le-Haut-Cl sénéchaussée de Ponthieu, Fournier, curé d'Heilly, bailliage d'Amiens et Ham, M. de Machault, évêque d'Amiens abbé de Valloires, pour le bailliage d'Amiens et Ham, Marolles, curé de Saint-Jean-de-Saint-Qentin (Saint-Quentin), Maury, prieur de Linohs en-Santerre, abbé de la Frenade (Péronne), Meric de Montgazin, vicaire général du diocèse de Boulogne (Boulogne-sur-Mer), Rolin, curé de Verton, bailliage de Montreuil-sur-Mer.

Pour la noblesse : le comte de Crécy (sénéchaussée de Ponthieu), le duc d'Havré et de Croy (Amiens et Ham), le comte d'Hodicq, maréchal de camp (Montreuil-sur-Mer), Alexandre de Lameth, gentilhomme d'honneur de M. le comte d'Artois (Péronne), le duc de Mailly (Péronne), de Noailles, prince de Poix, capitaine des gardes du corps (Amiens et Ham), le comte Félix de Pardieu (Saint-Quentin), le vicomte de Sandehoun (Calais et Ardres), le duc de Villequier, premier gentilhomme de la chambre (Boulogne-sur-Mer).

Pour le tiers : Blanquart des Salines (Calais), Delattre, négociant (Ponthieu), Douchet, cultivateur (Amiens), Diëmetz, avocat (Péronne), Duplaquet, chapelain conventuel de l'ordre de Malte, censeur royal (Saint-Quentin), Duval de Grandpré, avocat (Ponthieu), Fouquier d'Hérouel, seigneur et cultivateur (Saint-Quentin), Francoville, avocat (Calais), Gros, avocat (Boulogne-sur-Mer), Langlier, cultivateur (Amiens), Latteux, avocat (Boulogne-sur-Mer), Laurendeau, avocat (Amiens), Leroux, ancien maire d'Amiens (Amiens), Mareux, cultivateur (Ponthieu), Pincepré de Buire, propriétaire (Ponthieu), Poultier, lieutenant-général du bailliage (Montreuil-sur-Mer), Prévot, avocat du roi (Roye), Riquier, propriétaire (Montreuil-sur-Mer).

Malgré la résistance du roi et de la cour, les Etats-Généraux ne devaient pas tarder à se constituer en Assemblée nationale. Le 15 janvier 1790, l'Assemblée nationale changea les circonscriptions administratives du royaume, en remplaçant les antiques provinces par les départements, écrivant ainsi la dernière page de leur histoire. De 1789 date pour la France une ère nouvelle. La vieille France a vécu, la jeune commence.

XV

Avant de terminer cette trop rapide esquisse, il nous reste, comme nous l'avons fait à la fin du xv° siècle, à jeter un nouveau coup d'œil, sur l'état de l'industrie, des lettres et des sciences depuis la Renaissance, jusques aux derniers jours de la monarchie.

La Picardie, depuis son démembrement en faveur de l'agrandissement de l'Ile-de-France en 1624, avait encore compté des gouverneurs issus des familles de la plus haute noblesse: les ducs d'Elbeuf, de Chevreuse, de Chaulnes et en dernier lieu, le comte de Talleyrand-Périgord. Pays d'élection, c'est-à-dire où contrairement à ce qui avait lieu dans les pays d'états dotés de représentants, l'impôt était levé directement par les agents du roi, il formait deux généralités, celle d'Amiens, qui de 1661 à 1755 comprit dans son ressort l'Artois nouvellement conquis puis réuni ensuite au gouvernement de Flandre, et celle de Soissons, subordonnées à un magistrat civil, l'Intendant, administrant par lui-même et par des subdélégués la justice, la police et les finances. Ces fonctionnaires, créés par le génie politique du cardinal de Richelieu en 1635, supprimés sous la régence d'Anne d'Autriche et rétablis en 1654, étaient les successeurs des commissaires départis de Henri II, et des intendants temporaires institués quelquefois pour des cas particuliers. Les généralités se subdivisaient en plus ou moins d'élections. C'étaient dans la généralité d'Amiens, qui comptait 13 villes et 1347 bourgs ou villages avec une population totale de 520,000 habitants: Amiens, Doullens, Péronne, Abbeville, Montdidier, Saint-Quentin, plus les gouvernements de Montreuil, Boulogne, Ardres et Calais qui, exempts par suite de leurs privilèges de la taille et des gabelles, avaient une existence financière séparée; dans la généralité de Soissons: Soissons, Noyon, Crépy, Laon, Guise, Château-Thierry, Clermont en Beauvaisis ; les élections de Beauvais, Compiègne, et Senlis, dépendaient de la généralité de Paris. Des administrateurs d'une haute intelligence brillèrent souvent à la tête de ces intendances par leur amour du bien public, et par les améliorations utiles qu'ils appliquèrent durant leur administration. Ce furent à Amiens, entr'autres : d'Ormesson, Courtin, les trois Chauvelin, Maynon d'Invau, Dupleix de Bacquencourt et d'Agay; dans la généralité de Soissons: Dorieu, Béchameil, Marc Antoine Turgot, Jérosme Bignon, Méliand, auxquels la province fut redevable de leurs louables efforts pour les progrès du commerce et de l'industrie.

Le système des corporations qui fut la base de tout le régime économique du travail au moyen-âge devait durer jusqu'à la fin de la monarchie sans modifications profondes. Ce ne fut qu'en 1776 que furent abolies les maîtrises et les jurandes ; encore cette mesure ne fut-elle pas comprise, et furent-elles presqu'immédiatement rétablies, dégagées il est vrai, d'un certain nombre d'abus qu'elles comportaient, jusques au jour où l'Assemblée Nationale, à propos d'un droit sur les patentes déclara incidemment leur suppression, et la liberté de l'industrie. Des améliorations importantes s'étaient toutefois produites. Charles IX avait créé les tribunaux consulaires à la juridiction desquels étaient soumis tous ceux qui faisaient le commerce, même les ecclésiastiques et les autres privilégiés. Amiens, Abbeville furent dotés de cette institution en 1566, Beauvais en 1564, Laon en 1568, Calais et Compiègne en 1565, Saint-Quentin en 1710, Soissons en 1711. Pour les affaires maritimes, elles relevaient d'une juridiction spéciale jugeant au civil et au criminel, au souverain jusqu'à 50 livres, et dont les sièges établis à Abbeville, Boulogne, le bourg d'Ault, Saint-Valery-sur-Somme, Eu, Tréport et Calais, ressortissaient à la table de marbre du Parlement de Paris. En 1761, sous l'intendance de Maynon d'Invau fut créée à Amiens la Chambre de Commerce. Enfin la Picardie était comprise au nombre des 13 provinces qui formaient les cinq grosses fermes constituées par l'édit du mois de septembre 1664, et qui ayant consenti à supprimer leurs douanes intérieures pouvaient commercer entr'elles avec une entière liberté.

Amiens était le centre de l'industrie de la sayeterie, fil de sayette fait de laine peignée, filée au rouet et servant à composer les chaînes des serges de Crèvecœur et d'Aumale. Au XVIIIe siècle, on fabriquait dans cette ville, des baracans, des camelots, du raz de Gênes, des serges façon de Nîmes, des étamines façon de Londres et du Mans qu'on fabriquait aussi à Abbeville, et des calmandes façon d'Angleterre. En 1670, un nommé Maressal, venu de Hollande y introduisit les camelots façon de Hollande. En 1670, Amiens vit naître les premières manufactures de bas au métier, industrie qui s'étendit considérablement, principalement à Montdidier et dans ses environs, et qui s'est aujourd'hui toute concentrée dans le Santerre. En 1683, l'on y fabriqua les peluches. L'industrie du velours de coton, maintenant encore l'un des articles les plus importants de sa production manufacturière y prit naissance en 1765. En 1773, les directeurs de cet établissement firent exécuter sur des dessins venus d'Angleterre des machines à filer le coton, mettant en mouvement 18 à 20 broches. Un sieur Martin, en 1784, en importa d'Angleterre de plus importantes ; ces dernières machines furent imitées, et en 1789, des mécaniciens nationaux en construisirent à leur tour qui faisaient mouvoir 280 broches et donnaient un très beau fil. Beauvais, outre sa manufacture de tapisserie, de 1780 à 1789 comptait de 7 à 800 métiers battant, fabriquant des ratines, des calmoucks, des moelletons. En 1770 on y produisit des draps à deux faces à couleurs tranchantes qui se vendaient de 18 à 20 livres l'aune.

Les savons nécessaires pour dégraisser les laines se fabriquaient à Amiens et à Abbeville où la teinturerie étaient en grande réputation à cause de la nature avantageuse des eaux de la Somme pour les apprêts. Montreuil-sur-Mer avait une fabrique de serges et une autre d'étoffes communes appelées Frocques.

Placés au centre de la culture du lin, dont le commerce était très actif avec la Normandie et la Bretagne, Abbeville et les villages circonvoisins conservaient le monopole de la fabrication des toiles, notamment des toiles à voile et des toiles à sac et à emballage. Saint-Quentin établissait sa grande réputation comme cité industrielle, avec ses linons, ses batistes et ses mousselines. Cette industrie s'y établit quand les Pays-Bas eurent secoué le joug de la domination espagnole. Son commerce d'exportation était monté à la fin du xviiie siècle d'un million à 12 ou 14, grâce aux perfectionnements apportés par Daniel Cottin dans la fabrication fondée par les Crommrelinck de Courtrai, en 1579. La serrurerie, l'une des plus prospères industries du Vimeu y prit naissance à la fin du xvie siècle, enfin les laborieuses populations du littoral expédiaient à Paris, en Artois et en Flandre une grande quantité de poisson frais et salé pour les besoins de ces provinces.

Comme partout en France, la Renaissance laissa en Picardie des traces de la rénovation de l'art. Les arts, abandonnant les types hiératiques consacrés, pour imiter la nature et les chefs-d'œuvre de l'antiquité y reçurent dès l'origine de ce mouvement une brillante et vive impulsion.

Les stalles de la cathédrale d'Amiens, le tombeau du cardinal Hémart, les clôtures du chœur de cette cathédrale, la maison du Sagittaire rue des Vergeaux, les vantaux sculptés des portes de la collégiale de Saint-Vulfran d'Abbeville, les tombeaux des Lannoy dans la petite église de Folleville, les vitraux de Saint-Etienne de Beauvais de Jean et Engrand le Prince, les vantaux de la porte sud de Saint-Pierre de la même ville, le petit château de Chantilly bâti par le connétable Anne de Montmorency, le château de Sarcus dont les ruines ont été en partie reconstruites par M. Houbigant dans son domaine de Nogent-les-Vierges et plusieurs autres monuments intéressants, témoignent de cette influence dans la province. Malheureusement les guerres et les dissensions civiles et religieuses arrêtèrent cet élan de rénovation, et l'art monumental aux xviie et xviiie siècles ne se traduisit plus que par la reconstruction de nombreuses abbayes et de non moins nombreux couvents, avec le caractère sévère et froid de l'école de Mansard et de ses successeurs.

En même temps que la Renaissance ouvrait aux beaux arts des horizons nouveaux, la découverte de Guttemberg en tuant l'industrie des copistes et en supprimant les manuscrits, mettait à la portée de tous les productions intellectuelles de l'esprit humain. La première imprimerie picarde fut établie à Abbeville en 1486 et de ses presses sortirent une fort belle édition de la Cité de Dieu de saint Augustin, de la Somme rurale de Boutillier et du Triomphe des neuf Preux. Ce ne fut qu'en 1614 seulement que Beauvais posséda une imprimerie par les soins de Philippe le Clerc, directeur du Collège, et Boulogne en 1665. Le premier journal fondé à Amiens ne date que de 1770 ; c'étaient les annonces, affiches et avis divers de Picardie, Artois, Soissonnais et Pays-Bas français, feuille hebdomadaire du prix d'abonnement de 7 livres 10 sols par an.

Tandis que les vieilles confréries littéraires, comme Notre-Dame du Puy d'Amiens, se mouraient dans la routine et l'observation de leurs traditions surannées, de nouvelles sociétés s'élevaient et prospéraient. L'Académie de Soissons fut établie par lettres patentes de 1674 sous la dénomination de Fille aînée de l'Académie française à laquelle elle était associée par l'hommage d'un tribut annuel. L'évêque Lefebvre de Laubrières y institua en 1734 un prix annuel que ses successeurs continuèrent après lui. Elle avait été fondée par d'Héricourt qui en a écrit l'histoire. Protégée par Patru, Pélisson et par le maréchal d'Estrées, elle vécut non sans quelque gloire jusqu'à sa suppression à la Révolution. La Société littéraire qui s'était fondée à Amiens se vit en 1750, transformer également en Académie par lettres patentes de Louis XV à la sollicitation du poète Gresset. 1761 enfin fut la date de fondation des sociétés d'agriculture de Laon, de Soissons et de Saint-Quentin. Le peintre Latour, aussi dévoué citoyen que grand artiste créait une école de dessin dans sa ville natale qui possédait déjà en 1777 une bibliothèque publique, ainsi qu'Abbeville, doté d'un semblable établissement en 1685 par les soins de Charles Sanson, curé de Saint-Georges.

Comme dans la première partie de cette histoire, la Picardie dans ces trois derniers siècles fournit une succession d'hommes justement célèbres dans les lettres, les sciences et les arts. Déjà cette province avait eu aux siècles passés des chroniqueurs auxquels nous devons des pages intéressantes de nos annales : Nithard, petit-fils de Charlemagne, auteur de l'*Histoire des Dissensions des fils de Louis-le-Débonnaire*, Hariulphe, de la Chronique de Centule, Guibert, abbé de Nogent-sous-Coucy, l'un des historiens des croisades dans son livre des *Gesta Dei per francos* ; Dudon, chanoine de Saint-Quentin, dont l'histoire des Normands est remplie de fables intéressantes ; Robert de Clary-en-Amiénois qui écrivit *li Estoires des chiauses qui conquirent Constantinople*. Lambert d'Ardres avec sa chronique de Guises et d'Ardres, éditée par les soins de notre regretté collègue, le comte de Mesnil-Glaise ; Jean de Venette, dit Fillon, l'un des continuateurs de Nangis ; au XVe siècle, Jean Lefebvre de Saint-Remy d'Abbeville, dit Toison d'Or, de son office de roi d'armes de cet ordre célèbre ; Mathieu de Coucy, Jean de la Chapelle, curé d'Oneux, qui nous a laissé la chronique abrégée de Saint-Riquier, Pierre le Prêtre, abbé de cette abbaye, etc., etc. Parmi les historiens plus célèbres des temps modernes il nous faut citer Adrien Baillet de la Neuville près Beauvais ; le Jésuite Charlevoix, auteur des Histoires du Japon, de Saint-Domingue, de la Nouvelle France, du Canada ; le Dominicain Dutertre de Boulogne-sur-Mer, auteur de l'Histoire des Antilles habitées par les Français ; Dom Bouquet, de la Congrégation de Saint-Maur, collaborateur de Montfaucon, le premier éditeur de la grande collection des *Rerum Gallicarum et Francicarum scriptores* ; le Bénédictin Michel Germain, l'ami et le collaborateur de Dom Mabillon ; Legrand d'Aussy, auteur de la Vie privée des Français ; les historiens de Saint-Quentin, Claude Emmerez et Quentin de la Fons ; Dom Ducrocq, auteur d'une Histoire manuscrite du Boulonnais ; l'immortel auteur des Glossaires de la basse latinité, Dufresne

Ducange ; le P. Daire célestin, auteur de l'Histoire de la Ville d'Amiens ; Carlier, l'historien du Valois ; François de Camps, numismate distingué ; l'antiquaire Jean-Foy Vaillant ; l'abbé Dubos, Lenglet Dufresnoy, Gaillard, de l'Académie des Inscriptions et Belles-Lettres et les géographes Sanson et de Fer.

La linguistique revendique avec honneur François Vatable, professeur d'hébreu au Collège de France fondé par François Ier ; Michel Vascosan, l'un des maîtres de la typographie, imprimeur du roi et de l'Université ; les trois Capperonnier, l'orientaliste Caussin de Perceval, Galland, le traducteur des contes arabes des Mille et une Nuits, tous les cinq nés à Montdidier. Pierre Ramus dont nous avons raconté la fin tragique à la Saint-Barthélemy est le premier Picard qui ait donné une grammaire française. Le modeste Lhomond, de Chaulnes, Noël-François Dewailly d'Amiens, sont les derniers qui ont écrit avec succès sur cette branche d'enseignement avant la Révolution.

L'étude de la médecine brilla d'un vif éclat par les Picards qui fournirent leur riche contingent d'hommes justement célèbres par leurs connaissances dans l'art de guérir ; ce furent : Jacques Grévin de Clermont, médecin de Marguerite de France fille de François Ier ; Jean Loisel, de Beauvais, médecin de Louis XII ; Jean Bauhin, médecin de la reine Catherine de Navarre ; Jacques Sylvius (Dubois), professeur au Collège royal de Médecine ; en 1550, le chirurgien Jean Tagault ; Jean Fernel, premier médecin d'Henri II et de Catherine de Médicis ; Nicolas de Nancel du village de ce nom, dans le Noyonnais ; Jean Hortensius (Desjardins) ; Jean Riolan dont les ouvrages classiques servirent longtemps de règles dans l'enseignement des écoles ; Philippe Hecquet d'Abbeville, surnommé l'Hippocrate de la France ; le célèbre praticien Georges Maréchal de Calais, premier chirurgien de Louis XIV ; Gui Patin, de Beauvais, l'ennemi de l'antimoine, ce spirituel et sceptique railleur dont les lettres forment le recueil le plus intéressant des événements de son temps, enfin, en dernier lieu, Beaudelocque, d'Heilly, dont les Principes des Accouchements ont joui d'une si légitime réputation. A ces noms se rattachent naturellement ceux de La Marck, né à Bazentin, près d'Albert, l'un des plus savants naturalistes dont s'honore la science française, du chimiste Louis Isidore Nachet de Laon, de l'illustre pharmacien Parmentier, auquel sa ville natale, Montdidier a élevé en 1848 une statue de bronze et qui au nombre des améliorations utiles et philanthropiques dont l'humanité lui est redevable, introduisit en France, en dépit des préjugés, la précieuse culture de la pomme de terre. Delambre, d'Amiens, et Mechain, de Laon, portèrent enfin au plus haut point, on le sait, les progrès des sciences astronomiques.

Les artistes ne se montrèrent pas inférieurs aux savants et aux érudits. Abbeville fut le centre d'une école de graveurs célèbres qui produisit Claude Mellan, Lenfant, les quatre de Poilly, Beauvarlet, Le Filleul, les deux Cordier, Hecquet, Flipart, Daullé, les deux Aliamet, Levasseur, les deux Danzel, les deux Voyez, Hubert, Picot, Dequevauvillers, Delattre, Macret, etc. Dans la peinture et la gravure, Saint-Quentin et le Laonnais produisirent les frères Louis et Antoine Lenain, imitateurs du genre de Téniers ; Simon Vouet, Berthélemy de Laon, Quentin Maurice de la Tour le pastelliste dont les crayons gracieux nous ont conservé les traits des principaux personnages du siècle de Louis XV, les Dorigny, peintres et graveurs, les graveurs Papillon. Amiens est la patrie de Quentin Varin, le maître de l'immortel Poussin et Soissons s'enorgueillit du peintre verrier Tacheron, dont les vitraux de l'Arquebuse de cette ville parurent si remarquables à Louis XIV, qu'à son passage en 1673, il demanda quatre panneaux pour orner son cabinet.

La sculpture a pour représentants Nicolas Blasset d'Amiens, sculpteur et architecte du roi dont les nombreuses œuvres décorent la cathédrale et l'église Saint-Remy de cette ville; son frère, Pierre Blasset, dont les stalles de Provins attestent le talent; Cressent, Vimeu, Carpentier, Dupuis, J.-B. Poultier, d'Abbeville, auteur du tombeau du marquis et de la marquise de l'Hôpital que l'on voyait dans l'église des Augustins de la place des Victoires à Paris ; Jacques Sarrazin, de Noyon, dont le ciseau a produit entre autres les huit cariatides groupées du pavillon de l'Horloge du Louvre et les mausolées du cardinal de Bérulle et d'Henri de Bourbon, son chef-d'œuvre. C'est encore dans la partie de la ville d'Eu qui dépendait du diocèse d'Amiens que naquirent les deux célèbres sculpteurs François et Michel Anguier.

C'est un Picard, François Blondel, de Ribecour, maréchal de camp et architecte distingué qui restaura à Paris les portes Saint-Antoine et Saint-Bernard et édifia en l'honneur de Louis XIV et en mémoire du passage du Rhin, l'arc triomphal de la porte Saint-Denis. L'art musical enfin peut citer avec honneur François Eustache Ducauroy de Gerberoy, maître de chapelle des rois Charles IX et Henri III, créé par Henri IV, surintendant de la musique royale et auquel la tradition attribue la composition de l'air si connu de Charmante Gabrielle.

Moins favorisées, les belles-lettres ne nous présentent pas une ample moisson de noms célèbres à citer. Il en est deux cependant qui appartiennent à la ville d'Amiens, et qui survivront longtemps dans la postérité: Voiture, commensal assidu de l'hôtel de Rambouillet, membre de l'Académie française, dès sa fondation, l'un des écrivains qui ont le plus contribué à polir la langue et Gresset, l'aimable chantre de Ver-Vert et du Parrain magnifique, l'auteur du Méchant. Mais il convient aussi d'ajouter que des trois plus grands poètes dont puisse s'enorgueillir le siècle de Louis XIV, Racine et La Fontaine sont nés sur le sol de l'ancienne Picardie avant la réduction de son étendue, l'un à la Ferté-Milon, l'autre à Château-Thierry et que Molière, on le sait aujourd'hui, était d'une famille beauvaisienne.

Dom Grenier donne à la Picardie le titre de noble, parce que, suivant lui, la plus ancienne noblesse en était originaire. Oui, dans le sens trop étroit où l'entend le savant Bénédictin, une province qui a produit les puissantes maisons d'Ailly, de Boves, de Contay, de Coucy, d'Estourmel, de Gaudechart, de France d'Hésecques, d'Humières, d'Hangest, celles de Lameth, de Mailly, de Moreuil, de Nesles, de Picquigny, de Poix, les grandes familles de Rambures, de Rouvroy Saint-Simon, de Rubempré, de Sarcus, de Soissons, de Vignacourt et tant d'autres dont les noms ont tour à tour figuré dans les pages qui précèdent, mérite cette qualification. Mais l'épithète de noble lui convient mieux, on l'avouera, pour l'attachement inaltérable que durant tant de siècles, comme nous avons essayé de le montrer, au prix du sang de ses plus dignes enfants et des ruines de ses cités ravagées par tant de douloureuses journées de luttes, elle n'a cessé de témoigner à la bonne comme à la mauvaise fortune de la France, justifiant ainsi par ses actes son antique et honorable surnom de FIDELISSIMA NATIO PICARDORUM.

Amiens. — Imp. Amiénoise A. Douillet et Cⁱᵉ, rue du Logis-du-Roi, 81.

www.ingramcontent.com/pod-product-compliance
Lightning Source LLC
Chambersburg PA
CBHW071535160426
43196CB00010B/1774